晋之魂

三晋文明的源流

席宏斌 著

山西的世界
世界的山西

JIN ZHI HUN

山西出版传媒集团
山西人民出版社

图书在版编目（CIP）数据

晋之魂：三晋文明的源流/席宏斌著．—太原：
山西人民出版社，2025.8．— ISBN 978-7-203-14013-9

Ⅰ．K292.5-49

中国国家版本馆CIP数据核字第2025N37Z67号

晋之魂：三晋文明的源流

著　　者：	席宏斌
责任编辑：	魏美荣
复　　审：	郭向南
终　　审：	梁晋华
装帧设计：	陈　婷

出 版 者：	山西出版传媒集团·山西人民出版社
地　　址：	太原市建设南路21号
邮　　编：	030012
发行营销：	0351-4922220　4955996　4956039　4922127（传真）
天猫官网：	https://sxrmcbs.tmall.com　　电话：0351-4922159
E - mail：	sxskcb@163.com　发行部
	sxskcb@126.com　总编室
网　　址：	www.sxskcb.com

经 销 者：	山西出版传媒集团·山西人民出版社
承 印 厂：	山西出版传媒集团·山西人民印刷有限责任公司
开　　本：	720mm×1020mm　1/16
印　　张：	29.5
字　　数：	437千字
版　　次：	2025年8月　第1版
印　　次：	2025年8月　第1次印刷
书　　号：	ISBN 978-7-203-14013-9
定　　价：	138.00元

如有印装质量问题请与本社联系调换

《晋之魂：三晋文明的源流》编纂委员会

主　任
李俊明

副主任
李高山　梁若皓　陈跃钢　张华龙　杨临生　王　亚
李劲民　贾新田　庞利民　王志超　刘晓哲　石金鸣
张继红　冯晓丹　王继平　梁俊明　张文泉　王殿辉
杨吉平

委　员（按姓氏笔画排序）
王尚义　王杰瑜　仝建平　刘益令　刘毓庆　张世满
席宏斌　高春平

主　编
李俊明

执行副主编
贾新田

副主编
张继红　王尚义

办公室主任
梁若皓

副主任
胡素锋

办公室成员
谢　恺　李中明　土　岳

序一

李俊明

席宏斌教授是山西省三晋文化研究会特聘专家,其即将付梓的《晋之魂:三晋文明的源流》一书,是列入《三晋文化研究丛书》五年规划的一个项目。作为研究会会长,我很乐意为这部探索晋之魂的作品作序。

"晋之魂"的凝练,是在"晋之源"探寻、"晋之问"作答基础上的升华,也是三晋文化研究的重要课题。第七届三晋文化研究会提出开展古色、红色、绿色、土色、墨色"五色文化"立体研究,展示"五彩山西"形象,探索开展黄河、长城、太行、万里茶道(晋商古道)、万里移民"五线文化"集成研究,彰显"开放山西"形象,其重要目的也在于为回答"三问"破题。

从地域文化本体论看,"晋之魂"文化承载着山西土地上历史积淀的集体记忆与价值共识,是山西从地理空间升华为文化生命体的核心标识。从精神现象学看,它是山西人民在长期历史实践中,通过与自然环境抗争、与不同文化交流碰撞、在社会发展中不断探索,逐步凝练成的独特精神品格,是能被感知、传承并赋予时代意义的文化符号。阅读《晋之魂:三晋文明的源流》一书,使我对"晋之魂"文化研究的认知得以进一步深化。

一、三门学科:"晋之魂"文化研究的支撑

"晋之魂"文化研究需要正确的理论作指导。马克思主义历史唯物主

义和辩证法，为我们提供了根本遵循。

"历史地理学"研究历史时期地理环境及其演变规律，《禹贡》《山海经》《水经注》是经典之作。柳宗元的《晋问》从山西山川形胜到物华天宝，勾勒了山西自然环境的多样性，揭示了文化多元的天然土壤。从狩猎游牧到农耕定居，多元生存方式催生了包容并蓄的文化品格。

"历史流域学"由研究会学术委员会主任王尚义教授提出，旨在揭示河流与文化共生关系。黄河、汾河、沁河等不同流域文化特质在交流中相互渗透，使三晋大地成为"晋之魂"文化包容的沃土。

"地域文化学"由席宏斌教授提出，注重从全球视角运用多学科交叉分析。山西处在欧亚草原带最东端，是草原与农耕文化交汇融合地区，特殊的地理位置决定了其开放融合的文化姿态，历史上北魏平城时代民族大融合、晋商商业网络拓展就是典型例证。

二、五色文化："晋之魂"文化的具象表达

古色是"晋之魂"文化的重要底色。从"表里山河"孕育的军事重镇到"中华第一宰相村"裴柏村传奇，从北魏石窟到唐代建筑，古迹承载历史记忆。云冈石窟佛像、平遥古城票号建筑，都是多元包容的例证。

红色是"晋之魂"文化的革命印记。太行山八路军总部旧址、平型关大捷战场，见证军民抵御外侮。民族危亡时，山西接纳革命火种，开辟敌后战场，成为中国革命战略支点。

绿色是"晋之魂"文化对生态的敬畏。"两山"退耕还林、"七河"生态修复，"两流域"整沟治理，体现了"天人合一"与综合系统理念，展现了山西在经济发展与生态空间方面的创新探索。

土色是"晋之魂"文化的质朴基因。黄土高原的农耕生活、窑洞民居、面食文化，体现因地制宜的生存智慧，承载着对土地的眷恋与改造自然的能力。

墨色是"晋之魂"文化流淌的文脉精髓。从唐风晋韵到魏碑风骨，从诗的海洋到戏曲摇篮，从元杂剧繁荣到明清小说流行，无不彰显"晋之

魂"文化的开放包容气度。

三、五线文化:"晋之魂"文化研究的空间坐标

山西"山河+"地理形胜与承东启西、连南接北的独特区位,是"晋之魂"文化形成的地理物质环境。

黄河是"晋之魂"文化之根。壶口瀑布孕育坚忍性格,古渡口见证文化汇聚。从西侯度圣火到丁村文化,从陶寺遗址到唐代蒲津渡铁牛,大河上下,串联起山西百万年文明史。

长城是"晋之魂"文化脊梁。雁门关等关隘既是军事屏障,也是民族交流的前沿。长城内外,农耕与游牧文明碰撞融合,展现山西在冲突中寻求共生融合的密码。

太行是"晋之魂"文化精神图腾。险峻山脉激发创新精神,挂壁公路、太行天路打破地理阻隔;八路军建立根据地,创造"人民战争"战略典范。太行东西,构成中国地形重要阶梯。

万里茶道(晋商古道)是"晋之魂"文化动脉。晋商开辟连接欧亚贸易通道,票号制度创新、诚信经营理念推动经济繁荣,晋商精神,彰显"晋之魂"文化对外开放的魄力与魅力。

万里移民是"晋之魂"文化重要纽带。从西晋"永嘉之乱"南逃到北魏迁徙,从明清洪洞大槐树移民到"走西口""闯关东","根祖文化"成为"晋之魂"文化的重要标识。

"五色文化"与"五线文化"是一个有机整体。古色沉淀中包容孕育多元,红色实践中开放推动创新,绿色转型中创新激活发展,土色情怀里多元回归本真,墨色传承中开放升华境界,共同耦合于"晋之魂"文化演进发展的全过程和各方面。

四、多元×包容+创新×开放:"晋之魂"文化的时代启示

"晋之魂=多元×包容+创新×开放"这一表达,强化乘法符号而非加法,寓意要素间是化学反应而非简单叠加。前者揭示"晋之魂"文化演进特质

与环境，后者揭示其发展动能与生成机制。

  这一表达并非简单的数学公式，而是"晋之魂"文化发展动态方程式，是对三晋文化特质的高度凝练与升华，如同一把钥匙解锁三晋文化基因密码，揭示其源远流长的内在逻辑。其文化基因深植于山西地理与历史双重驱动，多元与包容如土壤，创新与开放如阳光雨露。

  这一表达具有鲜明时代特征。站在新时代起点，山西"五色文化"与"五线文化"是历史瑰宝，也是创新源泉。当古建保护与文旅融合、红色资源与乡村振兴结合、生态治理与产业升级同步，晋之魂正以新姿态续写传奇，引领山西在高质量发展道路上奏响时代乐章。

  期待《晋之魂：三晋文明的源流》一书早日面世，以飨读者。

  是为序。

2025 年 7 月 10 日

（作者系山西省人大常委会原副主任，山西省三晋文化研究会会长）

序二

——山西的世界和世界的山西

席宏斌

自从2021年我的《中国地域文化系列丛书》首部作品《从山西出发》出版后,我在全国各地研学、考察、讲座时,被问及最多的一个问题便是:"了解中国各地的地域文化为什么首先要从山西出发?"

我的看法是:三晋是中华文明最早的发源地,是全球华人的祖居地。

一

华夏始祖炎帝的主要活动区域在三晋。

"最早的中国"(陶寺遗址)在三晋(山西临汾)。

上古最早的三位圣明君王尧、舜、禹的主要活动区域在三晋。尧帝的都城在平阳(今山西临汾);舜帝的都城在蒲坂(今山西运城永济市);禹的都城在安邑(今山西运城夏县)。

中国史书中记载的第一个奴隶制朝代夏朝的起源地和核心区域在三晋(山西南部)。随之而来的商朝核心区域位于三晋的东南部,周朝的核心区域位于三晋的西南部,始终与三晋唇齿相依。即使是秦统一中国后,中国统一王朝的都城在大部分时间里也紧紧围绕三晋而设:古都西安位于三晋的西南,古都洛阳位于三晋的正南,古都开封位于三晋的东南,古都北京位于三晋的东北。这些古都距三晋的直线距离都不超过200千米。三晋犹如一个巨大的磁场,紧紧吸引着这些古都从古到今、从西南到东北围绕着三晋这块神秘的土地旋转。

二

中国文明在起步时期曾呈现出"满天星斗"式的喷发状态，之后逐渐汇聚成以三星堆文明为代表的长江上游地区和以良渚文明为代表的长江下游地区以及以中原文明为代表的黄河中下游地区。当三星堆文明和良渚文明神秘消失之后，以中原文明为代表的黄河文明却承前启后，将中华文明一步步推向成熟。

黄河因黄河流域为中华文明的主要发源地而被称为中国的母亲河。

黄河文明最早的发源地就在黄河中游地带晋、陕、豫交界的"三角洲"区域，在由古都临汾、西安、开封构成的"三角洲"区域内，拥有黄河流域最重要的三条大河：汾河、渭河、洛河。其中，汾河拥有河东盆地（临汾和运城），渭河拥有关中平原，洛河拥有洛阳盆地。这三个既相对独立又紧密相连的地理单元共同将黄河中游沉淀为中华文明最早的发源地。

中国的历史走向和黄河的流向极其相似，特别是在黄河中游地区。

黄河进入中游后，先是沿晋陕大峡谷从北到南，山西和陕西分列东西，接着从风陵渡开始由西向东将河南和山西南北相隔。而中国历史以北宋为界，也经历了从东西对峙转向南北对峙。

北宋以前的周朝和商朝，秦和东方六国，东魏和西魏，北齐和北周，都是典型的东西对峙。北宋以后，北宋与辽，南宋与金，南宋与蒙古，入关前的清朝和明朝都是典型的南北对峙。

山西和陕西分列黄河中游的南北，山西和河南分列黄河中游的东西。在由晋、陕、豫构成的黄河"三角洲"文明发源地中，山西成为核心区域中的核心。

在南宋以前的三个古都中，临汾位于北方，西安位于西方，开封位于东方。由这三个古都构成的黄河"三角形"内，无论是旧石器时代的考古遗址还是新石器时代的考古遗址，从三角形的重心向三个古都方向各自延伸相同的距离所构成的"三角洲"区域内，都以占中国国土面积不足2%的比例，拥有全国考古遗址总量的近20%，成为全国考古遗址最密集的地区。

令人惊叹的是：由临汾、西安、开封构成的三角形的地理重心精准地定位于山西运城的垣曲，而垣曲正是举世闻名的"世纪曙猿"的发现地，在它不远处正是人类第一缕圣火的发现地——西侯度。

山西不仅是全球华人的祖居地，还可能是人类的祖居地。

三

正是因为处于文明的核心地带，三晋成为中国文明发展进程的重要参与者和见证者。

改变中国千年历史命运的"三大战役"——长平之战、巴公原之战、上党战役全部发生在山西境内。

长平之战是公元前260年秦国军队与赵国军队在长平（今山西晋城高平市西北）一带进行的一次主力对决，是战国历史上最关键的转折点。秦国经此一役奠定了统一东方六国的基础，此战成为秦统一中国的决胜之战。从此以后，统一国家的观念深入人心，直到今天。

巴公原之战是公元954年五代十国时期后周与北汉、契丹联军在泽州高平县南的巴公原（今山西晋城巴公镇）一带进行的一次关键性战役。此战以后周的大获全胜而告终，堪称北宋统一全国的奠基之战，中原王朝由此转弱为强，中国历史大势由东西对峙转为南北抗衡，而中原文化也始终保持了发展主轴的地位。

上党战役是抗日战争胜利后决定中国前途命运的奠基之战。战役发生在上党地区（今山西长治、晋城），中国人民解放军共歼灭国民党军队3.5万余人，不仅巩固了晋冀鲁豫解放区的后方，还提振了解放区军民必胜的信心，堪称现代中国的奠基之战。

三场决定性战役虽时隔千年，却全部选择在山西展开，足以证明山西在中国历史进程中的战略地位。

四

全球都惊叹：山西以不足中国国土面积1.7%的比例，却拥有全国79%的古建筑，且全国重点文物保护单位达531处，总数排名全国第一。

时隔千年，虽历经地震洪涝、战争匪患，山西却保存了如此多的文明精华，其原因何在？

山西不仅是中华文明发展的重要参与者和见证者，更是中华文化的守护者和传承者。

在有文字记载的几千年文明史上，三晋在不同时期曾经对中华整体文明做出过杰出的甚至是决定性的贡献。

在春秋争霸的年代，晋国从立国起就自始至终走在时代发展的最前列。晋文化在形成过程中，在承认周礼权威性的同时，也显现了与周礼的明显不同。比如，晋国在春秋初年就出现了小宗取代大宗、非嫡长子占据君位的政治局面，显示了晋文化的创造性和开拓性；此外，晋国从立国之初对封国之内少数民族文化的容纳，对其独有文化传统的继承，到姬姓公室和重要的卿大夫之家与少数民族的通婚，都充分显示了晋文化的多元性。

战国时期的三晋呈现出中国学术史上少有的百家争鸣的盛况，深刻影响了秦汉以后中国古代社会的发展。

三晋法家独树一帜，引领了当时的时代潮流；三晋兵家为中国古代军事理论增添了深刻的思想内涵；三晋名家百花齐放；三晋纵横家名震一时。此外，春秋战国时期的三晋还是华夏最早的"一国两制"的实施者和郡县制最早的示范者。

秦汉以后，三晋在各个时期都对中华文明做出了卓越的贡献：汉代和宋代的史学巨著、唐代的诗词、西晋和北魏时期的书法、南北朝和五代时期的民族融合、金元时期的戏曲、明代的小说等文化都走在其他区域前列，其间还涌现出许多著名的文臣武将和文化巨擘。

在2000多年的封建社会中，山西在唐代和清代先后成为全国最富的省份。

唐代的山西经济在全国处于前列。唐王朝定都长安后，先后把晋阳（今太原、晋中地区）称为北都、北京。随着山西境内涑水流域和汾河流域水利工程的兴修，山西成为唐王朝重要的粮食产地，汾河成为通往京师的重要运粮航道，而河东（今运城、临汾一带）道正仓和义仓储粮分别居全国第二、三位。在手工业方面，山西也一路领先：全国99座铸钱炉，属于山西绛州（今新绛）和蔚州（今河北张家口蔚县）灵丘的就达40座，居全国之冠；河东盐池的盐业在唐朝廷赋税收入中占有极其重要的地位；山西的蒲州（今永济）、平阳（今临汾）、晋阳等地成为当时商品流通的中心。

明清两代，晋商持续接力，不仅在商业上形成一个驰骋500余年的庞大商业群体，还将清代的山西推向"海内最富"。晋商不仅在商贸领域，而且在金融领域都创下了许多极具挑战性、开拓性、探索性的业绩。

票号开创了中国近代金融改革的先河，而万里茶道的开辟，则是由中国民间独立开发的中外商贸通道，其开拓之勇、坚持之久、人数之多令人感佩。

一座晋祠的历史，道尽了三晋对文明的守护和传承。

晋国起源于叔虞封唐，叔虞所封的唐地原有古唐国。唐在商时成为有名的方国，日后从山西起兵的李渊家族以唐为国号也正是源于此。

叔虞因有功于周王朝而受封于唐地，受封时周成王"命以《唐诰》，而封于夏墟，启以夏政，疆以戎索"。

叔虞去世，其子执政时改国号唐为晋。为了纪念唐叔虞这位晋国的开国诸侯，在今天的山西太原晋源区建有举世闻名的晋祠。叔虞是周成王的胞弟，其封地在今天的山西翼城。之所以在太原建晋祠，是因为叔虞宗族的一支后来迁至晋阳，在晋阳悬瓮山麓晋水发源处建祠宇，所以晋祠最早也叫唐叔虞祠，晋国宗祠，是中国现存最早的皇家祭祀园林。晋祠内现有从宋、元、明、清直至民国的本体建筑类型,且序列非常完整。附属的彩塑、壁画、碑碣皆为国宝,其中的难老泉、周柏、宋代彩塑被誉为"晋祠三绝"。

晋祠在周朝时建祠,以后历代皆有修缮和扩建,祠内有与祠堂并存的周柏,迄今已3000多年。贞观二十年(646)唐太宗李世民曾到晋祠,亲自撰写《晋祠之铭并序》,并对晋祠进行了扩建。这一举动从某种意义上,也确实可以看作晋文化系统能上溯西周封唐建晋至盛唐肇创文脉传承的实证之一。

对传统文化的坚守和创新传承是今天山西成为文物大省的重要原因。

五

从全球视野看,三晋蕴藏着东方神秘文化的密码。

山西目前拥有长城、云冈石窟、五台山、平遥古城四大世界文化遗产。

与其他省份相比,山西境内的长城以修建时间跨度最久(2000多年)、修建里程最长、境内分布最广、雄关漫道和古迹遗存最多而独冠全国,成为长城文化最经典的代表。其中的雁门关作为中国古代关隘宏伟的军事防御工程,战国时就被列为"九塞之首"。从公元前4世纪至20世纪,发生在这里的重要战事就达数百次,被誉为"中华第一关",是中国长城文化、关隘文化的典型代表。

云冈石窟以其规模宏大、开凿时间久、石刻艺术珍品多而位列中国四大石窟之首。云冈石窟不仅是中国第一个皇家授权开凿的石窟,而且具有中西合璧、世界文明集锦的特征:其中既有印度、中西亚艺术元素,也有希腊、罗马建筑造型、装饰纹样、相貌特征等,体现出中华文明的融合性与包容性,在中华艺术宝库中具有独一无二的特征和地位。

五台山是中国最古老的佛教寺院之一,其中的显通寺既是五台山的开山寺,又可视为中国辟山建寺的最早纪录。五台山上既有青庙,也有黄庙,藏传佛教和汉传佛教并重,这在中国四大佛教名山中是独有的现象,反映了三晋文化包容并蓄的特征。在长期的历史演进中，五台山存有世界上鲜有的古建筑群、罕见的佛教造像群、独特的佛教音乐，被誉为"中国古代建筑艺术宝库""中国佛教造像艺术展览馆""中国佛教音乐奇葩"，积淀了丰富的历史文化遗产。

平遥古城是现今中国境内保存最为完整的一座古代县城，是中国上千座古城中唯一的原生态古城。古城始建于西周宣王时期（前827—前782），于明代洪武三年（1370）重建，扩修城池。平遥古城是中国汉民族城市在明清时期的杰出范例，它保存了其所有特征，展示了五个世纪以来中国建筑风格和城市规划的演变，被称为研究中国古代城市的活样本，在建筑、宗教、商业、民俗、民间艺术方面具有丰富且独特的价值。

除了上述四大世界文化遗产外，山西至少还有以下六处文化景观具有申遗成功的潜力。

陶寺遗址是龙山文化最典型的代表，是中原龙山文化中规模最大的一处，其延展年代已扩至公元前2500年至公元前1900年，持续达600年之久。这里发现了截至目前中国最早的文字、最早的测日影天文观察系统、中原地区最早的龙图腾、黄河流域史前最大的城址、世界上最古老的观象台，被学者们推论为"最早的中国"。

晋祠是中国现存最早的皇家祭祀园林，体现了中国人"敬天法祖"的文化理念。园林内现有从宋、元、明、清直至民国的本体建筑类型，且序列非常完整。附属的彩塑、壁画、碑碣皆为艺术绝品，其中的周柏树龄已超3000年。

芦芽山冰火奇观坐落于山西省忻州市宁武县的芦芽山，其中的万年冰洞国家地质公园内的冰洞，虽历经300万年的岁月沉淀，至今仍保持着其原始的魅力。芦芽山万年冰洞不仅是我国已发现的规模最大的冰洞，更是世界上永久冻土层之外难得一见的巨大冰洞奇观。更令人惊叹的是，距离这片万年冰洞不到200米之遥，便有一处千年不息的地火，被世人誉为"千年火山"。水火不相容的自然原理却在这座山上和谐地展现，共同缔造出一处世界级的自然奇观。

沁河古堡群位于山西省晋城市沁水、阳城、泽州等地，沿约20千米的沁河两岸形成密集的古堡群，著名的古堡包括皇城相府、湘峪古堡、郭峪古城、砥洎城、天官王府等。沁河古堡群是中国北方明、清时期最具代表性的民间防御性村落建筑群，具有村堡合一的特点，村落与城堡功能相融合，城墙高达10余米，内部有完善的街巷、民居、庙宇等生活设施，同时设置多重防御体系。街坊间以过街楼或地下甬道连接，既可独立成院抗敌，又能快速协同防御，体现了"出入相友、守望相助、同仇敌忾"的集体智慧和文化精神，是中国民间防御性村落的典范，具有极高的历史价值、军事价值、建筑价值，世所罕见。

悬空寺位于山西大同浑源县城东南的恒山翠屏峰西侧，是儒释道三教合一的寺庙建筑群，距地面约60米，是中国现存较早、保存较为完好的高空木构摩崖建筑，为北岳恒山第一胜景。它拥有恒山山岳崇拜、民俗信仰与崇拜、民间传说、民间歌谣等非物质文化遗产。李白赞之为"壮观"，徐霞客惊叹为"天下巨观"。2010年被美国《时代》周刊选为"全球十大最奇险建筑"之一。

太行山，又名五行山、王母山、女娲山，纵跨北京、山西、河北、河南四省市，其主体位于山西境内，是中国中部地区最重要的山脉，也是中国重要的地理分界线。中国五岳中的四岳全部围绕太行山而立，东岳泰山、西岳华山、中岳嵩山、北岳恒山分别位于太行山的东西南北方向，太行山堪称群山之首。

八百里太行山不仅拥有险峻的"太行八陉"，千百年来还留下了女娲补天、愚公移山的传说以及赵武灵王胡服骑射、赵氏孤儿等人文故事。这里有"士为知己者死"的豫让，还有首阳山采薇的伯夷、叔齐；有抗辽的"杨家将"，有抗金的"岳家军"；有"三战狼窝掌"的大寨人，有"辟开太行山"的红旗渠；有"太行正气传千古"的八路军，还有《在太行山上》的全民族大合唱。这些历史故事既体现在军事、国防、交通层面，又体现在人文精神层面，对中华文明和中华文化的创新和发展产生了极大影响。

除了上述世界文化遗产和"准遗产"外，山西还有许多世界级的文旅元素：

由晋商开辟、起源于山西祁县的万里茶道，是由民间独立开拓的一条商道，可与"丝绸之路"相媲美。

人类最早的祖先"世纪曙猿"化石在山西垣曲发现，注定将吸引全球人类学者的目光。

人类第一缕圣火在山西运城西侯度出现，人类从此告别了纯动物时代。

中国唯一的女皇武则天出自山西文水，在全球享有盛誉，在中国的女权地位空前绝后。

来自山西运城的关羽，从汉代封侯，宋代封公封王，明代封帝封圣，成为中国的"武圣"，受到来自朝野和三教九流的广泛祭祀。鼎盛时期，其庙宇遍及四大洲，尤其在东亚和东南亚享有盛誉。

中国"史学两司马"均出自山西运城，司马迁为河津人，司马光为夏县人。《史记》和《资治通鉴》是中国最著名、最重要的两部史学著作，也是享誉世界的文学和史学著作。

山西不仅是"最早的中国"，还蕴藏着开启东方神秘文化的钥匙。

站在黄土高原，回望万年，不由感慨：

西侯圣火照曙猿，三河归流史无前。
宋明欲学汉唐事，春风几度雁门关。
昼观宇宙垠无限，夜念苍生事惟艰。
晋祠流水如碧玉，梦里常回太行山。

2025年6月

目 录

第一章 文明薪火 ·················001
 山西的发现 ·················001
 文明的发祥地 ·················010
 发现山西 ·················023

第二章 三晋文脉 ·················031
 晋水 晋国 晋祠 ·················031
 星光灿烂 ·················038
 从"楚材晋用"到"晋材秦用" ·················046
 晋国的守正和创新 ·················062

第三章 河流与文化 ·················080
 汾河 ·················080
 沁河 ·················087
 桑干河 ·················099
 滹沱河 ·················106
 漳河 ·················110

第四章　黄河　太行　长城 ……………………………… 116

　　黄河 ……………………………………………………… 119
　　太行山 …………………………………………………… 130
　　万里长城 ………………………………………………… 146

第五章　出将入相 …………………………………………… 156

　　"河"东和"山"西 ……………………………………… 156
　　关隘和关羽 ……………………………………………… 185
　　中华第一宰相村 ………………………………………… 205

第六章　平城时代 …………………………………………… 208

　　北魏王朝 ………………………………………………… 208
　　为什么是平城？ ………………………………………… 212
　　赵襄子灭代 ……………………………………………… 215
　　马邑之谋 ………………………………………………… 216
　　石窟与魏碑 ……………………………………………… 222
　　平城时代和平城学 ……………………………………… 226

第七章　大唐盛世 …………………………………………… 232

　　北魏余晖 ………………………………………………… 232
　　王业所基 ………………………………………………… 242
　　一代女皇武则天 ………………………………………… 250
　　唐代诗人多在晋 ………………………………………… 260

第八章　第三座文学高峰 …………………………………… 274

　　撕裂的北宋 ……………………………………………… 274

北方文雄 ……………………………………………… 286
　　戏曲摇篮 ……………………………………………… 290
　　古建筑博物馆 ………………………………………… 300

第九章　晋商的兴衰 …………………………………… 316
　　500年的商业帝国 …………………………………… 316
　　晋商的崛起 …………………………………………… 324
　　中国民营企业的典范 ………………………………… 364
　　商业影响下的世界 …………………………………… 388
　　晋商兴衰的启示 ……………………………………… 405

第十章　三晋之魂 ……………………………………… 429

参考书目 ………………………………………………… 447
后　　记 ………………………………………………… 448

第一章　文明薪火

山西的发现

中国，屹立于亚欧大陆东侧、太平洋西岸，与古埃及、古巴比伦、古印度并列为世界四大文明古国。

中国，从零星的族群、部落、王国，经过交流、融合与扩张，汇聚成伟大的中华民族。

中国，是四大文明古国中唯一的从古至今文明从未中断、从未衰落，迄今仍位列世界之巅的国家。

在多元一体的中华文明生成架构中，黄河流域无疑是中华文明最重要的早期发源地、成长地、凝聚地、形成地。

在黄河文明形成过程中，晋、陕、豫三省交界的黄河中游地区无疑成为文明产生的核心地带。而山西西南部的河东地区和山西东南部的上党地区则成为核心地带的核心。

山西是中华民族重要的发源地，是中华文明重要的发源地。几个世纪以来的人类学和人口学考古成果逐渐证实了这一论断。

世纪曙猿：人类最早的起源

人类的进化是一个漫长而曲折的过程，对于人类起源的探索与研究，也是一个漫长而复杂的过程。

人类的远祖究竟起源于哪里？进入大航海时代后，世界已经连成一片，而人类关于自己起源的研究也日益迫切。而在山西运城垣曲，一次又一次地演绎着人类历史演变过程的偶然发现，为人们的研究提供了一个又一个的科学佐证。2000年4月，中国最权威的新闻媒体《人民日报》和《新华每日电讯》等报刊相继刊登文章和消息，报道中美科学家在英国科学期刊《自然》杂志上发表的论文，通过对在山西垣曲寨里村发现的世纪曙猿脚跗骨、下颌骨化石的研究，证实了人类的远祖起源于中国山西垣曲，推翻了"人类起源于非洲"的论断。

何为曙猿？

曙猿的意思是："类人猿亚目黎明时的曙光。"据专家考证，曙猿是生活在距今4500万年前的灵长类动物，主要活动在热带、亚热带地区温暖湿润的林地里，是迄今为止人类已经发现的最小的灵长类动物，是低等灵长类动物向类人猿进化的过渡阶段。

曙猿化石发现之前，世界上最早的高等灵长类动物化石发现于北非法尤姆，距今约3500万年。山西垣曲世纪曙猿的发现，把类人猿出现的时间向前推进了1000万年，进而也实证了山西在人类进化史上的地位。

"世纪曙猿"化石发现后，世界权威的美国《科学》杂志迅速予以报道，文中说："这是20世纪古生物学上最为重大的科学发现，中国很可能是包括人类在内的高等灵长类动物的发祥地。"

西侯度：人类文明的第一把圣火

美国《科学》杂志根据世纪曙猿的发现，认为"中国很可能是整个人类发祥地"的论断并不是孤独的论证。

20世纪60年代，考古学家在黄河岸边，距垣曲寨里村不到200千米一个名为西侯度的地方，发现了243万年前人类最早用火的证据。

西侯度遗址位于山西省西南端（古河东地区）黄河拐弯处——芮城县风陵渡镇以北约7千米黄河左岸（北岸）的丘陵地带。

"西侯度考古之所以震惊世界，恰恰在于火的发现"，西侯度遗址，是远古人类留给中国人的宝贵文化遗产。

西侯度遗址的发现，把中国古人类用火的历史，从70万年前的周口店北京猿人，又向前推进了110万年。

达尔文在《人类的由来》中写道："火可能是人类迄今除了语言之外的最大发现。"而在山西的西侯度，火与人类的亲密关系，第一次得到验证。

人类进化经历了南方古猿、能人、直立人和智人四个发展阶段。随着人工智能的发展，人类在不远的将来，有可能向"机智人"的方向融合发展，但从距今4500万年世界最早的具有高等灵长类动物特征的垣曲"世纪曙猿"，到距今200多万年前的芮城西侯度直立人使用火，人类进化的开端与人类文明的衍生，都在黄河岸边的山西镌刻下无法磨灭的印痕。

火的发现和使用，使人类的进化大大向前迈进了一步。借着文明的圣火，人类迅速完成了进化过程。之后，人类文明每一次重大进步，都离不开火的参与：从制作使用打制石器到磨制石器需要火；广泛冶炼和使用金属工具需要火；火药的发明和蒸汽机的使用需要火；人类进入工业文明和科技文明时代，煤炭、石油、天然气使用和提炼以及各种火炮仍然需要火；当今人类最先进的科技尖端航空、火箭仍然需要火。可以说，自人类发现和利用火以后，人类就再也没有离开过火。而迄今发现中华大地人类最早用火的地方是在山西南部晋、陕、豫交界的风陵渡一带。当你登临西侯度遗址圣火台俯瞰，苍茫的中条山与巍峨的华山对岸夹峙中，黄河自北而来转而自西向东而去，由"中条山"的"中"和"华山"的"华"构筑而成的"中华"和黄河东西南北划分而定的四方形成的一幅唯美画卷正在你眼前徐徐展开。中华旧石器时代早期文化史，中华古人类进化史也向你扑面而来：山西堪称中华文明最早的发源地。

泥河湾遗址：桑干河流域的惊人发现

世纪曙猿和西侯度遗址位于山西西南部的运城，而在三晋地域东北方向桑干河上游阳原盆地的泥河湾在1924年就有了重大考古发现。

1924年9月,法国古生物学家德日进、桑志华会同美国地质学家巴尔博在泥河湾地区有了重大的考古发现。自此,经过20多个国家和地区的500多位专家、学者100多年的考古发掘和研究,在东西长82千米、南北宽27千米的桑干河两岸区域内,发现了含有早期人类遗存的遗址80多处,出土了数万件古人类化石、动物化石和各种石器,几乎记录了从旧石器时代至新石器时代发展演变的全过程,在中国已经发现的25处距今100万年以上的早期人类文化遗存中,泥河湾遗址群就占了21处。这里拥有:

距今200万年的马圈沟遗址。

距今136万年的小长梁遗址、广梁遗址。

距今110万年的东谷坨遗址。

距今78万年的马梁遗址。

距今10万年—7万年的侯家窑—许家窑遗址。

……

总共达130多处,现存战国、汉、辽墓葬124座,被专家称为"世界天然博物馆""东方人类的故乡"。

泥河湾遗址群出土的古人类化石、动物化石、各种石器总计数万件。这些远古文化遗址分布面广、内容丰富,囊括了古人类学、旧石器考古学、古生物学、第四纪地质学、古地磁学、古气候学和年代测定等多个学科,几乎记录了人类起源与演变的全过程,已成为这些学科研究的主库,对探索世界早期人类的发展及其文化的演变和发展具有重要意义。

泥河湾如今属于河北省阳原县东部的一个小村庄,从山西大同盆地而来的桑干河从此流过。春秋时这里属于代国;战国时期这里属于赵国;秦汉时期这里仍属于并州代郡。从历史文脉看,这里属于典型的三晋地域文化范围,地处北京、大同的文化过渡地带,典型的燕赵结合部。如今它地处北京市和大同市之间,北面是山西天镇县;西面、西南分别与山西省阳高县、广灵县交界。

在人类文明萌芽的重要时刻,三晋大地的东北和西南遥相呼应,将三晋大地推向中华文明起源不可或缺的重要地位。

匼河遗址：中华古人类的生活场景再现

山西西南方向风陵渡给世界带来的震惊还远没有结束！

1957年，中国科学院古脊椎动物与古人类研究所在配合三门峡水库建设过程中，在山西省运城市芮城县风陵渡匼河村一带发现了匼河遗址。在随后几十年的发掘中，先后出土了属于更新世中期的哺乳动物化石和原始的石器。其中动物化石主要有肿骨鹿、披毛犀、扁角鹿、对丽蚌、德氏水牛、二门马、野猪、师氏剑齿象、东方剑齿象、纳玛象、三趾马等；共出土石器138件，以大石片制作的砍砸器、石球和三棱大尖状器（旧石器时代古人类用于挖掘根茎类植物的工具）为特色。这些动物化石和石器主要分布在中条山西南麓的黄河北岸，遗址北至永济市韩阳的独头村北涧，南至芮城县的涧口南沟，西至黄河岸，东至芮城风陵渡镇的华望村，长达13.5千米，由17个地点组成，形成举世闻名的匼河遗址群。

匼河遗址中三棱大尖状器、石球及动物化石的出现，基本上可以证实当时中华古人类过着既采集又狩猎的生活，其中动物化石的出现尤其是大型动物的出现也表明当时气候温暖湿润，森林茂密，河流湖泊以及沼泽众多。

匼河遗址地质时代为距今约60万年的更新世早期，遗址群的地点皆位于晋、陕、豫交界，山西境内黄河由西向东的拐角处，发掘遗址点较为密集，证明中国早期人类在这一带活动已经非常频繁，并且可能已经形成了有一定规模的原始人群落。由于出土的动物化石中少见虎、豹、狼等大型攻击性动物的化石，可以推断，这一带有当时适合人类群居的动植物环境，是早期人类生产、生活的一个中心地带。

匼河遗址的石器组合代表了一种文化性质，和旧石器时代初期的其他地点相比，匼河石器有自己独有的特点。匼河遗址所反映的文化也被称为"匼河文化"，它上与西侯度文化，下与丁村文化有一定的渊源。

匼河文化是承继西侯度文化发展而来的。西侯度文化仅有西侯度一个遗址，而匼河文化的遗址则存在范围较广，涉及面波及黄河中游的晋、陕、豫三省。除了此处以匼河为中心分布的遗址群，在匼河东面垣曲境内的官沟、东岭、中背岭、柴火疙瘩、坪道、小赵村、早家庄、冯家山、晁家坡等处，以及位于黄河对岸的陕西潼关、河南三门峡的一些地方，亦分布有属于匼河文化的石器特点。

丁村人：上承北京猿人，下启山顶洞人

匼河文化之后，山西在东北方向桑干河流域继续活跃之外，西南方向又迎来了丁村人的时代。

1953年，建筑工人在山西省襄汾县南约5千米的丁村南同蒲铁路两侧，发现了石器和脊椎动物化石。

1954年，在对丁村遗址大规模发掘时又发现了三枚人类牙齿化石，这一发现在当时惊动全世界。经过实验测试得出结论：这是同一个人的牙齿，是个少年，年龄只有十二三岁。它既有北京猿人的特征，也有现代黄种人的特征，而与白种人的门齿特征差别极大。显然，这三枚牙齿是中国人的牙齿。进一步研究得出明确结论：生活在汾河岸边的丁村人距今约10万年。并以此推断出丁村人当时生活的环境：其时林木茂盛，气候温和，汾河河谷宽阔。两岸松杉蔽日，岸边齐腰野草丛生，并有鹿、大象、犀牛、野马、野驴出没河边。汾河游弋着青鱼、鲤鱼等众多水生动物。丁村人就是在这样的环境中狩猎、采集，一代又一代在这里繁衍生息。因其有北京猿人的特征，可以进一步推断出三晋大地的古人类很可能已经实现了桑干河流域和汾河流域的迁徙互动。

丁村遗址是中华人民共和国成立后发现的第一处丰富的旧石器时代文化遗址。

遗址中发现的石器达2000多件，包括砍砸器、刮削器、石球、小型尖状器、厚三棱尖状器等。丁村人制作石器的技术明显比北京人有了进步。其中，石球可用作流星索，是狩猎工具；厚三棱尖状器则可能是掘土工具。

1957年，科学界把生活在丁村的古人类命名为"丁村人"，属于这一时期的文化称为"丁村文化"。在考古界,同时被命名为"人"和"文化"的考古遗址极其少见。

随着考古发掘工作的进展,这里的出土器物也越来越多,"丁村文化"的内容也越来越丰富。考古学家将冠以"丁村文化"的器物分为三段,即早段、中段和晚段。这三段文化所涵盖的年代范围,已经比那三枚牙齿所代表的年代宽阔了很多。

丁村文化早段,属于旧石器时代初期,但稍微靠后一些,距今20多万年。丁村文化中段,属于旧石器时期中段,主要器物和早段完全一致,只是制作更为精细一些,距今约10万年。丁村文化晚期,既有中期的石器,又有以燧石为原料的细石器,如琢背小刀、锥形石棱等。这种情况意味着丁村文化在这一时期有新的文化融合进来。经考古测定,这一时期距今约2.6万年。

北京猿人生活在距今约70万年至20万年,山顶洞人则生活在距今约2.7万年至3.4万年之间。丁村人生活的早期正好上承北京猿人生活的末期;而丁村人生活的晚期,则正好开启了山顶洞人生活的早期。从北京猿人到丁村人,再到山顶洞人,丁村文化将这漫长的时间填充得滴水不漏。这一考古实证向世界宣告:中华大地历史悠久,我们的祖先一脉相承,代代传续,直至今日。

许家窑人:北京人文化和峙峪文化的过渡

山西和北京的关联,除了泥河湾—北京人和北京人—丁村人—山顶洞人这一考古链条外,还有北京人—许家窑人—峙峪人这一过渡环节。

20世纪70年代,考古学家在位于山西大同城东北、阳高县古城镇许家窑村南1.5千米处发现了许家窑人遗址。差不多同时,在紧邻许家窑的河北阳原县侯家窑村发现了侯家窑遗址,两地皆属于泥河湾盆地。遗址内含有人类化石和大量石制品、古角器以及丰富的哺乳动物化石,是迄今为止中国旧石器中期古人类化石、动物化石、文化遗存最为丰富、规模最大的古人类古文化遗址。

考古证实，许家窑人是"北京人"的后裔，大约10万年前迁徙西行，遇"大同湖"相隔，遂在这一带定居。许家窑遗址中出土的约20件古人类化石分属于10多个男女老幼不同个体，其中有七岁的幼儿，十几岁的青少年，二三十岁的青年，还有年过半百的老年人。在生产力水平极其低下的10万年前，"许家窑人"的寿命竟然能达到年过半百，折射出当时"许家窑人"生活的环境较为稳定和优越。

许家窑人文化以石制品和骨角器为代表，石制品类多达1.4万件，数量之多实属罕见。其石器均形小精细，是北京人文化和峙峪人文化之间重要的过渡环节。

峙峪人：较早使用弓箭的人类族群

20世纪60年代，中国科学院的科学工作者在山西省朔城区峙峪村北的黑驼山脚下，发现了一处旧石器时代遗址。这处遗址以出土大批精巧的细小石器和伴随大量的哺乳动物遗骨而著称，距今约2.8万年。峙峪人文化是继北京人文化、许家窑文化之后，属于华北细小石器文化系统发展中重要环节的文化。

和许家窑的石器相比，峙峪遗址的石器无疑有了巨大的进步，如：成型的楔形石核、斧形小石刀和石镞。

石核在旧石器时代通常作为投掷武器使用。随着大气环境变得干冷，周围的森林、草原植物萎缩，采集经济受到严重挑战，狩猎经济变得格外重要。为了生存，人们不得不冒着生命危险，成群结队地依靠团队的力量去捕获大型食草和食肉类哺乳动物。作为捕获大型动物的重要工具，石核被长期广泛使用。根据已出土的峙峪动物化石判断，峙峪人捕获最多的动物化石是野马和野驴，因而考古界也把峙峪人称为"黑驼山下的猎马人"。

斧形小石刀小巧精美，外形酷似斧头。峙峪人可能把这种小石刀镶嵌在木柄或骨柄上制成复合工具来使用。这种工具具有刃口锋利、便于把握、轻便灵活等特点，显示了峙峪文化的巨大进步。

石镞是用薄而长的燧石石片制成的，可以捆绑木杆制成实用的弓箭。

弓箭具有射程远、速度快、命中率高、危险性小等优点。恩格斯在谈到弓箭的作用时指出："弓箭对于蒙昧时代，正如铁剑对于野蛮时代和火器对于文明时代一样，乃是决定性的武器。"弓箭这种先进而精美的武器的发明，正是峙峪人狩猎水平空前提高的标志。有了弓箭，峙峪人便能捕获更多的猎物。峙峪箭的发明大大加强了人类征服自然的能力，不仅为人类提供了较为充足的肉食来源，而且为驯化动物打下了坚实的基础。峙峪人的石镞是中国迄今发现的较早的石镞。

随着工具的改进和生产力水平的提高，峙峪人的生活水平也有了改善。峙峪遗址出土的文物中有不少与皮革加工有关的细石器，表明当时峙峪人已经学会用兽皮缝制衣服，用来御寒和保护自己的身体；从出土的石墨装饰品来看，有钻孔和磨、擦的痕迹，这点既表明峙峪人生产技术的进步，又反映了当时人类的原始审美情趣。在两万多件人工砸击过的碎骨片中，有数百件留有清晰的数目不等的直道。专家们根据兽骨片的刻划痕迹推测：在文字发明以前，这很可能是人类最早使用的计数符号，甚至可能是文字发明的前奏。同时也表明，当时的峙峪人不仅有简单的数量概念，而且已经开始创作原始的雕刻艺术品。种种迹象表明，峙峪人的生活已经越来越向新石器时代迈进。

在峙峪遗址还发现一块人类枕骨化石，通过对化石特征的分析推断：峙峪人早于山顶洞人，但晚于山西丁村人，距今已有至少十万年的历史。这说明，在"许家窑人"之后，人类在桑干河流域日益发展和昌盛。

下川文化：已普遍使用弓箭、刀、短剑、标枪等复合工具

峙峪之后，山西东南部地区发现了下川文化遗址。该遗址位于山西省晋城市沁水县城西70千米的中村镇下川村，是一处旧石器时代晚期文化遗址。该遗址发现于20世纪70年代，分布于中条山主峰历山及其附近的阳城、沁水、垣曲三县毗邻的山岳地带，纵横二三十千米。以下川地区保存较好，遗存最为丰富，故称为"下川遗址"。经碳-14测定，该遗址距今2.3万~1.6万年，是旧石器时代晚期后一阶段以细石器为主要特征的石器文化。

　　从下川文化遗址发现的细石器和古脊椎动物化石来分析，下川文化时期，晋城的先祖们生活在依山傍水的区域：在浅水里有螺和河蚌，深水里有鱼；山上有层层覆盖的森林，山里生活着大象、犀牛；山前的草原上生活着大群的羚羊、野马等。这和传说中的舜耕沁水历山、渔于濩泽（今阳城）的情况大致吻合，与历山和舜王坪的地貌亦大体相同。它说明远古泽州（晋城）先民曾过着刀耕火种、捕鱼狩猎的氏族群居生活。

　　下川遗址是一处在人类进化史上具有里程碑意义的旧石器时代晚期的细石器文化遗址。下川文化的发现，表明在旧石器时代晚期，华北地区的细石器工艺已经成熟，代表了旧石器时代石器制作技术的最高水平。从下川大量的细石器中可以发现，当时已普遍使用刀、锯、短剑、弓箭、标枪等复合工具，生产力水平已进一步提高，社会经济开始了新的飞跃。下川文化的发现，不仅对于探讨细石器工艺传统的起源与发展有重大意义，而且为探索与之技术传统相同且广泛分布于中国、俄罗斯、日本等地的细石器文化的起源与发展，提供了新的例证，也使泽州远古文明的神话变成了科学的事实。

　　下川文化上承峙峪文化，下开新石器时代早期高度发达的细石器工艺之先河，在山西和华北地区细石器工艺传统的发展上具有十分重要的地位，是旧石器时代最灿烂的一抹霞光。

　　以世纪曙猿为标志，在随后的整个旧石器时代，三晋大地从西南部的西侯度、匼河、丁村，到东北部的泥河湾、许家窑、峙峪，再到东南部的下川，到处留存有人类早期活动的痕迹。这一系列足迹无不实证了山西在中华文化中的地位：山西堪称中华文化和中华文明最早的策源地，且文明薪火代代相传。

文明的发祥地

　　旧石器时代发出璀璨光芒的山西，在新石器时代继续绽放。

进入新石器时代后，中国的文化区系更加明显，逐渐形成以中原地区为核心，以黄河流域和长江流域的若干文化区为主体的格局，从而为后来的多元一体文明格局奠定了基础。

在距今5000~9000年间，以黄河流域为主的北方地区逐渐发展成旱地农业区，主要种植粟和黍，也有少量水稻和大豆，有成套适应粗耕农业的农具，饲养的家畜以猪为主，也养牛、狗和羊，由于农业的出现以及集约性采集经济的发展，人们普遍走向定居，出现了一定规模的聚落。

中国新石器时期文化以仰韶文化和龙山文化为主要代表，山西大地的仰韶文化遗址和龙山文化遗址遍地开花。

仰韶文化：中国分布地域最大的史前文化

仰韶文化是黄河中游地区一种重要的新石器时代彩陶文化，其持续时间大约在公元前5000年至前3000年（即距今约7000年至5000年），持续时长达2000年左右。仰韶文化分布范围相当广泛：北到长城沿线及河套地区，南达鄂西北，东至豫东一带，西到甘、青接壤地带，以黄河支流汾河、渭河、洛河等黄河支流汇集的晋南、关中、豫西"黄河三角洲"地带为中心。因1921年首次在河南省三门峡市渑池县仰韶村发现，故按照考古学惯例，将此文化称为仰韶文化。

仰韶文化是中国分布地域最大的史前文化，涉及山西、陕西、河南、河北、甘肃、青海、湖北、宁夏等地，几乎覆盖了黄河流域绝大部分省份，尤其以山西、陕西、河南三省的文化遗址遗存最为丰富。著名的"人面鱼纹彩陶盆"就是仰韶文化的代表性作品。

山西的仰韶文化遗迹分布丰富而广泛。如1958年发现的芮城东庄村遗址，同样的文化几乎分布在晋南各地；1960年发现的芮城西王村遗址，同类型的文化遗址还有夏县西阴村、翼城北撖村、垣曲古城镇东关文化遗址等；1984年发现的武乡县牛鼻子湾遗址，以及2022年2月发现的临汾市襄汾县小王遗址，都属于仰韶文化系列。

东庄遗址发现有圆形半地穴房址、储藏食物的窖穴、烧制陶器的窑炉，表明此时的山西晋南先民已进入农业、狩猎、纺织、制陶、定居为一体的生活时代，并初步有了基础美学观念。发现的墓葬说明当时已处在母系氏族社会，社会进化已超越了西安半坡遗址文化，向庙底沟文化（最早发现于河南陕县庙底沟）过渡。

西王村文化遗址出土有生产工具及猪、狗等动物骨骼，说明当时已能饲养驯化动物；出土的彩绘陶器上，绘有植物花纹或网纹，表明当时人类的审美观念和几何形体观念已经形成。

东关文化遗址属于仰韶文化晚期。发现有地面木构建筑，说明此时的建房技术已大大改进；生产工具多为磨制，钻孔技术普遍运用，骨器、角器、蚌器及陶质工具增多，制作比较精良，反映了生产、生活水平的提高。

武乡牛鼻子湾遗址发现的谷物加工工具——石磨盘和石磨棒，表明当时的生产活动已从单纯的农业种植向农业加工迈进。

小王遗址出土的大量陶器及少量石器、骨器等，对研究仰韶文化中晚期的文化面貌提供了实物资料。

山西仰韶文化的分布和成果，以近年来夏县师村遗址的发现最令人惊喜。

师村遗址位于山西省运城市夏县西南15千米，距运城盐湖7千米，地处中条山北麓青龙河故道的河曲地带，是山西晋南发现的内涵最丰富的仰韶早期聚落遗址。

从2019年开始，吉林大学考古学院在国家文物局和山西省文物局的指导下，在师村遗址发掘总面积4626平方米，发现了距今6000年以上的石雕、陶制蚕蛹、夯土遗迹等重要遗存。随后几年的发掘也令人惊喜不断，在所发掘的房址、瓮棺、墓葬、灰坑中发现了大致可分布于仰韶时代的早期和中期、东周、汉代等几个时期的遗存。特别是该遗址自发掘以来，石雕蚕蛹和陶制蚕蛹出土总数已达到6枚。

师村遗址出土了丰富的仰韶时代早期的枣园文化晚期到东庄类型时期遗存和部分仰韶时代中期的西阴文化遗存。师村遗址仰韶早期遗物以陶器为大宗，主要有罐、盆、钵、瓶等，结合碳-14测年分析，师村遗址仰韶早期遗存绝对年代为距今5900年至6500年。

2022年2月，师村遗址入围2021年度全国十大考古新发现终评项目名单。

师村遗址的考古发现，进一步实证了晋南地区在三晋文明发展史上的先锋位置，进一步实证了三晋在中华文明发展史上的源头地位；特别是出土的6000年前的石雕蚕蛹，实证了三晋大地对动物的驯化成果和丝绸之路的源远流长。

仰韶遗址的发现与发掘意义深远。它第一次宣告了中国蕴藏着丰富的新石器时代文化遗存，仰韶文化成为中国考古史上第一个被正式命名的远古文化体系。这标志着中国史前考古学及中国近代考古学的诞生，揭开了中国田野考古史的第一页，是划时代的里程碑，对研究中华文明史有重大意义。而山西大地以其丰富多彩的仰韶文化遗迹，成为中华文明源头不可或缺的重要组成部分。

陶寺遗址：龙山文化最典型的代表

仰韶文化之后的龙山文化时期，山西大地迎来了更惊人的发现。

龙山文化泛指黄河中下游地区约新石器时代晚期的一类文化遗存，属于铜石并用时代文化。因首次发现于山东省济南市历城县龙山镇（今属济南市章丘区）而得名。经测定，年代为公元前2500年至公元前2000年，距今约4000至4500年前。分布于黄河中下游的山西、陕西、河南、山东等省。龙山文化源自大汶口文化，为汉族先民创造的远古文化，其时期相当于文献记载的夏代之前或与夏初略有交错。按现有的考古体系和文明定义，龙山文化正处于文明社会的形成时期，对中华文明探源具有重要意义。

龙山文化遍布华北地区。考古专家根据不同的文化面貌，分别给予文化名称作为区别：

山东龙山文化，或称典型龙山文化：即最初由龙山镇命名的那种遗存,其分布主要以山东为主,上承大汶口文化,下续岳石文化,年代为公元前2500年至公元前2000年。

庙底沟二期文化:主要分布在豫西地区,由仰韶文化发展而来,属于中原地区早期的龙山文化,年代为公元前2900年至前2800年。

河南龙山文化:主要分布在豫西、豫北和豫东一带。上承庙底沟二期文化或同时期的遗存,发展为中原地区文明初期的青铜文化,年代为公元前2600年至公元前2000年。

陕西龙山文化:主要分布在陕西省泾河及渭河流域,年代为公元前2300年至公元前2000年。

龙山文化陶寺类型:以新发现的山西襄汾陶寺遗址为代表,主要分布在晋西南地区,年代为公元前2500年至公元前1900年,是龙山文化和新石器时期距今最近的文化类型。

在所有的龙山文化遗存中,以山西西南的陶寺遗址类型最为夺目。

规模最大:陶寺遗址位于山西省襄汾县陶寺村南,东西约2000米,南北约1500米,面积280万平方米,是中原地区龙山文化中规模最大的一处。一度是中国最大的史前城址,如今其规模仅次于浙江良渚古城和陕西神木石峁遗址。

持续时间最长:近年来,在对陶寺遗址的发掘过程中,结合了磁力仪、探地雷达、环境考古、动物考古、植物考古、人骨分析、DNA分析、天文学等多项考古手段,包括碳-14测年技术在内的年代学探讨,进一步判定陶寺文化的绝对年代为公元前2300年至公元前1900年之间。同类遗址在晋西南汾河下游和浍河流域已发现70余处,其延展的年代已扩至公元前2500年至公元前1900年,持续达600年之久,超过了龙山文化其他类型遗址的遗存年限。

发现数量和种类最丰富:陶寺遗址发现了到目前为止的8个"第一":

1.发现了最早的测日影天文观测系统。

2.发现了截至目前遗址发掘最早的文字。

3.发现了目前已知最早的金属乐器。

4. 发现了中原地区最早的彩绘龙图腾。

5. 发现了截至目前遗址发掘世界上最早的建筑材料——板瓦。

6. 发现了黄河中游史前最大的墓葬。

7. 发现了黄河流域史前最大的城址。

8. 发现了世界上最古老的观象台。

陶寺遗址对复原中国新石器时代晚期的社会性质、国家产生的历史及探索夏文化，都具有重要的学术价值。在发掘过程中，考古队员发现了规模空前的城址、与之相匹配的王墓、世界最早的观象台、独立的仓储区、官方管理下的手工业区等。有许多专家学者提出，陶寺遗址就是帝尧都城所在，是最早的"中国"。和这种推断相印证的是：距陶寺遗址不足50千米的临汾市东北郭行村西隅就是尧帝陵。相传为唐代所建，历史文献中记载的尧冢虽有好几处，但一般都认为在山西临汾，历代也多以这里为主进行尧帝的祭祀活动。临汾城东有尧帝陵，城南还筑有尧庙，这一带尧帝活动的遗迹和传说十分丰富。

2015年6月，中国社会科学院考古研究所所长王巍在国新办举行的山西·陶寺遗址发掘成果新闻发布会上，介绍了陶寺遗址考古的重大成果。

尧帝陵

他认为：山西省临汾市襄汾县陶寺遗址就是尧的都城，是最早的"中国"；他强调，没有哪一个遗址能像陶寺遗址这样全面拥有文明起源形成的要素和标志，陶寺遗址已经进入文明阶段，是黄河流域进入早期文明社会的最早实证。

打开中国地图，如果我们把陇山、阴山、太行山、秦岭按照笔画组成一个"口"字，把长城、恒山、吕梁山、中条山按照笔画组成一个"王"字，那么陶寺遗址和尧帝陵所属的临汾正好是这两字组合以后所形成的"国"字中的那一点。古老的传说、出土的遗址、相似的地形，都把山西西南部的"陶寺"指向最早的"中国"。

龙山文化自1928年发现以后，山西发现此类型的文化已有100多处。重要的有芮城西王村、平陆盘南村、垣曲东关镇、丰村和龙王崖，夏县东下冯，石楼岔沟，太原东太堡，汾阳杏花村和峪道河，太谷白燕等。其中，以陶寺遗址最为典型。

文献传说中的山西史前文化

中国的古籍中有许多有关山西史前文化的传说、神话故事，具体形象地反映出山西原始社会的情况。

传说中的著名人物女娲、精卫、炎帝、黄帝、尧、舜、禹、愚公都曾在山西活动。随着考古的发展，这些传说和神话逐渐得到实证。

女娲是传说中的中华民族的共同人文始祖，是中华民族的母亲。女娲补天和女娲造人的传说流传久远，在山西留有许多关于女娲传说事迹和纪念地。在山西吉县的柿子滩等地有女娲的补天窟、补天台、女娲葬地娲皇陵等。

太行山在古代也被称为女娲山、皇母山，而太行山正好是山西的东大门。柿子滩有裸体女性岩画，这里正好位于山西的西部临近黄河处，有人猜想这处女性岩画应该就是女娲的形象。

传说中有女娲"斩黑龙以济冀州"，《尚书·禹贡》中提到的冀州之域正在山西。

由上述种种传说和纪念地可以推想：女娲或许是新石器时代中晚期母系氏族部落联盟的首领。古人认为她有繁衍人类、首创婚姻制度之功。传说中的女娲最突出的业绩是："抟土造人""炼石补天""制笙簧"和"置婚姻、合夫妇"等，还传说她是世间万物的创造者。在中国许多地方都流传着女娲初一造鸡、初二造狗、初三造猪、初四造羊、初五造牛、初六造马、初七才造人的传说。

这些传说实际上与人类文明最初时的状态非常吻合："抟土造人"实际上贴合了人类由猿过渡到人；"炼石补天"反映了人类文明初期的天文、地理观念和实践；"制笙簧"实际上就是人类文明初期的音乐实践和语言形成过程；"置婚姻"反映的也是最早的母系氏族社会向父系氏族社会转化的形态；"造万物"逼真地反映了人类驯化动物的过程。考古资料证实，"六畜"中，马是人类最后驯化的动物，和民间传说中"初六造马"的排序非常吻合。而"炼石补天"也反映了人类早期发现和使用矿物的过程。

炎帝和黄帝被中国人尊为共同的祖先。黄帝时代发明了养蚕、舟车、文字、音律、医学、算数；炎帝，又被称为神农氏，是农业农耕的创始人和改进者，并发明了医药学。山西师村考古发现的距今6000年前的陶制蚕蛹证实了"黄帝发明的养蚕"应该不仅仅是传说。

传说中，黄帝与蚩尤大战于涿鹿之野，即历史上有名的"涿鹿之战"。有学者认为其地主要在晋南，活动范围可能辐射到华北、中原一带。神话中又说"解州"得名出于黄帝俘杀蚩尤，分解其身首的故事。解州就在今天的山西运城市；解州有方圆百里的盐池，盐水鲜红，据说是蚩尤的鲜血所染。黄帝的名相有风后、力牧二人，风后死后即葬于山西西南部的风陵渡，风陵渡也因存有风后的陵墓而得名。相传，黄帝的史官仓颉是文字发明人，现临汾南关外西赵村，有仓颉故宅遗址。即使是当今的黄帝陵和山西也仅一河之隔。

炎帝在山西尤其是晋东南的遗迹流传甚广。俗传炎帝的遗迹在长治市北，有百谷山，宋代《太平寰宇记》称此为"神农尝百谷之地"。又传高平县、长子县交界处的羊头山有炎帝陵、神农城、炎帝行宫、神农泉等，

炎帝陵

北魏《风土记》中称此地为"神农得嘉谷处"。长治市东的老顶山,相传炎帝在此活动频繁,现已辟为国家森林公园,作为炎帝的纪念地。与炎帝相关的景观有神农洞、古寒泉、炎帝铜像、石碑等。

山西众多炎帝遗迹中,以高平市东北17千米的庄里村炎帝陵最为著名。

庄里村炎帝陵俗称"皇坟",陵后有庙,谓之五谷庙。炎帝的陵墓,相传在轩辕黄帝时就已存在。五谷庙创建年代不详,最迟在宋代时就已存在。该庙坐北朝南,建筑规模宏大,周边有城墙,分为上、下两院,在其中轴线上,分列为舞台、献台、山门、南道、正殿。原来庙院内碑石林立,有四五十通碑。在东厢房的后墙上,有"炎帝陵"石碑一通,为明万历三十九年(1611)所立。原正殿面阔五间,悬山式屋顶,琉璃脊饰,为元代所建,明代曾进行过大规模维修。殿内的雕刻图案精美,多为宋、金遗物。如今的炎帝陵修复保护工程为2016年所建。

晋东南地区一系列传说和纪念地,推断和论证着在新石器文化时期,中华民族始祖炎帝神农氏就在这里完成了从渔猎到农耕,从游牧到定居这一人类历史上的伟大转折。这一系列活动奠定了以农立国的基础，开启了中华文明史上的农耕文明时代。晋东南地区与炎帝神农氏有关的遗迹遗址众多，羊头山上的神农城、神农井、神农泉、五谷畦、耒耜洞等遗迹可能就是炎帝生产生活过的地方。这里以炎帝陵等为代表的陵、庙、祠、宫、城等有30余座，记载有关炎帝事迹的碑碣有100余通，与炎帝相关的村名、地名、民间风俗、故事传说等比比皆是，形成一个内容庞大的炎帝文化遗存地域文化体系，印证了山西作为中华文明发源地的重要地位。

精卫填海是中国上古神话传说之一。相传，精卫本是炎帝神农氏的小女儿，名唤女娃。一日，女娃到东海游玩，溺于水中。死后的女娃化作花脑袋、白嘴壳、红色爪子的一种神鸟，每天从山上衔来石头和草木，投入东海，然后发出"精卫、精卫"的悲鸣，好像在呼唤着自己。它常常衔着西山的树枝和石子，用来填塞东海。漳水从这座山发源，向东流入黄河。

后人将这则神话故事作了不同角度和不同层面的精神文化解读。

《山海经·北山经》是这样记载的："又北二百里，曰发鸠之山，其上多柘木。有鸟焉，其状如乌，文首白喙赤足，名曰精卫，其鸣自詨。是炎帝之少女，名曰女娃。女娃游于东海，溺而不返，故为精卫。常衔西山之木石，以堙于东海。漳水出焉，东流注于河。"

《山海经》成书于战国时期至汉代初期，与《易经》《黄帝内经》并称上古三大奇书。《山海经》包含关于上古地理、历史、神话、天文、动物、植物、医学、宗教，以及人类学、民族学、海洋学和科技史等方面的诸多内容，是一部上古社会生活的百科全书。

"精卫填海"出自《山海经》，这则神话具有相当的代表性和可信性。故事中，"精卫"的父亲是炎帝，而炎帝则长期生活在上党盆地；故事中的"发鸠山"，就在上党盆地的西南部；"漳水"则横穿上党盆地，沿西北—东南方向越太行山向东流入黄河（古代漳水属黄河水系）。

关于故事中的"东海"，则极有可能是现在的上党盆地。学者王红旗认为："上古时期，距今7400年左右，海平面上升到最高点，今天渤海、黄海的海岸线曾西进到今日太行山脚下的京广铁路沿线一带。此后，海平面逐渐回落，海岸线也随之东退。"结合今天上党盆地煤层丰富这一地质特点，基本上可以推断出1万年前，今日上党盆地所在地很可能是一片湖泊，而"精卫填海"的时间和炎帝活动的时间、地质气候变化的时间以及中华文明形成的时间高度吻合。

和"精卫填海"神话有异曲同工之妙的是一则名叫"愚公移山"的寓言。

《愚公移山》是《列子》中的一篇寓言小品文，这则故事的发源地，是通常被称为愚公故里的河南济源，而实际上真正的"愚公故里"是山西晋城，只有晋城南部的阳城和泽州才有可能是"愚公移山"故事的发生地。

我们看一下《列子》原文：

> 太行、王屋二山，方七百里，高万仞。本在冀州之南，河阳之北。北山愚公者，年且九十，面山而居。惩山北之塞，出入之迂也，聚室而谋曰："吾与汝毕力平险，指通豫南，达于汉阴，可乎？"杂然相许。其妻献疑曰："以君之力，曾不能损魁父之丘，如太行、王屋何？……"
>
> 河曲智叟笑而止之曰："甚矣，汝之不惠！以残年余力，曾不能毁山之一毛，其如土石何？"北山愚公长息曰："汝心之固，固不可彻……"河曲智叟亡以应。
>
> 操蛇之神闻之，惧其不已也……自此，冀之南，汉之阴，无陇断焉。

这段故事里有几个关键词：北山愚公、指通豫南、河曲智叟。北山愚公明确地指出愚公所居的方位，即愚公所住的地方在南太行山、王屋山的北面，即今天山西晋城南部的阳城或泽州；愚公移山的目标是"指通豫南"，即打通从北山（太行、王屋北坡）通向河南南部的通道，也就是说愚公移山的方向是由山北到山南。河南济源北部是太行、王屋，南部是黄河，济源往南并没有大山阻隔，也就是说愚公生活的地方只可能是山西晋城。如果再加上"河曲智叟"的因素，我们可以进一步分析出愚公的故里在山西晋城的阳城县。

河曲一般指河流弯曲的地方，在这篇文章中，河曲专指黄河转弯处的地方。打开今天的山西地图，我们可以看到：山西境内有三处明显的黄河转弯处：一处是位于山西西北部的河曲县，这里是黄河进入山西后的第一次大拐弯；一处是位于山西西南部的芮城县，黄河在这里从原来的由北向南转为由西向东；第三处是山西南部的垣曲县，黄河在这里从西南—东北流向转为西北—东南流向。这处拐弯处往西，山西与河南的分界线以黄河划分，往东则以太行山、王屋山划分，山北是山西晋城，山南则是河南济源。垣曲之所以叫垣"曲"，本意是"周围皆山，如垣之曲"，但实际上它也正好处在黄河的拐弯处，就是因为它处于黄河拐弯处，结合"愚公移山"的故事，这里的"河曲智叟"，指的就是垣曲的智叟。垣曲的东北方向是山西晋城的阳城县，垣曲的东南则是河南济源。智叟既然是愚公的邻居，愚公又住在北山，那么愚公的故里只可能是今天的山西晋城市阳城县。

愚公想要打通的太行、王屋山，正是历史上著名的"太行八陉"中的第一陉"轵关陉"，第二陉"太行陉"，这两条道从夏商时期开始就是连接晋豫两省的战略通道。轵关陉地势险峻，自古为用兵之地。1994年，考古学家就是从轵关陉途中的寨里村发现了曙猿化石。这条道从河南济源经王屋山通往晋国古都翼城、侯马、曲沃，晋文公南征，大军正是通过这条道深入中原。当年秦将白起率秦军也是从这里夺取轵城，切断"太行道"，隔绝了韩国国都通往上党的交通，继而引发后来的"长平之战"。太行道也称太行陉，南接河南焦作沁阳，北接山西泽州，是愚公要打通的又一条重要通道，也是我国古代一条军事、商贸和文化交流的大动脉。从春秋战国到明清时期，这里干戈迭起，硝烟不散，大小战争有数百起，为历朝历代兵家必争之地。

愚公移山虽然是寓言故事，反映的则可能是真人真事。如果结合20

世纪 60 年代晋城北部的昔阳县大寨人"三战狼窝掌"和晋城东部锡崖沟人凿山通路的故事,我们就可以清晰地认识到:愚公移山不仅仅是一则寓言,它更是一种精神意志的象征和传承,还有可能是真实发生的故事。

不论是女娲补天、羿射九日,还是精卫填海,抑或愚公移山,都准确地传达出一个信息:三晋先民在中华文明形成过程中曾经拥有英勇奋斗、不屈不挠以及一往无前战胜困难的勇气和民族精神。

尧、舜、禹时代

在山西,史前传说最多、历史痕迹最为明显的是关于尧、舜、禹的遗迹说。

尧是儒家尊崇的贤君,《尚书》中称赞尧"克明俊德,以亲九族;九族既睦,平章百姓;百姓昭明,协和万邦"。《史记》评价尧"其仁如天,其智如神"。

尧重视农业,命羲和观察天象,制订历法。传说中尧在黄河击鼓耕田,就是今天河东威风锣鼓的起源;古老的民歌《击壤歌》"日出而作,日入而息,凿井而饮,耕田而食",就出现在尧时。今天,《击壤歌》作为非遗已落户山西临汾地区,临汾市也号称"尧都平阳",今临汾城南有尧庙,始建于晋,后世不断增建,规模宏大,已成为著名景点;在临汾市东北 35 千米处筑有尧帝陵,相传为唐初所建。金泰和二年(1202)碑文记载:唐太宗征辽曾驻跸于此,因谒尧陵,遂塑其像。之后,唐、元、明、清几代皆不断重修。

传说中舜的都城在蒲坂,即今天山西运城永济市。还传说舜在历山耕种,在今天的晋城一带捕鱼打猎,又在晋南一带制陶。今晋南平陆传说为虞氏之虞国的所在地。永济有舜庙,蒲州苍陵峪有舜妻娥皇和女英的遗迹。舜所处的时代,部落联盟已逐步向国家形态演变。

禹是古代传说中著名的治水英雄,在山西晋南一带有许多禹的传说。史书上的禹都安邑,就是今天山西运城夏县的鸣条岗,旧名也叫夏故城,又名禹王城。

传说中禹用疏导法,艰苦卓绝,治水十三年,三过家门而不入,最终战胜洪水,保民安居乐业。《史记》中记载禹"导河积石,至于龙门,南至于华阴,东至于砥柱,又东至于孟津"。龙门一带今称禹门口(在今山西河津市西),芮城南黄河边有大禹渡,直通河南。在山西忻州有系舟山、禹王洞,山西晋中地区又有禹"打开灵石口,空出晋阳湖"的民谚和传说,这些均与大禹治水有关。

发现山西

尧、舜、禹的足迹在三晋大地接连出现的传说并不是偶然现象。纵观华夏考古史实,我们可以得出一个基本结论:中华文明最早的起源地分布地域虽然很广,呈现出一种"满天星斗式"的状况,但核心区域却在黄河流域。

长江上游的"三星堆文明"和长江下游的"良渚文明"以及黄河流域的"中原文明"一般被认为是中华古文明的三个重要发源地。但与"三星堆文明"和"良渚文明"相比,黄河流域的"中原文明"表现出一种集团式、前后承接式、聚合式的文明传承,并积极向四周扩散。

新石器时代光临华夏大地,大约是一万年前的事了。那时候,人类驯化植物的历程已经开启,谷物开始在华夏这片土地上生根发芽;北方的小米和南方的水稻,在各自孕育着生命的奇迹。中国的中东部地区那时候已分化出几个文化区,它们如星子般散落,各具特色。

人类的发展一般都逐水而居。大约9000年前,黄河、长江和西辽河流域逐渐成为文化发展的核心地带,有的地方发展水平超前,令人惊叹。比如浙江义乌的桥头遗址发现了世界上最古老的彩陶,这些器物上绘有类似于《周易》中的阴阳爻卦画,显示着这些文明实体不仅仅具有实用的特征,而且已显示出文化的特征;再比如湖南洪江高庙遗址也一样闪耀着远古文明的光芒。距今7500年左右,这里曾矗立着一座面积达1000多平方米的大型祭祀塔,上面雕刻的八角星纹很可能与古人对天圆地方宇宙的理解有关，而兽面纹、八角星纹的影响更是遍及后世，甚至成为商周青铜器上兽面纹的源头；而远在千里之外的辽宁阜新查海遗址，一条长达20多米、用石头堆成的巨龙蜿蜒于中央广场之上，周围环绕着许多房子。这巨龙不仅是力量与智慧的象征，也暗示了古代人与自然和谐共生的理念。而在附近发现的一块有獠牙兽面纹的石牌，其图案与湖南高庙的兽面飞龙纹惊人地相似。

和长江、西辽河流域文明起源不同，黄河流域文明从很早就呈现出一种聚落式的、扩散性的特征，河南裴李岗文化便是这一特点的典型代表。

公元前6200年左右，裴李岗时代到来了。在舞阳贾湖遗址中，成年男性的墓葬中随葬有龟甲，龟甲上的符号像是对卦象或占卜结果的记录，与商代的甲骨有着惊人的相似，而这里距甲骨文的盛产地"殷墟"的距离只有200多千米。

裴李岗文化影响深远，那时的人们已懂得用专门的墓地来安葬逝者，将他们装殓得整整齐齐，随葬品也丰富多样。墓地排列有序，似乎在无声地讲述着家族中的亲疏关系与辈分之别。这些习俗不仅体现了祖先崇拜的观念，更是现实社会重视亲情、强调秩序的一种映射。有的墓地能延续一二百年甚至数百年，这表明族人对祖先栖息之地怀有长久的记忆和坚守。从世界范围来看，在差不多同时代，这样的做法几乎是独一无二的。它体现了一个民族对根脉的执着，以及对往昔岁月深深的怀念。

裴李岗文化已呈现出聚落式的趋势，聚落的大小规模不一，有的已达30多万平方米，而多数则只有几千平方米。同时，裴李岗文化还呈现出向外扩散的特征。当裴李岗文化的影响波及渭水流域和汉水上游地区时，便和当地文化融合产生了一种新的文化——白家文化。典型的遗址如陕西临潼白家、甘肃秦安大地湾等地，这些地方和裴李岗一样，同样保留着"族葬"的习俗，陶钵内壁上有彩绘符号。

裴李岗时代，黄河、长江和西辽河流域的天文、象数、字符、宗教等方面的考古发现揭示出：早在8000年前左右，中国就已经孕育出复杂先进的思想观念和知识体系，形成较为一致的宇宙观念。随着社会阶层开始分化，文明起源逐渐萌芽。中原地区的文化对外强烈扩张和影响，使得不同流域的文化逐渐接近，通过上层阶级在宗教祭祀、宇宙观等方面的交流，促成"早期中华文化圈"或文化上"早期中国"的萌芽。

距今6000年左右，中华大地温暖湿润，恰似母亲温暖的怀抱，孕育着华夏史前农业的大繁荣和文化的大变迁。在这片土地上，黄河流域中游的山西、陕西、河南三地交界的区域，逐渐成为中华文明起源的核心区域，并不断向周边扩展。

仰韶文化的庙底沟类型成为这一时期的代表。那里出土的小口尖底瓶，宛如酒神的使者；而花瓣纹彩陶，则像春风中的精灵，神采飞扬，仿佛在诉说着那个时代的辉煌和强盛。

随着岁月的流转，以庙底沟为代表的黄河流域中游的中原文化元素逐渐向四周扩展：从陕西、甘肃向西蔓延至青海东部，甚至远达四川西北部；向北，它的影响深入内蒙古中南部，最远到达锡林浩特；向东向南，它占领了河北、河南大部及湖北北部，形成一种"庙底化"的现象。这种变化不仅让中华大部分地区出现了类似的文化，也促进了中华大部分地区的文化交融和共生，形成一个相对统一的文化共同体——"早期中国文化圈"。这个文化圈有着明确的核心区、主体区和边缘区结构，其主体区就在黄河流域中下游地带，其核心区则在山西、陕西、河南三省交界以山西风陵渡为圆心，周边300千米的地区。这些都为后来的商、周、秦、汉乃至现代中国多民族统一奠定了基础。与此同时，在庙底沟文化的带动下，周边的大汶口文化、崧泽文化、红山文化等也在加速文明化进程。

距今5000年左右，中华大地万邦林立，已逐步迈入"古国"时代，许多角落已踏入文明社会的门槛。在黄河中游地区，则先后经历了仰韶文化晚期和龙山文化时期，山西、陕西、河南各有重要文明曙光闪动。

在山西南部的陶寺古城，占地280万平方米，宫城、宫殿、观象台一应俱全，豪华大墓随葬品丰富，其中甚至发现了较为成熟的文字和小件铜器，这一切无不表明，黄河中游地区早已步入国家阶段或文明社会，被考古学家称为"最早的中国"。

在陕北大地上，此时也有一座石峁古城横空出世，其规模之巨达400万平方米。城中皇城台高耸入云，宏伟壮观，城门布局复杂，壁垒森严，无不昭示着早期国家和文明社会的磅礴气象。

在河南中西部，则有登封王城岗、禹州瓦店、新密古城寨与二里头先后登场。这些地方仿佛古老历史的见证者，静静诉说着往事。

当长江上游的三星堆文明、下游的良渚文明、西辽河流域的红山文明先后突然陨落和消失之后，黄河中游以晋、陕、豫为核心的"三角洲"地区则兼容并蓄、海纳百川，逐步成为东方文化圈的核心，催生出尧、舜、禹的传说时代和夏、商、周三个阶段的社会文明。夏、商、周三个王朝依然围绕着风陵渡这个中心逐步展开：夏的早期中心在山西南部，位于风陵渡东北方向不远的地方；商的中心在河南中东部，位于风陵渡的东部；而周的中心则在风陵渡的西部。这三个王朝的核心活动区域距风陵渡依然在几百千米的范围内。而山西则位于尧舜禹的传说覆盖区域和夏、商、周的连接和承接地带。某种意义上可以这样说，山西是中华文明早期发源地核心区域的核心，即"最早的中国"。研究中华文明的源头，应该"从山西出发"。

山西之所以成为中华文明的重要源头，有其特殊的地质地理历史和文化原因。

一、山西境内多山，四周大山密布，从东往西，依次有太行山、太岳山、吕梁山。从北往南，依次有阴山、恒山、中条山。这些大山的存在，满足了人类早期生存的两个重要条件：采集和狩猎。

二、山西境内河流分布分散而均匀，北部有桑干河，东部有滹沱河，东南部有漳河，中南部有沁河，西南部有汾河。围绕着这几条大河又分布有数千条小河。这样的河流分布态势既满足了人类逐水而居的生活习性，又将人类活动在三晋大地均匀布局。

三、山西位于黄土高原，黄土高原特殊的土壤结构既满足了三晋先民早期农耕生活的需要，又促使人类从穴居走向半穴居。山西至今犹存的窑洞式住宅让三晋先民比其他地区更容易从穴居走向定居，且打造窑洞的技术要求和建筑成本比之木结构建筑无疑容易很多。

四、与长江上游和下游突然消失的三星堆文明和良渚文明不同，黄河流域尤其是黄河中游地带的文明形态呈现出一种前仆后继、薪火相传、生生不息的特征，也正是这种特征成就了"黄河"母亲河的地位和"黄河流域"中华文明源头的地位。

黄河流域尤其是晋、陕、豫交叉地区的文明形态为什么会呈现出一种生生不息、承前启后的特征？这大体上应该归功于黄河及其支流结冰期的特点。

先古时期的人类并不具备今天的交通工具，人类个体和部落的活动范围十分有限。以人类早期的生活状态，在缺少水源和食物的情况下，先民们活动的半径很难超出二三百千米的范围。在这种情况下，一旦地震、瘟疫、大火、旱涝等自然灾害来临，人类在对几百千米外的生存状态缺乏了解的情况下，就很难确定避灾的迁徙路线。这也是三星堆文明、良渚文明和西辽河流域红山文明突然消失的原因之一。

晋、陕、豫三省交叉地带具有躲避灾难的天然优势：三省中，山西先民以汾河为依托，陕西先民以渭河为依托，河南先民以伊洛河为依托，三条大河基本上在风陵渡附近汇聚。由于黄河结冰期的存在，三省先民在结冰期可以实现互联互通，一旦灾难来临可以迅速确定迁徙路线。

由于这一地区大山林立、大河汇流，事实上把这一地域又分成许多相对独立的板块，如历史上著名的河东、河内、河南所在的"三河地区"。这种分块既可能产生文明的多样性，又由于邻近和可以互通的原因，可以产生文明融合和文化的传播和传承。最主要的是，可以为早期先民提供不同方向的避灾选择和事前可能的相互了解。

晋陕豫三省邻近风陵渡的三个区域既可以风陵渡为圆心实现联结互动，又各自拥有自己的天险优势。以汾河为纽带的山西临汾盆地、运城盆地构成了相对独立的"河东文化"板块，守护这片土地和文化的天险：东有太行山、太岳山，北有恒山、阴山，西有吕梁山、黄河，南有中条山、黄河。以渭河为纽带的陕西关中平原构成了相对独立的"关中文化"板块,守护这片土地和文化的天险:东有黄河、崤关、潼关,北有陕北沙漠,南有秦岭,西有陇山。以伊洛河为纽带的河南"河洛盆地"构成了相对独立的"河洛文化"板块,守护这片土地和文化的天险:东有伏牛山,南有秦岭、桐柏山,北有黄河,西有崤关、潼关。三个区域各有自己的天险及大体上的分界,但又很容易互相连通,使各自的文化可以有效地向另外两个区域传播和融合。同时共同构筑起黄河流域"早期中国"文明起源的主体区域:东起黄河故道,南至秦岭,西达陇山,北抵阴山,并以这个主体区域对内不断融合,对外不断扩散和吸纳,最终形成"多源一体"的中华文明核心区域。

五、三晋大地之所以成为中华文明最重要的发源地,还有一个重要原因:即山西拥有人类早期跨入文明大门时期的两大重要战略物资——盐和铜。运城盐湖的盐和中条山的铜为三晋成为中华文明源头提供了最重要的战略物资支撑。

运城盐湖是个古老而又典型的内陆咸水湖,是世界三大硫酸钠型内陆盐湖之一(另两处为美国犹他州大盐湖和俄罗斯西伯利亚库楚克盐湖),是中国有名的产盐地之一,以致"西出秦陇,南过樊邓,北极燕代,东逾周宋"。这些远距离输盐当然是商、周以后的事了,在人类进入文明早期,运城盐湖的受益人群主要以盐湖(风陵渡附近)周边几百千米为主。这也是新石器晚期中华大地出现文明曙光时期风陵渡周边几百千米密集出现考古发掘遗址的原因。

旧石器时代,人类主要通过猎食动物获取盐分。当中原地区进入农耕时代,以粮食为主食后,盐就变得格外重要。河东盐池周边数千平方千米是新石器时代文化遗址分布最密集的地带,山西运城地区仰韶文化遗址达200多处。

进入青铜器时代的夏王朝,把都城建在安邑(今山西夏县),距盐池不过30千米。发现蚕蛹的师村距运城盐池直线距离不过7千米,是距离盐池最近的仰韶早期聚落遗址之一。夏代东下冯遗址甚至在盐池东部10千米以内,商代在东下冯修城堡,城内有大片储盐盐仓。这些都说明食盐对

运城盐湖

人类早期文明的重要性,早期人类活动范围必须围绕盐产地来进行。近年来,环盐湖区域遥感考古调查,也为古国时代山西文化遗存与古史传说的实证研究提供了新的视角。

铜矿是人类进入文明时代,特别是新旧石器交替时期和文明早期最重要的战略物资。中条山铜矿位于山西省南部黄河北岸,呈东北—西南走向,长度约为220千米,矿体跨越山西垣曲、绛县、闻喜、夏县、平陆等地,和其他同时期的铜矿相比中条山铜矿具有范围广、易开采的特点。早在夏、商、周时期甚至更早时候,这里就是主要的采铜和冶铸铜器地区。《山海经》里甚至有关于中条山产铜的记载,这一点不仅表明这里产铜历史悠久,而且说明中条山地区在中国青铜文化中的重要地位。冶金考古遗存研究也表明,中条山地区是夏商时期中央王朝铜矿资源的重要产地。

六、进入夏、商、周时期尤其是春秋战国时期,山西是地域文化特征最为明显和突出的地区：春秋五霸以晋国为首，在300多年的五霸争战史中，晋国独霸天下，时间长达160多年，且晋国国祚延续长达600多年，位列五霸之首；战国七雄，三晋独得三雄，三晋的版图和文化规模空前扩大，很长时间内主导了黄河流域文化和文明发展进程。三晋成为先秦时期中华文明和中华文化成型时期最重要的地域。

七、黄河中游是黄河流域早期文明最密集、文化特征最明显的区域，而在黄河中游三省中，只有山西同时享有黄河中游的南北段和东西段：它和陕西共享黄河中游的南北段，和河南共享黄河中游的东西段，因而成为黄河中游的核心区域和连接处，在中华文明发源早期占有最重要的地位。

在以上几种要素的相互融合推动下，最终使三晋河东地区成为"最早的中国"之所在。

而三晋大地近年来的一系列考古成果发现，既丰富了山西作为中华文明重要直根的历史内涵，又从多个角度贡献了山西的考古力量，实证了我国百万年人类史、一万年文化史、五千多年文明史。

第二章 三晋文脉

晋水 晋国 晋祠

研究三晋文明的源流，不能不从先秦的晋国开始。这不仅是因为晋国是山西简称"晋"的由来，而且晋国的文化也确实是晋文化的源头。发生在三晋大地的早期文化现象，可以视作晋文化的序幕。晋国则是中华大地进入文明时代后，在山西最早出现的有明确文字记载且规模宏大、延续长达600多年的国家形态，在中华文明中别具一格，独具特色。

追溯晋国的文化源头，要从尧帝说起。周朝分封时，晋国首任国君唐叔虞被周天子封为侯爵。唐叔虞乃周武王姬发之子，周成王姬诵之弟。叔虞所封之地原本是古唐国，因此晋国最初的国号为"唐"（这也是从太原起兵的李渊将国号定为"唐"的原因）。古唐国和尧帝有着密切的关系。尧，又称唐尧或陶唐氏，其国号即为"唐"。尧的都城在平阳（今山西临汾），其政区范围主要在今天的山西临汾和运城地区。近年来在临汾襄汾出土的陶寺遗址文化均符合尧的文献记载年代。临汾一带关于尧的传说很多，今翼城还有一个尧都村，以"唐"命名的村子有好几个。尧的后代继承了"唐"的封国，"唐"在商代时已经是有名的方国，即后世眼里的古唐国。叔虞被分封的地方正是当年古唐国的地盘。叔虞继承了古唐国的地盘，也继承了"唐"的国号，这一历史事实充分证明了晋文化悠久的历史传承性。

叔虞当年受封时,周成王"命以《唐诰》,而封于夏墟,启以夏政,疆以戎索"。意思就是说,给你"唐"的国号,封你夏墟的地盘,要用夏朝的制度治理华夏旧族地区,对边境戎狄等民族要照顾当地的风俗习惯。夏墟,即大夏之墟,地望亦在晋南地区,即夏朝旧地。

"启以夏政,疆以戎索",这在当时是很高明的政治设计。在这种设计下,唐叔虞新建的"唐"国,既继承了华夏旧地的传统,又顾及少数民族的风俗习惯,这样非常有利于民族融合和互利共存。这种"守正创新"的设计其实就是中华大地历史上最早的"一国两制"。这说明晋文化在一开始就具备了开创性又有兼容并包的容纳性,再加上上面提到的晋文化历史悠久的传承性,共同构成了晋文化传承性、创新性、包容性的三大特征,并不断被后人丰富和发扬光大。

晋文化的传承性可以通过晋祠的建造历史逼真地加以体现。

晋祠位于今天的山西省太原市晋源区晋祠镇,是为纪念晋国开国诸侯

晋祠

唐叔虞及其母后邑姜而修建的。最早的名字叫唐叔虞祠，后来因为唐叔虞被追封为晋王，祠堂又被改名为晋王祠，再后来就简称为晋祠。

晋祠是中国现存最早的皇家祭祀园林，是中国古代皇家园林的鼻祖，是中国古代建筑艺术的集约性载体，中国境内从宋元明清至民国本体建筑类型都可以在这里找到时代序列完整的孤例。园内的许多彩塑、壁画、碑碣均为国宝，其中的难老泉、侍女像、周柏被誉为"晋祠三绝"。曾编入初中语文课本的梁衡散文《晋祠》曾这样描绘："晋祠之美，在山，在树，在水。"李白当年来到晋祠曾赞叹说："晋祠流水如碧玉。"晋祠著名景点"难老泉"，名称由清代著名学者傅山题写。所有这些都已成为现代游客流连忘返之处。但这些对于晋祠其实都不是最重要的，晋祠保存至今最大的意义在于：它是三晋历史文脉的综合载体，是晋文化系统上溯西周封唐建晋至盛唐肇创文脉传承的实证。晋人对祖先的崇拜追思，对于文化传统的执着，在晋祠的建造过程中显露无遗。

叔虞去世后，他的儿子燮父改国号唐为晋。一般认为晋之得名源于其地有晋水。古人逐水而居，如汉中以汉水而得名，褒国以褒水而得名，卫国以卫水而得名。

对于晋水的源头，现仍存有许多争议。一种说法以晋阳之地、晋祠之名为依据，认为晋水出自晋阳县（今太原市晋源区）西悬瓮山（今太原市晋祠西）；另一种说法认为晋水位于今天的山西运城绛县。

持"晋水出自绛县"的观点认为：根据《史记·晋世家》记载，早期晋国的领地在"河、汾之东，方百里"。河即黄河，汾即汾河，也就是说，当时的晋国方位在黄河、汾河东面，方圆百里，即今天绛县、侯马、翼城、曲沃、襄汾一带。那么当时的晋水，必然是晋国疆域内一条较大的河流（晋阳是在三家分晋后才由赵国逐步经营为山西中北部的核心，但早期晋国的核心区域并不在这里）。从地形地貌看，晋国一带地处中条山新生代断陷盆地的山前倾斜平原和冲积平原区，其东南部为纵深百里的中条山，呈东南高西北低之势。晋水必然发源于诸山之中，而现在这些山峪均在绛县辖区内。

据《吕氏春秋》等史书记载:"叔虞子燮父,以尧墟南有晋水,改曰晋侯。"尧墟就是尧早期生活并建都的地方,其地即为现今位于绛县最北面的南樊镇尧都村,因此晋水的源头和主要径流应该在绛县境内。有研究者实地勘察后认为:西周时期晋国境内的晋水,应该是浍水南岸距尧都村不远的浍交诸水。《水经注》载:"浍水出河东绛县,东浍交东高山,又西南与诸水合,谓之浍交……"今天绛县境内中条山的续鲁峪、磨里峪、紫家峪等几条纵深数十千米的山峪之水与《水经注》所记载的水文状况高度一致。从地名沿袭看,绛县境内有多处带"晋"字的地名和水名,浍交河主要源头之一的绛县磨里峪深处有名叫大晋堂、小晋堂的两个地方;在绛县安峪镇,有个晋峪,山沟里有很大的泉水叫晋峪泉。此外,晋国称霸时期的晋文公、晋献公、晋灵公墓分别坐落于绛县的卫庄镇和磨里镇;晋国重臣狐偃、祁午、介子推等人也在绛县有庙、墓等遗存,这些都符合古人以山水为宗的理念,为晋水出自绛县提供了佐证。

笔者曾实地走访过这些地方,支持这一推论。

晋国在晋献公时期崛起,"并国十七,服国三十八"。晋文公继位后在城濮之战中大败楚国,一战而霸;晋襄公时期先后在崤之战和彭衙之战中大败秦国;晋景公时,在鞌之战中大败齐国;晋悼公时晋国国势鼎盛,军治万乘,独霸中原,达到晋国霸业的巅峰。晋国被《左传》《国语》和《史记》等史书共同评价为春秋四强国之一。

晋国鼎盛时期,其地域包括今山西省全部、陕西省东部与北部、河北省中部与南部、河南省西部与北部、山东省西北部与内蒙古一部的广大地区,这些地区至今仍是晋文化覆盖和影响最深的地区。

从春秋到战国,晋国一分为三,从晋国演变为韩、赵、魏三个国家,三晋的疆域更加广阔,晋文化的影响也随之扩大。从西周演化而来的晋文化进一步形成日后影响华夏甚广的三晋文化。

今天的山西简称晋,又被人们称为三晋,三晋指的是春秋战国时期从晋国一分为三的赵、魏、韩三个国家。今日的山西皆在昔日三晋范围之内,但昔日三晋地域却远非今日山西可比。本书中所指的"山西"或"三晋"皆泛指昔日之三晋地域，专指文化上的"山西"而非地理上的山西。

战国时期，三晋地域十分广大。三晋的国都最初均在今天的山西境内，即赵国的都城晋阳（今太原）、魏国的都城安邑（今夏县）、韩国的都城平阳（今临汾）。

随着疆域的拓展，三晋各国先后迁都：

威烈王元年（前425），赵国迁都于中牟（今河南鹤壁）；安王十六年（前386），又迁到今天的河北邯郸。

显王八年（前361），魏国将都城由安邑迁至大梁（今河南开封）。

威烈王十年（前416），韩国将都城从平阳迁至宜阳（今河南宜阳），不久又迁至阳翟（今河南禹州）；公元前375年，韩国灭郑国后又将都城迁至新郑（今河南新郑）。

这可能是三晋历史上疆域最大的时期。三个国家中赵国的实力最强，占有的疆域也最大。鼎盛时，其领土包括今天的山西中部、北部、东南部的部分地区和河北西南部、河南北部、山东西部及内蒙古的一部分；魏国比赵国略小，占有今天的山西西南部、晋东南部分及河南、陕西沿黄河一带；韩国在三个国家中实力最弱，所占面积也最小，包括今天山西临汾市及运城地区的一小部分、晋东南大部及河南中部地区。

三晋的这一轮开疆拓土对后世影响极大，在随后的2000多年中，三晋逐渐确立了自己的疆土范围和势力范围，并形成自己独特的文化性格和人文历史格局。

后世建立的很多王朝沿用晋、赵、魏作为王朝名称，如曹丕使用"魏"作为国号，司马炎使用"晋"作为国号，刘聪使用"赵"为国号。

若以昔日三晋最大版图察观天下，则河南北部的"汉初三杰"张良，河北北部的常山赵子龙（常山在战国时属于赵国），晋王朝的实际创立者司马懿，唐代诗人杜甫、李商隐及河南汤阴的岳家军，都属于"山西人"。现今太行山东侧的革命圣地西柏坡、人工天河红旗渠，太行深处的郭亮村甚至河南北部的郑州、开封都统属三晋文化范围之内。至于河北，历来就被称为燕赵大地，其中的赵即为三晋之中的赵国。

山西由最早的晋裂变为"三晋"(赵国、魏国、韩国)只是疆域和行政上的划分,对于域内的人民来说,其文化基因、心理趋势并未有太多的改变。甚至在人文和商业交流上,三晋之间的界线其实并不明显。终战国数百年,三晋之间并未发生大规模的战争,更多时候依然抱团发展,当时三晋的整体文化脉络已基本成型。早年曾往来韩、赵经商的吕不韦的故事似乎可以说明这一点。

吕不韦本是卫国人,后来又一度成为魏国人,早年在阳翟经商,后来到邯郸做生意,阳翟在当时曾为韩国的国都,而邯郸则是赵国后来的国都,所以吕不韦属于不折不扣的三晋人士。

相比于弱小的韩国,赵国的实力更强大,而作为赵国的都城,邯郸在当时属于国际大都会。吕不韦在邯郸经商如鱼得水,很快便成为当地的巨商。

成为巨商的吕不韦并不甘心自己的处境。因为在当时,商人的社会地位并不高,处于士、农、工、商的最末端。无论商人有多少财富,却难登大雅之堂。为了改变自己的社会地位,吕不韦早就想弃商从政,却苦于没有机会。

机会很快来临。吕不韦在邯郸街头散步时偶遇异人,他立即意识到:自己苦苦追寻的机会来了!

这位名叫异人的男人,此时的身份是一位落魄的秦国贵公子。说他落魄,可能一点也不夸张。不然,贵为强大秦国的公子怎么会在街头和吕不韦偶遇,又怎么会在日后和商人吕不韦打得火热?

异人虽然落魄,身份却一点也不含糊。昭襄王四十年(前267),秦国太子去世。两年后,秦昭王立次子安国君为太子。安国君有20多个儿子,但他最宠爱的华阳夫人却没有儿子。在安国君诸多妃子中有一位名叫夏姬,她生的儿子便是这位异人。

因为夏姬不受宠,她的儿子自然也不受重用,于是便被父亲派到赵国去做人质。战国时,各国之间尔虞我诈,作为人质的异人性命朝不保夕,其落魄程度可想而知。

异人虽然落魄，但在商人吕不韦眼中却是奇货可居。

吕不韦的计划是：先想方设法扶助异人登上秦王宝座，再借助异人实现自己的升官梦想。

他先拿出500金送给异人，作为异人日常生活和结交宾客的费用，又拿出500金买珍奇玩物去秦国游说。

吕不韦选定的游说对象是华阳夫人的姐姐。

他先是把所带的珍奇玩物献给华阳夫人的姐姐，取得她的好感，顺便谈及异人聪明贤能，所结交的诸侯宾客遍及天下，并让她对华阳夫人说异人"也以夫人为天，日夜泣思太子及夫人"。华阳夫人听了这话非常高兴。

结识华阳夫人后的吕不韦随后一语中的，劝说华阳夫人道："我听说用美色事人，一旦色衰，宠爱也就随之消失。现在您侍奉太子，甚被宠爱，却没有儿子，不如趁早在太子的儿子中结交一个有才能又孝顺您的立为继承人。这样，丈夫在世时您受到尊重；丈夫死后，您立的儿子继位为王，您仍然会被尊重。"

吕不韦的一席话让华阳夫人如梦初醒又心急如焚，吕不韦紧接着向华阳夫人献计道："现在异人贤能，按次序不大可能被立为继承人，而他的母亲又不受宠爱，现在他主动依附于夫人，夫人真能在此时将他立为继承人，那么您一生在秦国都要受到尊崇。"

在吕不韦的建议下，华阳夫人开始了行动，经过一番周密的策划，异人终于被立为继承人，而吕不韦也被安国君和华阳夫人聘为异人的老师。

昭襄王五十年（前257），秦国围攻赵国都城邯郸，情况非常危急，盛怒之下的赵国想杀死异人这个人质。此时，又是吕不韦出面，和异人密谋，拿出600金送给守城官员，异人才得以逃出邯郸，投奔秦军大营。之后，吕不韦再立新功，帮助异人的妻儿赵姬和赵政逃往秦国。

吕不韦的投资很快有了巨额回报。

昭襄王五十六年（前251），昭襄王去世，太子安国君继位，华阳夫人为王后，异人（当时已改名为子楚）为太子。安国君的王位只坐了一年便去世了。太子子楚终于登上了王位，这就是当时大名鼎鼎的秦庄襄王。

庄襄王即位后，除尊奉华阳王后为华阳太后外，第一件事便是任命吕不韦为丞相，并封为文信侯。至此，吕不韦囤积居奇，苦心经营的努力终于得到回报，名、权、利兼收。

3年后，庄襄王去世，嬴政（即赵政）继位为王。初登王位的嬴政只有13岁，朝廷大权都掌握在相国吕不韦手中。此时的吕不韦家有奴仆上万，门客三千，同时拥有巨额财富，一时权倾朝野，成为大秦帝国的实际掌门人。

吕不韦一生颇具传奇色彩，他经常在韩、赵、魏三国之间来回切换，他的后半生长期生活在秦国；而他人生所热衷的领域也来回切换：他先是做了赵国的巨商，后来投机政治做了秦国的相国，再后来，他摇身一变，编撰了一本《吕氏春秋》，将自己装扮成一名学者。

吕不韦无疑是三晋文化基因的代表性人物。他在战国时期演绎过的故事，在1600年以后的明朝和2200年以后的民国几乎重复上演。

任大秦相国的吕不韦曾是秦国首富，而明朝首辅张四维曾是明朝首富；民国时期任行政院院长的孔祥熙曾是民国首富。横跨几千年时空，在不同时代同时拥有"首相和首富"双重身份的三个人都是三晋人士。

吕不韦生在韩国，在赵国和魏国常年行走，并在赵国成为巨商，之后又在秦国从政。但不管空间如何转换，他的文化基因未曾改变。在他从政的身后，还有西汉的霍光家族，魏晋的贾充家族，他们的执政思维和人生结局都极其相似。究其实质，乃文化基因的一脉相承。

星光灿烂

春秋战国时期，三晋大地星光灿烂，成为战国时期法家、纵横家、名辨家和兵家的发源地，同时也是先秦早期儒家的重要支脉，由此形成蔚为大观的三晋儒学。这些进步思潮同处百家争鸣的时代，相互砥砺和激荡，共同创造了极具特色的三晋文化。

子夏是战国时期三晋地区最有成就和影响力的思想家。他生于敬王十三年（前507），是孔子门下的杰出弟子之一。子夏是战国时期魏国温邑（今河南温县）人，祖上曾是贵族，但到他出生时已沦落为贫贱之家。

孔子晚年周游列国时，子夏曾跟随孔子钻研儒术，并在研习儒家经典方面取得了孔门中的最高成就。孔子去世后，子夏应魏文侯之邀回到魏国帮助其治国立业。西河地区位于山西省西南部，是当时魏国的政治、文化中心。在西河，子夏设帐教授弟子，传播孔子的思想学说，同时还担任魏文侯的私人教师。

在孔子时代，"文学"一词专指文物典章和礼乐制度，相当于现在所说的人文科学，子夏则尤其擅长对典籍的研究。

子夏深受孔子的教诲，非常重视学以致用，重视民众的物质生活。子夏认为，道德教化属于思想范畴，容易流于空疏，而要让民众相信上位者的道德训诫，必须首先取得民众的信任。为了取得民众的信任，必须从改善民众的物质生活入手，因为这是他们最切身的利益。子夏的这些思想，对他的弟子李悝等人产生了积极的影响，并由他们把子夏的思想转化为法家的思想基础。

子夏的思想既是早期儒学在三晋的发展，又是后来的思想家由儒入法的关键。子夏的儒学不仅直接影响了战国早期的法家，也间接影响了荀子和韩非子的思想，而荀子和韩非子都是三晋人士。韩非子曾师从荀子，最终成为法家思想的集大成者。在子夏师徒的影响下，三晋地区成为战国中后期儒家思想的重要阵地之一，并深刻地推动了三晋地区思想文化的发展，而他擅长"文学"的经历也深刻地影响了三晋人文学科的发展。纵观三晋几千年历史，其史学从古至今都非常发达，同时历代都有史学家出现，其中最为著名的便是司马迁和司马光。

战国时期三晋地区的另一位重要思想家是荀子。荀子，名况，赵国人，出生在赵国郇邑（今解县）。荀子一生的大部分时间生活在赵国，50多岁时出游齐国，先后在赵、齐、楚和秦生活过。晚年时在楚国春申君的推荐下担任兰陵（今山东苍山）令，最后定居兰陵，著书授徒而终。

荀子一生有许多著作传世，经过后人整理，称为《荀子》，当时有33

篇，现存32篇，十几万字，其中最著名的有《劝学篇》《性恶篇》和《非十二子篇》，其论著说理透彻，行文简洁，内容丰富，具有强烈的现代气息。

荀子最初受子夏思想影响很大，后来荀子游学天下，接触了各家主张，最终形成自己的思想学术体系。荀子曾考察过秦国的社会现状，与秦昭王和秦国的丞相范雎有过面对面的交流。在与范雎的交流中，荀子虽然肯定了秦国的政治、经济成就，但也告诫秦国的统治者，不要一味地推行霸道，以强力治国要适可而止；从长远眼光看，仁义礼乐应该是治国的根本。荀子的这些意见，在日后秦国的发展史上得到充分印证。

荀子一生所见所闻极广，其学术内容也非常丰富。荀子在充分肯定仁义对人的思想行为有重大影响的同时，也强调了法治不可替代的关键作用。

面对残酷的战争现实，荀子更相信人性是恶的，批驳孟子的性善论。荀子认为人性本恶，善是后天受教育的人为结果。

与性恶论相对应，荀子十分看重教育和惩治的作用。教育就是儒家所说的礼，惩治就是法家所说的法，荀子虽然没有像法家人物那样把法的概念放在首位，但在他所突出的礼之中已经包含了法的内容，而到了他的学生韩非子和李斯那里，法已经被提升到很高的位置。

荀子是战国时期的标志性人物，他的思想可以看成是先秦时期思想界百家争鸣的总结和终结。荀子去世以后，先秦的学术活动也就基本上结束了。从此以后，中国的学术思想就进入大一统时代。秦始皇焚书坑儒，汉武帝"罢黜百家，独尊儒术"。春秋战国时期百家争鸣的盛况就此告一段落，此后再也没有在三晋大地掀起波澜。

战国时期，除了子夏和荀子外，三晋大地还出现过公孙龙这样的思想家。

公孙龙是赵国人，曾长期在平原君门下做门客，是当时有名的游说之士。他曾游说赵王和燕王停止战争，在信陵君窃符救赵解决了邯郸之围后，他曾劝说平原君不要接受封地，以免因为功高盖主，引来不必要的麻烦。

不过，他游说诸侯的手段，不是用事实说明道理，而是通过巧妙的言辞，或者运用纯逻辑的手法，证明他的观点。他最著名的论点之一就是白马非马论。

公孙龙虽然是那个时代少有的颇具深度的思辨哲学家，但他的名辩思想很难被当时的三晋统治者接受，而在一向注重实际的普通国人看来，公孙龙的思辨哲学无异于"诡辩"，他们也不大可能接受这种纯粹的概念"游戏"。公孙龙后来被平原君疏远，不久便抑郁而死。在他死后，战国时期的名辩思潮也宣告结束。

从先秦至今，国人一向注重实际，注重具体的事物而缺乏质疑，缺乏思辨，缺乏逻辑推演。正因为如此，公孙龙的思辨哲学才更加引人瞩目，三晋时代这点少有的光芒，虽说短暂却弥足珍贵。

由晋国裂变为三晋，晋文化开始由黄土高原向四周传播。

在战国中后期百家争鸣最兴盛的时代，出生在三晋，或在三晋出入的思想家不胜枚举，但最终没有一位得到当权者的重用。

孟子早年曾在魏国逗留，但魏国的君臣没有认识到孟子学说的价值。

后来的惠施、申不害，虽然他们都曾在三晋主政，但他们的思想始终未能贯彻到三晋的政治当中，在"晋才秦用"的潮流中，三晋不仅失去了人才，而且失去了大量的思想实践机会。许多思想、设想、举措，原本在三晋的国家出现或开始实施，但最终完成或绽放出光芒却是在三晋之外。

尉缭子是战国末期的军事理论家，他所著的《尉缭子》一书是中国历史上著名的武经之一。他的理论思想来自三晋，但最终被秦国所用，对秦国军事策略产生了重大影响。出身三晋的大思想家荀子和他的弟子韩非子，他们的思想对秦国的政治产生了深远的影响并引导秦国走向强国，却难以被三晋的统治者们认可。

郡县制曾为三晋国家首创，但把三晋郡县制引入秦国并加以发展和巩固的人物是著名的改革家商鞅。

商鞅曾在魏国做官，对于韩、赵、魏三晋国家的实际情况和政治得失有着深刻的思考。当商鞅在秦国变法时,很自然地参考和引进了三晋发明的郡县制,并在此基础上加以完善,使其制度化。

商鞅在魏国得不到重用,就带着李悝的《法经》和改革计划西行入秦,并设法与秦孝公面谈。据说,商鞅首先给秦孝公讲述了儒家传统的帝道和王道思想,但秦孝公对这两种政治理念都不感兴趣,甚至听得直打瞌睡,直到商鞅讲起了霸道和强国之术,秦孝公马上就来了精神,听了好几天都兴趣盎然。最终,秦孝公下定决心冲破重重障碍,委派商鞅主持了秦国的变法。

商鞅在秦国的变法,其思想和谋划有相当大的一部分是从三晋国家脱胎而来,尤其是在总结魏国政治得失的基础上进行的。商鞅本人既是李悝《法经》的崇拜者,又是李悝改革施政的推行者。他鼓励农业、奖励军功的做法,完全继承了李悝当年在魏国的改革措施。

为了更好地管理国家,尤其是管理新拓展的疆域,把广大的农业人口紧紧地束缚在土地上,商鞅全面继承和发展了三晋早已实施并证实行之有效的郡县制。根据商鞅的变法措施,秦国把全国的乡邑集聚为县,成为相对独立的基层行政单位。在实际管理方面,每县由中央政府任命县令、县丞两个主要官员。在商鞅变法的时代,秦国共有31个县,以后随着领土的扩大,这个数目不断增加。秦国的郡在最多的时候达到46个,郡设郡守,郡守之下有郡丞、郡尉、监察史等职。郡下设县,大县的长官称县令,小县的称县长,其下又设县丞和县尉。县以下则以乡、亭、里为行政单位,每一级都有相应的官吏。至此,秦国的郡县制在三晋郡县制的基础上彻底成熟。两汉以来,秦国的郡县制为历代统治者肯定和遵循,成为安定天下所必需的政治基础和行政基础。

在三晋法家人物中,无论是在个人的思想成就方面,还是对后世的影响力方面,韩非子的地位无人能及。他是先秦法家思想的集大成者,他所阐述和论证的帝王之术,一直是中国古代专制统治者的法宝,后人甚至称韩非子为中国古代专制政治思想之父。

韩非子本是韩王室的后人,与后来成为秦国重要人物的李斯一同师从赵国的大思想家荀子，在学业上远超李斯。学业完成后，李斯决定去秦国求仕，韩非子则留在韩国潜心研究法家学说。最终，他将商鞅、申不害等前辈的法家思想熔为一炉，形成自成体系的一套政治理念和治国方略。

身处韩国的韩非子，目睹韩国日益衰败，心急如焚。他曾多次致书韩王，希望用自己的法治思想改革韩国的政治，但韩王置若罔闻。忧愤之下的韩非子只能转而著书立说，写下了著名的《孤愤》和《说难》等政论文章。

在韩非子看来，一个国家如果想强盛，就必须走法治的道路，而若想使法治得到全面的贯彻，君主必须充分利用自己的权威，采取严厉的手段推行法律；君主在执行过程中必须将权力牢牢控制在自己手里，同时要用严格而实用的标准判断是非。

韩非子对荀子"性恶论"的主张非常赞同，所以他极力主张国家要制定严厉的刑罚，以约束人性之恶。他的这种君主专制思想，是对前人有关思想的总结和全面提高。由于他的这种主张非常适合秦国的治国之道和秦始皇本人的性格，所以秦始皇在读到韩非子的文章后竟非常急切地想见到他。

见到韩非子的秦始皇对他的学说更加推崇。不过，由于李斯从中作梗，韩非子最终在秦国被迫自杀，成为继孙膑之后第二个受到同学谋害的三晋人士（第一个谋害同学孙膑的三晋人士为庞涓，他与孙膑是师兄弟，两人曾同门于鬼谷子）。

韩非子作为中国古代政治思想史上里程碑式的思想家，其学说是三晋政治思想的伟大结晶。他虽然死于秦国，但他的学说几乎全盘被秦始皇吸收，全方位地运用到秦国的治国方略中，并影响了中国之后2000多年的中央集权统治。

韩非子之后的2000多年中，三晋大地再也没有出现过思想大家，这不能不说是三晋地域长久的遗憾。与此同时，从春秋战国就已出现且伴随至今的另一个现象也颇令人深思：许多著名人物的老师来自三晋，但他们的老师大都默默无闻。师生之间一生的声名沉浮都应验了荀子的那句：

"青，取之于蓝而胜于蓝。"

战国前期，在七雄中最先进行政治经济改革和富国强兵的本是魏国，最有可能统一天下的也是魏国，但战局发展的最终结果是，魏国不但没能统一天下，反而成为被秦国灭亡的第二个国家。

魏文侯时代，魏国人才济济，文有李悝、翟璜、魏成子等，武有乐羊、吴起、西门豹等，其中李悝的全面改革、吴起的治军方略、西门豹的基层社会治理成为战国早期各国学习的榜样，也使魏国在战国早期声名鹊起。

战国初期，李悝在魏文侯的支持下，对魏国的政治、经济和法制进行了全面改革。政治上，李悝实行"食有劳而禄有功""夺淫民之禄以来四方之士"的政策，即剥夺无所事事的世袭贵族的爵禄，以吸引天下的贤士；根据实际功劳的大小、多少任用和提拔官员。此令一出，国家活力大增，能人贤士纷纷来到魏国。

为了考察官员的政绩，防止腐败，魏国还实行了一年一度的"上计"制度，即财务制度和审计制度。地方官员以一年为期，向国家上缴当年的财政收入，并接受财务检查。后来这个制度被商鞅引进秦国，成为秦汉以后考察地方官员的重要手段。

在经济上，李悝主要推行尽地力和平籴法。尽地力就是鼓励农民在大量开垦土地的同时，通过改进耕作方法、选择优良种子和精耕细作，增加农作物产量。平籴法就是为了避免"谷贱伤农，谷贵伤民"，每遇丰年政府就大量购进余粮，每遇荒年政府就将余粮平价出售，以此来平衡粮价，稳定社会。这项改革措施从魏国初期一直沿用到2000多年后的今天。

李悝改革的最大成就体现在法律方面。他在总结前人的基础上，写下了《法经》六篇，分别是《盗法》《贼法》《囚法》《捕法》《杂律》和《具律》。前两篇讲的是定罪，中间两篇讲的是量刑，后两篇讲的是针对特殊情况制定的相应对策。李悝的《法经》对当时和秦汉以后的历代法律都产生了重要影响。此后，吴起在楚国的变法和商鞅在秦国的变法都直接继承了李悝的立法成就。尤其是商鞅，在魏国遭遇政治挫折之后，带着李悝的

《法经》到了秦国，在秦孝公的支持下进行变法，他在秦国所制定的《秦律》，就是对魏国《法经》的直接继承和发展。

吴起本是卫国人，被魏文侯作为人才引进魏国，担负起守卫西河的重任。西河位于魏国与秦国、韩国接壤地带，地理位置十分重要，吴起到任前，由于缺乏得力的将领，这一地区经常受到邻国的侵扰。吴起到任后，首先建立起吴城（今汾阳），作为抗拒秦军的军事基地，并以此为支撑，率兵夺取了秦国的五座城池。这在战国秦晋斗法的年代是十分难得的成就。

吴起此举让秦国和韩国闻风丧胆，从而保持了这一地区几十年的社会平稳。陕西西北部的吴起县，就是嘉庆二十四年（1819）在陕西靖边县首置吴起镇，为纪念魏国名将吴起曾在此驻兵戍边而命名的。

1935年10月19日，中央红军和陕北红军会师的地点就在吴起镇。这次会师整整70年后，吴起镇所在区域改名为吴起县。由此可见，吴起对西河地区影响之大。此外，吴起在魏国期间还根据实践摸索出一套治军经验，成为那个年代各国的典范。

西门豹的故事因中学课文《西门豹治邺》而在中国几乎家喻户晓，他以替河神娶妻的手段高效肃贪除陋，使后人有幸看到了一出战国时期颇具喜剧色彩的政治剧目。威烈王二十三年（前403）左右，在翟璜的推荐下，魏文侯任命西门豹为邺地县令。邺地因漳水横流而成为魏国多水患的地区，又因水患不断成为魏国最贫穷的地区，当地的贪官污吏却以治水为名，百般盘剥百姓，令人瞠目。其中最为残忍的就是贪官与巫婆神汉联手，利用民间迷信，每年向百姓摊派巨资为河神娶妻，以使河神不再发怒，不发水灾。最令人发指的是，为了给河神娶妻，他们要从民间选择相貌姣好的女子抛入水中，其实就是非常残忍的人祭，这也是中国古代最为残忍和典型的"权力寻租"案例。西门豹到任后为了革除这一陋习，采取两个策略：一是运用智慧革除了为河神娶妻的惯例，减轻了百姓的负担；二是积极发动民众，兴修水利，消除水患。经过几年的努力，西门豹带领当地民众开凿了12条水渠，这些被后人誉为西门渠的水利工程，引漳河水灌溉农田，不仅根治了水患，还使邺地的农业生产有了丰收的保障。

西门豹治邺虽不及李悝的大手笔，也没有吴起的帅才，但他作为官员，代表了那个年代魏国的基层治理水平，而他治水的故事深刻影响后世。西门豹修建西门渠2300多年后，在距西门渠西侧100千米的地方，又出现了一条被称为世界奇迹的"人工天河"——红旗渠。红旗渠和西门渠都位于太行山东侧，都是引发源于三晋上党地区的漳河水进行灌溉，兴修水利的传统则是从战国时期的魏国就开始了。

魏文侯时代，魏国国内政治稳定，经济发展，国富兵强，国际声望大震。此时的魏国也极其渴望一统全国，并付诸实际开始了武力扩张，其具体路线图是：在今天的山西境内，以今南同蒲线为界，扩展到山西中部的离石以南；在陕西境内，从华山以北，沿洛水修筑长城，到达今内蒙古包头一带；在中原，东到今河南的虞城，山东的巨野、高唐一带，北到河北的磁县、魏县、大名，南到鲁山；在黄河以南，魏国还占领了原属郑国的郑州、密县和新郑一带。这一时期，是魏国疆域最大的时期，如果用一句话来形容此时的魏国，用"旌旗猎猎，气吞万里如虎"应该恰如其分。

如果不考虑时间变迁的因素，魏国疆域曾经跨越今天的八个省区，向西到达陕西高陵以西、内蒙古包头以南至黄河西岸，在山西境内则是沿今同浦线以西，离石以南至侯马、曲沃和运城地区全部，以及河南灵宝和三门峡市；向北则有今河北以正定为中心的原中山国；向南有今邯郸、磁县、魏县、大名，到河南的黄河以北的广大地区。黄河以南以开封为中心，西有荥阳、密县和禹县；向南有今鲁山、南阳，经舞阳、上蔡到安徽北部的部分地区；向东到达山东的高唐、阳谷、定陶和河南虞城以西。这一区域正好是北方游牧文化、南方吴楚文化、东部齐鲁文化和中原农耕文化的高度融合地带。此时的三晋正处于鼎盛时期，意气风发，星光灿烂。

从"楚材晋用"到"晋材秦用"

如果单从地理位置、文化融合和改革的起步来看，魏国是战国七雄中最有可能统一天下的国家,但历史发展的最终结局却是:魏国的君臣"起了个大早,赶了个晚集",甚至连"晚集"也没能赶上。桂陵之战和马陵之战,魏国先后被齐国击败,国势一落千丈;始皇帝二十二年(前225),秦国大将王贲攻伐魏国,占领了大梁,俘虏了魏国国王,魏国的大幕就此落下。

和魏国一样,赵国在三家分晋之初也曾立志改革,在战国中期甚至有著名的胡服骑射改革,但最终仍然被秦国所灭。

威烈王二十四年(前402),赵国的公仲连力图实行类似魏国李悝那样的改革,并把改革的重点放在政治领域。经过一番努力,赵国的用人制度发生了明显的变化,并且出现了相当长一段时间的繁荣。不过,到战国中期以后,赵国相对于其他国家却变成了弱国。赵武灵王继位后,这种现状并没有改变,相反却有加重的趋势。此时赵国所面临的军事威胁,东有齐国,西有秦国,南有韩国和魏国,北有"三胡"(林胡、东胡和楼烦)以及在战国早期灭亡于魏国后来又复国的中山国,形势相当严峻。尤其是北方的少数民族,一般实行军政合一,整体行动、整体指挥,且以骑兵为主,行军作战迅猛快捷,给赵国造成巨大压力。在这种压迫下,赵国的发展重心不断南移,其都城也不得不由晋阳南迁至中牟。在中原诸强的压力下,赵国都城后来又向北转移,迁到了邯郸。四方压迫之下,赵武灵王决定进行改革,以改变赵国四面受敌的形势。

赵武灵王年少继位,他在位前期,曾屡受齐、秦、魏的攻伐,经常以"忍辱削地"求和。赧王八年(前307),赵武灵王召见大臣协助他改革:军事服装不再用原来笨重的战袍,改穿胡人简便的军服,主力部队也由过去乘车和步行改为骑马,并学习在马上射箭,这就是历史上著名的胡服骑射。

赵武灵王的胡服骑射改革是三晋历史上著名的改革之一,也是中国军事史上较早的变革之一,这次改革大大地增强了赵军的战斗力,不仅从根本上扭转了赵国的军事状况,而且对中国古代军事史的发展也有划时代的意义。改革后的赵军把骑兵从辅助兵种改为作战主力,结束了此前一直以车战和步战为主的战争方式，使古代战争史的方向为之一变。改革后的赵国不仅扭转了军事方面的全面性被动，更重要的是，在与北方游牧民族的军事对抗中，赵国逐渐占据优势，还灭亡了复国的中山国。依靠强大的军力，赵国不断开拓北方领土，其疆域向北扩展到今山西、河北两省的北部至内蒙古阴山以南地区，并在这一带设置云中、代、雁门三郡，使赵的版图大为扩张，并从根本上解决了赵国北部边境的危机。从此以后，直到秦统一前的近百年时间里，与赵国相邻的北方游牧民族与内地农耕民族基本上能够和平相处或向北发展，对内地的军事威胁降到了周朝以来的最低点。

对于中国整个历史而言，赵国的这次改革使农耕民族与游牧民族的分界线向北移动并逐步稳定在阴山一线。后来的草原文明、农耕文明的战争大体也以阴山为界，秦国及秦以后的长城也大致在这一带布防。赵国的这次改革使西面的强国秦国都感受到了极大的威胁，赵武灵王在占领西北部的河套地区之后，曾率领骑兵四面出征，打算南下攻击秦国。为了探明秦国的军事部署，赵武灵王甚至微服进入咸阳亲自了解秦国的国情和秦王的为人。秦昭王在事后得知赵武灵王秘密入秦的真相后大吃一惊，吃惊之余，秦国开始调整军事部署，将赵国作为统一全国的主要目标，日后的长平之战正是由此而引发。

和魏国一样，赵国的这次改革成果并没有保持太久。长平一战，赵国精锐尽失，一蹶不振，而中期的改革气象至此也荡然无存。始皇帝十九年（前228），邯郸被攻破，赵王被俘虏，公子嘉退守代郡，自立为代王。

始皇帝二十五年（前222），秦国大将王贲攻克代郡，赵国宣告灭亡。

和赵国、魏国一样，韩国在立国之后也曾兴起改革的浪潮并取得不错的成绩。

三家分晋之初，韩国占有今山西东南部及河南中部以及陕西一小部分。其后，韩国通过战争逐渐扩展了自己的版图。安王二年（前400），三晋联合伐楚，数年后又在大梁大胜楚国军队，并对郑宋等国提出领土要求。安王十七年（前385），韩国攻伐郑国，占领阳城，继而东击宋国，一度进至彭城（今江苏徐州），俘获了宋君。十年后，韩国利用魏国攻打楚国的机会，出兵灭了郑国。韩国国都原来在平阳，威烈王十年（前416）迁都到宜阳，韩景侯时又迁到阳翟，韩国灭郑后，把国都迁到原郑国国都新郑，其统治中心不断向南面的中原地带拓展，显示出蓬勃发展的势头。为了解决南迁后的国家发展空间，韩国在韩昭侯时代也任用了三晋著名的法家人物申不害进行改革。

申不害本是郑国的普通官员，没有什么社会地位。郑国被韩国灭亡后，申不害以自己在底层政治中的亲身经历和思考所得，配合盛行于当时的黄老之学，创立了以"术"为核心的政治学术，并以此说动韩昭侯，得以在显王十八年（前351）出任韩国之相。

利用韩昭侯的长期信任，申不害从各个方面推行变法。他强调首先发展经济，认为国家富强的根本是农业的增产和丰收，为此就必须重视土地，开垦农田，保持耕田的质量。

和李悝一样，申不害也强调当政者要根据官员的实际功劳决定赏罚的档次，把实际才能和成绩作为晋官授爵的标准。

申不害还特别重视"法"在治国安民方面的作用，认为不论君主还是大臣都应当以法律为准绳，通过法令整顿国家，使百官的日常政务和百姓的日常生活都有法可依，他的这一主张即便在今天看来都闪耀着法治思想的光芒。

申不害的新法取得了明显的效果，国都南迁后的韩国经过一段时间的适应和调整，经济、文化很快复苏，并在此基础上有所发展。当时韩国都城新郑是著名的工商大都会，不仅是韩政治、经济、文化的中心，还是各国商人往来贸易的必经之地和常住之所。新郑城内的手工业和商业相当繁荣，尤其是新郑城内东部，除了遍布冶铁、冶铜、冶玉、烧陶和造币等手工作坊外，还有供贸易使用的市场。城内街道纵横，宫室林立，人来人往，异常繁华。不只是新郑，韩国境内的其他城市，如荥阳、阳翟、宜阳等，工商业都十分发达。

申不害在显王三十二年（前337）去世，他的离去，基本上结束了韩国最后的辉煌。申不害最后执政的十几年,韩国的政治面貌发生了很大变化,后世史家评价当时的韩国形势为"内修政教,外应诸侯,国治兵强,诸侯不敢侵伐"。但随着申不害和韩昭侯的先后离去,韩国人亡政息,国势开始迅速衰败。

率先在魏国实行变法的李悝、吴起,结局并不美好。李悝因判案的事情最终选择了自杀,而吴起因为和后来继位的魏武侯意见不合而选择离开魏国,投奔楚国。在楚国,吴起在楚悼王的支持下,效仿李悝在魏国的做法实行变法,但由于楚国世家大族的反对,这场改革终于在楚悼王死后半途而废,吴起本人也惨遭杀害。

吴起显然不是从三晋出走的唯一人物。在他之后,战国时期威震一时的孙膑、张仪、魏无忌、商鞅、范雎、魏冉、吕不韦等先后从三晋出走投奔他国;著名的思想家子夏、孟子、荀子一生在三晋都未能得到重用,而从师于荀子的李斯、韩非子也先后从三晋出走投奔秦国。

孙膑是战国时杰出的军事家,在齐国和魏国的桂陵之战中一战成名。

他一生除了缔造了围魏救赵这样的军事经典外,还有田忌赛马这样的智慧传说。

孙膑是春秋时期著名军事家孙武(《孙子兵法》的作者)的后人。他和庞涓曾同时在鬼谷子门下学习,但庞涓的学业不及孙膑。庞涓做了魏国大将后,就把孙膑骗到了魏国。孙膑到了魏国以后,不但没能学以致用,还被庞涓借故施以膑刑。孙膑后来逃出魏国,投奔到齐国大将田忌的帐下。

田忌赛马,孙膑的谋略引起齐威王的重视,被任命为齐国军队的军师。

孙膑一生有过许多杰出的战例,桂陵之战是其中最著名的战役。作为军事理论家,孙膑著有《孙膑兵法》。在书中,孙膑不仅研究了作战的指导思想和具体的战略战术,还记述了若干涉及军事的历史事件,其中就有孙膑和庞涓斗法的桂陵之战。

张仪是魏国人,学的是纵横之术,他和著名的纵横家苏秦,都曾师从鬼谷子，但苏秦的成绩远不如张仪。张仪最初想用合纵说鼓动诸侯对付秦国。当时，苏秦以合纵之策在赵国很得势，张仪就去投奔，结果遭到苏秦和赵国的羞辱。于是张仪怀着对六国的仇恨和强烈的雪耻之心，在显王四十年（前329）跑到秦国，下决心用秦国的力量对付六国。

在秦国，他放弃了合纵之术，转而大力鼓动连横之策，即秦国与六个国家中的某些国家联合，对付另外的国家，从而让秦国达到各个击破的目的。

显王四十一年（前328），即张仪到秦国的第二年，秦国效仿中原各国，设置相国一职，并由张仪担任这一职务。在张仪的鼓动和游说之下，秦国的连横策略大获成功，而形势正是按照张仪的预设而发展。

战国中后期，天下出现了赫赫有名的"战国四公子"，他们是：齐国的孟尝君田文、赵国的平原君赵胜、魏国的信陵君魏无忌和楚国的春申君黄歇。

当时，公子们的力量是本国的重要政治资源，在国内外都有举足轻重的政治地位。他们有两个共同特点：都是王族或世家大族之后，家资甚巨；都有能力养活成百上千的门客，而这些门客不但能增强他们的政治影响力，事实上也成为这个国家重要的智库。

秦国围攻赵国，赵胜的门客毛遂自告奋勇到楚国搬救兵，但楚国因为惧怕秦国的报复，再加上心意不诚，终究未能与秦国正面开战。此时赵国的都城邯郸已被秦国围困了3年，情况万分危急。平原君的夫人是信陵君魏无忌的姐姐，她不断给信陵君写信，要求魏国火速出兵相救。在信陵君的一再要求下，魏王只好委派将军晋鄙率10万大军救援邯郸，但在遭到秦国的威胁之后，胆怯的魏王就命令晋鄙在邺地观望待命。情急之下，信陵君在门客的帮助下采取窃符救赵的办法，终于在邯郸城下击败了秦军，解救了赵国。不过，信陵君也因此得罪了魏王，从此不敢再回魏国，只是让魏军全部归国，自己则留在赵国。此后不久，秦国大将蒙骜伐魏，魏国屡战屡败。魏安厘王不得已，只好召回信陵君。信陵君出任魏国大将后，率领五国联军击败蒙骜，将秦军追至函谷关。此时的信陵君功高震主，名扬天下，成为秦国东进的拦路虎。秦国则再次使出惯用的反间计，用重金买通魏王身边的幸臣，一番操作之后，信陵君被撤职。

被罢官之后的信陵君心灰意冷，不仅称病不上朝，还经常彻夜畅饮，又多近女色。4年之后的始皇帝四年（前243），信陵君在沉醉中离世。

他去世18年后，魏国灭亡。

商鞅是战国时期甚至是中国历史上著名的改革家，正是商鞅变法的实行，才使秦国由弱变强，最终统一了中国，而这些成就本来是有可能在三晋国家中完成的。

商鞅本是卫国贵族的后人，年轻时就刻苦钻研法家学说。魏国灭亡卫国后，商鞅投奔魏国的相国公叔痤。公叔痤经过仔细观察调查，发现商鞅是个人才，就把他推荐给魏惠王。魏惠王虽接纳了商鞅，但对他的治国之策未加采用。后来，公孙痤病重之时，又当面告诉魏惠王说："商鞅少年奇才，希望君主能重用他；如果不能任用，就一定要杀了他，不要让他为别国效力。"这几乎是公孙痤临终前最重要的一次政治嘱托，但昏聩的魏惠王竟然没听明白，对商鞅依然不理不睬。就在此时，秦孝公下令求贤，商鞅意识到自己如果继续待在魏国，必然无所作为，就带着李悝的《法经》投奔秦孝公。等到商鞅在秦国变法成功，并对魏国造成实际威胁时，魏惠王才长叹一声："寡人恨不用公孙痤之言！"

在战国中后期，大量的三晋人才被秦国所用，如商鞅、张仪、范雎、吕不韦、魏冉、尉缭子等，以至形成一股"晋才秦用"的潮流。

但回首历史，在春秋时期，历史上有许多"楚才晋用"的案例。

春秋时期的晋国求贤若渴，不仅有一时的创新，还有长久的制度保证。

晋国在立国之初就没有受到传统周礼的严格约束，由于晋国地处北部，其政治策略和社会习俗深受周边少数民族影响。到了春秋前期，晋国宗室的一支旁氏家族，经过几代人的不懈努力，逐渐取代了正宗的晋侯，掌握了晋国的政权。这个新崛起的政治势力在传到第二代晋献公时，为巩固自己的势力，开始大量任用非姬姓的卿大夫，这从客观上为社会各阶层的人才合理合法地进入晋国的政治舞台铺平了道路。韩、赵、魏三国的祖辈们，也正是在这一时期成为晋国的大夫，而这一时期异姓卿大夫的杰出贡献既是晋国此后几百年称霸天下的保证，也是晋国最终被瓜分的预演。

在晋文公称霸的时代，异姓卿大夫在晋国的政坛上进一步发挥着主导作用。晋文公以武力夺得君位，并在积蓄力量的过程中四处流亡，备尝艰辛，而始终跟随他左右的大都是异姓人士。对于上述追随者和支持者，晋文公在即位初便大行封赏并委派他们担任各个方面的重要职务，其中的赵衰和魏武子就是后来赵国和魏国的杰出代表。

晋文公之后，晋国的君主以平庸甚至无道之辈居多，但晋国仍然延续数百年，其中最主要的原因就是来自各个异姓家族人才的支持。这期间，赵氏家族主政时间最长，而赵氏之所以能长期执政，也与其开明合理的人才战略有关。

从春秋中期开始，晋楚争霸逐渐成为当时政治的主旋律。春秋前期，楚国国力开始不断增强，特别是到了楚庄王时代，称霸天下的野心已愈来愈明显，但楚国北上称霸的进程一直受到南下称霸的晋国的阻碍。就这样，晋国与楚国在中原地区展开了长达数百年的争霸角逐，而争斗的结果是晋国占据上风，不仅在晋文公时代晋国成为当时的霸主，在他死后百余年间，晋国依然雄踞霸主之位。之所以出现有利于晋国的争霸局面，重要的原因之一就是"楚才晋用"发挥了作用。

"楚才晋用"的故事在春秋时期流传甚广。如楚庄王即位之初，楚国发生内乱，楚国大夫析公受到牵连，无奈之下逃到晋国。析公到了晋国之后受到重用，每逢晋楚开战，析公作为主要谋士必定出现在战场上，由于知己知彼，析公的很多妙计在关键时刻都帮助晋军取得胜利。

另外一个有名的故事是，楚国大夫雍子的父亲和哥哥诬陷雍子，楚国的君臣冷眼旁观，雍子只好逃亡到晋国。到晋国后，雍子立刻被晋国聘为主要谋士，在晋楚两国的彭城之战中，晋军采用了雍子的计谋，打败了楚军。

类似的例子在春秋时期还有很多，这一方面暴露了楚国政治的腐败，另外一方面也显示出晋国对人才的渴望和重视。

进入战国后,一开始韩、赵、魏仍能广纳贤士,重用人才,但到战国中期以后,已出现"晋才秦用"的势头,许多著名的纵横家,如公子衍、张仪等人,虽然也曾被韩、赵、魏任用,但他们更主要的政治成就却是在秦国完成的,并以此反过来对付三晋,其中以范雎的经历最为典型。

范雎本是魏国人,最初做魏国大夫须贾的家臣。有一次,他陪同须贾出使齐国,齐王很赏识他的口才,就赏赐他。尽管范雎没有接受齐王的赏赐,须贾还是怀疑他和齐王私下有来往,就向相国魏齐报告。魏齐接到报告后偏听偏信,以莫须有的罪名对范雎施以严刑。此时正值秦昭襄王派人求贤访才,正在魏国的秦国使者目睹范雎的遭遇后,偷偷把受刑后被扔在厕所里的范雎带回了秦国。不久之后,范雎在秦国受到重用,被秦王拜为相国,对整个战国后期秦国的政治、军事都产生了极大影响,特别是他提出的针对六国的远交近攻策略和加强王权的"强干弱枝"主张,对秦国的崛起起到了很大的推动作用。

赧王五十三年(前262),决定秦赵生死的长平之战爆发。两军对垒三年后,范雎以反间计使赵国起用纸上谈兵的赵括代替实战经验丰富的老将廉颇,使得白起大破赵军。

长平之战后,赵国迅速衰败,而六国从此也依次凋落,为日后秦国统一奠定了强大的军事基础,范雎在其中功不可没。最具讽刺意味的是:三晋因怀疑将范雎逐出国门,却因范雎的反间计被暗算,历史的吊诡之处也正在这里。

从范雎到廉颇,从廉颇到信陵君,从信陵君到李牧,从中可以看出:在烽火连天的岁月,三晋屡遭反间计所害,而其中折射出三晋多疑的性格也足以令人掩卷沉思。

民间有这样的俗语:起了个大早,赶了个晚集。在三晋大地,这样的例子比比皆是。

秦汉以来名扬天下的郡县制,最早由三晋提出并实施,但最终成熟和巩固是在秦国完成。

春秋初期，晋国把新开辟的边疆地区和新征伐的地区赐给有军功的将领作为他们的食采邑，以便在保证边疆地区相对稳定的同时，发挥这些将领的积极性。晋国当时把这种地区叫作县或郡。县的名号虽然在周朝初期就有，但那只是两周封建制的一部分，在各国政治制度中并不普遍。晋国新设的这种县或郡事实上是相对独立的行政单位，其特点是军政合一，主要功能是保卫边疆。春秋时的郡县长官都由晋国君主直接任免，他们只能按级别领取俸禄，其所负责的郡县中的赋税归国君或食采邑的卿大夫所有。

由于这种新制度行之有效，郡县制在晋国得到迅速发展。春秋中后期，晋国的领土不断扩大，到晋平公时，晋国全境至少有50多个县，每县可征用的武装力量大约有战车百乘。而郡县制本身，在向广度发展的同时，也在向深度发展。如最初的郡县所有权属于晋君，到后来由于异姓卿大夫的势力不断膨胀，他们名下的一些郡县便脱离了晋君的控制，成为这些卿大夫的私有财产；最初的郡县长官不得世袭，而当卿大夫掌握了这些郡县之后，把它赐给自己的家臣、养士，也同样做了不得世袭的规定。这样一来，不论是谁，只要控制了中央政权，即控制了对郡县的任命权，便可控制郡县，这一创新为后来的中央集权奠定了坚实的基础，以至于尽管在中央不断有新的政治力量更替，郡县制度却获得了稳定发展，并没有因为新的政治力量出现而倒退。

赵国是当时实行郡县制最成功的国家。由于赵国地处原晋国的北部边境，向北拓展发展空间的任务十分艰巨。经过胡服骑射改革以后，赵国的军事力量大增，不断向北部拓展其疆域，新拓展的疆域需要新的管理模式。按照新的郡县制模式，赵武灵王在新开辟的北方疆土上设置云中、雁门和代郡。赵国在郡下设县，用以加强对各地的行政管理。

赵国这次的郡县设立具有特别重大的意义，日后2000多年的岁月中，这三个郡在绝大部分时间里都属于三晋管辖的范围，郡县制的设立有效地巩固了三晋的北方边界。赵国所设立的这三个郡在秦汉时期都得到保留，从而也证明了这种体制的成功。

为了安定赵国的北方领土，赵武灵王还做了一件对后世影响深远的事情，即有组织、有计划地从中原组织移民北上进行垦荒。这是我国有史以来有文字记载的古代移民农垦戍边的第一次。这一举措不仅对巩固边境有重大意义，而且对稳定农耕文明边界有着非凡的意义，同时也开启了中国社会有组织移民和屯田的历史。日后发生的大移民以及军屯、商屯、民屯的案例都发端于此。此外，它对三晋的开拓发展也有着极强的心理暗示，日后轰轰烈烈的走西口、闯关东都和这次农垦戍边有一定关联。

千百年来，河套地区一直有"塞上江南"的美誉，其开发的历史就可以追溯到赵国的这次移民农垦戍边。赵国的这次创新性措施，不仅安定了其北方新开拓的领土，同时也间接证明郡县制的作用。

由于郡县制下的官员对地方只有管理治理权而没有世袭权，所以地方很难形成尾大不掉的势力而脱离中央政权。秦统一以后，郡县制发展逐步成熟，有力地支持了中央集权的政治体制，为后世专制统治找到了一种理想的管理模式。秦汉以后，虽然封王封疆的做法偶尔会存在或回流，但郡县制却成为历朝历代的主流制度。

战国时期名噪一时的法家思想最早也是由三晋提出并形成体系的，但其实践是在秦国完成的。

晋国崇尚法治的传统始于春秋时期。当时，西周以来占据正统地位的旧的宗法体系已经瓦解，不断崛起的异姓贵族逐渐成为晋国政坛的新兴政治力量，这股新的政治力量需要新的政治体系为其撑腰，而旧的宗法观念显然已经不再适合新贵们的政治需要。在这种情况下，以晋国的法治代替周朝的礼制也就成为必然选择。

从晋献公开始，晋国不断颁布新的法律条文，并且大胆地把这些条文公之于众。这些新的法律条文涉及军事、经济、社会等方方面面，体现了新兴政治力量以法治国的决心。这些立法成就使晋国逐步建立和完善了一整套法律制度，并在建立法律和运用法律的过程中形成独特的法治文化。

到了战国时期，三晋继承和发扬晋国的法治传统，其中韩、魏两国尤其重视法治建设，出现了不少以提倡和推行法治而闻名的君主和大臣，如魏文侯及其重臣李悝，曾在魏国做官的吴起，客居魏国的商鞅，韩昭侯及其相国申不害，韩国王室后裔韩非子。

最早提出并建立法制体系的三晋并没有将这套后来行之有效的体系坚持下去，随着改革者的先后离去，"人亡政息"的悲剧先后在三晋国家轮番上演，后世闻之常暗自叹息。

山西人一向低调务实，不事张扬。几千年来，这种盆地性格一以贯之。

中华民族的先祖尧帝的圣名天下共知，尧帝老师的名字却鲜为人知。

今天的山西临汾襄汾县邓庄镇政府所在地席村，被称为"尧师故里"，并存有古代留下来的碑刻。

据康熙年间《平阳府志》记载："席老师，襄陵人，尧时贤人，失其名。时天下大和，百姓无事。老师年八十余，击壤于衢。观者曰：'大哉！帝之德也。'老师曰：'吾日出而作，日入而息，凿井而饮，耕田而食，帝力于我何有哉！'尧闻而喜之，尊为老师。"

席老师既是中华民族席姓的得姓始祖，又被尊为尧帝的老师。同时，《击壤歌》也是中国最早的诗歌，席老师也是中国第一位诗人。但今天的中国，知道《击壤歌》作者为谁的人很少，知道尧帝老师是谁的人更是少之又少。

子夏是战国时期三晋地区最有成就和影响力的思想家。当时在魏国政坛上的风云人物以及在随后的思想界产生相当影响的一些思想家，都曾在他的门下学习，如魏文侯、李悝、吴起等。但很显然，无论是在战国时期还是今天，学生的知名度都远超老师。

荀子在战国时期的知名度不算低，但他的两个得意门生李斯和韩非子比他的名气更大。荀子终其一生始终没被当权者重用，最后在楚国的一个县里失意而逝。

王羲之号称"书圣"，其在中国书法史上的地位无人能及，但他的老师很多人并不知晓。

王羲之的老师叫卫铄，也被称为卫夫人，晋代著名女书法家。她的家族在魏晋时期是河东著名的书法世家,她的从祖卫觊、从伯卫瓘、从兄卫恒都是当时著名的书法家。卫夫人从小受家族影响,师从钟繇,妙传其法。

她与王羲之的母亲是亲戚,很自然地成为王羲之的书法老师。在一定程度上可以这样认为:如果没有卫夫人的书法启蒙教育,也就没有后来的"书圣"王羲之。卫夫人不但在书法艺术实践上有突出成就,而且在书法理论方面也有重大建树和比较深入的论述。她的书法专著《笔阵图》对后世书法产生了深远影响,对王羲之的影响更为巨大。

大唐发迹于山西,唐初山西的名臣众多,如温彦博、温大雅、李靖等,而房玄龄、魏徵之名在唐太宗时更是如雷贯耳。这些唐初名臣共同拥有一个"不出名"的老师——王通。

王通是隋末著名的大儒,杰出的思想家,河东龙门人。仁寿三年(603),王通曾游学长安,向隋文帝献太平十二策,未被采纳和重用,失望而归,从此以后与官场决绝,专心讲学,过着半隐居的生活。

在漫长的封建社会里,那些威名赫赫的三晋启蒙者无一不选择了低调行事,不求闻达,另外一些人则选择了一生默默无闻甚至隐姓埋名。

介子推曾随晋文公流亡19年。当晋文公复国重赏群臣时,介子推却选择了默默无闻隐居绵山,即便晋文公火烧绵山逼其下山,他仍坚持不出,终被烧死。

西汉时期的太原人常惠,随苏武一起出使匈奴,被匈奴拘禁19年后才返回大汉。后人只听说过苏武牧羊的故事,何曾听说过常惠被拘的故事?

东晋时期的高僧、平阳郡武阳(今襄垣)人法显是中国佛教史上一位伟大的先行者、革新者。他不仅是第一位到海外取经求法的大师,还是杰出的旅行家和翻译家。399年,他65岁高龄时从长安出发,经西域去天竺(古印度)取经,游历30余国,收集了大批梵文经典,前后历时14年,比玄奘西天取经要早200多年。

玄奘西天取经的故事尽人皆知,先行者法显却默默无闻。

小说《三国演义》和它的作者罗贯中天下闻名，但为这部小说奠定基础性史料的两位历史学家裴松之和员半千却多半不为人知。

裴松之，南北朝时期著名历史学家，山西闻喜人，著有《三国志注》。

员半千是唐代山西临汾人，也是著名的史学家、文学家，著有《三国春秋》。

罗贯中就是在他们著作的基础上才写成了日后闻名天下的《三国演义》。

许多人都读过那首著名的北朝民歌《敕勒歌》，这首民歌用极其简洁的语言勾勒出北国草原壮丽富饶的风光，抒发了敕勒人热爱生活、热爱家乡的豪情，境界开阔，音调雄壮，语言简洁明快，艺术概括力极强，具有鲜明的游牧民族色彩和浓郁的草原气息，从语言到意境都别具一格。

但很多人不知道，这首诗描写的正是北朝时代山西北部壮丽的景色。

敕勒在北齐王朝是一个种族名称，敕勒川就是敕勒族居住的地方，在现在的山西北部和内蒙古交界的地方。北齐的前身北魏把今河套平原至土默川一带称为敕勒川。

山西是中国最早的戏曲发祥地之一，有悠久深厚的戏曲渊源，有众多举世瞩目的戏曲大师，现存有很多古朴珍贵的戏曲文物以及剧种。

尽管山西被称为"中国戏曲的摇篮"，但今日中国戏曲的代表，被称为国粹的戏种是京剧而不是晋剧。

著名的元代四大爱情戏中，山西人写了三部（《拜月亭》《倩女离魂》《墙头马上》），最著名的《西厢记》恰恰不是山西人的作品。但追根溯源，在王实甫创作《西厢记》之前，金代山西侯马人董解元曾创作过一部《西厢记诸宫调》，写的就是发生在山西永济普救寺崔莺莺和张生的爱情故事，整个剧本用了14种宫调、190套曲子，共5万多字，故事情节跌宕起伏，丝丝入扣，具有上乘的思想内容和高超的艺术技巧，为王实甫创作《西厢记》提供了蓝本。王实甫的《西厢记》后来成了戏剧舞台上久演不衰的剧目，董解元的艺术创作无疑起了奠基作用。但后世的人们提到《西厢记》能记住的只有王实甫，而董解元几乎很少被人提及。一代又一代像董解元这样提供奠基性或基础性作品的山西人，大都随着岁月的沉淀蒙上一层又一层灰尘，山西人的某种伤感和无奈也在岁月的涤荡下慢慢随风而去。

汾酒是中国白酒中资格最老的品牌，有着4000年左右的悠久历史。

1500年前的南北朝时期，汾酒就作为宫廷御酒受到北齐武成帝的极力推荐，被载入《二十四史》，被誉为"中国最早的国酒"。

明清两代晋商走南闯北，将汾酒的酿酒技术也传到了中国的大江南北，其中最令人感慨的是汾酒与茅台的渊源。

茅台镇原本只是赤水河边的一个小渔村，后来因运盐周转，成为川盐销往贵州等地的边境口岸。茅台村由此慢慢形成一个货物集散地和转运站，到康熙年间已发展成为江边的繁华小镇，于是晋商就把汾酒的酿酒技术带到了茅台镇。

据20世纪三四十年代出版的《贵州经济》记载："……在清咸丰（1851）以前，有山西盐商来茅台地方，仿照汾酒制法，用小麦为曲药，以高粱为原料，酿造一种烧酒。后经山西盐商宋某、毛某先后改良制法，以茅台为名，特称曰茅台酒。"

这段话清楚地表明了汾酒和茅台酒的关系：茅台镇白酒汲取了山西汾酒工艺的精华，山西人在茅台镇开始酿酒的时间是在清咸丰之前。

此外，1955年由贵州人民出版社出版的《祖国的贵州》记载，茅台酒是"清朝山西人经商于茅台镇，依汾酒制法而兴"。1980年由中国文史出版社出版的《贵州茅台酒史》中记载，茅台酒是"从山西雇了酿造杏花汾酒的工人来茅台村，和当地酿造工人共同研究制造"。

从不同时期的历史记载可以看出，茅台酒来源于汾酒的确是历史事实，但如今汾酒的国际知名度和品牌价值都没能高过茅台酒也是现实。

细究山西人的这种低调、不事张扬、隐忍的性格大抵来自春秋时期的介子推。他在晋文公还是流亡公子的时候，便义无反顾地选择跟随，显示了他无比的忠诚和坚定的信念；当流亡公子重耳遭遇饥饿时，介子推不惜从自己的腿上割肉让其充饥，显示了他甘于奉献、牺牲自我的精神；当晋文公复国即位大封群臣忘了介子推时，他选择隐居绵山，充分显示了他不慕名利的高风亮节。

将介子推这种低调行事、功成身退的性格推向高峰的是留侯张良。张良是西汉的开国功臣、政治家，与韩信、萧何并称"汉初三杰"。张良一生智谋超群。鸿门宴上，他巧施计策，帮刘邦脱离了危险；之后又凭借出色的智谋，协助刘邦赢得了楚汉战争，建立大汉王朝；西汉立国后，张良再立新功，帮助吕后之子刘盈成为皇太子。

张良的先辈曾在三晋的韩国任过五代韩王之相国。张良对秦灭韩国充满了仇恨，始皇帝二十九年（前218），张良为了报仇雪恨，散尽家资，寻求到大力士趁秦始皇东巡时进行刺杀，虽然没能成功，但古博浪沙张良刺秦从此闻名遐迩。

张良一生以灭秦为己任，西汉建立以后，他不贪权位，在个人声誉最高峰时选择了功成身退，将三晋人士不计名利、低调隐忍的性格发挥到极致。以后2000多年的岁月中，这样的故事在三晋大地上反复上演。

绵山

隐居的介子推在烧死前留下一诗，其中有一句："割肉奉君尽丹心，但愿主公常清明。"可以看出他隐忍低调的性格背后其实蕴涵的是对信仰执着的追求，而这种不计较名利、不计较得失、根植于信仰的献身精神一直流传到后世。

从晋国到韩、赵、魏，三晋文化一脉相承，保持了自己完整的脉络和一贯的传承。

晋国的守正和创新

晋国发端于周朝，其完整的文化格局却成熟于春秋战国时期。山西今日之文化意识形态和完整的省域人文历史特征几乎大部分根植于遥远的春秋战国时期。

仔细剖析秦以后的山西人文历史特征和山西文化性格特征，会发现其中绝大部分在春秋时的晋国和战国时期的三晋就已基本成型，换句话说，2000多年间在三晋大地上发生的人文历史案例绝大部分在春秋战国时期都可以找到样本或基于史实的逻辑推演。

晋国是三晋地域文化最早的奠基者，晋国时期的政治、文化对三晋后世影响巨大。

春秋五霸演变为战国七雄，其他四霸大体保持原状或被替代。五霸中的齐国、楚国、秦国大体维持原状，先后崛起的吴国、越国到战国时已销声匿迹，其角色被后来崛起的燕国所替代，只有晋国由一国裂变为三国，山西的先祖们从春秋五霸中的晋国裂变为战国七雄中的韩、赵、魏，三晋的疆域大为扩展，而其整体文化也在三晋的不断开疆拓土中逐渐成形。

拥有很强的独立性和割据意识成为春秋战国时期留给后世三晋最为明显的地域文化特征。

在春秋五霸中，晋国独树一帜，表现出与其他王国迥异的禀赋，并从此奠定了三晋绵延数千年的文化基因。

了解三晋文化，不能不了解先秦时期的晋国。这不仅是因为晋国是山西简称晋的由来,而且晋国文化也确实是三晋文化的源头。从晋国开始,三晋开始形成一种较为完整而连续的地域文化。晋国是中国进入文明时代后在山西最早的、有规模的、长达600多年的国家形态,而晋国之前的文化皆可视作三晋文化的序幕。

夏朝大约始于公元前2070年,约终于公元前1600年。夏朝早期活动的地域,史称夏墟,大抵在今天的山西晋南一带。禹都安邑,正是在今天的晋南中心地带。夏朝末年,商汤伐夏桀,双方在鸣条地区发生了激烈的战斗,而今天山西晋南的涑水、青龙河地带的鸣条岗正是当年的大战之地。

商朝约始于公元前1600年,约终于公元前1046年。当时华夏族的活动中心已从晋南移到今天的河南中部和河北南部的漳河流域,但山西仍处于商朝的统治范围内。

晋国起源于叔虞封唐,叔虞所封的唐地原有古唐国。唐在商时成为有名的方国,日后从山西起兵的李渊家族以唐为国号也正是源于此。

叔虞因有功于周王朝而受封于唐地,受封时周成王"命以《唐诰》,而封于夏墟,启以夏政,疆以戎索"。

周成王的这一举动基本上奠定了日后三晋文化的重要基础。诰命嘱咐叔虞要用夏朝的制度治理华夏旧族地区,对边境戎、狄等民族要照顾和尊重其风俗习惯,这样才有利于民族的和平融合,这也可以视作中国历史上最早的"一国两制",日后山西北部地区和先后入主中原的鲜卑族建立的北魏政权、契丹族建立的辽政权、女真族建立的金政权、蒙古族建立的元政权都曾实行或部分实行过这种"一国两制"的办法。联系日后晋国婚姻制度的开放性、魏国实行的和戎之策以及"楚才晋用"等史实可以看出:晋文化在一开始就呈现出艰苦奋斗的开拓性、兼容并蓄的包容性以及历史悠久的传承性。

叔虞去世,其子执政时改国号唐为晋。为了纪念唐叔虞,在今天的山西太原晋源区建有举世闻名的晋祠。叔虞是周成王的胞弟,其封地在今天的山西翼城。之所以在太原建晋祠,是因为叔虞宗族的一支后来迁至晋阳，在晋阳悬瓮山麓晋水发源处建祠宇，所以晋祠最早也叫唐叔虞祠。晋国宗祠，是中国现存最早的皇家祭祀园林。晋祠内现有从宋、元、明、清直至民国的本体建筑类型，且序列非常完整。附属的彩塑、壁画、碑碣皆为国宝，其中的难老泉、周柏、宋代彩塑被誉为"晋祠三绝"。

晋祠在周朝时建祠，以后历代皆有修缮和扩建，祠内有与祠堂并存的周柏，迄今已3000多年。贞观二十年（646），唐太宗李世民曾到晋祠，亲自撰写碑文《晋祠之铭并序》，并对晋祠进行了扩建。这一举动从某种意义上，也确实可以看作晋文化系统能上溯西周封唐建晋至盛唐肇创文脉传承的实证之一。

由于晋国早期开疆拓土的努力，特别是晋献公时期的四处征战，晋国的疆域大大拓展，经过几十年不断兼并小国，晋国在晋献公执政末期其疆域已颇具规模，不但囊括了今天的晋南地区，往南甚至跨过黄河到了今天的河南三门峡一带，向西到达今天陕西华县一带，向北到达今山西介休一线，这是晋国继晋文侯第一次开疆拓土之后第二次大的发展。疆域的充分扩张，使得晋文化从一开始就具有其完整性和独立性。

从春秋时期各国疆域看，晋国距离王城洛邑（今河南洛阳）最近，因近水楼台先得月的缘故，相比于其他国家，晋国的勤王机会自然要多一些。

除了在周平王东迁时晋国曾出过力，到晋文公时期，晋国又有尊王之举。

当时晋文公刚刚即位，周襄王受到王子带的挑战，大有地位不保之虞，周襄王无计可施，求助于晋国。晋文公抓住时机，马上出兵，诛杀了王子带，稳定了周襄王的地位。为了报答晋文公，周襄王承认晋文公为诸侯之伯，即霸主。

春秋时期，先后兴起过5个霸主，即齐、晋、秦、楚、吴。5个霸主中，齐、秦、楚、吴先后称霸的时间为40年、30年、110年、30年，而晋国称霸时间长达160多年，几乎贯穿了整个春秋时期。但如此强大的霸权王国，最终还是分裂了。

威烈王二十三年（前403），是中国历史上一个非常重要的年份，后世史学家一般把这一年视作春秋时期和战国时期的分界线。

这一年既是改变周天子命运的一年，也是改变晋国命运的一年，同时也是改变中国历史走向的一年。

这一年的某一天，威烈王被迫赐封晋国的三大家族魏氏、赵氏、韩氏为诸侯。晋国一分为三，其势力范围基本上被三大家族瓜分，从此以后，魏国、赵国、韩国成立，历史进入战国时期，而作为宗主的周王朝和作为三大家族母国的晋国从此淡出历史舞台。

周王朝于公元前1046年立国，享国近800年之久。晋国在周成王时期被封为诸侯国，立国长达600多年，几乎伴随着周王朝始终。

周朝的建立者是周武王，在其近800年的风雨历程中共有近40位天子。立国之初，周武王就开始分封诸侯，主要目的是为了控制天下要冲，拱卫周王室的安全。战国末期，三晋著名的思想家荀子在回顾周王室分封诸侯的历史时曾说，周天子共"立七十一国，姬姓独居五十三"。封侯的最高峰时，有记载的诸侯国就达170多个。这些诸侯国除了国王下令撤销或子孙断绝自然消失外，绝大部分在进入东周后被相邻的大国、强国吞并，如晋国最早的封地在绛城（今翼城），后来逐渐将周围的小国霍国（今霍州）、魏国（今芮城）、耿国（今河津）、虢国（今河南三门峡）、樊国（今河南济源）、虞国（今平陆）吞并而发展壮大。

周王朝的历史分为两段，以幽王十一年（前771）为界，之前为西周，之后为东周。东周又分为春秋和战国两个阶段，而分界线便是威烈王二十三年（前403）的三家分晋。

周天子真正行使权力、宣示权威是在西周时期，进入东周的春秋时期，周天子大权旁落。各国诸侯基本听命于作为霸主的诸侯首领，周天子徒有虚名，沦为霸主的傀儡。到了战国时期，周天子已名存实亡，诸侯之间群龙无首，相互征战，周王朝所控制的地盘只剩下河南西部的一小块地方，且全部位于韩国境内。三家分晋以后，周天子连象征的作用都没有了，基本上被各诸侯国遗忘，最终在秦统一前后完全消失。

晋国在三家分晋后也基本上进入垂死阶段。此时的三晋大地，既有初封诸侯的三家显贵，又有日薄西山的周王朝和气息奄奄的末日晋国君主。

等到了晋幽公时期，晋国君主的土地只剩下绛（今翼城）和曲沃两座城邑，其余尽归已经受封为诸侯的韩、赵、魏所有。到晋孝公时，赵韩两国抢走了绛和曲沃，先后把晋国君主赶到了端氏（今沁水）和屯留。安王二十六年（前376），韩、赵、魏失去了最后的耐心，直接把晋静公降为"家人"，即普通人家，晋君失去了最后的象征性地位，晋国600多年的历史就此终结。

从晋国到三晋，山西大地的分裂割据基因就此奠定，日后曹操父子建立的魏政权，司马昭父子建立的西晋政权，五胡十六国时期匈奴人刘渊建立的前赵、羯人石勒建立的后赵，南北朝时期鲜卑族拓跋氏建立的北魏以及由北魏裂变而成的东魏、北齐政权，唐末五代十国时期后梁、后唐、后晋、后汉、后周政权以及民国时期阎锡山建立的晋绥政权，都受到三晋割据意识的影响。

从春秋五霸到战国七雄，除中国东南方的吴越被东北方向的燕国取而代之外，东、南、西方向的齐、楚、秦大抵保持了原有的立国形态，唯一发生重大变化的是位于中国北方的晋国，由一国裂变为三国。

春秋五霸中为什么只有晋国会发生如此巨大的变化？

要回答这个问题必须先从周朝的兴衰谈起。

中国古代夏、商、周三个王朝中，周朝的寿命最长，近800年。分析周朝长寿的密码和基因，可以看出分封制和周礼在其中起了很大的作用。

因为分封制的实施，周王朝建立了以周王室为核心，分封的诸侯国为拱卫力量的政治、地理版图，因为周礼的凝聚和固化作用，周王朝在很长的时间里保持了较为稳定的秩序，这一因素也使得周王朝在取代商朝后保持了较长时间的稳定。

周王朝的衰败是从打破秩序开始的。

幽王九年（前773），周幽王因为宠爱褒姒，就把原配妻子申后废掉，又把申后所生的太子姬宜臼贬为平民，发配到几百里以外的申国（今河南南阳），命他的外祖父申国国君管教，同时宣布立褒姒为王后。为了取悦褒姒，周王不惜烽火戏诸侯，以博得王后"百媚俱生"。

废掉王后、太子，这是周王打破继位秩序的开始，烽火戏诸侯则是打破了军事救助的秩序。当周王下令申国杀掉姬宜臼的时候，申国国君也打破正常秩序发动了叛乱。他先是向周王提出抗议，随即和位于镐京（今陕西西安）附近的少数民族犬戎部落联合，向周王发动进攻。在里应外合下，镐京陷落，周王被杀，褒姒被犬戎掳去，不知所终。

申国国君得到周王死亡的消息后，立刻联合若干重要的诸侯国，拥立他的外孙姬宜臼登位，但镐京经犬戎部落一场焚烧和劫掠后，一片断壁残垣，百姓流离失所，无法立足，姬宜臼只得将首都迁到东方300多千米外的洛阳。因洛阳在镐京之东，所以后世史学家把它称为东周，而把镐京时代追称为西周。

周平王东迁，在周朝历史上是一重大的转折点，它标志着旧秩序的结束，代之而来的是一个混乱、不安、分裂的局面。东迁后的周王朝版图只剩下中原地区，而王畿所能控制的范围只剩下洛阳周围不过2万平方千米的弹丸之地，国王的财源、兵源都大为减少，而且一天天趋于枯竭，再也没有力量维持原有的威风和尊严，各诸侯开始自行扩张，而周王朝自此走向衰亡。

晋国立国600多年，在当时属于较长寿的诸侯国。不过，和周王朝不同的是，晋国是由于打破了秩序才开始变得强盛。

晋国崛起于晋文侯时代，由于晋国领土靠近洛阳，晋文侯在周平王东迁时曾大力协助周王室，受到周平王的表彰和赏赐，开始在诸侯中崭露头角。

平王二十五年（前746），文侯去世，其儿子伯继位，即晋昭侯。昭侯封自己的叔叔成师于曲沃，历史上称其为曲沃桓叔。桓叔时代，晋国的秩序开始被打破，桓叔拥有的都邑超过了晋国国君的都邑，在他四方笼络之下，他这一支的势力开始崛起。釐王四年（前678），在经过68年的奋斗后，桓叔的后代曲沃武公诱杀昭侯的后代，一举扫灭了晋公室，同时用宝器贿赂周天子，正式当上了晋国国君，晋国重归统一。

桓叔的后代以曲沃小宗代替了晋侯（翼侯）大宗，这在当时是石破天惊的大事，它打破了周朝以来嫡长子继承的秩序，使旁支小宗和异姓卿大夫有了崛起的机会，日后晋国的崛起和衰败都和这一事件密切相关，历史上把这一事件称为曲沃代翼。

与周平王打破秩序依靠外戚（其外祖父申国国君）力量复国不同，武公打破秩序以曲沃代翼升为晋君完全是依靠自己和家臣的力量，因而从上任之始，便显示出蓬勃的生机。

惠王元年（前676）武公死后，其子继位，为晋献公。晋献公继位后雄心勃勃，对内先用离间计将曲沃与翼的原公室贵族消灭干净，造成了"晋无公族"的局面，将政权牢牢地掌握在自己手中，同时献公还改革军队，将军队分作"二军"，献公本人统帅上军，其子申生统率下军；对外，献公着手清理周边敌视之国，依靠"二军"东征西伐，大大地拓展了晋国的地盘，为以后晋国称霸中原打下基础。献公还以其军事实践为中国文学做出了"贡献"。他先后带兵灭了骊戎、霍、魏等，其间曾两次借道伐虢，成语"唇亡齿寒"便出自他的这一军事行动。

晋国国力在晋文公时期达到顶峰。晋文公靠自己的能力崛起，为了避祸，他在外逃亡19年，先后辗转8国，备受艰难困苦，积累了丰富的政治经验，从一上任便立志改革创新，这一改革创新不仅使晋国迅速崛起，也给后来的三晋改革树立了榜样。

晋文公的改革共分五个方面：在经济方面，奖励农垦，发展生产；降低关税，吸引外商入晋；调整生产关系，减轻百姓负担，开源节流。在人才方面，昭雪旧族，任用出身低微、能力强的人才；对有罪者既往不咎，重新任用，以此收买人心，增强内部团结。在政治方面，晋文公制定了"公食贡，大夫食邑，士食田，庶人食力，工商食官，皂隶食职，官宰食加"的俸禄制度，这种治理有序、等级分明的措施兼顾新人才和旧贵族的利益，协调了内部关系。在军事方面，惠王十四年（前663），晋文公在"二军"的基础上又"作三军"，改革了军事制度和兵力部署，文公独揽军权，同时大批提拔贤能将才，使军事实力迅速超过各诸侯国。城濮一战，晋国以少胜多，大败楚国，从此称霸。在外交方面，晋国先是拉拢中原的宋国脱离楚国，又与齐国结盟，攻击曹国、卫国。城濮之战胜利后，原楚国阵营的陈国、蔡国、郑国、许国纷纷倒向晋国。晋文公之后，晋国称霸天下100多年，周天子一直处在晋国的保护之下，这样一来，周王室与晋公室在相互利用中关系更加密切了，晋文公率兵勤王的举措大获成功。1000多年后的郭子仪家族和李克用家族力保唐宗室而与叛军血战，可以说在很大程度上也是受到晋文公率兵勤王的影响。

晋文公之后，接任的晋襄公再接再厉继续把晋国的霸权推向高潮。继崤山之战后，晋军先后在彭衙（今陕西白水）、新城（今陕西澄城北）击败秦军，之后晋军与秦楚联军对峙达80余年，晋国依然保持了强势。

晋国在这一轮称霸过程中的打破秩序显然和周王朝打破秩序东迁不同。晋国在打破秩序后，以小宗代替大宗，使更多贤能的人参与治理国家，打破秩序的过程中伴随着开疆拓土式的开拓和破茧重生式的创新，这种开放创新使大批人才脱颖而出，同时吸引了各个国家的人才奔赴晋国，"楚才晋用"的故事多次发生，唯其如此，才使得晋国的霸业保持了160多年。

伴随着晋国的快速崛起，分裂的土壤也逐渐形成。当年晋献公的先人以晋公室旁系的身份夺得晋国的统治权，晋献公即位后，为了巩固新生的政权，决定剪灭那些妨碍自己执政的公族，也就是上几代君主兄弟们的后代。这些公族世代享受着政治特权，或者占据着重要的政治资源，或者拥有强大的经济实力，这些因素一方面对在位君主的权力构成直接威胁，另一方面也妨碍着国家政治基础的扩大和加强，不利于吸引和培育更多的人才。晋献公在消灭了这些非君主直系后人世袭贵族的同时，大胆起用异姓大夫，即非姬姓的贤能之士。献公的儿子晋文公之所以能取得君权，依靠的正是这些贤能的异姓大夫。此后，异姓大家族中的杰出之士不断涌现，相继主政，不仅推进了晋国的霸业，而且也证明了逐渐走向衰败的晋公室已难以独立支撑晋国的政治局面，国家强盛需要新的政治力量的注入。

在分析晋国这次裂变的成因时，需要特别指出，晋国异姓卿大夫的崛起是社会进步的必然产物，晋文公的艰难继位和强势崛起可以在一定程度上证明这一点。

晋献公晚年，犯了和周幽王一样的毛病，在选择继承人上出了问题。

献公有九个儿子，长子申生是个大孝子，按例应当继位，况且申生品行不错，很受众臣拥护，但献公立自己宠爱的骊姬所生的幼子奚齐为太子，废掉了申生。之后又在骊姬的挑唆下，逼申生自杀，赶走公子重耳、夷吾，献公的这一举措为日后晋国的内乱埋下了祸根。

晋献公和周幽王晚年宠妃废子的情形几乎一模一样，但历史的走向并没有因此而重复。周幽王死后，继位的周平王东迁洛阳，过起了仰人鼻息的生活，周王朝从此日渐衰败，献公之后的晋文公却把晋国的霸权推向了一个新的高度。二者最大的不同在于：周平王东迁依靠的主要力量仍是日益没落的王公贵族，而晋文公崛起依靠的是历史舞台上的新兴力量——异姓卿大夫。重耳在国外流亡19年，他身边的狐偃、贾佗、赵衰、先轸、介子推等文臣武将随他颠沛流离，尝尽艰辛却不离不弃，晋文公最终成就霸业靠的就是这股力量，如城濮之战的主帅先轸便是当年跟随晋文公流亡的武将，而晋襄公临终托孤的赵盾也是晋文公复国的功臣。

但事物都具有两面性，新崛起的异姓卿大夫一方面成为晋国霸权的重要支撑力量，另一方面他们在为国家建功的过程中，又逐渐形成力量不断膨胀的世家大族。这些异姓卿大夫的后人继承了先人的政治、经济和其他社会资源，使这些绵延数世的大家族既是晋国的社会中坚，又是替代晋公室的社会力量，而晋国分裂的基因也就在这种新老力量交替过程中不动声色地形成了。

晋国异姓卿大夫的崛起，以襄王三十一年（前621）晋国大权操于赵盾之手为标志。这一年，晋襄公临终托孤于赵盾，事后赵盾却违命拟立留居秦国的晋文公少子公子雍，几经周折，才改立夷皋为君，即晋灵公。

晋灵公年长后，感到赵盾权重，威胁君位，于是派人刺杀赵盾，但刺杀失败，晋灵公反被赵盾的弟弟赵穿袭杀。赵盾重掌大权后，迎立晋文公的另一个儿子黑臀为国君，即晋成公。

成公即位，不得不讨好赵盾。由于成公向赵氏等异姓让步，晋国出现了异姓公族，赵盾异母弟赵括被封为公族大夫，赵盾的儿子赵朔娶成公之女为妻，赵朔被封为"旄车之族"，赵家几乎左右了当时晋国的政局。

春秋后期，晋国逐渐形成11个大家族，其中实力最强的家族往往主导晋国的政治走向，进而与其他家族产生矛盾。到了春秋末期，这11个家族经过激烈的厮杀兼并之后，只剩下了智氏、赵氏、魏氏、韩氏、范氏、中行氏六大家族，史称六卿。贞定王十四年（前455），智、韩、赵、魏四卿联合消灭了范氏、中行氏。仅仅过了两年，智氏也被赵、魏、韩三家联合消灭，三家分晋的历史格局至此形成。

三家分晋标志着中国历史走进了一个新的时代，这样的裂变结局既是社会变革的必然，也和山西独特的地理因素密切相关。

山西因居太行山之西而得名，由此可知，山在山西有着独特的位置。

山西的基本地理特征是"两山夹一沟"，两山为东边的太行山和西边的吕梁山，中间则包夹着一串呈南北走向的条状盆地和平原。

汾河是山西的母亲河，也是山西的代表性河流。沿汾河由南到北分布着运城、临汾、太原三大盆地，汾河上游处于吕梁山、云中山之间。在汾河的东北方向有一块盆地叫忻定盆地，即现在的忻州市区、定襄县所辖的区域，由滹沱河冲积而成。山西北部还有一个重要的盆地，即大同盆地。

不过，从南面几个盆地进入大同盆地需要翻越恒山山脉，著名的北岳恒山、悬空寺、雁门关都在这条山脉上。

整体看，山西是中国地形中最接近全封闭的省份。黄河在西面和南面形成天然屏障，将山西和陕西、河南分开，东面的太行山将山西和河北分开，这一屏障使得山西进入华北平原异常艰难。阴山本可以是山西与内蒙古的分界线，阴山山脉在呼和浩特以西部分山体连续，脉络分明，但到了山西北部，因处于阴山与燕山接壤的缓冲地段山势变得和缓，山体变得断断续续，这种地势极容易被北方的游牧民族突破，南下入侵。因此阴山、燕山虽为山西北部的天然屏障，但实际上防御意义并不大，很多时候，真正起防御作用的还是那条从战国时候起就人工修筑的外长城，所以外长城成为山西北部的人工屏障，后来慢慢变成山西和内蒙古的分界线，进而成为农耕地区和草原地区的分界线。这样的"四重合围，界限分明"的地形在全中国绝无仅有。

春秋时期晋国的主要势力范围在恒山山脉以南，直到战国时期，才由赵国越过恒山山脉向北拓展，进入大同盆地。大同盆地主要由桑干河冲击而成。大同盆地的拓展对于中原民族有着重大的意义，它使华夏民族抵御游牧民族有了两道防线。大多数时候，游牧民族很难突破第一道外长城防线。

在大同盆地失守时，中原民族仍然可以在恒山山脉构筑第二条防线，这条防线在明代时被称为内长城。历史上我们经常会听到游牧民族不断侵入大同盆地并以此为跳板，进入黄土高原的核心区，但以恒山山脉建立的第二道防线起码可以保证太原地区的安全，即使是失去燕云十六州的大宋王朝，也依然可以依托雁门关，与辽国对峙上百年。

从整个山西地形来看，除了呈葫芦排列的运城、临汾、太原、忻定、大同五大盆地外，在山西高原的东南部还有一块群山环绕、地势较高的平原，即上党地区，战国时期的长平之战正是在这里打响。

上党地区的西部是太岳山脉，这条山脉将上党地区与临汾、太原盆地分割开来，同时它也是沁河、漳河与汾河的分水岭。它的东面就是太行山脉，从此穿越太行山脉将进入一望无际的华北平原。上党地区的南部就是上古神话传说中愚公移走的两座山——太行山、王屋山。从整个上党盆地的地理特征来看，可以由南至北划分为两大块，即由沁河、丹水冲刷而成的晋城盆地和由漳河冲击而成的长治盆地。

沁河、丹水其实属于同一水系，准确地讲，丹水是沁河的一条支流，因为这两股水在向南穿越太行、王屋两山之间进入华北平原后就合二为一了，长平之战的地点就在丹水的源头处。当年长平之战的根本原因就是赵国想阻止秦军北上进入长治盆地而引发的，要知道从长治穿越太行山就是赵国的都城邯郸，一旦长治盆地被攻破，邯郸将变得岌岌可危。

山西这种围合式的地形，极容易让山西因地理的独立性而产生文化的独立性。同时，这种围合式的地形又极易引起内部不可遏制的突破冲动。

晋国裂变为三晋后，赵、魏、韩三家都曾极力向北、向西、向南、向东四处发展。同时，山西境内的这些盆地却并不像关中、成都平原那样有着非常完美的轮廓，而是一个个条状的呈珍珠链似的线性排列，这种地理结构使得各个盆地一方面处于一个半封闭的状态，另一方面却由于河流的作用而存在着非常畅通的交通。这种地理结构使山西历史上很难产生气吞万里的帝王，却极容易产生藕断丝连、拱卫王朝的世家大族。

同时，这种地理格局使得山西即使是在最危急的关头，也能依托这些盆地逐级抵抗。中国历史上许多王朝如东汉、北宋、明朝的最后收复之战都发生在山西。抗日战争时期，日军在侵占北平和华北战略要地后并没能很快攻下山西。大同沦陷后，中国守军先后组织了忻口会战、太原会战、中条山战役，顽强地阻击日军，直到战争结束，日军都没有跨过黄河踏入陕西一步。即使是在日军占领山西大部的情况下，八路军也依托山西的有利地形进行了顽强的反击，先后建立了晋察冀、晋绥、晋冀鲁豫、太行、太岳等根据地并取得平型关大捷、夜袭阳明堡、百团大战、沁源围困战等上百场战役的胜利。这种足够强大的战略纵深，再加上与华北平原地理上的捷径，使得山西易守难攻，既可能成为一个王朝持久忠实的捍卫者，又容易在特殊的条件下称霸一方，傲视天下。同时，这种条块分割、若即若离的地理条件，固然使得山西具有防守优势，但也很容易造成内部分裂。在这种特殊地理条件的影响下，晋国由春秋时的一国到战国时裂变为三国就非常容易理解了。

由春秋战国逐渐形成的三晋文化格局对后来的山西影响极大。

宣王二十三年（前805），晋国有两件大事被历史记载。

这一年，晋穆侯与周宣王一起带兵讨伐条戎，将条戎打得大败，晋国在诸侯中的威望开始上升。同时，晋穆侯在这一年正式将仇立为太子，但宣王四十三年（前785），穆侯死后，其弟殇叔便篡位自立，太子仇被迫逃亡。

逃亡后的太子仇卧薪尝胆，谋求复仇，仅过了四年便率领党徒将殇叔诛杀，夺回了君位。

这是晋国历史上见诸文献记载的第一次君位篡夺之争。

这一事件对后世影响极其深远，宋朝的赵匡义、明朝的朱棣都是夺了侄儿的皇位而自立。

对于三晋来说，首当其冲受这一事件影响的便是晋国本身。平王二十五年（前746），即殇叔篡位自立事件39年后，同样的故事便上演了。

这一年，晋文侯去世，他的儿子伯继位，成为晋昭侯，但晋昭侯的叔叔曲沃桓叔不满侄儿继位，意欲取而代之，竟指使大夫潘父将昭侯杀害。最终曲沃桓叔虽然没能取而代之，但他的后代经过不懈努力，终于在釐王四年（前678），由武公将昭侯的后代一网打尽，正式取而代之成为晋国国君。

曲沃桓叔后代的篡位之争进行了60多年，最终取得成功。在此之后，三晋大地在东晋、十六国时期、南北朝时期都有很多类似的事例接连上演，如乾明元年（560），北齐文宣帝高洋的弟弟、皇叔、大丞相高演在太皇太后（高洋母）的支持下，杀死高洋的儿子高殷，继帝位，成为孝昭帝。这是南北朝时期一起典型的杀侄夺位案例。而深受三晋文化影响的西晋王朝和唐王朝也先后发生了七国之乱和姑侄之争（太平公主和唐玄宗争权），这些都是晋国殇叔篡位自立事件的翻版。

重夺王位的太子仇显然比朱元璋的孙子朱允炆要幸运，他不仅夺回了君位而且在位35年。如此长久的执政时间，在春秋战国时期是很少见的。

这位太子仇就是后来的晋文侯，他执政的时期恰逢西周剧变。他在西周末幽王之乱中，协助周平王迁都洛邑，开启东周，为此受到周平王特别的表彰和赏赐。

文侯的勤王之举后来也成为历代山西"诸侯"的重要政治文化传统——忠君护国。这种忠君护国的大局观影响了历代三晋大地上的文臣武将。

三国时期，司马昭先后派钟会、邓艾二人收复蜀国，但这两人在攻破蜀国后都有代蜀自立的意思，只有山西人卫瓘忠实地执行了司马氏的统一策略，将蜀国完整地交给魏国，山西人的忠贞由此可见，而这一点在唐代表现得尤为明显：唐中期率兵平叛的郭子仪和唐末率兵护国的李克用都有废唐自立的实力，但二人终其一生都未曾叛唐，忠心护国，救唐于水火之中。

晋国从曲沃桓叔时代开始扫灭晋公室，使异姓卿大夫从此开始崛起，到三家分晋时，以异姓卿大夫为代表的三晋世家大族的实力几乎达到顶峰。春秋战国以后，三晋世家大族仍然以一种强大的力量左右着三晋政局甚至是整个中国北方的政局，这股力量在魏晋南北朝时期，特别是唐代表现得尤为明显。宋以后，随着经济中心的南移，以山西为代表的北方世家大族的影响力才开始逐步凋零。

春秋时期，晋文公在称霸过程中留下许多传说故事，其中关于介子推的故事尤为感人，在三晋大地流传甚广。

从介子推开始，三晋大地逐渐形成隐士文化传统。西汉初年功成身退的张良，东汉末年声名卓著的士林楷模郭泰，隋末唐初著名的大儒王通，唐代诗人王维，金元时期的"北方文雄"元好问以及明末清初著名思想家、书法家傅山都是名噪一时的三晋隐士文化的代表。

晋国还有董狐直笔的千秋佳话，对后世史学影响深远。

赵盾是晋文公的复国功臣，后来升为正卿，逐渐掌握了大权。匡王六年（前607）晋灵公渐长后，感到赵盾权重，威胁君位，于是派人数次行刺赵盾。情急之下，赵盾只得亡命天涯，但他尚未越出晋境，他的弟弟赵穿便派兵袭杀灵公于桃园，并把赵盾迎接回去。晋国的太史董狐在记录这件事时这样写道："赵盾弑其君。"

上朝时，赵盾责问董狐："这事是赵穿干的，你怎么把弑君之罪算在我头上呢？"董狐这样回答："子为正卿，而亡不出境，反不诛国乱，非子而谁？"

孔子后来听说这件事后感叹道："董狐，古之良史也，书法不隐。"

从董狐开始，三晋大地开始了秉笔直书的历史，而山西也成为全国各省中史学最为发达的省份，记载历史和研究历史成为三晋大地的重要文化特征。

董狐之后，晋国有荀寅、史墨；两晋南北朝有孙盛、裴松之、裴骃；隋唐五代有温大雅、敬播、员半千；宋辽金时期有王溥、元好问、吕思诚、贾鲁；明清时期有王琼、卫周祚、陈廷敬、祁韵士、王轩、杨笃等，其中最有名的三晋历史学家当属"两司马"——西汉时期的司马迁和北宋时期的司马光。司马迁是山西河津人，司马光是山西夏县人，这两个地方相距不过100多千米，在战国时期都属于三晋的范围。司马迁的《史记》、司马光的《资治通鉴》，至今都是中国最重要的史学著作。

春秋五霸中，每一个霸权都曾煊赫一时，但没有一个霸权能将势力伸展到全中国。五霸中，齐国的霸权限于东方，秦国的霸权限于西方，楚国和吴国的霸权限于南方和东南方。五霸中的秦、晋、齐都基本上围绕黄河流域布局，楚国和吴国围绕着长江流域布局，而其他小国如郑、卫、曹、鲁、宋、蔡、陈则基本上位于黄河和淮河之间。五霸中，晋国的处境最为不利，它的东南西北分别是齐、楚、秦、草原民族，几乎是强敌环伺。但事实上，五霸中晋国的称霸时间却最为久远，齐秦两国是短期霸权，霸主身死，霸权即消失，吴国的霸权也只存在了父子两代。只有晋国和楚国的霸权是长期霸权，绵延100余年，而晋国和楚国相比，霸权的时间更为持久。

四面环敌的晋国为何能独享霸权长达160多年？

晋国都城离东周都城洛邑最近，这使其比别国更容易取得政治上"挟天子以令诸侯"的优势。晋文侯和晋文公时期晋国都有率兵勤王之举，并因此获得周王室的表彰与赏赐，这是晋国长久称霸的优势之一。

晋国从曲沃武公开始扫灭公室，使异姓卿大夫有了崛起的机会，这种打破公室对权力垄断的做法，无意中吸引了许多异姓和异国人才参与到国家管理中来。日后晋国发生的"楚才晋用"便是这种条件下自然而然出现的现象。这也是晋国得以长久称霸的重要因素之一。

不断变革是晋国长期称霸的最重要因素。

晋国从晋献公时代就开始创新改革，到晋文公时代，改革已涉及生产、税收、贸易、人才、俸禄制度、军队作战体制等方方面面，直到晋悼公时代改革仍然没有停息。

晋悼公即位后便实行了如重新任命官员、救济贫困人群、轻徭薄赋、免除国人旧债、打击违法犯罪、节约开支、不拘一格起用人才等一系列措施。"楚才晋用"便是在这种氛围下发生的。此时的晋国人才辈出，晋国的股肱之臣祁奚外举不避仇，内举不避亲，唯贤是举成为一时佳话。

晋国播下的改革种子在战国时期和战国以后都曾在三晋大地发扬光大，魏国的李悝变法、吴起军改，赵国的胡服骑射，北魏孝文帝汉化改革以及唐帝国时期的三省六部制、清末晋商票号的创立、民国时期阎氏的村政改革可以说都受到了晋国的影响。

春秋战国交替之际，在三晋大地还发生了一件对后世影响巨大的事件——智氏、韩氏、魏氏三家之兵围攻晋阳事件。

晋国后期，异姓卿大夫力量日益壮大，到贞定王十四年（前455）时，晋国的11个家族只剩下4家。此时，势力最大的是智氏，其次是赵氏、魏氏和韩氏。智氏的首领智伯刚愎自用又贪得无厌，一心想着用强横手段独霸晋国。他先后向韩氏、魏氏索要土地，这两个家族稍做犹豫后答应了智伯的要求，但当智伯向赵氏索要土地时，遭到赵氏首领赵襄子的断然拒绝。智伯大怒之下召集韩魏二氏的军队，联合攻击赵氏，赵襄子退守赵氏封邑晋阳，三家之兵随后将晋阳围困。

晋阳城历史悠久，传说在尧舜时代就有先民在此经营。晋阳城地处晋中盆地，因位于晋水之阳，也就是晋水的北岸，因而被称为晋阳。晋献公时代，晋国向北扩张领土，占领了晋阳，并赐封给赵氏家族。经过几代人的营建，晋阳城逐渐成为赵氏家族的大本营。赵简子当政晋国之时，居安思危，为防不测，安排家臣全力营建晋阳城，把其建设成赵氏家族最后的进退之地。董安于治理晋阳期间，表面上是进行城市建设，实际上已经在做军事对抗的长远准备，如城内宫室的围墙都用挺拔坚韧的荻蒿筑成，宫殿则以青铜为柱。一旦晋阳城被围，荻蒿这种荆条就可以作为箭杆，铜柱则可以改铸为刀戟和箭镞。在三家围攻晋阳的几年中，这几项长远准备都起到了举足轻重的作用。

智氏联军围攻晋阳几年，在城内军民的拼死抵抗下，晋阳城始终未被攻破。后来智伯听从谋士之计，趁天降大雨，引汾河水灌晋阳城，致使城内"悬釜而饮，易子而食"。就在城破人亡之际，赵襄子派人出城私下会见韩魏首领，说动魏氏、韩氏，三家里应外合，最终击败了智氏。

历史上这次水灌晋阳城意义重大，它促使在战争的关键时刻韩、赵、魏三家走向联合。战后，三家均分了智氏的土地，成为实力相当、三足鼎立的势力，在晋国形成三家分晋的格局，晋国家族政治的时代宣告结束。

韩、赵、魏不久就由晋国的世家大族变成与秦、齐、楚平起平坐的诸侯，中国从此进入战国时期。作为历史的见证，今天的太原晋祠公园还有一条引水渠叫智伯渠，传说就是当年智伯淹灌晋阳城时开凿的水渠。

智氏水灌晋阳城1400多年后，历史旧剧重新上演！

开宝二年（969），宋军在晋阳围攻北汉军队。当时北汉政权是宋王朝统一过程中的最后一个割据势力，而北汉的大本营就是古晋阳城。为了尽快破城，宋军征集了附近数县几万壮丁在汾河筑长堤堵水，又决晋水注入汾河，灌晋阳城，但被晋阳军民合力击退。

太平兴国五年（980），宋太宗亲率大军进攻北汉，再一次堵塞汾河水和晋水灌晋阳古城。城破后，北汉主刘继元出城投降。这是继春秋战国时期智伯水灌晋阳城后，晋阳城再次遭遇水灌。

这次水灌后，作为北方割据中心和军事重镇的古晋阳城遭到彻底破坏。

巧合的是，之前能航行楼船和运送粮食船只的汾河水量在此事件后开始明显减少，且每况愈下。与此同时，中国的政治经济中心开始南移，三晋在全中国的地位开始下降。

两次水灌晋阳城，两次改变了三晋的历史走向，甚至改变了整个中国的历史走向，其中的关联和隐喻不由得让人感慨万千，而历史上三晋大地同一事件重复发生，又和三晋的河流走向和地形演变密切相关。

虽然晋国在战国时期裂变为三晋，但我们依然可以清晰地看出它的发展脉络：三个国家基本上以原晋国疆域为出发点，沿河流向四周扩展。其中，赵国沿桑干河、滹沱河翻越太行山向华北平原扩展；魏国沿汾河向河西扩张，沿漳河向华北和中原扩张；韩国沿沁河和丹河向中原地带扩展。晋文化正是沿着这几条河流从黄土高原而下，向关中平原、向中原大地、向华北平原顺流而下，将自己的黄土、黄河文化发挥得淋漓尽致。

第三章 河流与文化

汾河

水灌晋阳城的汾河是山西的母亲河，就如同黄河是中国的母亲河一样。

汾河是山西省内最大的河流，全长695千米，流域面积达3.94万平方千米，占到全省总面积的1/4。

作为山西的母亲河，汾河径流全部在山西省境内。它发源于宁武管涔山，在河津禹门口附近汇入黄河，其流域地区包括忻州、太原、晋中、吕梁、临汾、运城6个市41个县，流域内人口占山西省总人口的41%。

汾河流域在三晋境内地位显著：其一，以汾河流域为主体的汾河文明在很长时间里、在很大程度上主导着三晋的文明进程；其二，以汾河文明为主体的三晋文明在很大程度上和很长时间内保持了独立性和完整性。

从平面图上看山西，其形状更像一片桑叶，而汾河河谷和汾河盆地像桑叶中间的叶脉，晋水、潇河、文峪河、昌源河、胜水、霍泉、古碓泉、浍河等河流和泉水就像桑叶的叶脉。如果说同蒲铁路和大运高速是现代山西大动脉的话，那么汾河水系就是古代山西的大动脉。几千年的三晋兴衰起落，与这条大动脉的跃动节奏密切相关。

人类发展的历史表明，大河流域往往是人类文明的发源地。如果说黄河中下游是中华民族的发祥地之一的话，那么汾河中下游则是三晋文明的重要发祥地，而位于汾河下游靠近黄河中下游的临汾、运城地区，既是三晋文明的重要发祥地，也是中华民族的重要发祥地。

石器时代山西最有名的考古发现是距今16万年~20万年的丁村文化，而丁村就坐落在山西襄汾汾河左岸。

黄帝是中华民族的先祖，而黄帝之后有一个重要人物叫台骀。传说台骀就是一位疏导汾水、治理水患的英雄，后来人们称他为汾水之神。

尧、舜、禹时期，其主要活动范围都以山西为中心。尧都平阳、舜都蒲坂、禹都安邑都位于汾河中下游的辐射范围内，靠近黄河中下游交界地带。

春秋战国时期，汾河水量相当充沛，由此才有智伯引汾河水灌晋阳城，汾河水在当时三晋生活中占有非常重要的地位。

秦汉时期，汾河中下游地区的晋西南属于河东郡，当时，三河地区为经济最发达地区。

三河地区即河东、河内、河南地区，河东主要指晋西南的汾河中下游地区；河内主要指太行山西南、黄河以北的地区，属于沁河下游流域（沁河发源于晋东南的沁源县）；河南则主要指黄河以南、秦岭以北以洛阳为中心的豫西北地区。

黄河中下游之交的黄河三角洲地区在宋代以前一直是中国政治、经济、文化的中心地带，而汾河中下游无疑处在这一核心地区。元鼎四年（前113），汉武帝刘彻率领群臣到河东郡汾阴（今万荣）祭祀后土，途中传来南征将士的捷报，随即把当地改名为闻喜。也就是这一次，武帝坐楼船泛舟汾河，触景生情，写下了千古绝唱《秋风辞》。据史书记载，武帝坐楼船从渭河溯汾河而上到汾阴县后土祠的祭祀活动，先后共有六次。

汾阴祭祀后土的历史可以追溯到汉初，到汉武帝时达到高潮，他不但在公元前113年扩建了汾阴后土祠，并将其定为国家祠庙，作为巡行之地。

汾河左岸的汾阴后土祠为什么会定为国家祠庙？

按照中国文化"左祖右社"的传统，雄才大略的汉武帝以晋陕大峡谷的黄河为轴，当黄河右侧渭河岸边的长安成为"社稷"之所时，汾河左岸的后土祠便理所当然地成为国家祠庙。自汉代以后，祭祀后土逐渐成为国家大事，历代王朝都在万荣后土祠进行祭祀。到了明清时期，随着国都迁往北京，这种国家级别的祭祀活动改在北京天坛举行，这标志着后土祠的祭祀功能在北京天坛得到继承和发扬。

这件史实至少说明两个事实：一是当时汾河流域特别是汾河靠近黄河区域地理位置的重要性，二是说明当时汾河水流量非常大。

隋唐时期，汾河的发源地水量很大，风光秀丽。汾河源头的山水美景曾让隋炀帝流连忘返。

大业四年（608），隋炀帝北游，在汾源天池边修建了宏伟华丽的汾阳宫；大业十一年（615），隋炀帝第二次到汾河避暑游猎，当时的陪同者隋朝著名诗人、汾阳人薛道衡即兴赋诗"曲浦腾烟雾，深浪骇惊蛎"。从诗句中可以想见，当时的汾河呈现给三晋的是一派烟雾缭绕、水深浪大的景色。

唐代时的汾河水量依然很大。开元二十二年（734），为解决首都长安的粮食转运问题，玄宗接受主管漕运大臣、山西人裴耀卿（后任宰相）的建议，在汾河沿岸建粮仓，利用汾河水将粮食运至渭河。这件事至少可以说明两个事实：其一，当时汾河水量之大，可以浮起运粮大船；其二，山西当时是唐政权的重要粮仓，经济地位十分重要。

宋以后，中国的经济中心南移，政治中心北移，山西的政治、经济、文化地位均下降，而军事地位开始进一步凸显，也就是在宋以后，汾河的水量开始逐渐减少。

明清以前，对山西的称谓一般以河东代之，河在山西的位置十分重要，而以汾河、黄河交错的汾河中下游地区在三晋的地位尤其重要。

汾河在黄河中游靠近下游的位置注入黄河，与黄河彼岸的渭河隔河相望。周朝、秦汉、隋唐时期，渭河岸边的长安都是中国的政治中心，而同为黄河中游最大的两个支流——汾河和渭河的关系也就显得十分重要。

汾河在进入中游以后，基本上沿着东北—西南方向注入黄河，因而历史上汾河流域和渭河流域的相互交融与冲突对三晋文明而言也就格外重要。

汾河文明与渭河文明的交集，最早可追溯到春秋时期。当年，晋献公欲立奚齐为太子，废掉了原太子申生。之后，又在骊姬的挑唆下，逼申生自杀，赶走重耳、夷吾，夷吾逃到秦国受到秦国的庇护。献公死后，大夫里克杀奚齐，迎立夷吾，夷吾就是后来的晋惠公。

晋惠公掌权后不信任身边的大臣，先后诛杀了里克和正派的大臣狐突，同时不念秦国庇护他的恩惠，背信弃义，与秦国交恶，双方爆发了秦晋之间的韩原（今河津、万荣之间）之战，晋国失败。

秦穆公曾与晋国支持公子重耳的大臣一起推翻了晋惠公所立的晋怀公并将其杀死，拥立重耳为晋国国君。成为国君的重耳念秦庇护之恩，在位期间修好与秦国的关系，并成就了一段秦晋之好的佳话。

襄王二十四年（前628），晋文公去世，长期的秦晋之好产生了裂痕。

新继位的晋襄公因郑国之事与秦在崤山激战，并大败秦军，秦国主帅被俘，全军覆灭。之后晋军又先后在彭衙、汪邑（今陕西澄城）、新城击败秦军。

襄王三十一年（前621）秦穆公、晋襄公相继去世后，秦晋之间暂告平静。

崤山之战后，秦国联合楚国攻打晋国，双方对峙长达80多年，直到周灵王二十五年（前547）秦景公派使入晋，双方才又恢复秦晋之好。整个春秋时期，秦晋之争晋国胜多败少，在双方争霸过程中占据上风。

战国初期，三晋在与秦的争锋中依然占据优势。魏国在魏文侯时代对秦国采取了积极的防御政策，先后派兵西渡黄河，在黄河西侧建造了少梁城，作为伐秦的据点。少梁城就是现在的陕西韩城，孔子的高徒子夏曾长期在这一地区讲学。少梁在当时是黄河西岸一个很重要的水路交通要塞，也是古代兵家必争之地，仅春秋战国时期在这里发生的战争就达十几次。

魏军占据少梁后，很快就袭取秦国当时的西河重镇繁庞城，繁庞城位于今天陕西韩城东南方向的城古村附近，这个地方在历史上著名的河西之战中多次亮相。繁庞之战是一场惨烈的攻防战，魏国付出了很大的代价才攻克了这座河西重镇。秦国无奈，只得将繁庞城邑的秦人迁到韩城以北的黄河龙门古渡岸畔建造了籍姑城，作为抵御魏国的堡垒，但这座坚固的堡垒最终还是被魏军攻克。这期间，魏国任用吴起为将以西河地区为据点，屡次攻入秦国腹地。魏文侯又进一步任命吴起为西河郡守。吴起以少梁为据点，先后攻取秦国的五座城池，在很长的时间内，秦国和韩国都不敢进犯西河地区。

吴起把守的西河地区对魏国而言，具有极重要的战略意义。西河地处韩、魏、秦三国交界处，控制着黄河中段，是举足轻重的战略要冲，吴起把守西河，不仅扼制了秦国势力向东发展，也使西河地区成为压制韩国、攻击秦国的跳板。

吴起的西河岁月也是魏国国力和声望最为鼎盛的时期，在秦晋交锋中，魏国的兵锋已直插秦国境内。在今天的陕西境内，魏国甚至从华山以北沿洛水修筑长城直至今天的内蒙古包头一带，控制了洛水以东、黄河以西的广大地域。

吴起以后，西河地区逐步被秦国夺去。此后秦国逐步强大，魏国由盛转衰，而三晋中的赵国也由战国初占据河套地区向南压迫秦国，演变为在长平之战中大败于秦国，最终在秦晋征战中被秦国统一。

春秋战国时期秦晋之好和秦晋争锋的故事在日后经常上演，而秦晋之间的第二次大的交锋，发生在南北朝时期，由东魏演变而来的北齐和西魏演变而来的北周分别以晋地和秦地为中心进行厮杀。这一段历史并不长，从天平元年（534）东魏建立，到武定八年（550）北齐取代东魏，不过16年时间，而西魏从大统元年（535）建立到恭帝三年（556）被北周取代也不过21年，双方大致以洛阳为分界线。由于北周占据了汾河下游的有利位置，对北齐形成了战略打压，承光元年（577）北齐被北周所灭。

不过，灭北齐以后北周的日子也没能维持多久，大定元年（581）北周大丞相杨坚以隋代周，北周灭亡。8年后，隋灭陈，统一了中国。

战国时期的秦晋之争和南北朝时期的北齐、北周之争极其相似：战国末期秦国灭亡三晋，迎来了统一的秦王朝，但这个庞大的王朝只存在了15年便灰飞烟灭，代之而来的是强大且长寿的汉朝。南北朝末期，北周灭掉北齐，建立了强大的隋朝，但隋朝也只维持了37年，便烟消云散，代之而来的是繁盛且长寿的唐朝，历史之巧合不能不令人叹服。

唐以后中国的政治中心东移，宋以后经济中心南移，曾经的东西之争让位于南北之争，等到秦晋之好又一次呈现在世人面前的时候，已经是双方携手一起出现在走西口的路上。明清之际，特别是清，山陕商人合力在全国许多地方都建有山陕会馆，山陕商人有时也被外地商人统称为西商。

直至今天，青海西宁、湖北襄阳、河南洛阳、南阳以及山东聊城等地依然保存有许多建筑精美的山陕会馆，其中位于河南南阳历史文化名镇社旗镇的山陕会馆以其规模宏大、保存完好、艺术精湛、商业文化内涵丰富而被众多学者及建筑专家推为全国现存会馆类最具代表性的建筑，建筑主殿内有慈禧太后的题字。

这座山陕会馆所在的社旗镇，原本是一座远近闻名的商业古镇。据资料记载，该镇初建于春秋战国时期，康熙、乾隆年间最为繁盛，为河南四大名镇之一。当时该镇为水旱码头，南船北马，百货交汇，其中山陕商人尤多。作为周边9省的交通要道，这里聚集了13省的商人在此经商，各省商人在此建有山陕会馆、湖北会馆、江西会馆、广东会馆、福建会馆等十几座。当时全镇人口达13万之多，光街道就有72条。作为最宏伟的建筑，山陕会馆理所当然地位于该镇的中心，占地面积达1万多平方米，建筑面积6000多平方米，主体建筑自南向北有琉璃照壁、悬鎏楼、大拜殿和春秋楼，各类建筑物共有152间，室内外全部用青白色大理石铺砌，建筑物采用石雕、木刻、火铸或瓷塑精美图案装饰。据碑文记载"运石材于楚北，访名匠于天下"，耗银达数百万两。

山陕会馆是清代山西、陕西旅居赊旗镇的富商大贾迎来送往、联谊集会和焚香祭奠的场所。毫无疑问，馆内供奉的自然是关羽，所以会馆的绝大部分对联、匾额都是颂扬关羽功德的词句，所以山陕会馆又称关公祠。

在联手打造形象，确立供奉主神上，山陕商人取得了高度的一致。

据记载，山陕会馆从乾隆二十一年（1756）开始建设，经嘉庆、道光、咸丰、同治年间不断新建扩建，直至光绪十八年（1892）才告落成，共经6帝137年，而在会馆建设背后是山陕商人在商海搏击中出奇的步调一致。

不过，在晋商南下北上、汇通天下的背后却是汾河流域生态环境的持续恶化。

元末明初是山西发展的一个节点，也是山西人口发展的一个节点。明初，山西总人口达407万，这个数字甚至超过了河南、河北两省人口的总和。山西人口在至元二十八年（1291）时只有55万多，到明朝初年只70年时间，山西人口暴涨了350万左右。即使在明初山西向外有几十次移民，到明神宗时，山西尚有人口532万之多。

人口繁衍滋生，需要大量的生活资料。这种情况下，山西土地开发成为必然的选择，先是河谷平原，继而是山地丘陵，再后来就发展到人烟稀少的林区边地，成千上万成群结队的民众为了维持生计而垦荒造田，成为一股不可遏制的移民浪潮，这股浪潮在明初体现为政府主导下的被迫移民，到明中期后则成为一种主动行为。

明初是山西历史上的土地大开发时期，也是汾河流域森林破坏最严重的时期。明代的"九边屯垦"，与在山西境内的两道防线民垦、军垦、商垦一起进行。除此之外，出于战备需要，明政府不断加固长城，城堡也越修越多，对森林的破坏也就越来越大。汾河发源地管涔山地处边地，正是军事斗争最为激烈的地方。当时宁武作为外三关总兵所在地，驻军加上家属人口达5万多，这么多人在此生活、作战长达200多年，对生态的影响可想而知。这一时期，也是管涔山森林破坏最严重的时期。时任山西都御史马文升曾专门讲道："自成化（1465）年来，京内俗奢侈，官民之家争起宅第，木值价贵。所以大同、宣府视利之徒、官员之家，专贩伐木。往往雇彼处军民，纠众入山，将应禁树木任意砍伐……"

清代汾河流域的情况并不比明代好。清统一全国后，山西的人口猛增，到光绪三年（1877）时，人口竟达到1643.3万，比1949年中华人民共和国成立时的1280万还多360多万。人口猛增一方面带来了移民数量的猛增，走西口、闯关东成为很多人的选择；另一方面使汾河流域的生态破坏更加严重。管涔山地区的森林覆盖面积在宋代大约为60%，元末为40%，到明末下降到15%，清末进一步降到10%。

伴随着汾河源头森林覆盖率的变化，汾河在金元时期已清澈不再，开始浑浊；到明代汾河水开始恶化，水土流失严重，水量明显减少；到清代时，汾河中上游段只能趁山洪暴发漂流一些橡筏，下游新绛以下只可通木筏，其余皆不通舟楫。

进入现代以后，随着各种水库大坝的建设，城市化、工业化步伐的加快以及采煤量的增多，汾河水系遭到破坏，很多地方形成断流。1993年，连晋祠的难老泉也断流了。现在人们游览晋祠时所看到的难老泉、智伯渠的水已经是从深井中抽出来的回流水，而太原市内汾河公园的水也只是一个人工湖。这一切不禁让人回想起晋祠圣母殿前的那一副长联："溉汾西千顷田三分南七分北浩浩同流数十里浊之不浊，出瓮山一片石泠于夏温于冬洌洌有本亿万年与世长清。"

读之令人感慨万千！

沁河

与汾河同为黄河一级支流的沁河现在是一条外流河，它发源于沁源西北的太岳山，是山西省境内第二大河流。沁河全长485千米，在山西省境内长360千米，整体流域面积13532平方千米，在山西省境内的流域面积达1.07万平方千米。

沁河是山西省境内大河中唯一由北向南的河流，这个特点在某种程度上决定了三晋在拓展生存空间时由北向南发展的趋势。这一情况在韩国、魏国表现得尤为明显，而沁河河谷也是三晋和历史上的河内地区及中原地区沟通的重要通道。

从地形图上看，沁河从太岳山下的沁源县发源，自北而南，经安泽、沁水、阳城、晋城郊区后,切穿太行山,自山西泽州的拴驴泉流入河南济源紫柏滩,再经沁阳、博爱、温县,于武陟县注入黄河。

沁河的河流走势和战国时期韩国发展的路径相吻合。

三家分晋前,晋国的中心在今天的山西省西南部,即汾河的中下游地带。

三家分晋后,韩国处在大国的四面夹击中,向北是赵国,向东是齐国,向西是秦国和魏国,都不容易发展其势力,只有向南,压迫和吞并奄奄一息的中原地区的郑、宋、卫、陈等国,才有可能取得战略突破。

三家分晋之初,韩国占有今山西东南部及河南中部,之后韩国沿沁河流域不断南下,通过战争扩大其版图,如安王十七年（前385）,韩国攻打郑国,占领阳城,继而东击宋国。十年后,韩国趁魏国攻伐楚国的机会,出兵灭了郑国,并把国都南迁到原郑国国都新郑,韩国由此把自己的统治中心从最早的汾河流域迁到了黄河以南,使其统治范围从汾河、沁河流域拓展到黄河以南,这一区域正是历史上著名的三河地区,而沁河流域的战略位置对其南向中原拓展起到了关键作用。

沁河流域下游与黄河相交的河内地区在战国时期非常重要,这里既是三晋国家和齐、秦、楚争夺的核心区域,也是外交关系最为复杂的区域。

战国中后期,这一地带不但有周王朝最后的统治者,也留存着晋国最后的国君。除韩国外,还有陈、卫等国家,外交关系错综复杂。晋国把最后的时光留在了沁河岸边的端氏,国祚长达900年的卫国也是在沁河下游的沁阳消失,而秦国和赵国也把最大的一场战役长平之战放在了沁河的支流丹河岸边。

端氏在今天山西沁水县城东45千米的地方,这里是晋国国君最后的栖息之地,因此古代沁水县也被称为端氏。端氏是沁河流域最大的古镇,也是名震三晋的千年古镇。沁河水昼夜不息,从北向南流经古镇,因而古镇也是沁河流域著名的旱码头。历史上曾经有发达的手工业和商贸业,明清之际曾是晋商活动的重要区域,有悠久的养蚕和缫丝历史。沁河岸边也曾古建成群,至今镇内犹有横贯南北和纵向东西的小胡同,两旁全是青砖灰瓦的老房子，漫步其中，古风犹存。

长平之战古战场在今天山西高平城北10千米的长平村。整个战场西起骷髅山、马鞍壑，东到鸿家沟、邢村，宽约10千米；北起丹朱岭，南到米山镇，长约30千米；东西两山之间，沁河最大的支流丹河穿山而过，河谷两岸见证了当年战争的惨烈。战场所在地的高平市三面环山，丹河从北向南贯穿全境，这里崇山峻岭，地势险要，历来为兵家必争之地。长平之战遍及大半个高平，涉及的山岭、河谷、关隘、道路、村镇达50多处。

赧王四十九年（前266），曾经的魏国人后来成为秦相的范雎提出远交近攻战略；赧王五十三年（前262），秦国发动了攻打赵国的战争，拉开了长平之战的序幕。战争经过了上党归赵、廉颇与秦坚壁对垒、秦使反间计、赵孝成王换将易帅、白起暗使长平、赵括被围等几个阶段，最终以赵国大败结束。这一战，秦将白起坑杀赵卒40万，成为古今中外战史上杀害战俘最多的一次战役。这一仗事实上也是六国的终结之战。这场战役结束后，赵国一蹶不振，秦国各个击破，只用了不到40年时间便统一了六国。

历史无意间把晋国最后的归宿之地和六国的衰亡之战放在了沁河流域。这场战役发生1000年后，唐明皇视察潞州、泽州，路过长平古战场时，感慨良久，特嘱地方官建骷髅庙一座，以祭祀40万被坑杀的赵卒先灵。

沁河在山西境内流经沁潞高原，切穿太行山，自河南济源五龙口才进入冲积平原。沁河在山西境内支流众多，除了丹河外，还有蟒河、巴公河、端氏河、涧河、东河、龙门河、芦苇河、白水河等几十条支流。由于无法形成冲积平原和盆地，因而历史上山西境内的沁河流域很少作为政权中心，甚至割据政权也很少选择沁河流域作为根据地，但沁河流域位于河东、河内、河南的交界处，战略位置十分重要，历来是兵家必争之地，因而这一区域建城筑堡由来已久。光战国时期和秦将白起相关联的城堡就有屯城、武安城、马邑城、王离城等。以后各朝因战事也筑有一些堡寨，如明末陕西大旱，天灾加上人祸引发农民起义，由于秦晋相邻，再加上战略地位重要、往来商贾众多，因而沁河流域成为那次起义最早的战场。起义军曾五次进入这片区域，在沁河流域留下了许多依山傍水、明暗交织，集生活与防御一体的堡寨建筑，成为沁河流域特殊的军事文化现象，我们将它称为"神秘的东方古堡"。

沁河流域在山西境内虽然遍布深沟狭谷，但沁河在到达端氏以后，地势开始逐渐平缓，形成了大片的河谷地带。这种地形适合农耕时代人们的生存。明清时期，这里出现了几个大的集镇，虽然比不上晋中的祁县、太谷、平遥等地，但依然呈现出少有的繁荣，除端氏外，还有润城、窦庄、郭壁等。

以润城为例，清光绪年间，润城人口一度达到8000余人，这个数字竟然是1998年当地人口的2倍，由此可以想见当年的繁华。

充足的水流、丰腴的土地、众多的手工业、繁荣的商业造就了这里文人和商人层出不穷。在沁水和阳城一带，仅明清两朝就有进士数十人，其中著名的有王国光、刘东星、张五典、张铨、陈廷敬等。这些人大多高官厚禄，成名后在此建造深宅大院，成为显赫一方的名门望族，今日晋城有名的旅游景点皇城相府便是这一现象的真实留存。

由于沁河流域独特的水文和地质特征，在明清之际山西人口暴增的岁月里，这里成为富商大贾和文人学士避乱、隐逸的理想居所，位于山西沁水的西文兴村的建造正是这种心态的结果。

明代允许世家大族聚族而居，西文兴村的历史完整地诠释了这一历史进程。

据学者考证，西文兴村的柳氏民居是由"唐宋八大家"之一的柳宗元后裔所建。柳宗元祖籍河东，当年因参与改革，失败后被贬为永州司马，随时面临性命之忧。为了避免灭九族之祸，他被贬后令河东柳氏分散外迁并秘密传训家人："皇恩食邑中条道中，五谷为生，耒读为本，忠恕廉洁，忧国忧民，弃府始徙，盛勿扬……成名勿宣门庭，得志勿忘饥民。"

元和十四年（819），柳宗元病故，其灵柩运回长安。此时政治恐怖犹在，柳氏家人无法在长安立足，只好变卖家产，渡过黄河，隐居到离河东不远的历山深处。从此以后，在唐初已是世家大族的河东柳氏一夜之间从人们的视野中消失了。

柳氏家族东迁以后，隐姓埋名，以耕读为本，历经宋元两朝，默默无闻，不宣门庭。最初柳氏居住在翼城县南关，到明代才迁居到沁水县西文兴村。

永乐四年（1406），在柳氏家族沉寂500多年后，柳氏后人通过"学而优则仕"的途径，重入官场。这一年柳氏后人柳琛殿试三甲，赐同进士出身，为光宗耀祖，大兴土木，选址在西文兴村建造宅第。始修祠堂，继修文庙、关帝庙。从成化十六年到嘉靖二十五年（1480—1546），近70年中，柳氏后人屡有高中进士者，而柳家也一再大兴土木，建造起规模宏大、门庭森严的一进十三院府邸。

据《柳氏重修继志堂碑记》记载，明嘉靖年间的西文兴村，可以看到庄严肃穆的牌坊街、规整豪华的四合院、四季花开的花园、精致玲珑的绣楼、风光无限的观景台、青烟缭绕的关帝庙，远远望去，俨然一座山中城堡。

明末战乱中，西文兴村曾遭兵祸，建筑遭到一定的破坏，但从清初到乾隆年间，村落再次呈现出兴旺的势头。究其原因，乃是柳氏家族中崛起了两位富商——柳春芳和柳茂中，父子二人在经营盐业和典当业中获得了巨额利润，于是重修祠堂、文昌阁、文庙、关帝庙，建造了富丽堂皇的中宅第，西文兴村出现了前所未有的兴盛局面。

沧海桑田，这次兴盛又过了150多年后，西文兴村重新归于平静，柳宗元的后裔重新成为普通山民。柳氏诗书传家的吏治思想、文学成就、人格力量和人文精神在这个小山村里已很难寻找到痕迹，但其建筑的古朴和庄严仍然昭示着当年的繁华，向现代的人们叙述着这个家族的几度兴衰，展示着它的文化价值和艺术价值——一个偏远的小村落竟然保存了40余通名人书画碑刻，其中南宋著名理学家朱熹、明代书画家文徵明、明代哲学家王阳明的书法碑刻在北方极其少见。

柳氏民居所处的位置是沁河流域太行、王屋、历山相交的腹地，其周边群山环抱，峰峦叠嶂，特别适于避乱隐居。这个千年古村以河东柳氏世家血缘聚居，历经千年而不散，至今仍住有56户220余口人，几乎全为柳姓一族。他们祖祖辈辈生活在祖上遗留下来的深宅大院里，世守祖训，"勿宣门庭"，且族人岁齿清晰，长幼有序，字讳有章，家规不乱，世代传承，这样的世家和村落在当今的中国已极其罕见，几乎可以视为研究三晋名门望族的活化石。

西文兴村之所以能接续千年，除了它所处的独特地理位置外，还和建筑本身的防御功能有关。从建筑布局看，柳氏民居各种防御设施配备相当完整：各府第的后院，上有铁丝网覆盖，下有地道家家相连，院院相通，号称"天罗地网"，并配有警铃、防火墙等。这样的防护措施随处可见，如"河东世泽"宅院的大门共有12道门栓，其中就有6道软栓、6道硬栓，即便身处院内，如果不知道内情也很难打开大门，由此可见柳府之戒备森严，防御意识之强。

柳氏民居的防御体系可以看作沁河流域古堡建筑群的代表之作。明清易代之际，战乱加上灾荒，豪族富户为了自保，不得不筑堡自防，他们修建了大量以防御为主的宅院村落，历经明清两朝累积，逐渐形成留存至今的沁河古堡群。除了皇城相府和柳氏民居外，还有郭峪古城、天官王府、砥洎城、湘峪古堡等。

如果说汾河流域的晋商大院代表了商业巨族的个体家族，那么沁河流域的古堡群则代表了以村落聚居而形成的官商大族。这些古堡群集中分布在沁河流域中段，地跨山西晋城的沁水、阳城、泽州三县，大多数古堡都是依山而建，形制独特，功能齐备。据文物部门考证，在这段只有20千米的沁河两岸就有古堡群54座之多，到21世纪初保存完好的仍有10余座。

沁河流域的商业成就在明清晋商云集的三晋并不是最耀眼的，却是最为稳健和持久的，甚至在明清之前这里的商业就曾出现过几次小的高峰。

这里的古堡群也不是明清之际才开始修筑，它最早的历史甚至可以追溯到战国时期。

皇城相府

长平之战时，这一带已是秦赵对峙的前沿阵地，双方在沁河两岸筑堡屯兵，征战对垒。

宋金对峙时期，这一区域再次成为热点。宋廷南迁，这里成为不愿归顺的北方民间抗金队伍的大本营，队伍最庞大时甚至发展到数千人。几十年间，这支抗金队伍在沁河两岸修筑了许多防御工事。

明清政权交替之际，这里再次成为万众瞩目之地，李自成领导的农民起义军盯上了这里的财富以及战略位置。义军几次进出沁河两岸，触发了乡村社会集体防御的群体意识。这一时期，沁河两岸陆续修筑和补建了许多寨堡。这一风潮之后，新建的村落和寨堡在防御方面都做足了文章。

皇城相府的河山楼其实就是村庄的战备楼。这栋楼高10丈，分7层，底层深入地下，备有水井、石磨等生活设施，并有暗道通往村外，是当时全村800多口人的避难场所。

除此之外，村庄还修有城墙，依山修建了藏兵洞。洞的最上一层设有炮眼对着外面，既可发射火器，又可观察敌情；洞的中间部分有几十间房供兵勇和家丁居住；最下层则用来储存战备物资。

在沁河的古堡群中，砥洎城堪称典型的防御性城镇。砥洎城原来的名字叫小城寨，从名字就可以推测其战备的特性。整个寨子三面环水，城墙用炼铁时废弃的坩埚浇筑而成。

将废弃的坩埚变成最佳的建筑材料，并用沁河水冲下来的河卵石垒起来，中间则用炼铁的废渣、石灰和到一起形成的铁埠黏合加固，在化学作用下，时间越长，城墙就越坚硬。从城墙的修筑上就可以看出当时人们的智慧，同时也从另一个侧面反映出当地冶铁业和工商业的繁荣。

砥洎城内部道路的设计也极具智慧，最宽处不超过3米，最窄处仅容单人穿行，它们纵横联通。然而，不管走进哪条街巷，都仿佛进了死胡同，只有熟悉的人才知道，道路的尽头是可以转向的。很显然，这种设计完全是为了防御。

据《泽州府志》记载："明正德七年（1512）霸州贼刘六、刘七等，至阳城县东白苍等村，民以铁锅排列衢巷，登屋用瓦击之，贼不能入。"

其他史料也记录了明崇祯年间这一带匪患横行的史实。因而古堡群的出现，既证实了明清时期沁河流域聚族而居的村落特征，又证明了古堡式建筑保境安民的功能。

从地形看，处于山西境内的沁河河谷虽然不利于大规模的经济和商业活动，却有着天然的战略价值。据说，三国时司马懿欲从山西调运粮草、兵士到洛阳。山西与洛阳之间有太行、王屋两山阻隔，唯一可供选择的运输通道只有沁河河谷。沁河虽然有水，却无法行船。无奈之下，司马懿只得依崖凿孔，插梁架板，修筑了一条近百千米长的栈道。至今，沁河古栈道在河南济源境内仍存有几十千米的遗迹。为了纪念司马懿开凿沁河栈道之功，当地人在古栈道的石崖上离沁河水面10米处树起了一尊司马懿的石像。

单凭一段古栈道的开凿，并不足以让当地人为司马懿树碑立传。事实上，出生于沁河下游温县的司马懿不但是曹魏时期的政治家、军事谋略家、权臣，还是西晋王朝的实际奠基人。

司马懿，字仲达，出生于东汉末年的河内郡温县。温县位于沁河下游，离沁河入黄河处不远的地方。

不论是在三国的历史中，还是在小说《三国演义》里，司马懿都是三国时期大名鼎鼎的人物。作为曹魏时期的四朝元老，他一生有着太多的传奇。

曹操出任丞相后，司马懿进入曹魏班底的中枢，因支持曹操称帝，他逐渐赢得了曹操的信任。曹操封魏王后，他负责辅佐曹丕并帮助曹丕在储位之争中获胜，曹丕临终时，令司马懿和曹真共同辅政。魏明帝时代，司马懿任抚军大将军、大将军、太尉等重要职务；明帝驾崩后，托孤幼帝曹芳于司马懿与曹爽。曹芳继位不久后，司马懿就遭到曹氏排挤，升为有职无权的太傅。正始十年（249），司马懿趁魏帝出洛阳到高平陵祭陵时，发动政变并控制京都洛阳。自此，曹魏的军政权力落入司马氏手中。尽管西晋政权是在咸熙二年（265）由司马懿的孙子司马炎建立，但实际上曹魏政权从高平陵事变后就已经成为司马氏政权了。

司马氏的西晋政权是沁河流域举全力托起的一个统一性的全国政权。

在西晋政权的高层中，来自沁河和汾河流域的士人比比皆是，甚至连司马炎儿子的皇后家族也来自三晋，而西晋政权的基石便是来自三晋的世家大族。可惜，这个政权在统一全国后只维持了不到42年便寿终正寝，而历史的吊诡之处在于：这个发迹于沁河下游温县的政权，其灭亡的导火索竟然始于沁河上游的源头——沁源。

据史料记载："元康四年（294），匈奴族首领郝散于谷远（今沁源）起兵反晋，攻上党，杀长吏。"

司马氏的根基在沁河流域的河内郡，这个地区在春秋时期属于晋国的核心区域，战国初年属于韩国，后来短暂地属于赵国。司马氏建立政权时，原本考虑沿用三晋国家曾经的名称，但韩国在战国七雄中地位最弱，赵国统辖沁河流域的时间又太过短暂，两者的国号似乎都不太合适，而魏国的国号已经被曹操父子捷足先登，思来想去，只有春秋时期拥有600多年历史的晋国名称最为合适，于是司马氏政权便以晋为国号。

春秋时期的晋国寿命长达数百年，而司马氏的西晋政权在传到第二代晋惠帝时便危机四伏。郝散的父辈就是在这时从北部迁入晋东南地区的沁源。八王之乱战事频繁，少数民族大规模内迁又引起政局不稳，不法官吏趁机对少数民族压榨，终于让许多内迁的少数民族走到了官逼民反的境地。

郝散从沁源起兵后，立刻攻打沁州和上党首府潞州，杀了为非作歹的长吏（地方最高长官），之后又一路向南攻打洛阳，由于历史的局限性，郝散起义最终失败。但这次起义是上党地区有史以来第一次有规模的起义，极大地震撼了西晋政权并引起连锁反应。郝散起义10年后，另一个匈奴人刘渊在左国围城（今离石）起义，并最终于建兴四年（316）击垮了西晋政权。

引发西晋政权震荡的沁源在历史记载里一如它最初的名字"谷远"一样孤远。除了春秋时期介子推、狐突踏足沁源以外，它在大部分时间里都默默无闻。有限的几次历史记录全部和战乱有关：唐朝皇子李侃避乱奔走于沁源，北宋末年的田虎起义爆发于沁源，近代的干草会起义之火在沁源熊熊燃烧……

让沁源这座古城在全世界声名鹊起的是一场名为沁源围困战的战役。

沁源地处山西中南部太岳东麓，北部、西部与晋中地区的平遥、介休相连，东部和南部与晋东南地区的沁县、屯留相接，西部和西南部与晋南地区的安泽、古县、霍州相邻。因其位于沁河的源头，在北魏时被更名为沁源。

沁源位于太岳山主脉，境内平均海拔1400多米，最高处达2523米，因其位于山西中南部的中心位置，沁源在抗日战争中成为中日双方极力争夺的战略制高点。

1942年10月20日，日军侵占沁源。自此在长达883天的日子里，仅有8万人的沁源军民在没有任何重武器的情况下，以艰苦卓绝的坚忍和英勇无畏的战斗精神，对日军展开了麻雀战、阻击战、地雷战、伏击战、破袭战、游击战，两年半内共进行大小战斗2730余次，毙伤日军、伪军

4400余人，并最终于1945年4月11日将日军赶出沁源，此时距日本战败投降还有4个多月。

在日军侵占沁源的两年半时间里，沁源军民粉碎了日军的"山岳剿共实验"。抗战期间，日军在沁源的任何一个村庄都没能组织起一个维持会，全县也没有一个人当过汉奸。当时的延安《解放日报》曾发表《向沁源军民致敬》的社论："模范的沁源，坚强不屈的沁源，是太岳抗日民主根据地的一面旗帜，是敌后抗战中的模范典型之一。"毛泽东主席也称赞沁源："英雄的人民，英雄的城。"

1937年冬，著名作家丁玲曾以西北战地服务团团长的身份，来到太岳根据地的腹地沁源，在她的记忆里，这是她从孔祥熙老家太谷出来后一路走来见过的最大的地方。据史料记载，沁源自西汉置县以来，直到全面抗日战争爆发前，沁河岸边曾矗立着一座美丽古城。

沁源人民为了抗战，为了民族，不惜牺牲，以付出家乡历史文物被毁灭（古城95%的房屋被烧毁，城墙大部分被炸塌）、全县人民1/4伤亡的惨烈代价，创造了一个永载世界史册的经典战例——沁源围困战，其中彰显的铁骨铮铮的民族精神可与日月同辉。

沁河在切穿太行山进入河南境内注入黄河的这一段河流统称沁河的下游河段。与黄河干流的下游河道相似，沁河的下游河段由于长年的泥沙堆积，也成为地上河，历史上决口泛滥频繁。

沁河的下游河段并不算长，只有100多千米，但作为两汉时期重要的三河地区之一的河内地区，这里依然有着悠久璀璨的文明。

在今天的河南境内，沁河在济源冲出了土地肥沃的冲积扇平原。令人称奇的是，距五龙口东南2千米的沁河南岸有一台地，人称沁台，有史以来历次洪水泛滥从未殃及。有史料表明，这里曾有大量的仰韶文化以及龙山文化遗址，历史上这一带曾因沁水公主园而声名远播。

汉代，济源一带归属河内郡沁水县。据《后汉书》记载，永平三年（60），汉明帝刘庄封皇女刘致为沁水公主。按汉礼制，皇女皆封县公主，仪服同列侯。其尊崇者，加号长公主，仪服同藩王。沁水公主在明帝时属列侯级别，到了汉章帝时代，被加号长公主，属藩王。因此，她的封邑沁水城便成为王居之地。沁水公主既有豪华的园林，又占有这一片肥沃的土地，此园林被史书称为沁水公主园，简称沁园。乾隆二十六年（1761）《济源县志》也有记载："沁园，在沁河北岸。"

在历史上，沁园曾有一段失而复得的故事：建初八年（83），外戚窦宪倚仗妹妹窦皇后，以贱价强夺沁水公主的园田。公主慑于窦氏权势，不敢与其争辩，只能屈从。汉章帝得知此事后，严厉责令窦宪将园田归还沁水公主，沁园才又回到公主身边。这件事在当时十分轰动，《后汉书》和《资治通鉴》对此都有专门记述。事实上，在东汉中后期，外戚碾压皇族的事件屡见不鲜，而东汉时期的外戚专权正是从窦宪兄弟开始的。汉章帝去世后，窦宪兄弟几乎控制了整个朝政。

沁园记录了沁河流域的山水之美，也记录了东汉历史上的一段黑暗岁月。唐代，一些文人墨客便以这段历史典故为题，纷纷在诗文中把沁园作为公主宅第的代称。久而久之，便形成《沁园春》词牌。宋代吴曾在《能改斋漫录》中对词牌的形成有详细记载。此书形成于南宋时期，是唯一记载关于词牌"沁园春"由来的古代典籍。据学者考证，该词牌出现于晚唐，盛行于两宋，传世最早为张先的《沁园春·寄都城赵阅道》，但后世填词者大都遵从苏轼的《沁园春·孤馆灯青》格式。从宋代开始，张先、苏轼、刘克庄、陆游、文天祥等都曾以"沁园春"词牌填写出一首首不朽的佳作。

延续至现代，用曲牌"沁园春"创作依然风靡文坛，毛泽东、柳亚子、郭沫若、陈毅都曾留下经典之作，这其中以开国领袖毛泽东的《沁园春·雪》最为知名，堪称该词牌的千古绝唱。

沁水公主园存世1000余年，以其独特的山水意境和人文底蕴托起了一座文学丰碑，也记录了一段千古岁月：继汉以后，司马氏在这里崛起；"竹林七贤"在这一带吟唱；唐宰相裴休曾在这里修建化城寺；金时这里成为达官贵人的游宴场所。金末这里毁于战火，一如沁源古城在抗战中毁于战火一样。

元时，中书令耶律楚材重游沁园，触景生情并赋诗一首《过沁园有感》：

> 昔年曾赏沁园春，今日重来迹已陈。
> 水外无心修竹古，雪中含恨瘦梅新。
> 垣颓月榭经兵火，草没诗碑覆劫尘。
> 羞对覃怀昔时月，多情依旧照行人。

元末，这里又一次经历战乱，十室九空。明初，政府陆续从沁河上游、中游及汾河流域向这里移民。今天这里的居民大多为明初洪洞移民之后裔。

山高水深的三晋大地在向其下游源源不断输出河水的同时，也一次又一次地输出移民，而历史上的三晋文化也在这一次又一次的流动中慢慢向周边输出和渗透。

桑干河

在山西的五大水系中，汾河和沁河属于不折不扣的黄河水系，而桑干河、滹沱河、漳河、卫河却不约而同地选择了越过太行山，向东注入海河。

不过，在几千年的历史中，滹沱河和漳河、卫河都曾经属于黄河水系，但在黄河不断泛滥摇摆南移以后，滹沱河和漳河、卫河才最终改道进入海河水系。而桑干河在历史上堪称不折不扣的海河水系。

现代人们所能忆起的桑干河，大都来自著名作家丁玲的小说《太阳照在桑干河上》。1946年夏天，曾在抗战初期以西北战地服务团团长身份到过沁源的丁玲以土改工作队员的身份参加了桑干河两岸怀来、涿鹿等地的"土改"。在这里她亲身体验了时代的巨变，汲取了创作的源泉，获得了丰富的素材，同时产生了强烈的创作冲动。1948年小说出版后受到普遍关注，1949年被译成俄文，在苏联《旗帜》杂志上发表，桑干河之名从此走出国门，在苏联和东欧国家传播开来。

实际上，这并不是桑干河第一次走出国门。早在元代，来中国商旅的马可·波罗就在他的《马可·波罗游记》中生动地描写了永定河上的卢沟桥，称它"在世界上是独一无二的"。西方甚至一度把卢沟桥称为"马可·波罗桥"，而卢沟桥所在的永定河上游正是桑干河。

比马可·波罗更早，唐代诗人贾岛在他的七言绝句《渡桑干》中已提及了桑干河：

客舍并州已十霜，归心日夜忆咸阳。
无端更渡桑干水，却望并州是故乡。

桑干河发源于管涔山，与汾河源头隔岭而望，其正源恢河与源子河在朔州市马邑村汇合后始称桑干河。桑干河在阳高县南徐庄流出山西省境，在河北怀来县朱管屯与发源于内蒙古的洋河汇合后始称永定河，此后流经河北和北京，在天津汇入海河，流入渤海。

发源于三晋的桑干河（永定河）是华北地区的母亲河，华北包括山西省、内蒙古自治区、河北省、北京市、天津市，在华北地区的众多河流中只有桑干河（永定河）贯穿五个省、市、自治区。一条河流把晋北、蒙南冀西北、京、津的命运紧紧地连在了一起。

在山西境内，桑干河流域主要在雁北地区。雁北地区现归大同和朔州分属。原雁北地区包括大同、怀仁、阳高、天镇、浑源、广灵、灵丘、山阴、应县、朔县、平鲁、左云以及右玉等13个县，统称雁北十三县。四面环山的雁北被横亘东西的两列山脉围成狭长的大同盆地，而桑干河则从西南向东北贯穿全境。历史上，大同盆地向南只有雁门关，向北只有杀虎口，向东只有灵丘道作为通往外地的通道。

黄河中下游作为华夏文明的发源地，从秦统一到宋南渡之前，王朝的建立和国都的迁移始终都在山西南面的黄河沿岸流域游走，因而雁北也就顺理成章地成为少数民族南犯中原的前沿阵地。从战国赵武灵王胡服骑射改革到燕云十六州沦陷，在雁北燃起的烽烟中，无论是匈奴、乌桓，还是羯、鲜卑、柔然、突厥、契丹、女真、蒙古，无一不是以这一区域为突破口，而桑干河也一次又一次地目睹了这里的干戈四起。

桑干河流域最早的征战可以追溯到战国时期的赵襄子时代。赵简子建立赵国后，以晋阳为根据地，向东以邯郸为中心占据了冀南和豫北地区，向北则越过雁门关向恒山以北拓展。到了赵襄子时代，于贞定王十一年（前458）以政治谋杀的手段杀了自己的姐夫代国国王，赵国的北部疆域从此扩大到治水（今桑干河）和雁门水（今洋河）一线。赵国这次的拓展具有十分重要的意义，它使赵国日后能以代地为跳板向北进入蒙古高原，向东进入华北平原发展。

赵国时期的代地基本上以代城（今河北蔚县代王城）为中心，包括定襄、云中、雁门、五原等地区。这一区域在自然地理上横跨黄土高原和内蒙古高原，经济地理上属于畜牧业和农牧业兼作的经济区，在民族地理上属于以狄族为主体的少数民族区，这与赵国在太行山以东华北平原漳水流域的农耕经济和华夏民族为主，形成了强烈的互补。

赵襄子灭代，自然使代地纳入赵国的统治范围，从而极大地丰富了赵文化的深厚内涵。后来赵武灵王的胡服骑射改革首先在代地推行并在全国获得成功，和这种文化内涵密切相关。赵襄子之所以能顺利灭代并巩固这种成果，和桑干河流的走势有极大关系。

赵国灭代不但扩大了赵国的版图，还进一步拓展了版图的物质基础，日后赵国灭中山国、破林胡、娄烦都是以代地作为基地和跳板。赵国这次版图的拓展既是三晋国家的北向拓展，也是汉民族和农耕民族的北向拓展；战国以后，阴山一线基本上成为汉民族和少数民族、农耕文明和草原文明的分界线。通过桑干河，赵国把黄土高原、内蒙古高原、华北平原紧紧地联系在一起。

秦统一以后，桑干河流域依然是各朝的热点地区，不过这些热点大都和军事战争相关。

秦将蒙恬曾率30万大军越过桑干河北击匈奴,并征集民众修筑长城。

西汉时期的平城曾经是汉军和匈奴争夺的主战场,白登之战让刘邦在白登山被围七天七夜。

元鼎六年(前111),东汉将军张单在马邑追击匈奴,双方在此曾发生激战。

北魏时期是大同盆地最为辉煌的时期。桑干河流域及周边地区东至代郡,西至善无(今右玉南),南及阴馆(今朔州东南),北尽参合(今阳高东北)被划为京畿之地,宫殿楼宇拔地而起,交通四通八达,平城甚至成为北魏时期丝绸之路的东方起点。

唐初,桑干河流域成为唐军和突厥军队拉锯的主战场。武德五年(622)四月,突厥军队攻击马邑,唐军全军覆没,此后突厥军队多次攻入马邑;当年七月,名将裴行俭驻军雁门,一举荡平了周边突厥势力;贞观四年(630),唐军经大同出塞,与李靖会师,消灭了突厥军队20万,此后大同便成为唐朝北方的重要前哨。

五代时期,大同为后唐所占据,云中县成为云州治所。后唐的当家人李克用与契丹的当家人耶律阿保机在云州相会,双方甚至在这里结拜为兄弟。清泰三年(936),后唐叛将河东节度使石敬瑭为了自立,竟然拜契丹主耶律德光为父,把北方包括大同在内的燕云十六州割让给契丹,换取契丹支持自己成为后晋皇帝。

燕云十六州,又称幽蓟十六州、幽云十六州,即今天的北京、天津北部(海河以北)以及河北和山西北部地区,具体包括:幽州(今北京市区)、顺州(今北京顺义区)、儒州(今北京延庆区)、檀州(今北京密云区)、蓟州(今天津蓟州区)、涿州、瀛洲(今河北河间)、莫州(今河北任丘北)、新州(今河北涿鹿)、妫州(今河北怀来)、武州(今河北张家口宣化区)、蔚州、应州(今应县)、寰州、朔州(今朔州市区)、云州。

燕云十六州所在的区域,绝大部分和桑干河(永定河)流域相吻合。

桑干河流域被辽国控制以后,中原失去了和北方游牧民族之间的天然防线(阴山、太行山、燕山)和人工防线(长城),中原政权从此失去了北方屏障。至此，包括雁北在内的桑干河流域先后被契丹、女真、蒙古政权统治长达400多年。

宋、辽、金时期，大同先后成为辽和金的陪都，而北京也先后成为辽的陪都和金、元的首都。

后周和北宋初期，中原政权曾努力想收回桑干河流域，无奈没能成功。

显德六年（959），后周世宗曾率领军队攻辽，水陆并进之下，一个月内就收复了瀛、莫、宁（今天津静海南）三州以及益津关（今河北霸州）、瓦桥关（今河北涿州南）、淤口关三关。五月，当后周正准备攻取幽州的关键时刻，世宗病重，无奈之下，只得班师返回开封。六月十九日，世宗病逝。

宋朝开国以后，为了应对辽国骑兵的威胁，宋太祖一方面在开封附近大量植树阻挡辽国骑兵，另一方面在今河北南部兴建"北京"大名府和辽国对峙，而今天的北京在当时成为辽国的"南京"。

太平兴国四年（979），宋太宗赵光义曾移师幽州，试图一举收复燕云十六州，双方在高梁河（今北京西直门外）展开激战，宋军大败。之后几十年双方进行了长期战争，但失去了燕云十六州的大宋已回天乏术。景德元年（1004），双方在澶州签订和议，结束了长期对峙的状态。

宣和四年（1122），宋金曾订立海上之盟，双方约定联合灭辽后，金归还宋燕云十六州。等到金太祖完颜阿骨打把辽天祚帝赶到燕山以西后，于宣和五年（1123）二月兑现了承诺，把涿州、檀州、顺州等如约归还，但完颜阿骨打死后，金兵于宣和七年（1125）十二月重新占领了燕京地区，又过了两年，北宋便被金兵所灭。

金于贞元元年（1153）扩建燕京为中都，定为首都，桑干河流域的北京继战国时期的燕国后，又一次成为首都。除元初和明初短暂的时间外，宋以后中国的首都一直为桑干河流域的北京。

桑干河（永定河）流域的上游和中游在明时成为重要的军事要塞，大同、张家口、宣府构成一个铁三角，从西北部紧紧护卫着北京，而桑干河水也一次又一次地目睹了明军和瓦刺、鞑靼军队的战斗。

清统一蒙古大漠后，桑干河流域成为重要的商业通道，山西北部被朝廷视为"商贾之途"。大批移民、流民、晋商沿着桑干河南下北上，不但将口外的张家口打造成著名的皇商聚集之地，还将其打造成万里茶道的中转站。第二次鸦片战争后，天津成为通商口岸，大批晋商沿着桑干河而下进驻天津，将天津托举为北方最重要的商贸集散地。光绪二十四年（1898），雁门关道旁曾竖起过一块布施碑，上面镌刻布施的晋商商号竟有数百家之多。

桑干河流域在晚清成为清政府的一条重要商业通道。京张铁路开通之前，张家口不但有1500多家商号进驻，还吸引了美、英、日、德等国的40多家洋行，年贸易额在高峰时曾达到1.5亿两白银，正是这种繁荣促使清政府在桑干河流域修筑了中国第一条自行设计的铁路——京张铁路。

对张家口商贸集镇的塑造只是桑干河水的不经意之举，从整个历史来看，它的最大功绩在于对其下游北京地理格局和文化格局的影响。

桑干河在流经北京时被称为永定河，是北京境内最大的河流，也是最古老的河流。这条河流从黄土高原的北部蜿蜒东流，顺着太行山脉和军都山脉的缝隙劈山穿谷，在京西门头沟附近冲向北京。由它而形成的冲积扇平原，为北京城的形成和发展提供了优越的地域空间和水土便利。永定河及其故道遗存所形成的莲花池水系、高梁河水系，一直是古代北京城的主要水源；早期的河道曾作为三晋北方通往中原的物资运输通道；金、元、明、清时的永定河曾助力北运河，为北京的经济命脉漕运发挥过重要作用；永定河水的变化、河道变迁直接影响着北京的城市布局和发展方向。

桑干河流域跨越黄土高原与华北平原两大地理单元，同时跨越游牧和农耕两大经济区域。桑干河各地带自古就是三晋通往京津地区的要道。中国的政治中心从宋代以前的西安、洛阳、开封的黄河流域东移至太行山以东的北京，桑干河（永定河）谷地正是东移的路径之一。这种东移的结果是：既沟通了高原和平原、游牧和农耕，又使得三晋文化与燕赵文化进一步融合，催生了永定河文化的形成。受东移因素的影响，北京文化具有历史悠久、包容大气、内涵丰富、底蕴深厚的特点，流域内的名山大川、城堡村落、陆路水道、宗教传统和民间习俗无不显示了三晋文化东移和辐射的特点。

由于桑干河的塑造作用和通道作用，桑干河流域文明一脉相承。早在距今200万年前，人类的祖先就已出现在桑干河流域今河北阳原县境内的泥河湾一带。其后，又有周口店北京猿人、山西阳高许家窑人、北京山顶洞人、山西朔州峙峪人、北京门头沟东胡林人，人类活动的遗迹几乎遍布整个桑干河流域，昭示着这里是人类最早的文明发源地之一。

桑干河（永定河）流域造就了古都大同、北京以及中华文明不同时期的黄帝之都涿鹿、北狄代王城、金中都等区域性的古都群落，它们上溯炎黄，下及当代，直观地反映了中国都城变迁的历史和北京城的成长历程。

桑干河（永定河）流域至今还分布保存着许多的古城、古堡和古村落，成为人们可以参观、考证城镇变迁的活化石，为现代人展示了丰富的历史信息和深厚的文化底蕴。

桑干河流域还云集了众多宗教文化特征明显的知名景点景区，这些景观不仅年代久、种类全，而且名气大、保存完好，如举世闻名的云冈石窟、辽代佛教精品华严寺、天下奇观悬空寺、拥有元代壁画名作的永安寺等。

北京西山一带更是存有大量名寺古刹，如云居寺、潭柘寺、戒台寺、永安寺、灵泉寺、八大处等。这些名寺不仅在时间跨度上长达2000多年，而且在宗教类别上几乎覆盖了释、道、儒、天主、基督、伊斯兰教以及各种民间信仰，如土地、山神、龙王、花神等，反映了桑干河（永定河）流域文化的多样性和包容性。

北京的西山可以看作是桑干河（永定河）流域精心打造的自然胜景，除了昌平区的一部分现在属于北运河水系，房山区的一部分属于大清河流域外，大部分区域都属于永定河流域。西山由于群峰连缀、层峦叠嶂、气势磅礴而被称为"京城藩篱""神京右臂"。在永定河水的长年滋润下，西山呈现出林木苍翠、溪流淙淙、水清木华的绝佳景象，其独特的地位集中展现了永定河文化的精粹和积淀。魏、晋、隋、唐时期,西山既是民族冲突时的屏障,又是民族文化交融的集中区;辽、金、元、明、清时期,西山一带的山水资源备受各朝帝王青睐,历朝历代离宫别苑交替在此兴建,园林艺术逐渐发展至顶峰。代表着中国皇家园林建设最高水平的"三山五园"(香山、万寿山、玉泉山、静宜园、清漪园、静明园、圆明园、畅春园)就矗立在西山脚下,而私家园林也曾遍布山林。西山甚至成为北京近代教育和科研的起源地,清华大学、燕京大学、辅仁大学(后并入北京师范大学)以及一大批科研院所相继在这里设立。经过十几个世纪的洗礼与传承,西山已经成为集皇家园林文化、宗教民俗文化、近代教育文化、中西交流文化为一体的山水文化大观,而这一切都和源自黄土高原上的桑干河有着密不可分的关系。黄土高原上的三晋大地,给予北京城的除了源源不断的桑干河水外,还有太行山的余脉——西山以及世世代代翻山越岭的移民。

正是这种山水相依的西山—永定河文化奠定了北京母体文化的基础,深刻地影响着北京文化的形成和发展,孕育了"山水人和、家国情怀"的古都文化精神,成为北京人的精神家园。

滹沱河

桑干河属于海河水系,在海河的五大支流(潮白河、永定河、大清河、子牙河、漳卫河)中,除潮白河外,其他四条大河的主要源头,无一例外都来自黄土高原的太行山。正因为如此,当年的赵国、魏国和韩国才会跋山涉水、翻山越岭由黄土高原腹地越过太行山进入华北平原。从某种意义上说,正是来自三晋大地的山水,塑造了整个太行山东麓的京、津、冀、豫大地。

大清河、子牙河、漳卫河在历史上都曾是黄河水系,只是后来因为黄河不断南迁,才使这几条大河不约而同地选择了归流海河,而随着几条大河一起东进北上,唐以后,北京作为中国首都的地位也越来越巩固,历史的走向在很大程度上和河流的走向保持了高度一致，而几条大河在海河和黄河中间肆意穿梭也构成了黄河以北河北平原数千年的历史。据历史记载，河南和河北的分界线本应是黄河，正是因为河水的不断改道迁移，才使得现在的漳河成为河南、河北的实际分界线。河北临漳县就是因为临近漳河而得名，漳河处于河北临漳和河南安阳之间。

大清河流域位于海河流域的中部，西起太行山区，东至渤海湾，北临永定河，南临子牙河，流经山西、河北、北京和天津，整个流域面积达45131平方千米，当今闻名于世的雄安新区就位于大清河流域的腹地，河北保定的大部分区域也位于大清河流域内。

大清河北面的永定河、南面的滹沱河均为多沙河流，唯独居中的大清河河水清澈，故而得名大清河，也正因为河水清澈成就了北方明珠白洋淀。

大清河水系支流繁多，这个特点也让河北保定地区成为河北少有的丰水区域。大清河发源于西部的太行山麓，按流向分为南北两支。

北拒马河发源于涞源盆地，在张坊西南分为南北拒马河。南拒马河在北河店以上有易水汇入。这个易水就是"风萧萧兮易水寒，壮士一去兮不复还"中燕太子送别荆轲的那个易水。易水源自今天的河北易县，战国时是燕国的南部边界。荆轲刺秦王1000年后，唐代著名诗人骆宾王奔赴幽燕，来到易水河畔，触景生情，写下了诗作《易水送别》：

此地别燕丹，壮士发冲冠。
昔时人已没，今日水犹寒。

北拒马河在东茨村以上由胡良河、琉璃河、小清河汇入后称为白沟河，南拒马河和白沟河在白沟大桥汇流后由引河泄入白洋淀，而南支的潴龙河、唐河、清水河、漕河、瀑河、府河等分别流入白洋淀，再由白洋淀经水利枢纽汇入大清河，最后与子牙河汇流。

历史上的大清河水系也经常改道。以唐河为例，唐河因流经唐县而得名，它位于白洋淀西部，却发源于山西浑源。战国时期，唐河曾在今天的肃宁西入黄河，东汉至唐流经今天的灵丘、涞源、唐县、定县、博野、高阳进入安新县境内，流经安新镇南后又向东流入雄县、霸县，之后流经天津入海。金以后，唐河分别在至顺元年（1330）、成化八年（1472）、正德十二年（1517）、嘉庆六年（1801）几次改道流入白洋淀，由于河流不稳定，历代都把治河当作一件要务，而这一区域也就出现了各种各样的水渠和水库。

大清河在山西的流域面积并不大，因而历史上三晋对这一区域的影响也十分有限。今天的保定正好位于大清河流域，春秋时期，在其西南部建有鲜虞国，后来晋国不断东侵，保定南部逐渐被晋国和鲜虞国占领，北部则为燕国所有。战国时，大清河流域建有中山国。战国早期，中山国曾被魏国攻占。战国中期，赵武灵王发动了对中山国的战争，经过十几年的连续攻击，终于攻占了中山国，使赵国领土在太行山区域南北连成一片，中山王则被赵国迁至肤施（今陕西延安）。之后，赵国在所占中山故地及林胡、楼烦土地上建立了云中、雁门两郡，河北日后的燕赵文化渊源也由此而来。

大清河流域西倚太行，位置险要。继战国荆轲以后，这里在东汉末年诞生了刘备，后周末年又诞生了赵匡胤。北京成为首都后，保定地理位置日益重要，保定之名也取自"保卫大都，安定天下"之意，有"北控三关，南达九省，畿辅重地，都南屏翰"之称。

抗日战争时期，这里传承"太行浩气千古"的精神，谱写了许多英雄诗篇：从狼牙山五壮士到白洋淀雁翎队，从保定外围敌后武工队到冀中平原冉庄地道战，到处都是杀敌的战场。

大清河南面是子牙河，而滹沱河为子牙河系两大支流之一，它发源于山西繁峙，向西南流经恒山与五台山之间，至界河后折向东流，切穿系舟山和太行山，向东流至河北献县与滏阳河相汇成子牙河后入海，全长达587千米。在山西境内流经忻州和阳泉，在河北境内流经石家庄、衡水、沧州地区，在山西境内主要经过的县境为繁峙、代县、原平、忻县、定襄、五台、盂县，在河北主要经过平山、鹿泉、灵寿、正定、无极、晋州、深泽、安平、饶阳、武强、献县。

从滹沱河的名字我们就可以看出这条河的性格，滹本为"呼"，有呼啸之意，沱即滂沱。滹沱河由山西高原东下突入平原，纵坡陡峻，水流湍急，经常泛滥成灾，历史上曾被称作"恶池"。滹沱河在山区穿行于峡谷之间，囿于地形，很少变动，进入平原后则改道频繁。这也是历史上石家庄很晚才建市的主要原因之一。

在河北的县市中，石家庄地区受滹沱河的影响最大。石家庄位于滹沱河的中游和下游，境内平原主要由滹沱河冲积泥沙而形成。史料显示，这一带的先民最早是从太行山的洞穴中走出来，沿着滹沱河进入平原，在滹沱河沿岸定居。滹沱河在唐代属于黄河水系，黄河南迁后，特别是北京成为元大都后，滹沱河归于海河水系。革命圣地西柏坡就位于滹沱河沿岸。

战国早期和中期，这里成为赵、魏、燕、齐和中山国反复争夺的区域，长达200余年，为滹沱河留下很多历史故事。战国后期，秦赵争战，滹沱河成为两国交战的主要战场，演绎出李牧滹沱战强秦的悲壮活剧。唐安史之乱，雄踞滹沱河流域的常山郡以其兵家必争的战略要地成为政府军和叛军反复争夺的地区，双方在这一带演绎了长达七八年的拉锯战。最终李光弼、郭子仪以少胜多，守住了这块战略要地，平定了安史之乱。

起伏沙冈一郡环，唐藩成德汉常山。
西抱恒岳千峰峭，南载滹沱百道湾。
中国咽喉通九省，神京锁钥控三关。
地当河朔称雄镇，虎踞龙盘燕赵间。

清代的这首律诗形象地表达出滹沱河流域的重要战略地位。

漳河

在海河的几大支流中，源出山西的漳河对华北平原的影响最为悠久和深远。

漳河是海河流域漳卫南运河水系支流，在古代也称衡漳、衡水。西汉末年以前，漳河还属于黄河水系。之后，因黄河南徙，纳入海河水系。正是由于漳河的加盟，大大增强了海河流域在华北地区的影响力，因此也深刻地影响了漳河流域的政治、文化和经济格局。

漳河上游由两条河流合并而成：一条为清漳河，一条为浊漳河。这两条河流均发源于山西东南部的长治盆地，漳河的下游正好行走在河北、河南的交界处，因此漳河也代之黄河成为现代地理河北、河南两省的界河。

漳河流经河北邯郸馆陶县时与卫河合流，被称为漳卫河、卫运河，之后进入海河水系的南运河。今天的漳河流经山西、河北、河南3省4市21个县市区，全长达400多千米，是海河水系较长的河流，所以有人也把漳河称为海河的正源。

沁河以后，黄河中下游地区再没有大的河流注入。原本漳河是黄河下游最大的一条支流，但后来黄河南迁，漳河只得脱离黄河加盟海河水系。

历史上，黄河曾两次改道从天津入海。第一次发生在周代，从定王五年（前602）一直至王莽的新政时期始建国三年（11）；第二次发生在北宋年间的庆历八年（1048），一直至南宋绍熙五年（1194），两次共计759年。

黄河具有洪峰高、含沙量大、善淤善徙等特点，遇到其他河流必夺河而去，不仅漳河、卫河难以穿越，就连本来单独入海的滹沱河，亦不得不改变流向，沿黄河边缘，向东北方向经天津入海。

漳河受黄河的影响而多次变迁，历史上其变动的最南端可达安阳河，最北端可达滏阳河及其前身衡水。漳河的这个特性使得历史上对其治理也源远流长，其中最有名的两次治理便是西门豹治邺和红旗渠。

历史上，华北平原的引漳十二渠也叫西门引水渠，为战国时魏国人西门豹所开凿，这是中国有文字记载最早的古代大型引水灌溉渠系，比秦国蜀守李冰还要早几百年。西门豹以邺令的身份治理漳河，治河地点就在今天的河南安阳安丰乡附近。据学者考证，引漳十二渠建成以后，当时的粮食产量提高了八倍以上，水灾大为减少。当地百姓在漳河右岸修西门祠纪念他，代代香火不绝。

三国时期，建安九年（204）曹操击败袁绍后，占据了邺城，并把这里作为魏的首都。曹操以邺为根据地，为向北方运粮，于建安十八年（213）开凿渠道引漳河水过邺流入白沟（卫河），转通黄河，名为利漕渠，这也是中国最早的漕运。漳河在魏国建都的过程中立下了汗马功劳。进入20世纪，漳河在它的发源地建有漳泽水库。水库又名太行湖，是浊漳河南源干流上的一座以工业、城市供水、灌溉、防洪为主，兼顾养殖和旅游的大型水库，1959年建成后至今仍产生巨大的经济效益和社会效益，被誉为"太行明珠"。

红旗渠建于20世纪60年代，花了近20年才告完成。红旗渠的渠首拦河坝就建在山西平顺石城侯壁，以漳河水为水源，总干渠沿太行山的悬崖陡壁，穿山越岭，从山西进入河南林州。这一"人工天河"被称为人类奇迹而广为传颂，现在已成为太行山地区的一大景观。

整个上党盆地的径流，除了西北部的沁河注入黄河外，其他绝大部分河流都汇入东出太行的浊漳河。浊漳河流经12个县市，其流域面积占到长治总面积的72.2%。在山西，浊漳河流域和上党盆地在地理概念上，大体可以重合。

在中华史前神话中，上党神话以其密度集中、源流原始、内容翔实而占据着重要地位。除了愚公移山的故事发生在沁河流域外，女娲补天、精卫填海、羿射九日等故事全部发生在浊漳河流域。史书上一般形容上党盆地"据天下之脊背，当河朔之咽喉"，雄踞中原，背控大河。

商朝的都城朝歌位于今天河南鹤壁淇县，黎国是其属国，由于黎国离朝歌很近，被称为王都近畿。黎国据守太行山南端的壶口关（今黎城东阳关），地理位置非常重要。周文王曾率兵渡过漳河与黎国开战，拉开了兴周灭商的序幕，最终推翻了殷商政权。

商以后，上党一直是重要战场，秦赵长平之战前的阏与（今沁县西南）之战，曹操上党征高干，东晋王猛攻壶关、战前燕，奠定后唐胜后梁的三垂冈（今长治北郊）之战，明军与元军的韩店之战都发生在上党盆地。

抗日战争时期，浊漳河流域的武乡县、清漳河流域的辽县先后成为八路军总部所在地。左权副参谋长就牺牲于辽县麻田附近的十字岭，是抗日战争中八路军牺牲的最高将领。清漳河和浊漳河合流的河北涉县是八路军一二九师司令部和晋冀鲁豫边区政府所在地。漳河流经的临漳县域曾是曹魏的都城，而著名的铜雀台就建在漳河临岸。

临漳所属的邯郸是漳河流域的重要城市，有着3100多年的建城史，战国时期曾是赵国的都城。汉时曾与洛阳、临淄、南阳、成都共享汉代五大都会的盛名，曹魏在临漳建都后，这里先后成为冉魏、前燕、东魏、北齐的都城。

曹魏在此建都标志着东汉以后政治、文化中心的东移，对后世有重大影响。这里也是建安文学的发祥地、鬼谷子的诞生地。抗战时期，《人民日报》和中央人民广播电台先后在此诞生。

由三晋赵国开拓的邯郸，其区域内古都甚多，北宋时期鼎鼎大名的大名府便是其中之一。

大名府，也被称为"北京"大名府，位于今河北大名的东南部。大名府在春秋时期属于卫国，战国时期被魏国占领，因此汉时也把这里称为魏郡。

三国时曹操在附近建都称魏王，曹丕后来把国号定为魏，这些都和战国时的魏国密切相关。魏郡在三国时称为阳平郡，北周时称为魏州，直到建中三年（782）才改称大名府。

庆历二年（1042），在大名府建陪都，史称北京。作为宋的陪都，大名府在北宋时人口多达百万，小说《水浒传》里多次提到它，这也是大名府最为辉煌的时刻。

建文三年（1401），一场大洪水淹没了整个大名府，结束了其千余年的辉煌历史，整个城市被埋在4米以下的深处，而曾经的大名府名人梁中书、卢俊义、燕青、潘美的故事至今仍在流传。大名府直到清代都被选为直隶省第一省会。

作为赵国缔造的都城，邯郸作为首都的历史长达158年之久，是当时中国北方绝对的政治、经济、文化中心。作为历史文化名城，邯郸既处于今天晋、冀、鲁、豫的连接地带，又处于京、津、冀城市群。作为漳河流域的明珠，邯郸与石家庄、太原、济南、郑州4个省会城市的距离均在200千米左右。这里的战略优势时至今日仍然印证着赵国当年选择邯郸作为都城的英明决策。

当年唱过"小城故事多"的邓丽君祖籍也是邯郸属下的大名县。作为历史古城，邯郸的故事确实很多。据学者考证，在古代与邯郸有关的成语、典故就达1584个，这里我们不妨罗列一些：

> 负荆请罪，完璧归赵，价值连城，刎颈之交，围魏救赵，梅开二度，退避三舍，毛遂自荐，脱颖而出，一言九鼎，纸上谈兵，邯郸学步，胡服骑射，铜雀春深，宁可玉碎、不为瓦全，前事不忘、后事之师，绝妙好词，黄粱一梦，奉公守法，奇货可居，南辕北辙，挟天子以令诸侯，下笔成章，路不拾遗，窃符救赵，步履蹒跚，三寸之舌，惊弓之鸟，旷日持久，不遗余力等。

显然，成语、典故虽出自漳河流域的邯郸，但反映的内容包罗万象，超越时空，既有政治、军事，又有民俗、文化；既有文学经典，又有生活哲学，所涵盖的时空也早已覆盖了上下几千年，而所有这一切的源头就是黄土高原上的晋国。

先秦以前，夏朝的统治中心大抵在汾河和黄河中下游地区；周朝的统治中心前期在渭河和黄河中下游交界地带，后期则沿着黄河东移到黄河、汾河、沁河、洛河构成的黄河中下游地带，而在商朝，经过几次迁移以后，其统治中心基本上已转移到漳河、黄河下游一带。

从夏到商，王朝的统治中心沿黄河东移，其中海河流域的卫河起到了很大的连接、联通作用。

卫河发源于山西太行山脉，流经河南焦作、新乡、鹤壁、安阳、濮阳，沿途接纳了淇河、安阳河等，至河北馆陶与漳河汇合后始称漳卫河。漳河和卫河的汇合处，正处于山西长治、河南安阳、河北邯郸的交叉地带。历史上的这一带正是商朝的统治中心。

卫河以大沙河作为其上游的干流，河源出自山西陵川，大沙河出山西境后流经河南焦作武陟，而武陟正是今天沁河流入黄河的地方。历史上曾引沁河水入大沙河，因而完成了沁河与卫河的连接。

卫河流域的历史可以从它的名称演变得出基本判断。

卫河在隋代成为永济渠，是重要的水利工程。

宋代，卫河被称为御河。北宋失去了燕云十六州，黄河北岸至幽州没有大山作为屏障，于是漳河、卫河都成为抗辽的前沿阵地，大名府则可称为抗辽前线指挥部，此时的卫河因其防御功能而具有一定的军事价值。

明代，卫河被称为卫漕，因为此时帝国首都已从南京迁往北京，因而漕运十分繁忙，卫河的功能主要为漕运。

卫河的名称是清代才开始叫响，只因为该河发源于春秋时期的卫地，到清代又终止于天津卫，所以取其首末两端的"卫"字而名之曰卫河，一直沿用至今。

卫地就是春秋时期的卫国，这个小国虽然在春秋时期并不起眼，却是生存时间最长的周朝诸侯国。从第一代国君算起，卫国前后共计907年，传位42代，是众多诸侯国中最后灭亡的国家。它立国的时间从商开始，横跨西周、春秋战国时期，甚至跨入秦代才最终灭亡。它的寿命不仅超过晋国，甚至超过了周朝，而它的都城也从西向东横跨了黄河北岸的沁河、漳河流域，曾先后建都于楚丘（今河南渭县）、帝丘（今河南濮阳）、野王（今河南沁阳）。

历史经常让人哭笑不得：三国时期魏国的曹丕废了汉献帝，但汉献帝的寿命反而比曹丕长；卫国曾被战国时的魏国攻占，结果卫国的寿命竟比魏国长。

昭襄王五十三年（前254），卫国被魏国兼并，成为魏国的封君之地。

始皇帝六年（前241），秦国攻打魏国，把卫国原有的濮阳一带归入秦的附庸，此时卫已名存实亡。始皇帝二十二年（前225），魏国被秦国所灭。始皇帝二十六年（前221），秦朝建立，但直到二世皇帝元年（前209），秦二世才想起他身边还有一个卫国君主，于是下令将卫君角废为庶人，卫国正式宣告灭亡。

卫国和卫河流域历史上人才辈出，子贡、荀变、商鞅、吴起、吕不韦、荆轲、李悝、鬼谷子都出自这一地带。

汾河、沁河、桑干河、滹沱河、漳河，三晋大地的这些河流在几千年的中华文明史上不仅滋润着三晋，而且翻山越岭滋润着中原和华北平原，深刻地影响了这些地区的文化和文明，并以其几千年悠远的回忆而构成这些地区的集体性乡愁。

第四章　黄河　太行　长城

"欲渡黄河冰塞川，将登太行雪满山。"这是诗人李白笔下的黄河和太行。

三晋大地自古和黄河、太行、长城有着血肉般割舍不断的联系，太行是三晋的风骨，黄河、长城则是三晋的血肉。

长城从北面、黄河从西面、太行从东面将三晋大地紧紧包裹，而在山西南部，黄河、太行联手，黄河在西，太行在东，将山西全力拱托。

20世纪30年代，中国人民艰苦抗战之际，有三首歌风靡全国，按创作时间的先后分别是：1935年由田汉作词、聂耳作曲的《义勇军进行曲》；1938年由桂涛声作词、冼星海作曲的《在太行山上》；1939年由光未然作词、冼星海作曲的《黄河大合唱》。

令人感慨万千的是，这三首歌的创作背景都和三晋大地密切相关：三首歌都是在当时抗战的背景下诞生的，而山西是当时抗战的最前线，尤其是七七事变爆发后；三首歌中涉及的主题元素长城、太行山、黄河在山西有广泛体现。

山西是全中国长城遗迹分布面积最广、修建时间最久、修筑规模最大的省份，全省11个地市几乎都分布有长城，从南到北，从东到西，各个时期的长城遍布全省。

山西是太行山横贯面积最大的省份，八百里太行从北往南将山西和河北一分为二，从东往西，将山西和河南分隔。太行山的最高处、山脉主体地势最险要处、风光最美的地方大部分位于山西境内。

山西也是拥抱黄河里程最多的省份，万里黄河从北到南以晋陕大峡谷为轴将山西和陕西左右对称，从风陵渡到孟津，将山西和河南南北分隔。黄河沿岸省份中，受黄河影响最大的无疑是山西省。

《义勇军进行曲》的创作和长城有关：1935年，田汉创作出文学剧本《凤凰涅槃图》的故事梗概，按照剧本情节设计，他在编写男主角诗人辛白华《万里长城》长诗的最后一节时，创作了一首激昂奔放的自由体诗，即主题歌《反满抗日义勇军进行曲》，其中就有"起来，不愿做奴隶的人们！把我们的血肉筑成我们新的长城"一句。可以说，长城和长城象征的不屈不挠的民族精神正是《义勇军进行曲》要表达的主题元素。这部电影后来改名为"英雄儿女"，主题歌《义勇军进行曲》一经出版，这首激发民众爱国热情、振奋民族精神的中华民族最强音便迅速传遍大江南北、长城内外。

《在太行山上》这首歌是为在山西境内浴血奋战，抗击日本侵略者的抗日军民而创作的一首合唱曲。当时八路军一一五师、一二〇师、一二九师三大主力师齐聚山西，而山西境内有无数个抗日游击队与八路军携手并肩共同抵御外侮。

"七七事变"爆发后，桂涛声以抗战动员总会工作人员的名义去山西省陵川县牺盟会民众干部训练班。当时，八路军的3个师正建立敌后抗日根据地。桂涛声到街上演讲时看到陵川到处都是控诉日本侵略者而义愤填膺的人群，到处是争相参加八路军的热血青年。很短的时间里，陵川自卫队由300多人迅速扩编为1000多人，出现了不少"母送儿，妻送郎"参军的感人场面。在随游击队转战陵川的过程中，桂涛声目睹了太行山王莽岭的"千山万壑"后，又亲身感受到抗日军民才是真正的"铜墙铁壁"，触景生情，酝酿了半年的诗篇《在太行山上》从心底迸发了出来，他随手将歌词写在香烟的包装纸上。1938年5月，桂涛声离开太行山，6月返回武汉，即带着歌词去见冼星海，请他为太行山区的战友们谱一支队歌。冼星海接过桂涛声写在烟盒上的歌词，仿佛看到太行军民浴血奋战的身影，他将充满朝气的抒情性旋律同坚定有力的进行曲旋律有机地结合在一起，使歌曲既有现实性又有革命浪漫主义色彩。

歌曲描绘了太行山游击健儿的战斗生活和勇敢顽强、乐观开朗的性格。歌曲在汉口首演时，全场掌声雷动，并迅速通过武汉三镇传遍全中国。太行山里的游击队都以它为队歌，这首充满了抗日军民革命激情的歌曲，使每一个中国人都油然而生爱国主义的豪情壮志，其中荡漾着庄严肃穆和博大豪迈的民族之魂。

1938年7月，《在太行山上》在武汉纪念抗战一周年歌咏大会上唱出，迅速传遍大后方及各敌后抗日根据地，鼓舞和激励着千千万万的抗日民众奔赴战场。当时正在太行山区指挥抗日军民作战的朱德总司令听到这首展示人民战争壮美图画的歌曲后十分喜欢。他要求八路军总部机关人人会唱《在太行山上》，还把《在太行山上》歌词抄录下来，随身携带。这首产生于山西境内太行山上的战歌激励了无数人奔赴抗日救亡战场，对振奋民族精神产生了强大的凝聚力和推动力。

《黄河大合唱》也是诞生在山西的黄河岸边。

1938年10月，武汉沦陷后，诗人光未然带领抗敌演剧队第三队，从陕西宜川县的壶口附近东渡黄河进入山西，转入吕梁山抗日根据地。途中，他目睹了晋、陕大峡谷黄河船夫们与狂风恶浪搏斗的情景，聆听了吕梁山抗日根据地群情激奋、抗日救亡战斗的脚步声，黄河大合唱的怒吼声就在此时酝酿。

1939年1月，光未然抵达延安后，创作了朗诵诗《黄河吟》，并在这年的除夕联欢会上朗诵此作，冼星海听后非常兴奋，连续六天抱病创作，于当年3月31日在延安一孔简陋的土窑里完成了《黄河大合唱》的作曲。同年4月13日，《黄河大合唱》首演于延安陕北公学大礼堂，立即引起巨大反响，很快唱响全国，成为抗日歌曲的主旋律和时代最强音。

《黄河大合唱》的创作是以抗日战争为背景，而山西当时正处于抗日最前线。这首歌以黄河为中华民族精神的象征，庄严讴歌了中华民族坚贞不屈、顽强抗争的英雄气概，启迪人民保卫黄河、保卫华北、保卫全中国。

黄河

仔细观察中国地图我们会发现，除了少数时期外，中国的都城基本上都位于黄河流域、黄河沿岸地带。古都西安虽不在黄河岸边，却位于黄河支流渭河岸边；古都北京现在虽偏离黄河，但历史上黄河曾从天津入海，距北京并不遥远。除永定河外，海河现在的几大支流历史上都曾是黄河的支流。作为这几大水系源头的山西更是被黄河紧紧包围：山西的西面是黄河、吕梁山，南面是黄河、太行山、王屋山、中条山，东面、东北方向是太行山及曾经的黄河。

当黄河偏离古都北京改道南下时，山西却通过桑干河（永定河）和北京紧紧联结。纵观历史，几千年来，不论是西安、洛阳，还是开封、北京，历代王都大抵沿逆时针方向在山西周边布局，因而山西也基本上成为各个王朝的有力拱卫者。

黄河、太行、长城是拱卫中华文明的骨架，也是三晋文明和文化形成、发展的三个主要元素，同时也是三晋影响历史和传播文明的三个主要载体。正是黄河的壮美、太行的风骨、长城的铁壁构成了三晋大地五彩缤纷的历史。

当今的中国人，只要一提及黄河，耳畔便会回响起那首著名的《黄河大合唱》：

> 风在吼，马在叫，
> 黄河在咆哮，黄河在咆哮！
> 河西山冈万丈高，
> 河东河北，高粱熟了。
> 万山丛中，抗日英雄真不少！
> 青纱帐里，游击健儿逞英豪！
> 端起了土枪洋枪，挥动着大刀长矛，

保卫家乡！保卫黄河！
保卫华北！保卫全中国！

在中国人心中，黄河代表着家乡，代表着华北，代表着整个中华文明，保卫黄河就是保卫全中国。在中华民族最危险的关头，无数中华儿女唱着这首歌走向前线，奔赴战场，抛头颅洒热血。直至今日，那气势磅礴的旋律，仍时时回荡在中国的大江南北。

黄河从高山出发流向大海，从远古流向今天，用它那深邃的内涵无私地滋润着一方水土，并在这里孕育了世界上最悠久、最优秀的文明之一——黄河文明。在每一个中华儿女心中，黄河就是中华民族的母亲河。

黄河从巍峨的巴颜喀拉山孕育，出昆仑、汇洮湟、穿大漠、驱流沙、入河口、劈峡谷，千回百转，绵亘万里，汇入大海，却把最壮美、最曲折、最深邃、最激越的一段留给了三晋大地，而由三晋主导的晋、陕、豫黄河三角洲地区，正是黄河文明、中华文明最早的发源地。

黄河流经山西，依次经过河曲、碛口、壶口、龙门、汾河、蒲津渡、风陵渡等历史名胜之地，在这些地区，三晋文明和中华文明交融并行，甚至在很长一段岁月里，主导着中华文明的发展。

河曲是黄河流经山西的第一站。

黄河九曲十八弯，只有河曲因"曲"而得名。河曲，河之曲，意思是黄河在此盘曲而过。黄河由内蒙古河套地区一路流向山西，先是由北而南，继而由东向西，再而由西向东，在河曲地区画出一个巨大的马蹄形弯曲河段。

从地形图上看，河曲处于一个非常独特而又十分有趣的地理位置。它位于黄河以东，隔河相望，西北是内蒙古，西南是陕西，古时就有"鸡鸣三省"之说。

处于三省交界处的河曲，不仅有着独特的地理位置与自然风光，而且有着极其重要的文化和文明地位。

河曲地理的独特之处在于，它既是黄河进入山西的第一站，又是长城在山西西北部的最后一站。黄河、长城这两条中华巨龙，在河曲这块神奇的土地上完美地交汇、伸展，既凝塑出河曲边关冷月的苍凉雄浑，又洗练成河曲丰盈膏腴的文化。

河曲的自然风光也十分迷人，身处山西、陕西、内蒙古交界地带，既有高原紫塞的雄壮，又有江南水乡的温柔。古往今来，山曲对唱，渔歌互答，尽现"塞上江南""高原水乡"的独特韵味。到河曲旅居，既可以体会到质朴醇正的黄河文明的流风遗韵，又可以领略到原始古朴的黄土高原生活气息。

正是这种独特的地理位置，使这里成为一座浑然天成的历史博物馆——无论是仰韶古迹、龙山遗存，还是商周青铜、秦砖汉瓦都可以在这里找到痕迹。同时，作为农业文明与游牧文明的结合地，这里还见证了一幕幕民族交融的场景，而河曲民歌正是这一幕幕悲喜剧的文化折射和历史沉淀。

河曲民歌，早在唐宋时期便已流行，但真正盛行是在明末清初的动荡乱世。

在中国古代，黄河在河曲一带并没有桥，山西、陕西、内蒙古三地之间的贸易完全依赖黄河水运。河曲县城附近的长城隘口——水西门外，便成为晋西北的水旱码头。三晋历史上著名的走西口，主要就是指走出水西门口，然后登船过河，到口外谋生。

从水西门口渡河往北上百千米便是大名鼎鼎的杀虎口。

杀虎口，古名苍鹤陉，自战国起便成为三晋北部要冲：赵武灵王北拓大漠、李牧、李广、卫青、霍去病北击匈奴，昭君出塞、文姬归汉都经此道。明末清初，晋商崛起，一代又一代、一拨又一拨拓荒者从水西门口出发，经此走向口外。

从水西门到杀虎口，路途并不遥远，但在明末到清末的300多年间，那首凄楚哀婉的《走西口》却从未断绝。在这条颠沛流离的荆棘路上，三晋儿女唱出了离别的悲伤、创业的艰辛，唱出了天下民歌第一曲，唱响了天下黄河第一曲。

河曲往南，黄河激荡于悬崖峭壁中，不经意间，流经一处集古渡、古街、古铺、古刹、古村于一体的历史名镇——碛口。

碛口古镇的形成和成名完全有赖于晋商的足迹和深耕。

碛口最早是作为兵家要冲而存在的，但明清以来凭借黄河水运而商业价值倍增，一跃成为我国北方著名的商贸重镇。

碛口的繁华，缘于大同碛的惊险。这是一段只有500米长的暗礁，落差达10米以上，水急浪高，怪石险滩，舟船难渡。黄河上游来的船只，只好在此抛锚卸货，改用陆路转运。如此一来，碛口便成为黄河水运的中转站。曾几何时，东西南北的货物商品在此中转，河运而来，马驮而去。

鼎盛时期，码头上过往的船只每天达150艘之多，旅馆酒肆有300多家，穿梭其中的商旅人士数以万计。

作为历史文化名镇，碛口现有数量丰富、保存完好的明清建筑，从货栈、票号、当铺到庙宇、民居、码头，几乎涵盖了中国古代民间漕运商贸集镇的全部类型。

碛口往南上百千米便是名扬天下的壶口瀑布。

在中国5000年悠久历史中，在14亿中国人的心目中，能体现中华民族精神最强音的莫过于黄河壶口瀑布。

黄河从河曲飞流而下，似一把利剑将原本连接的秦晋黄土高原劈为两半，划开一道深邃的峡谷。黄河在数百米的两山之间奔泻，一路横冲直撞，咆哮如雷，至山西吉县龙王辿一带，骤然被压缩在只有30米宽的峡谷之中，水势迅猛，向下坠入一道石槽中，其间的落差竟达30米。霎时，原本肆意奔涌的河水被巨石所擒，顿时巨浪翻滚，急流喷壁，搏岸击石，激起一团团水雾烟云，经阳光斜射现出七色彩虹，形成水中冒烟、彩桥通天的奇观。

当年，诗人光未然在壶口临水渡船，站在高山之巅，俯视黄河，见黄河之水奔腾激荡，似海啸、似铁马，吞云吐雾，震魂摄魄，联想起当时正在进行的抗日战争，诗人胸中汹涌的激情，终于找到了喷射口，黄河那奔腾汹涌、百折不挠的伟力不正是中华民族抗击日军、保卫祖国的力量所在吗?于是,名垂史册的《黄河大合唱》诞生了。

抗日烽火中,光未然的诗在作曲家冼星海胸中掀起万丈狂澜。冼星海将对黄河的热爱、对祖国的挚爱、对侵略者的仇恨,化成或低沉,或高亢,或凄婉,或悲壮,或豪放的音乐旋律,谱写出中国历史上空前的民族大合唱。

奔腾汹涌的壶口瀑布显然对黄河两岸产生了强烈的文化影响。诞生于黄河岸边的威风锣鼓被誉为"天下第一鼓",而它的威风正是源于气势磅礴的壶口瀑布。

威风锣鼓的曲牌既独立成章,又连缀成套,恰如黄河之水绵延不绝又各有千秋,演奏时起伏相间,张弛结合,但又不离气势雄浑的主题。听威

壶口瀑布

风锣鼓,你眼前仿佛呈现出黄河怒吼、气壮山河的汹涌,仿佛看见刀光剑影、兵戎相见的战场。

即使是一种音乐形式,威风锣鼓也充分体现了三晋河东地区民族融合的历史进程。上千年的战事交替和民族迁徙,形成多民族的艺术交流和融合。在以三晋鼓乐为基础的威风锣鼓中,糅合了西域的铙钹和胡音沙锣,几种乐器合奏,共同演绎出无与伦比的激昂旋律。

从壶口南行几十千米,便是龙门。黄河沿线"龙门三激浪,平地一声雷"的千古奇观便发生在这里。

黄河之水经壶口后被约束于高山峡谷中,越接近龙门,河床越窄,汹涌的河水在两岸的挤压下横冲直撞,至峡谷尽头龙门口处一个急转弯,狂涛顷刻撞在峭壁上,飞起雪浪,河水被迫冲向对岸巨石,掀起巨浪。之后又迅速退回,随即与矗立在河床中的巨大礁石相击,再次怒涛翻滚。一番喧嚣之后,狂潮肆虐的河水在空中颤抖着摔落下来,落入谷底,终于跳出龙门,向前冲去。

龙门奇观不仅是黄河沿岸的绝美景致,还承载了三晋和中华民族对大自然的态度和文化哲学思考。

传说龙门两岸的黄龙山和龙门山原来是连接在一起的,黄河流经此处被巨石阻挡,只好横冲直撞,四处肆虐。大禹治水,水被疏导至龙门山,被挡住了,大禹就凿山成谷,将水引了出去,此处便被称为龙门,又称禹门。

治水在中华民族的发展史上有着极其重要的地位,从神话传说到史实,几千年来,中华民族治水的案例不胜枚举。从大禹治水到西门豹治理漳河、李冰修筑都江堰,从古代的大运河开凿、治黄工程到现代的红旗渠修建、三峡大坝开通,无一不显示出中华民族与水搏斗融合共生的苦难历程。

《水经注》记载:龙门"大禹所凿","口广八十步,崖际镌迹,遗功尚存"。《水经注》的记载表明,禹凿龙门很可能不是神话传说,而是切切实实发生的史实,只不过当时没有确切的文字记载,只能口口相传,以神话的方式流传于后世。

通过自然史的研究发现，4000多年前整个地球确实有过一次自然灾害集中暴发的异常期。在短短的100多年间，持续严寒、特大地震、百年不遇的水旱灾害频频发生。

面对特大洪水，西方人选择了诺亚方舟，而中国人的祖先选择了与大自然抗争，他们在悲伤之后勇敢而沉着地迎接了大自然的挑战。

这是发生在三晋大地上，也是发生在中国历史上的中华民族第一次有意识、大规模地与自然抗争的宏伟壮举。在此大约2000年之后，出生在三晋的伟大哲学家、思想家荀子就鲜明地提出人定胜天的哲学思想，究其思想源泉，很大程度上和大禹治水的传说有关。

"平地惊雷"的壮阔、"人定胜天"的执着，演绎出黄河岸边的另一段美好传说。在有关龙门的传说中，流传最广并深受民间喜爱的大概要数鲤鱼跳龙门的故事了。

相传，大禹凿开龙门之后，河谷宽500多米，两旁是山，道路不通，鱼鳖之类无法逆流而上。因此每年暮春之际，江河诸川的鲤鱼便争相赴龙门之下。成千上万的鱼群，逆流跳跃行进，以期跳过龙门。一旦跳过龙门，便会有云雨相随，天火在后面烧掉鱼的尾巴，鱼便演变为龙。只是龙门险陡，所及者寥寥，一年中能跳过的鲤鱼不过72条。

隋唐以后，科举制盛行，人们便把中进士喻为登龙门，从此步入仕途，平步青云。一生未曾中过进士的李白当年来到龙门口曾发出感慨：

黄河三尺鲤，本在孟津居。
点额不成龙，归来伴凡鱼。

鲤鱼跳龙门与其说是传说，倒不如说是祝愿，反映出封建制度下普通民众向往登科及第的愿望，同时也反映出大众与命运抗争、向大自然挑战的精神内核，传说中的"72"这个数字则反映了玄学和禅学思考。

传说，孔子有弟子3000人，但能称得上贤人的只有72人。与此相对应,现实中的平遥古城有垛口3000个,敌楼正好72座;城内有4条大街、8条小街,而小巷不多不少,正好72条。

在《水浒传》中,梁山泊有天罡星36个,而地煞星正好72个;在《西游记》中,孙悟空虽神通广大,但只有72变。

一个小小的鲤鱼跳龙门的故事,竟集中反映了三晋大地和中华民族的神话传说、民间故事、民俗风物、自然发展、哲学思辨等全方位文化集萃,黄河文化的博大精深令人沉醉。

黄河跃过龙门以后,水势变得平缓,河面也豁然开朗,在河水即将绕过中条山转头向东而去的地方,汇入山西的母亲河——汾河;运城市的母亲河——涑水河,在河水由北向南到由西向东的拐弯处,又汇入由关中平原一路奔波而来的渭河。

由黄河、汾河、渭河相交而构成的黄河三角洲地区是中华文明最早的发祥地,夏、商、周的历史基本上在这一区域展开。以黄河为主轴,在晋、陕、豫交界处形成的航运圈、经济圈、文化圈,在很长时间里主导着中国的文明进程,而黄河和汾河相交的河东地区又在中华文明的早期发展中占据主导地位。

传说中炎黄二帝的涿鹿之战、黄帝与蚩尤之战就发生在河东的解州地区。这一带及邻近的上党地区还流传着神农尝百草的故事。中国史前神话故事流传最多的地区就是河东和上党地区,而考古也证实,中国最早的古都——尧都,就位于河东地区的汾河岸边。

1978年,山西临汾襄汾县陶寺村一户农家在盖房打地基时,意外地挖出了许多陶罐、陶瓶以及明显加工过的石头,震惊世界的巨大发现——陶寺遗址第一次出现在公众视野。

陶寺遗址东西长2000多米,南北宽1500多米,总面积300多万平方米,分居住区和墓葬区。居所周围有窑穴、陶窑、水井、道路、石灰窑以及石、骨、蚌质的工具与大量日用陶器,并有牛、羊、狗、猪等家畜遗骨和小米、麻等多种植物。这一系列发现,证明早在4000多年前,陶寺先民就已在此过着定居的农业生活,在种植、饲养和手工业方面取得了相当的成就。

近年来的考古发现进一步证实：陶寺遗址是我国目前发现年代最早、规模最大、文化最早的一座史前古都，而《尚书》中所记载的"九族既睦，平章百姓；百姓昭明，协和万邦"的唐尧盛世，正好在陶寺遗址中得到了生动的印证。

在黄河、汾河相交的地方，有一处著名景点——古蒲津渡口，千百年来这个渡口目睹了秦晋之间的交流和河东的繁华。

景王四年（前541），秦景公之弟在古蒲津渡口架起一座横跨黄河的浮桥，这座堪称"黄河第一桥"的浮桥从此成了秦晋之间的重要通道。

由于此处河道较宽，加之浮桥由竹索修建，因而船沉桥断之事时有发生，祸及行人。山西在唐代是帝国的重要财政支柱，当时山西出产的粮食，还有管涔山上的奇松古木，都经由汾河入黄河，溯渭河，漕运到长安等地，蒲津渡口成为重要的通道。为保证这条通道的畅通，唐玄宗专门降诏"新作蒲津桥"。开元十二年（724），新的蒲津桥落成。从此以后，这座桥虽时有损害，但经维修保养，一直沿用到明代。

历史上，从来没有一座浮桥能为人类服务达2000年之久。后来，由于黄河改道，河水泛滥，蒲津浮桥被埋在泥沙之下才结束了自己的历史。

20世纪90年代初，在永济古蒲州的黄河古道上出土了4尊重量都在

黄鹤楼

50吨以上的镇桥铁牛，距今1300年的唐代蒲津铁牛浮桥才又神话般地再现于河东大地，成为黄河沿岸重要的人文景点。站在黄河岸边，遥想当年：秦、晋两国在桥上握手言欢；东巡而归的秦始皇曾雄视天下经蒲津渡桥而过，仓皇从京城出走的慈禧太后也经此逃奔西安。

而早在唐以前，蒲津渡的桥头就曾矗立着一座举世瞩目的鹳雀楼。

鹳雀楼是中国古代四大名楼之一，也是四大名楼中唯一的北方名楼。

四大名楼各有名篇相随：黄鹤楼有崔颢的《黄鹤楼》，岳阳楼有范仲淹的《岳阳楼记》，滕王阁有王勃的《滕王阁序》，鹳雀楼则有王之涣的那首千古绝唱《登鹳雀楼》。在这首诗里，王之涣不仅营造了一个美轮美奂的意境，而且将汉字的意蕴之美推向极致，同时也使鹳雀楼成为古今中外文人墨客的神往之地。从这个意义上讲，鹳雀楼堪称中国古代四大名楼之首。

距鹳雀楼不远，有一座寺院叫普救寺，传说这里就是唐传奇《莺莺传》故事的发生地。元代作家王实甫在此基础上参照《西厢记诸宫调》创作了杂剧《西厢记》，成为中国乃至世界戏曲史上的传世名篇，而普救寺也因此享誉世界，成为天下有情人向往的爱情圣地。

蒲津渡往南，地处山西最南端的芮城县，黄河与渭河相会的地方便是大名鼎鼎的风陵渡。自古以来，风陵渡就是晋、陕、豫三省的咽喉要道，素有"鸡鸣三省"之说。几千年来，这里既目睹过商旅者匆匆的脚步，也见证过刀光剑影的残酷。

风陵渡之所以与众不同，在于其独特的区位，它是一个渡口，但又不仅仅是一个渡口。

中华文明诞生前，大江南北的史前文化呈现繁星满天的局面，但最终，较为稳定的文明摇篮定格在山西西南角——今山西、陕西、河南交界地带的渭河、汾河、洛河的河谷盆地中，位于黄河拐角附近，组成中华早期文明的黄河金三角，而风陵渡正处于这个金三角的核心位置。这里既有西侯度圣火，也有匼河古迹。

处在如此重要的位置，风陵渡显然不甘心做一个普通的码头。长期以来，风陵渡既承担着复杂的交通枢纽作用，又是重要关隘。风陵关携手渡口，北往山西，扼河东大门；南接中原，为河南咽喉；西锁关中，与陕西为邻，成为华北、西北、华中三大区的交汇点。

春秋战国时期，秦晋、秦魏争霸，风陵渡成为战争的桥头堡。东汉末年，风陵渡曾目睹曹操大战马超。汉唐定都长安，风陵渡与潼关相望，成为关中平原通往东部的咽喉要塞和京城最重要的门户。

和平年代，风陵渡周边商贾往来，店铺林立，一派繁荣景象。抗日战争时期，这里曾有过一场极其惨烈的中条山保卫战。当时，紧靠山口的风陵渡就是敌我双方争夺的要塞。

中华人民共和国成立后，渡口时盛时衰。1994年，风陵渡黄河公路大桥建成后，老渡口的繁盛暂时告一段落，却不经意间成为考古和文化旅游的热门所在。

作为中华文明最早的发源地，风陵渡地区有两处考古遗迹震惊世界。

20世纪50年代末，考古学家在风陵渡附近的西侯度村发现了数十件人类早期使用的石器，其中烧骨的发现，使西侯度地区闻名世界。在此之前，考古学家只知道距今四五十万年前的北京人会用火，而西侯度人把用火的历史一下推到了243万年前，这在中国目前的考古记录里绝无仅有。

火的使用，使人类开始了熟食时代，既扩大了食物来源，又减少了疾病，增强了体质，减少了对大自然的依赖，这在人类自身进化和文明发展史上具有里程碑意义。

到了新石器时代，人类学会了用火烧制各类陶器、炊具、食具和盛器等，人类进入饮食烹饪时代，在此基础上逐步形成中国的饮食文化，因而西侯度也被人们称为"人类烹调之祖"。

除了西侯度，风陵渡还有匼河古迹、羁马古镇和匼河古镇三个遗址。

考古证实，匼河人生活在60万年以前，并在这一区域形成匼河文化；羁马古镇曾是春秋早期秦晋两国反复争夺的战略要地，在历经2600年风雨之后，羁马古镇东、北、南三面城墙仍基本保存完好，令人惊叹不已；匼河古镇始建于金，位于现在匼河村西塬下黄河滩的古驿道上，当年设镇基本上是为了供驿使和商旅中转歇脚。

碛口古镇在抗战以后随着河运的衰落而渐渐沉寂，而匣河古镇在1936年南同蒲线通车后，古道人马日渐稀少，繁华渐行渐远。尽管如此，黄河古韵在此驻足的印记依然十分明显，放眼古镇，仍然让人浮想联翩。

黄河流过风陵渡以后，在晋豫之间奔腾穿行，经过河南三门峡以后，最终在山西垣曲和山西告别，流向中州大地和华北平原。与此同时，黄河也带着它在三晋所蕴积的文明精粹，浩浩荡荡奔向中原，奔向华北，奔向大海，对黄河下游及中华文明形成产生了极大的影响力。

当黄河带着大量文明养料从黄土高原、华北平原汇入大海的时候，也把华夏文明带入大海，对西方近代文明产生了重要的推动作用。

太行山

抗战时期，和《黄河大合唱》一起风靡全国的，还有那首著名的《在太行山上》：

> 红日照遍了东方，自由之神在纵情歌唱，
> 看吧！千山万壑，铜壁铁墙，
> 抗日的烽火燃烧在太行山上，气焰千万丈，
> 听吧！母亲叫儿打东洋，妻子送郎上战场，
> 我们在太行山上，我们在太行山上，
> 山高林又密，兵强马又壮，
> 敌人从哪里进攻，我们就要他在哪里灭亡。

太行山，又名五行山、王母山、女娲山，位于山西和华北平原之间，纵跨北京、山西、河北、河南四省市，其主体位于山西境内，山脉北起北京西山，向南延伸至河南与山西交界地区的王屋山，西面是山西高原，东面是华北平原。

太行山既是山西最重要的山脉，也是中国东部地区最重要的山脉。它既是山西和华北平原的分界线，又是中国重要的地理分界线：太行山东部是落叶阔叶林地带，西侧的黄土高原则是森林草原地带和干草原地带。作为中国地形第二、三阶梯的分界线，太行山两侧植被、土壤的垂直带特征存在着明显的差异。

在中国版图内，名山大川不计其数。秦岭横亘东西，与淮河一起，将中国分为南北两部分：秦岭、淮河以北属于北方，而秦岭、淮河以南则属于南方；祁连山横亘在新疆天山和甘肃兰州之间，东西绵延上千千米，自古以来就是中原通往西域的重要通道；昆仑山位于祁连山南部，东西长达2000多千米，它的北侧是塔里木盆地，南侧则是终年积雪的青藏高原；至于喜马拉雅山，号称"世界屋脊"，是世界最高山脉。

不过，在众多名山中，太行山显然具有独特的位置。这种独特性至少体现在以下几个方面：其一，太行山可能是中国历史上最早出现的山脉；其二，太行山是中国南北走向最重要的山脉；其三，由于地处黄河流域，同时又位于人口密集区域的黄土高原和华北平原两大重要板块之间，对中华早期文明塑造有着极大的影响。这种影响既体现在军事、国防和交通层面，又体现在精神层面。

自古以来，太行山就因其地势险要而成为兵家战略要地。从春秋战国到明清时期，2000多年间，太行地区始终烽火不息。

太行山位置的重要性，还可以通过历史久远的"太行八陉"充分体现出来。

所谓"太行八陉"，即古代晋冀豫三省穿越太行山相互往来的八条咽喉通道，是三省边界的重要军事关隘所在之地，也是山西高原联结华北平原和中原地区的重要通道。陉，即山脉中断的地方。太行山由北向南，山中多东西向的横谷（陉），最著名的有八条，由北向南分别是：军都陉、蒲阴陉、飞狐陉、井径、滏口陉、白陉、太行陉、轵关陉等，古称太行八陉。

太行山延袤千里，百岭互连，千峰耸峙，万壑沟深。山西的许多河流切穿太行山向华北平原和中原大地流淌，自南向北有：沁河、丹河、卫河、漳河、滹沱河、唐河、桑干河等，这些河流切穿太行山，形成几条穿越太行山的峡谷。

太行八陉，从南至北，第一条为轵关陉。轵关陉最为辉煌的时期是春秋战国之际，这里是三晋等诸国连通都城洛阳的要道，也是韩、赵、魏之间的战略通道。纵横家苏秦论天下形势时，曾有"秦下轵道则南阳动"的说法，其中的轵道就是轵关陉。

轵关陉位于今天河南济源到山西侯马的通道上，和别的陉道不同的是，轵关陉有着非常悠久的历史，几乎涵盖了唐代以前所有的历史。

轵关陉最早的历史痕迹可追溯到4500万年前。

1994年，考古学家在轵关陉途中的寨里村发现了曙猿化石，这种生活在4500万年前的古灵长类动物极有可能是人类的祖先之一。这一发现让古老的轵关陉再次大放异彩。

孟子曾说："舜生于诸冯，迁于负夏，卒于鸣条"，这些地名都与轵关陉有不少渊源，由此推断，舜有可能在轵关陉附近生活过。

至商代以后，历史在这里清晰可辨，黄河北岸的垣曲小盆地上有古城镇。考古队从20世纪80年代起就在这里发掘商代古城。这座古城面积不大，位于背倚太行、三面环水的高台之上，位置险要，防御坚固，正锁在沿亳清河北上侯马的轵关陉上，很可能是当时的军事要塞。轵关陉进入山西垣曲，直达今天黄河小浪底水库北岸的古城镇。过了垣曲后，就是绛县、曲沃和侯马。春秋时期，这里是晋国的大本营，晋国的都城就在这几个相邻的城市间移动。

战国时代的轵关陉是秦、赵、魏争夺之地。秦昭王四十三年（前264），秦国名将白起率秦军下轵道，夺轵城，收降韩国野王。随即切断"太行陉"，隔绝了韩国国都新郑通往韩国属地上党的交通。上党郡守冯亭不愿投降秦国，改投赵国，由此引发了秦、赵之间著名的"长平之战"。

轵关陉在唐代仍然显示出它的不凡之处。在侯马，有晋国最后的都城新田平望宫遗址，轵关陉最后一个关隘——铁刹关，就建在这里。唐王朝曾于贞观年间修建此关，由大将尉迟恭镇守。关城坐落在左高山右深沟的隘口古道上，地势险要，易守难攻，由豫西北通向晋东南的轵关陉在此画上了句号。

太行陉是太行八陉中的第二陉，在今河南省沁阳市西北三十五华里处。沿此陉北上太行，在山西晋城南部的太行山上，有关名叫"太行关"。又称为天井关、雄定关。这里形势险峻，素有天险之称。由此陉南下可直抵虎牢关，是逐鹿中原的战略要道，向北可进入上党盆地，直通华北平原。

太行道南起河南省沁阳市，北至晋城市泽州县。"北达京师，南通河洛"，很早就是我国古代一条军事、商贸和文化交流的大动脉。

太行道山路盘绕似羊肠，关隘林立若星辰，地理位置十分重要，这一带的关隘共包括羊肠坂、盘石长城、碗子城、古长城、孟良寨、焦赞营、大口、小口、关爷岭、斑鸠岭、天井关等多处要塞。从春秋战国到明清时期，这里干戈迭起，硝烟不散，为历朝历代兵家必争之地。隋炀帝南下、狄仁杰北上都曾路经此地，相传北宋大将孟良、焦赞都曾在此筑寨，把守关口。时隔千年，焦赞城已不复存在，而孟良寨由于修筑坚固，至今整体寨墙仍屹立在太行山的高冈上。

太行陉古道全长100多千米，最险要处是河南沁阳常平村到山西晋城天井关这一段，是太行八陉中非常重要的一条古道。在这四十华里中，太行陉由沁河平原托举上升到相对高度1500多米的太行之巅，所经之处，崇山峻岭，瀑流湍急，实为险隘。经有关学者初步考证，有史以来共有50余起战争，直接或间接利用太行陉重要的战略通道地位，或大或小地改写着人类历史的进程，其中最重要的便是战国时期著名的"长平之战"。

长平之战的起因是秦将白起截断太行陉，断绝了韩国上党郡与国都（今河南新郑）的联系，使得上党郡成为"飞地"，无奈降赵。为此秦赵两国对垒长平，大战爆发。双方战略相持三年后，决定战争胜负的最终因素是公元前260年（长平之战的第三年），秦昭襄王率几十万秦军由太行道北上，经碗子城、天井关赴长平战场，一举击溃赵军，太行陉作为秦国的战略输送线在这场战争中起到非常重要的作用。

白陉,也叫孟门陉,起于河南辉县,到达山西陵川县。全程百余千米,是太行山南麓最深的一条大峡谷。从此陉南渡黄河,可攻开封、郑州;向东可攻山东菏泽、河北大名府;向北可达河南安阳、河北邯郸,是进可攻退可守的军事要隘。

白陉历史同样悠久,从春秋战国时期便已存在。史载:"公元前550年齐师伐晋,分兵两路,一路由太行入晋……另一路由孟门入晋。"可见,白陉至少已有2500多年的历史。在白陉中至今仍保留着明清时期的古老民居和来往于晋豫两地的商人所居住的店铺、驿站等。多少年过去了,生于斯长于斯的山民们仍然在这里安静地生活着。虽然岁月让古村落改变了模样,当年的鼎沸人声早已沉寂,但徜徉在残存的老街古巷中,仍能感受到那浓郁的古韵。太行八陉是山西民俗保存最完整,也是最后一块自留地。

滏口陉古道是太行八陉中的第四陉,起于河北邯郸峰峰矿区,向西经过磁县、响堂山、神头岭、黎城、潞城等地,最终到达东阳关(壶口关),进入山西腹地长治。

滏口陉地势的险要和行军的艰难,从曹操的《苦寒行》一诗中可以反映出来。

> 北上太行山,艰哉何巍巍!
> 羊肠坂诘屈,车轮为之摧。
> ……

建安十一年(206),曹操带军从邺城出发征讨高干,以期彻底铲除袁绍势力平定北方。在冒着苦寒翻越太行山的途中,曹操感慨万千,写下这首吟咏太行的开山之作《苦寒行》,为这次战役也为滏口陉留下了历史的注解。

历史记录了在滏口陉的多次战争。

东晋太元十九年(394),后燕建立者慕容垂自邺西出滏口,入天井关

(太行陉），灭西燕于长子（今山西长子县）。

北魏武泰元年（528），葛荣起义军围攻相州（邺），北魏大将军尔朱荣自晋阳（今山西太原）东出滏口援相，战败葛荣。四年后，魏将高欢引兵入滏口，攻晋阳，尔朱兆兵败。

南北朝时期的滏口陉之所以如此重要，是因为当时的北齐王朝有两个政治中心，即今河北临漳邺镇的国都和今山西太原的陪都。这一点和战国后期赵国的情形特别相似，赵国前期的都城在晋阳（今太原），后期都城虽迁往邯郸，但太原的地位依然重要，接近于陪都的地位。北齐皇帝和他的大臣们经常穿梭于晋冀豫，滏口陉成为两都之间往返的要道。他们不仅修整了河谷中的道路，还在响堂等地开凿石窟，修建响堂寺等，既为敬佛，也为往来商旅提供食宿。北齐文宣帝高洋甚至在此营建宫苑。后来，隋、唐、宋、元、明、清均有增筑和修筑。

抗日战争时期，这条古道上发生过两次著名的战斗。

1938年3月上旬，八路军一二九师奉命由正太铁路（石家庄—太原）附近进至晋东南的襄垣地区，侧击由邯郸经东阳关，向潞城、长治进犯的日军。黎城是日军在邯郸至长治公路线上的重要兵站基地，潞城有日军重兵据守。一二九师利用滏口陉复杂的地形袭击黎城，调动潞城日军出援并在神头岭三面设伏消灭日军。3月16日凌晨4时，战斗打响，到16时战斗结束，八路军共毙伤日军1500余人，俘获8人，缴获长短枪550余支，骡马600余匹及大批军用物资，给侵入晋东南的日军以沉重打击。

神头岭伏击战结束没多久，一二九师又在附近的响堂铺地区打响了响堂铺伏击战。3月下旬，一二九师在徐向前的指挥下在邯郸至长治公路上黎城至涉县间的响堂铺地区伏击日军辎重部队。八路军于30日午夜进入伏击阵地，31日9时许发起攻击，经过两小时的激烈战斗，共歼灭日军400余人，烧毁汽车181辆，缴获长短枪130余支，迫击炮4门及大批军用物资。

井陉，即井陉口，又名土门关，是太行八陉的第五陉。故址在今河北省井陉县北井陉山上，是太行山内一条隘道，也是太行进入华北平原的重要关隘。

《吕氏春秋》《淮南子》称"井陉"为天下九塞之一,自古就非常著名。

井陉位于太行山中部的断裂带上,滹沱河支流绵河(也称桃河)横穿断裂谷流出,其沿河隘道即是井陉。由井陉东出,可直达古代河北重镇真定州(今河北正定),入华北平原;西出,可上山西高原,进入太原,并可转入关中地区。井陉两侧石壁峭立,艰险难行。古代晋冀间或北方有战争,东、西两方行军多取道于此。

井陉关背负太行,遥对华北平原,扼晋冀交通咽喉,战略地位十分重要,所以历史上这里战争频繁。

赵武灵王二十年(前306),赵武灵王进攻中山国,一直攻到了中山国都城灵寿(今河北平山)附近的宁葭(今河北获鹿北),彻底控制了井陉。

秦始皇十五年(前232),秦军分数路伐赵,一军从太原出发,攻取赵的"井陉",与赵将李牧相遇,双方展开激战,秦军战败逃归。时隔三年,赵国内乱,秦军乘机大举出兵攻赵。秦大将王翦率军攻古井陉,赵军战败,秦军长驱直入赵的都城邯郸城下。双方在邯郸城外交战,秦军屡战不胜,后王翦使用离间计,赵军不战自弱,最后秦军攻破邯郸,赵国亡。

从秦汉至明清,史书记载发生在井陉关的战争多达几十次。其中最著名的就是韩信指挥的"背水之战"。汉高祖三年(前204),韩信率军攻赵(秦末封国),在井陉关外破釜沉舟,背水而战,最终击败赵军大获全胜,在中国军事史上留下了以少胜多、名垂千古的战例。

秦以后,东晋慕容垂伐西燕,拓跋珪伐后燕,尔朱荣平叛,高欢举兵,隋杨谅反叛,安禄山造反,郭子仪平叛,李克用、朱温进出河东,均在井陉地区作战。之后,元末刘福通进攻晋冀,明军攻取大都,都经过井陉。即使在21世纪的今天,井陉仍是联结太行山东西两方、河北和山西高原中部的交通要冲之地,附近的娘子关更是闻名遐迩。

蒲阴陉是太行八陉的第六陉。从易县西通涞源到山西灵丘,再从灵丘往北可一直抵达大同。在古代,这条通道就是一条现成的进军路线:北方高原的骑兵南下大同，经此陉可直逼华北平原。

蒲阴陉起于河北易县，至涞源可与飞狐陉衔接。这条古道实际上也就是拒马河上游的河谷。这里距北京已非常近了，历史上这里发生的战事，大都和争夺北京有关。扼守此陉的是紫荆关，关城在易县城西面的太行山脉紫荆岭上，以山上多紫荆树而得名。紫荆关初设于汉代，原称五原关，北魏又称子庄关，宋称金陂关，金、元后沿用紫荆关迄今。

进入易县就相当于进入了蒲阴陉的范围，易县因"荆轲刺秦王""风萧萧兮易水寒"而著名。易县县城南有战国时期的燕下都，向西十几千米有清西陵。

紫荆关和居庸关同为北京的重要门户，但从居庸关攻北京，胜少败多；而从紫荆关攻打北京，胜多败少。控制蒲阴陉就相当于打通了通往北京北侧后方的咽喉要道。至今，这里仍是华北通往山西、内蒙古的交通要道。蒙古大军攻打金国时，金死守居庸关而不得入，随后蒙军掉头南下攻打紫荆关，然后北上；明正统年间，蒙古瓦剌部曾取道紫荆关入侵北京。明嘉靖年间，蒙古鞑靼部俺答又率骑兵从大同南下，急攻紫荆关，为明军所败。

飞狐陉，也称飞狐口，位于今河北省涞源县北和蔚县南之间，两面悬崖峭立，蜿蜒百余华里，是连接华北平原与山西高原、蒙古大草原间的要隘，还是关内通往关外的重要孔道。历代都设重兵防守来自蒙古草原游牧人的偷袭。宋、辽对峙时曾在这里反复厮杀，几易其手。

飞狐口最险要之处不在关口，而在黑石岭。黑石岭所在的飞狐口俗称四十里黑风洞，是太行山、燕山、恒山山脉的交接点。这条路有着"天下险"之称：头顶一线青天，最宽的地方八九米，而最窄的地方只有两三米。

《两镇三关志》曾这样记载：宣大通中原有二门，居庸关当其后，紫荆关置其前；走居庸关必走鸡鸣山，走紫荆关必经黑石岭——守住黑石岭就等于守住了飞狐陉。从汉代起，这里就成为军事要冲和商旅通道。

军都陉为太行八陉的第八陉，山高谷深、雄关险踞，是北京去河北怀来、宣化以及内蒙古草原的天然通道，自古为兵家必争之地，见证了许多王朝的兴衰。

军都陉从北京南口到北口八达岭关城二十多千米，设有四道防线：八达岭、上关、居庸关、南口。汉代初就有鲜卑人攻打居庸关同汉朝守将大战的记载。辽、金两朝的灭亡都同居庸关失守有关。元朝末年，明军也是从居庸关而入，直取元大都。居庸关与紫荆关、倒马关、固关并称明朝京西四大名关，其中居庸关、紫荆关、倒马关又称内三关。《金史》中说："中都（金国首都，今北京广安门一带）之有居庸关，犹秦之有崤函，蜀之有剑门一样。"历史上在居庸关、八达岭一线留下过很多次战争的史迹，决定着中华民族的兴衰荣辱。著名的"土木堡之变"就在附近发生，传说中五千年前炎黄阪泉之战的战场就在关外的延庆进行，抗日战争时期中国守军也曾在居庸关拼死抵抗日军的进攻。

太行山的这种伟力和影响力，在三晋几千年的发展史上也体现得淋漓尽致。

山西历来被称为"表里山河"，整个山西，放眼望去，几乎是一片山的海洋，东部是太行山，其北起北京西山，南至黄河，连绵上千里；西面是吕梁山，北起管涔山，南至龙门山，逶迤300千米；北面是恒山、五台山；南面有中条山、王屋山；中部则有"中岳重镇"太岳山。纵横交错的大山将山西高原高高托起，在蒙古草原和中原腹地之间，在华北平原与关中盆地之间，兀然托起一块威压四方、舍我其谁的高地，将咸阳、长安、洛阳、开封、安阳、邯郸、北京等古都重镇紧紧屏护于自己的羽翼之下。

历史上，当中国的古都位于山西西南部、南部的黄河一侧时，其防护的重点以河为中心，山西这时一般被人称为河东，而当中国的首都东移至山西东北部的太行山东侧时，其防护的重点改为以山为主，三晋大地这时也被世人改称为山西。山西即太行山之西，太行山的地位由此更加凸显。

五岳中的四岳全部围绕太行山而立，东岳泰山、西岳华山、中岳嵩山、北岳恒山分别位于太行山的东西南北方向，太行山堪称群山之首。

历史上围绕太行山地区，三晋大地曾上演过一出出大戏，而在这一出出精彩的戏剧里，太行山的铮铮铁骨一直持续绽放出光芒。

灵丘是太行山行经山西的第一站。历史上，这里发生的两件大事曾震惊中华，传颂世界：战国时期赵国的胡服骑射改革在这里发起，抗日战争时期平型关大捷的凯歌在这里奏响。

赵武灵王是战国时期赵国的第六代国君，也是中国历史上的改革先行者。他主导的胡服骑射改革不仅拉开了中国改革的序幕，成为中国历史的重大转折点，而且是对中华进取精神的高度凝练。

胡服骑射改革不仅仅是服装的改革，更是作战方式、军事制度乃至社会文化、精神面貌、思想观念的深刻变革。从胡服到骑射，再到礼法、习俗，正是从器物到制度再到精神层面的渐次升华。

日后中国2000多年中的北魏孝文帝改革、大唐胡汉并俗、辽金政权的双轨制、清代的满汉融合无不受到胡服骑射改革的启示。

梁启超曾感慨说："商周以来，中原能够有力抵御少数民族并取得胜利的，只有赵武灵王、秦始皇、汉武帝和南朝宋武帝四人而已。"

著名历史学家翦伯赞也对赵武灵王钦仰不已，他认为胡服骑射改革实质上就是与最顽固的传统习惯和保守思想宣战，而敢于这样做的人，在历史上一定是一个大英雄。

事实上，胡服骑射改革成绩斐然。改革不到一年，赵国就训练出一支强大的军队，靠这支新式军队，赵国很快便击败了远在今内蒙古中部的楼烦和更远的林胡。同时，赵国在北部边界率先修建长城，并实现民族和解，彻底解决了赵国北部的边患问题，从而使赵国能腾出大量的精力向东北方向、向太行东面发展。在干净利索地攻占中山国之后，赵国将太行山东侧的国土连成一片，在不到十年时间赵国的疆域就扩大了两倍，一跃成为可与强秦相抗衡的大国。

赵武灵王死后葬在代地的沙丘之中，汉高祖时在这里筑城设县，因赵武灵王墓冢的缘故，将这里命名为灵丘。

赵武灵王去世2000多年后，在灵丘境内距赵武灵王墓西南几十千米的地方，爆发了一场震惊中外的中华民族反抗侵略、抵御外侮的战斗。

平型关

1937年9月下旬,八路军千里奔袭,在平型关设伏,一举歼灭日军板垣师团一部千余人,一扫抗战以来积聚在中国人心中的郁闷之气,遏制了日军不可一世的嚣张气焰,打破了"日军不可战胜"的神话,让全中国人民看到了抗战必胜的曙光。

平型关大捷发生在太行山区,是中国共产党领导的八路军出师华北抗日前线的第一个大胜仗,也是中国全面抗战以来的第一个大胜仗,甚至是自甲午战争以来中国对日本的第一个大胜仗。

从灵丘逶迤向南至盂县城北,即为盂山。因历史上赵氏孤儿曾在此藏匿,后人也将这座山称为藏山。

春秋时期,晋国君主荒淫无道,纵容奸臣屠岸贾残害百姓。相国赵盾屡次苦谏,反遭晋景公怨怒,示意屠岸贾除掉赵盾。在奸臣三番五次的暗算下,赵盾一家最终没能逃脱厄运,满门300余口全部遇害!只有刚出世的孙子赵武一人,在门客程婴的帮助下侥幸逃脱。屠岸贾没有搜到赵武,立即告示全国,如果不献出赵武,便将与赵氏孤儿同龄的全国男婴全部杀死。情急之下，程婴与另外一位门客公孙杵臼商议搭救赵氏孤儿以及无数婴儿的两全之策。

两人商议的最终结果是：程婴忍痛用尚在襁褓之中的亲生儿子冒充赵氏孤儿，交给公孙杵臼。接着，程婴跑去向屠岸贾"告发"，说公孙杵臼藏了赵氏孤儿。屠岸贾信以为真，下令将公孙杵臼和假赵氏孤儿一同处死，真正的赵氏孤儿则被程婴藏匿在藏山艰难度日。15年后，赵武长大，程婴将真相告诉他。在大将韩厥的帮助下，将屠岸贾全族诛杀，为赵氏报了血海深仇。在赵武被立为大夫恢复祖业之后，程婴却含笑自刎，追随先世赵盾和公孙杵臼，全了自己的忠义之名。

这段厚重的忠诚和信义的故事，日后成为藏山永留天地的万古精魂。

2000多年后，明朝遗民顾炎武路过藏山，感叹泪奔，赋诗："自来三晋多义士，程婴公孙无其伦。"后来，人们将这段史实改编成各种文学体裁，传唱至今。其中，以元代剧作家纪君祥的杂剧《赵氏孤儿》最负盛名，被国学大师王国维誉为"即列于世界大悲剧中，亦无愧色也"。

作为中国十大悲剧之首的《赵氏孤儿》，后来成为中国最早传到欧洲乃至世界的戏剧。1755年，法国大作家伏尔泰将中国戏剧《赵氏孤儿》改编为西方的话剧《中国孤儿》，在巴黎公演，引起极大轰动。

"时穷节乃现"，发生在太行山深处的这个故事，荡气回肠，义薄云天！源于大山深处的忠义和豪气，仿佛一个强大的磁场，无时无刻不在历史的天空中向外辐射弥漫。

太行断崖、汾河谷地，至今仍传颂着窦大夫的故事。

窦大夫是晋国的贤大夫，为人光明磊落，曾在今天太原阳曲一带实施过开渠利民的德政，后因劝谏晋国权臣赵鞅（赵氏孤儿赵武之孙）放弃篡国的图谋而惨遭杀害。孔子曾仰慕窦大夫的德行并驾车去拜访他，车至黄河岸边却惊闻窦大夫被杀，不禁仰天长叹！

后人为纪念窦大夫，在烈石山下立祠，祠内有一副对联让人心存长念："太行峰巅，孔圣为谁留辙迹；烈石山下，普贤遗泽及苍生。"

同样在太原地区，其城西南晋祠以北有一小村叫赤桥村，村以桥名，桥用沙石砌筑，桥下有晋水流过。在这座毫不起眼的小桥上，曾上演过一出举世闻名的"士为知己者死"的千古悲歌。

春秋末年，侠士豫让曾投奔晋国权臣范氏、中行氏，未获重用。后来投奔智伯，智伯对他异常敬重，恩宠有加。

智伯为夺赵家土地，裹挟韩魏两家进攻赵国，后韩魏两家临阵倒戈，与赵里应外合，击杀智伯。智伯死后，豫让逃至山中，发誓为智伯报仇。

他改名换姓，以佣人身份混进赵襄子的宫内漆刷厕所，寻机刺杀，后被赵襄子发现，派人审问，原来是豫让。赵襄子慨然长叹："我诛杀了智伯全家，难得还有家臣为他效死，豫让真乃义士！"说完，亲手给豫让松了绑，放了豫让一条生路。

豫让被放之后，仍然不死心，他毁容装哑，准备再次行刺。他的朋友曾对他说："以你的才能，假如肯假意投靠赵襄子，赵襄子一定会重用你，那你岂不有机会报仇了吗？何必要这样残虐自己呢？"豫让回答说："明人不做暗事！如果我向赵襄子投诚，我就应该对他忠诚，绝不能虚情假意，用这种卑劣的手段。即使我出师不利而身已先死，也要让世间的不忠之人警诫。"于是，豫让依旧以自己的方式寻找复仇的机会。

不久，赵襄子游晋祠，豫让怀揣利刃伏于桥下。恰好过桥时，坐骑受惊，赵襄子环顾左右道："这一定又是豫让！"于是，豫让又被捉住。

赵襄子曾不解地问豫让："你不也在范、中行二氏手下为臣吗？智伯灭了他们，你不但不报仇，反而降了智伯。如今，却为何又要坚决为智伯报仇呢？"豫让慷慨作答："范、中行二氏待我和众人一样，所以我也和众人一样报答；智伯以国士待我，所以我也要用国士之身报答。今日之事，唯一死而已。忠臣不忧身之死，明主不掩人之善，愿请君之衣而击之，则虽死无怨矣！"

想起自己的先祖赵氏孤儿赵武，想起为保赵氏血脉的义士程婴、公孙杵臼，赵襄子不禁感慨，怜惜豫让的忠义。于是脱下自己的锦袍交给豫让，而后豫让奋起，击袍三剑，大呼："我可以报答智伯于九泉之下了！"说罢，自刎而死。豫让死后，赵国的志士仁人都哭了，都称豫让为义士。

后人因豫让曾血流桥下，因此把这座桥命名为赤桥，也称为豫让桥。

桥侧立有碑刻，建有祠宇，祠内供奉着晋哀公、智伯及豫让坐像。

豫让以自己悲情的生命，演绎了一段"士为知己者死"的千古佳话，传递了一曲太行义士铮铮铁骨的泣血承诺。透过历史的尘埃，我们看到的是一段流传千古的真情，听到的是一段古老的，足以流传后世的忠义和诚信的故事。

豫让的故事影响千年，在三晋大地，这样的故事层出不穷。

豫让之后，生于三晋的常惠与苏武一起出使西域，始终不忘自己是汉朝的使节，身苦志坚，十九年如一日，以"士可杀不可辱"的气节，挫败了匈奴一次又一次的威胁、利诱和欺骗。直到汉昭帝继位，汉匈重新修好，不辱使命的常惠才和苏武一起回到故国。

尉迟敬德脱离刘武周阵营归顺唐朝后，一生忠于大唐，跟随李世民平定王世充、窦建德、刘黑闼；参与玄武门之变；征讨高丽，屡立功勋，位列唐开国凌烟阁二十四功臣第七。

汉代，赵云在离开公孙瓒之后跟随刘备近30年，忠心耿耿，屡立战功，先后参加过博望坡之战、长坂坡之战、江南平定战等重大战役，被称为常胜将军，位列五虎上将之一，甚至被人称为三国时期的完美人物。

宋代，杨业镇守雁门关，在战场上屡次大破契丹，威震辽国，后在陈家谷战斗中力战被俘，绝食而亡，演绎出一段忠心报国的感人诗篇。

豫让的故事不仅感动三晋大地，还穿越时空影响了整个中华，比豫让稍晚一些，战国时期的荆轲为报燕太子丹的知遇之恩，毅然渡过易水河畔，穿越太行山向秦国进发，行刺秦王而壮怀激烈。

太行山南面的余脉是中条山，其背临黄河，横亘晋南，是屏蔽豫、陕，保障西北的要地，有着和太行山一样的气节。千百年来，这里一直流传着伯夷、叔齐首阳山采薇而食，气节动千古的故事。

薇菜，在山西晋南一带俗称小葱，是一种可食的野菜。在黄河岸边中条山西面的首阳山阳坡，见不到一点薇菜的踪影，而在背阴的北坡，却到处是茂盛的夏日薇菜。商末，伯夷、叔齐劝阻周武王讨伐殷商，被拒。武王灭商立周后，二人耻食周粟，隐居在首阳山下，采薇充饥。后来有人质问他们："二位为了气节不吃周粟，可这薇菜也是属于周家的，你们为什么又要吃呢？"二人听后无言以对，感慨尧舜盛世已一去不复返，自己又不愿同流合污，走投无路之下，同声唱起了《采薇歌》：

> 登彼西山兮，采其薇矣。
> 以暴易暴兮，不知其非矣！
> 神农虞夏忽焉没兮，吾适安归矣？
> 吁嗟徂兮，命之衰矣！

这之后，他们连薇菜也不吃了，不久双双饿死在首阳山上！

首阳山上的这段故事实则是太行山气节的延续，"富贵不能淫，贫贱不能移，威武不能屈"。伯夷、叔齐首阳山采薇，留下一份大山一样的精神遗产，滋养了伟大的民族气节——屈原之自沉汨罗，岳飞之还我河山，文天祥之丹心汗青，史可法之誓与城殉，杨靖宇之草絮果腹，朱自清之饿死保节……正是因为有首阳采薇这种看似迂腐实则坚毅的气节精神，中华民族才能在5000年的风吹雨打中愈挫愈勇，涅槃重生，傲然屹立。

唐代诗人王绩在他的《野望》一诗中提到了首阳采薇：

> 东皋薄暮望，徙倚欲何依。
> 树树皆秋色，山山唯落晖。
> 牧人驱犊返，猎马带禽归。
> 相顾无相识，长歌怀采薇。

毛泽东在《挽戴安澜将军》一诗中，也引用了《采薇歌》的典故：

> 外侮需人御，将军赋采薇。
> 师称机械化，勇夺虎罴威。

浴血东瓜守，驱倭棠吉归。
沙场竟殒命，壮志也无违。

千百年来，首阳采薇坚守气节的故事激励了一代又一代的中国人。

中条山东部是千里太行的南段，被誉为"华夏龙骨，天下之脊"的上党就位于这一地段。古代上党、潞州即今日之长治，这里近可俯视晋、冀、豫三省，远则遥望中原与华北。太行八陉，有三陉在此交汇。

当年，朱棣起兵幽燕，南下靖难，却在江南的应天府领略了太行脊梁的忠烈与坚贞。

暴昭，明代潞州人，大明忠臣，以勤俭忠烈驰名。靖难兵起，燕王造反，暴昭以刑部尚书掌平燕布政司，驻守真定（今河北正定）。燕军攻破应天府后，暴昭被俘，对燕军慷慨激昂，宁死不屈，最后被车裂而死！

当时与暴昭同死的，还有另外一位潞州人连楹。连楹原本是朱元璋的侍从官，靖难兵起后，连楹镇定自若，誓死报国。应天府城破后，连楹与人又去行刺朱棣。行刺失败后连楹毫无惧色，厉声质问朱棣："以臣篡君，可谓忠乎？以叔残侄，可谓仁乎？背先帝分封之制，可谓孝乎？"骂毕，从容引颈受死。满朝文武为此痛哭失声，感动不已。

国难显忠臣，暴昭、连楹的故事与程婴、公孙杵臼、豫让、伯夷、叔齐如出一辙，彰显了太行脊梁的耿直忠烈与坚贞不屈，让太行这座大山更显巍峨、厚重。

太行山在其南段逼近黄河时与王屋山不期而遇。在这里不仅有愚公移山的故事，还有女娲补天、精卫填海、后羿射日、神农播谷等美丽传说。

愚公移山的故事之所以感天动地，在于太行山人看似憨厚朴实之中蕴藏着那种山一般的坚毅和不屈服于命运的伟大抗争精神。这些产生于太行山的神话，无论是精卫填海，还是女娲补天、愚公移山，都有着浓郁的山的精神气息，都是以个体的有限向世界的无限进行的不屈挑战。

大寨是太行山深处的一个小村庄，位于山西晋中昔阳县城东南部。大寨村所处的位置就位于愚公当年曾试图迁移的太行山深处，而大寨人所做的事情，竟真的和愚公移山非常相似。

过去，大寨的自然条件十分恶劣，中华人民共和国成立后，在村党支部的领导下，治山治水，在"七沟八梁一面坡"上用了十年时间修成了亩产千斤的高产、稳产海绵田。即使遇到大灾，大寨人也坚持不要国家救济，发扬自力更生、艰苦奋斗的精神重建家园，因此得到毛泽东主席的肯定和表扬，并于1964年发出"农业学大寨"的号召，大寨成为当时全国农业战线的一面旗帜。

从大寨出发，沿太行山往南，便是浊漳河。这条河既是当年精卫所栖之地，也是著名的红旗渠上游之水，而红旗渠正是20世纪60年代农业学大寨过程中太行儿女的经典之作。距红旗渠不远，位于太行山南巅的山西陵川县境内，晋豫两省交界处有个村子叫锡崖沟，其村东南刀削斧劈直落中原大地，西北绝壁天堑高接云天。这里距县城60千米，距乡政府所在地25千米，距山上大路尽头8千米。由于大山阻隔，自古以来村民们过着封闭、自生自灭的生活。从20世纪60年代开始，锡崖沟人经过30年的持续努力，终于凿出一条全长7.5千米，悬挂在绝壁天堑上的"之"字形挂壁公路，实现了祖祖辈辈走出大山的梦想。

红旗渠精神、锡崖沟精神是精卫精神、愚公精神的现代展现。从地理到历史，这些故事看似巧合，实则必然，其共同投射的就是太行精神——一种自强不息、坚忍不拔的精神，而贯穿其中的是刚强不屈、不怕牺牲、绵延不绝、前仆后继的灵魂。

万里长城

20世纪30年代，与《黄河大合唱》《在太行山上》一同响彻中华大地的还有《义勇军进行曲》："起来！不愿做奴隶的人们！把我们的血肉，筑成我们新的长城……"

这首歌后来成为中华人民共和国国歌，而歌中所提到的长城也代表了中华民族不屈不挠的坚强品质和团结一致抵御外敌的决心。

长城，又被人称为万里长城，是中国古代的军事防御工事，不仅是中国也是世界上修建时间最长、工程量最大的一项古代防御工程，自西周开始，连续不断修筑了2000多年，直到清代也没有停止过。长城广泛分布于中国北部和中部的广大地区，以三晋境内的长城最具代表性。

据文物部门调查，全国长城资源主要分布在河北、北京、天津、山西、陕西、甘肃、内蒙古等15个省区市，其中山西境内有历代长城约3500千米，河北境内长2000多千米，陕西境内长1838千米。明长城总长度8851.8千米，山西境内就有1300多千米。

与其他省的长城相比，山西境内的长城具有修筑里程长、修建时间跨度长、在省境内分布广、雄关漫道多、古迹遗存多的特点。

山西从战国时期的赵国开始修筑长城，历经西汉、东汉、北魏、东魏、北齐、隋、唐、五代、宋、明、清等12个朝代，现存墙体和遗迹仍有2500余千米，分布在全省40多个县区。如此多的遗迹、如此长的跨度、如此广的分布，足以说明山西在历史上军事地位的重要性。

秦时明月汉时关，万里长征人未还。
但使龙城飞将在，不教胡马度阴山。

这是一首响彻中华大地与长城有关的边塞诗。短短几十个字中，透露出三晋大地和长城有关的大量信息。

这首诗的作者王昌龄是山西人，唐代著名的边塞诗人，这首诗也成为中国古代最著名的边塞诗。

"秦时明月汉时关"，指的就是中国古代秦汉时期接连不断的长城修筑与征战。而在边关长城中，山西北部的长城无疑是最为重要的一段，蒙恬镇守北部边境、刘邦白登山被围、昭君出塞、卫青驱逐匈奴，无不和山西北部长城有关。

"龙城飞将"，指的就是西汉名将卫青奇袭龙城的典故，而中国历史上，屡次远击匈奴并大获全胜的案例以山西人卫青、霍去病最为经典。

阴山虽然位于内蒙古自治区中部，但事实上它是三晋和内蒙古的分界线，也是农耕民族和游牧民族的分界线，历史上阴山南部很长时间属于三晋影响和控制的范围。

短短一首七绝，却几乎每句都和三晋大地相关联，三晋历史上的长城文化元素令人瞩目。

山西境内的长城遗迹较多，全省11个市几乎都分布有长城，从南到北，从东到西，各个时期的长城像蜘蛛网似的遍布全省，尤其是汉代和明代修筑的长城规模最大，山西是明长城分布最多的省份之一。

山西现存的战国长城有两段：一段是显王三十六年（前333）赵国赵肃侯时代为抗击匈奴而修筑的赵国北部长城。这段长城从今天的河北蔚县（战国时属赵国）进入山西，经广灵、浑源、灵丘、繁峙、应县、山阴、代县、宁武、五寨、岢岚、兴县到保德黄河边，在山西境内达350余千米，被后世称为"紫塞长城"。另一段是秦赵对峙，秦国在山西境内修筑的长城。

这段长城主要分布在山西高平、陵川两地北境10个乡镇，全长106千米，大体呈东西走向，长平之战中，秦国和赵国曾在这里对峙。

秦月汉关，秦砖汉瓦。汉武帝时代大举主动出击匈奴，但也在元光五年（前130）刚执政时在今天的山西广灵一带修过长城，至今这里仍保存有40多千米的遗迹。到了东汉，光武帝刘秀曾在建武十二年（36）在今山西大同、阳高、左云、右玉一带"筑亭障"150余千米。这段长城的走向与明长城的走向相近，至今烽火台密布，遗迹仍存，个别地段为明长城所叠压。

北魏王朝发迹于山西，本身为少数民族政权的北魏为了防止另外一个少数民族柔然的侵扰，除了维修北部的战国、汉长城外，还花了2年多时间修筑了从北京延庆到山西偏关黄河边的长城，在山西境内东西长达400多千米，南北长亦有400多千米。

北魏分裂后，东魏和西魏对峙，而后北齐和北周对擂，故而山西境内的东魏长城和北齐长城很多呈南北走向或东北—西南走向。如天保三年

(552)，北齐修筑了从离石经方山、岚县、岢岚到五寨的长城，全长达200多千米，大体呈南北走向。

隋统一中国后，继续在北部边境修筑长城。山西现存的长城主要是隋开皇年间修筑的石州长城和岚州长城。这一段长城现存最完整的地段在岢岚等县，墙体最高可达4米，顶部宽达3米，非常有气势。

在一般人的印象中，大唐气象万千，威震四方，似乎不应有筑长城之举，但实际上唐代确实修过长城，不过和传统意义上的"拒胡长城"不同，唐代修建长城大多是为了统一战争。

据《新唐书·地理志》载，武德二年（619），山西太谷县"东南八十里马岭有长城，自平城至于鲁口三百里，贞观之年废"。现在山西榆社马岭关附近的山上，长城的遗迹还隐约可辨，但不少地段已风化破坏殆尽，夷为平地。

唐朝建立的最初几年，同时并存的还有十几个割据政权，其中有一支劲敌是依附于突厥，独自称帝的刘武周政权。武德二年（619），即唐王朝成立的第二年，刘武周攻占李唐王朝的发祥地晋阳，攻陷了河东大部分地方，威逼关中。唐王朝迅速反击，一方面派秦王李世民抵御刘武周，另一方面迅即构筑防御设施，从平城至鲁口的长城由此出笼，从唐政权这段少有的长城修筑经历也可以看出山西对于唐王朝的重要性。

五代时期的长城遗迹在山西较少，现存遗迹在沁水县东峪乡北面的雨井山上，长约10千米，大体呈东西走向。据考证，这段长城是五代时期后梁、后晋在此交兵时所筑。

宋长城西起岢岚青城山，东至荷叶坪山。岢岚境内的宋长城现存有38千米长的遗迹，城墙体全部由片石砌成，有的地段还有炮台遗迹，附近散落有大量宋代瓷片，这是中国首次发现的宋长城。

明长城的修筑规模很大，除了修筑外长城，还修筑了内长城和内三关长城。内长城以北齐所筑为基础，从内蒙古和山西交界处的偏关以西出发，东行经雁门、平型诸关入河北，然后向东北，经涞源、房山、昌平诸县，直达居庸关，然后又由北向东，至怀柔与外长城相接，以紫荆关为中

赵长城

心,大致呈南北走向。内三关长城在很多地方和内长城并行,有些地方两城相隔仅数十里。除此之外,明代还修筑了大量的"重城",雁门关外的"重城"就有24道之多。

由于明代政权迁都北京,山西处在内长城和外长城的关键位置,所以明代在山西的长城修筑格外精心,布防的军事力量也非常精锐,在北部边市开放之前,山西境内的长城对明王朝的安全起到了极为重要的拱卫作用。

清代除了维修明长城之外,在个别地方又新建了长城。不过,清政权修筑的长城大多为防止内乱,如山西清长城主要分布在乡宁、吉县、大宁等县沿黄河东岸一线。据碑刻记载,这段长城是为了对付西捻军而筑。

2000多年来,几乎每个朝代都对修筑长城十分重视,而山西一直处于长城的最核心位置。

明代的万里长城,从山海关一路向西,在北京居庸关分内外两支,继续沿着燕山和太行山向西进入山西。其外长城从天镇平远头进入山西,经阳高、大同、左云、右玉,西至偏关老牛湾与黄河交汇,沿线设新平堡、镇川口、得胜堡、威鲁堡、杀虎口等雄关。这些雄关曾经是明王朝的北部边墙,如今成为山西与内蒙古的大致分界线。历史上这里曾燃起无数次烽火硝烟,也曾唱响过数不清的茶马互市欢歌。内长城则从灵丘狼牙口进入山西,经应县、繁峙、神池,北达老牛湾而与外长城会合,沿线有平型关、雁门关、宁武关等险隘。内长城在山西境内的外三关雁门关、宁武关、偏关与东侧靠近北京的内三关倒马关、紫荆关、居庸关这六个著名关隘,互为犄角,彼此支撑,成为拱卫北京的坚固屏障。

除内外长城外,山西境内还有黄河边、三边长城。黄河边长城北起偏关老牛湾,沿黄河而下,经偏关、河曲,一直至保德,而三边长城则北起灵丘狼牙口与内长城分道,经龙泉关、长城岭、娘子关、固关、黄榆关,沿太行山南下,构成山西东部的又一道长城屏障。

这无数个依山而建的关隘长城,与大山融为一体,犹如条条铁臂、道道脊梁,构成山西浑然一体的军事防御体系,成为藩屏中原、拱卫京师的一道坚强壁垒。山西的这种长城壁垒作用在抗日战争中也体现得淋漓尽致。

1937年,全面抗战爆发后,山西立刻成为华北敌后抗战的战略支点。八路军三大主力师全部东渡黄河,由陕北开赴山西抗日前线,山西成为八路军深入敌后开展游击战争的最早立足点。抗战期间,八路军总部一直驻扎在山西,山西成为中国共产党领导下的华北抗战指挥中枢;中共中央北方局移驻太原,辗转吕梁山区、太行山区,具体领导党在华北的工作,山西成为实施抗战的策源地,或者也可以这样说,推动兴起全民抗战、创建敌后抗日根据地的伟大开端源自山西。

抗战时期,八路军依托山西的铜墙铁壁,分3次战略展开,逐步将抗日游击战争的烽火燃遍华北大地。第一次战略展开,八路军一一五师、一二〇师、一二九师分别展开于晋东北五台山区、晋西北管涔山区、晋东南太行、太岳山区、晋西南吕梁山区，形成战略支点。对内，这4个根据地互相联系，彼此策应；对外，依托山西扩展华北。第二次战略展开，八路军3个师各抽出一部分主力，由山西向冀东、冀南、冀鲁豫边、冀热察、绥远大青山方向挺进。第三次战略展开，在"巩固华北，发展华中"的大战略下，八路军三大主力师挺进冀中、冀南、山东，进一步巩固和发展了华北的抗战局面。在华北逐步创建了晋察冀、晋绥、晋冀鲁豫和山东抗日根据地，形成东西1100千米、南北900千米，总人口达5000余万的抗日游击区。

整个全面抗战期间，山西成为华北敌后抗战的主战场，创造了许多辉煌的战绩。

1937年9月，一一五师的平型关战役，取得了全面抗战以来中国军队对日作战的第一次大胜利。10月，八路军3个师配合国民党第二战区部队进行忻口战役，创造了国共两党密切配合、共同御敌的范例。战役期间，八路军在雁门关一带数次设伏，歼敌1000余人，击毁汽车数十辆；夜袭阳明堡日军飞机场，烧毁敌机24架，创了战争史上的奇迹；广阳伏击战、神头岭伏击战、响堂铺伏击战等被称为"典型的游击战"。

1940年8—12月，八路军集中105个团20余万兵力，发起了震惊中外的百团大战。在山西境内，八路军向日军发起攻击，破坏了正太、同蒲、白晋等铁路线，一度攻占了日军坚固设防的天险娘子关，并发动了榆社、辽县、灵丘等地区的攻城战斗。百团大战共毙伤日军20645人、伪军5155人，极大地打击了日军的嚣张气焰，振奋了全国人民的抗日信心。

1941年10月，八路军总部特务团展开黎城黄崖洞保卫战，连续激战八昼夜，歼灭日军1800人，八路军伤亡350人，创造了敌我伤亡5.3∶1的光辉战例。

1943年10月，八路军三八六旅十六团相机设伏洪洞县韩略村，一举歼灭日军战地参观团军官120余人及护送队60余人，其中包括少将旅团长服部直臣和6个联队长。这是中国军队在抗日战场上一次消灭日军军官人数最多的著名战斗,日本华北派遣军司令冈村宁次为此被日本天皇召回东京,受到训诫。

1942年11月—1945年4月,经过两年半的时间,太岳山下的沁源军民经过上千次围困战斗,终于在日本宣布投降前的四个多月,将日军赶出沁源,取得了沁源围困战的彻底胜利。

抗战期间,山西战场战役战斗之频繁、战争区域之广大、战斗之残酷都十分罕见。据1937年7月—1944年7月的统计,在山西的三大抗日根据地,党领导的抗日军队共进行大小战斗6万余次,毙伤俘日伪军合计约38万人。据不完全统计,抗战期间,八路军在山西带领抗日军民与日伪军作战10余万次,牵制了75%的侵华兵力,共歼灭日伪军66万人,占敌后歼敌总数的39%,有力地支持了全国的对日作战。

抗战期间,以山西为中心的敌后抗日根据地,形成了阻敌西进的坚固屏障,打消了日军渡黄河西犯的企图,形成了保卫陕甘宁边区、保卫延安党中央的前沿阵地。在创建发展各根据地的同时,建起了纵横交错的交通网,成为党中央联系华北、华中、华南各敌后根据地的主要通道。

抗战期间,山西付出了极大的牺牲。全省105个县,总人口1147万人,伤亡就达276.18万人,其伤亡比例全国罕见。据统计,仅在册牺牲的山西籍革命烈士就达10.5万人。抗战中八路军牺牲的最高将领、副参谋长左权,国民革命军牺牲的第一个上将军长郝梦龄都血洒山西抗日战场。

抗战中,山西各地参加八路军、新四军的热血青年有70多万人,其中参加八路军的有60多万人,八路军由抗战初期时的4万人发展到抗战胜利时的102万人,其中晋察冀部队以一一五师入晋"五台分兵"留下的3000余人为基础发展到32万人,晋绥部队以一二〇师入晋时的8000余人为基础发展到8.5万人,晋冀鲁豫部队以一二九师入晋时的9000余人为基础发展到30万人。仅太岳山下的沁源县,8万人口中,参军的就达1万人。八路军的发展与壮大,与山西青年一批又一批的参军热潮密不可分。山西由此又被称为"八路军的故乡,子弟兵的摇篮"。

抗战时期,山西还在血火中锤炼、培养了大批干部,到解放战争时期，山西有2.5万名干部北上、南下、西进，支援全国解放战争和开辟新区的工作，仅成建制南下湖南、福建、四川，接管地方政权的干部就有1.2万人，为中华人民共和国诞生做了强有力的干部队伍准备。

抗战期间，山西集中了全国众多的抗日精英，在三晋大地书写了不朽的篇章。

全面抗战爆发后，八路军总部率三大主力师开赴山西抗日前线，八路军总部首长朱德、彭德怀、左权、任弼时、邓小平及下辖3个师的首长林彪、聂荣臻、贺龙、关向应、萧克、刘伯承、张浩、徐向前等来到山西；以刘少奇为书记、彭真为组织部部长、杨尚昆为宣传部部长的北方局由天津移驻太原，以山西为中心指导整个华北抗战工作；周恩来赶赴太原，执行毛泽东嘱托，代表中共中央与阎锡山商谈八路军入晋后的活动部署。当时中共中央政治局委员、候补委员18人，派到山西7人（周恩来、任弼时、彭德怀、张浩、刘少奇、朱德、关向应）；中共中央军委委员11人，派到山西9人（周恩来、朱德、彭德怀、任弼时、张浩、贺龙、刘伯承、徐向前、林彪）。党和人民军队的许多领导人、党的大批骨干力量云集山西。

据统计，开国将帅中10位元帅，10位大将中的9位；1594位上将、中将、少将中的983位，共1002位都曾在山西工作战斗过，建立了彪炳史册的丰功伟绩。

从山西境内的抗战历程看，长城不仅仅是关隘壁垒，作用也不仅仅显示在军事作战领域。

长城所产生的军事防御思想，在中国军事发展史上具有重要的地位。

历史上，秦皇汉武，包括明初，无不是在主动出击军事上取得优势时修筑长城的。这表明，修筑长城既是一种积极防御，又是一种积蓄力量、继续进取的谋略。

在漫长的历史进程中，长城更多地体现出其文化意义。自长城出现的2000多年中，以长城为中心的文化交流始终没有停止过。战国时期赵武灵王的胡服骑射其实就是一种文化交流，昭君出塞、南匈奴归汉都是中原农业区汉族与北方游牧民族的汇合。明代在长城沿线开放马市、清代走西口，都是以长城为标志的进一步民族融合的活动。在长城地区的文化带里，遗留了众多的名胜古迹，如云冈、敦煌、麦积山石窟壁画、雕塑，元代居庸关云台，金代卢沟桥以及金中都、元大都遗址与出土文物等，都体现了文化交流的特点。长城对于世界了解中国、中国走向世界有着不可替代的作用，许多外国人知道中国就是从长城开始的。长城是世界上其他国家人民了解中国历史、中国文化、中华民族的一个最好的切入点，也是世界最宝贵的文化遗产。千百年来，长城以其博大精深的文化内涵成为无数文人墨客创作的题材，产生了大量的诗词歌赋、美术、音乐等作品。

万里长城自修筑的那天起，就成为中华民族大一统的象征。长城对中国人来说，是意志、勇气和力量的标志，而《义勇军进行曲》的长期传唱，使长城在人们心目中成为勤劳、智慧、百折不挠、众志成城、坚不可摧的民族精神和意志的象征，而三晋大地正是长城的重要组成部分。

第五章　出将入相

不论是史前中国，还是夏、商、周时代，特别是春秋、战国时代，三晋都是整个中国尤其是中国北部黄河流域最重要的省份。进入秦大一统时代后，三晋地位的重要性有增无减。

"河"东和"山"西

秦统一中国后，三晋的名称在明代以前的大部分时间里以"河东"之名称呼；明代以后，大部分时间里以"山西"之名称呼。

河东即黄河之东，山西即太行之西。

考察中国封建社会的都城，我们会发现一个现象：统一王朝的大部分时间里，其都城从古至今都围绕着山西呈逆时针方向旋转——从西安到洛阳，从洛阳到开封，从开封再到北京。

研究山西历史，我们无法漠视这个现象，尽管从北宋以后，中国的经济重心开始向南偏移，但一个不可辩驳的事实是：在中国统一的大部分时间里，其政治、文化中心仍然位于北方。即便明王朝最初定都应天府，在开国数十年后还是小心翼翼地将都城迁到了北京。几百年后，定都南京旋即败走大陆的蒋氏政权的最终结局也没有逃脱一个铁律：仅仅拥有富庶的经济并不等于拥有成熟的政治。

尽管明清最终都把都城选择在北京，山西人却再未回到国家的政治中心，而这一现象从宋南渡后就已形成。细细算来，从宋南渡至明初，山西人离开政治中心已240多年。

今天的山西简称晋，而山西的名称是从明代才开始的。明代，中央政府在山西置行中书省，习称山西行省，这就是今天山西省名的开始。

清军入关后，继续沿用山西这一省名，因山西在太行山之西，有时又被称为山右。

今天的人们，在谈及山西时经常以"三晋大地"来描述，这一习惯源自战国时期赵、魏、韩三家分晋的历史，而在秦以后、明以前的大部分时间里，山西习惯上被称为河东。

查阅史料，可以发现，秦汉、唐宋几个朝代都曾在今天的山西境内设置郡、道、路等行政机构，而这几个朝代的都城无一不是沿黄河流域进行布置。相比之下，虽是汉人政权，明朝的北京已悄然离开了黄河的视线而雄视整个渤海湾。因而对山西的方位定义也由"河"改为"山"，由"河东"改为"山西"。

改变的其实不只是对一个省的称谓，水系是一片区域，而高山只是一道防线。也许在朱棣的明政权眼里，山西只有军事防卫的意义而无所谓政治、文化价值。

河东时期是山西在中国封建社会的辉煌时期，山西人在政治、文化等许多领域大放异彩。

秦的历史太过短暂，还没来得及喘息，就灭亡了。

汉建立，本没有山西什么事。刘邦是江苏沛县人，所以西汉立国之初，重要的文臣武将如萧何、曹参、周勃、樊哙、夏侯婴等皆来自沛县。

在刘邦的众多文臣武将中，唯一称得上有分量的三晋人士只有张良。

张良在历史上和萧何、韩信并列，被称为"汉初三杰"，在汉朝的建立过程中曾立下汗马功劳。张良本是战国末年韩国人，他的祖父、父亲曾任韩国相。韩国被灭后，张良为报国仇而奔刘邦。西汉建国后，当刘邦以齐地3万户封给张良时，被其委婉拒绝了。张良向刘邦提出的要求是"愿封留足矣，不敢当三万户"。

当年，张良和刘邦于秦末战争中在留县（今江苏沛县东南）相识，张良以君臣相识、相知弥深的留地请封,其间自有其深意。被封为留侯后,张良对人说:"我家世代辅佐韩国,韩被秦灭后,我曾散尽家财,想为韩报仇,如今终于如愿。现在我能凭借三寸之舌,而受封万户侯,已经是一介平民所能得到的最高荣誉了,我既已满足,便当舍弃人间一切富贵,去追寻仙人的踪迹。"

张良在西汉建立之初便功成身退,这对汉初统治集团来说,的确是一个大的损失。推测张良本意,不过是远避祸事、保全自身之举,但同时也使众多三晋人士因朝中无人而失去了许多参政议政的机会。

三晋人士较多地介入西汉政权,应该在汉文帝时期。

刘邦去世,吕氏当权,在剿灭了吕氏家族的势力后,大臣们一致推举代王刘恒为帝,刘恒便是历史上开创了文景之治的汉文帝。

代国在战国时曾是赵国属国,秦时设立代郡(治所在今河北代王城),管辖范围包括今山西大同以东、河北张家口市以西地区。刘邦在平定了代地的叛乱后,将赵国常山以北地区归代国,将其子刘恒立为代王,先定王城晋阳,后迁中都(今平遥)。

刘恒之母薄氏从子赴代,被称为太后,太后与弟弟薄昭辅佐刘恒经营代地达16年,并在今忻州河曲留下娘娘滩的传说,其间部属重臣多为山西人。

刘恒被大臣们立为皇帝后,率领部属从中都迈向京城,从此也开启了三晋人士迈向汉政权高层的开端。

文帝进京,代地的随从也跟着进入京都,这是三晋人士首次成规模地进入汉政权的高层。此外,景帝之母窦氏被立为皇后以后,又有一批三晋人士因窦后的关系进入西汉政权高层。

窦氏本是战国时期赵国人,她能坐上皇后位置,本身也颇具戏剧性。

窦氏自幼家境贫寒,父母早亡,仅留兄妹三人相依为命。吕后时代,窦氏以良家女子的身份被选入宫当宫女。一次,吕后以宫女赏赐诸侯,窦氏也在其中。窦氏家在赵国,便请求把她分往赵国,但主管的宦官却把这件事给忘了,最后把她分到边远的代国去了。为此,窦氏大哭一场。没承想，到了代国后窦氏却深得代王的宠爱，生了一儿一女，儿子即为刘启（即后来的汉景帝），而代王的王后以及王后所生的三子，又都先后死去，刘启这才得以被立为太子，窦氏则幸运地当上了皇后。

窦氏在文帝时尚不显山露水，到景帝时以皇太后的身份在宫中有了举足轻重的地位，而她的故乡也有许多人因她的推荐而进入政权高层。

文景之治被誉为中国封建社会少见的政治清明时期，究其原因，和皇帝及皇后的经历有很大关系。

无论文帝还是景帝，帝位对他们自身而言都是突如其来，属于意外之喜。纵观文景整个执政时期，他们都朴素而谨慎，这既和当时的政局有关，也和他们长期在山西生活有关。文帝和景帝共同缔造了西汉时期的清明政治文景之治，而唐代另外两个在山西生活过的唐太宗和唐玄宗则分别缔造了贞观之治和开元盛世，山西社会风气对王朝的影响由此可见。

西汉时期山西人对政局的影响，还通过另外一种形式体现出来。

汉初诛吕的功臣周勃，文帝时曾任右丞相，他的封地就在今天的山西运城。

汉初名相曹参，其封地也在今天的山西临汾。

刘邦把如此重要的文臣武将安置在山西，足见其对山西的重视。另一方面，山西人也以各种形式通过刘邦的重臣直接或间接地进入西汉统治高层。

以卫青、霍去病为例，可以从一个侧面窥探山西人进入西汉政权的通道：

曹参被刘邦封为平阳侯，他去世后，其封号子孙世袭。曹参的孙子曹奇娶了景帝的女儿平阳公主。平阳公主是汉武帝的姐姐，平阳公主收养的卫子夫侍奉武帝，山西人卫子夫由此进入皇宫并最终被汉武帝立为皇后。从卫子夫开始，又引入另外两个山西人卫青、霍去病进入西汉高层。

卫青是卫子夫的弟弟，霍去病是卫子夫的外甥。

卫青、霍去病在汉武帝时均率军北伐匈奴，屡立战功，他们的战绩不但成就了西汉最为强盛的时代，也成为中华民族军事史上最为光辉的案例。

卫青战功卓著,以至于同时代的军事名将李广与其相比都黯然失色。同为山西人的王维,曾写诗叹曰:"卫青不败由天幸,李广无功缘数奇。"

霍去病年轻时就有"匈奴未灭,何以家为"之志,他的这一豪言壮语曾激励过无数的仁人志士。

霍去病18岁就随卫青出征,他在出征时又任命同父异母的弟弟霍光为奉车都尉,使其随己出征。

霍去病英年早逝,其弟霍光后来成为一代名相,在昭、宣二帝时曾煊赫一时。

西汉定都长安,山西成为京师屏障,其地理和地位的重要性我们可以通过另外一组数据反映出来:

刘邦一生很少涉足晋地,少有的一次也是因为抗击匈奴。

高帝六年(前201),刘邦率32万大军进击匈奴,在平城遭40万匈奴大军包围,后陈平用美人计,才侥幸脱险。

文帝8岁即随母奔赴山西,在山西生活了整整16年,对山西有很深的感情,他即位后曾四巡晋地,其间曾多次召见代国旧臣,并在太原停留10多天。

汉武帝时期,其皇后、大将、大臣多有山西人,因而武帝对山西也空前重视。

汉武帝在位期间曾7次巡视晋地(比文帝多了3次,比秦始皇多了4次),6次去汾阴县(今万荣)祭祀后土,并作著名的《秋风辞》:

> 秋风起兮白云飞,草木黄落兮雁南归。
> 兰有秀兮菊有芳,怀佳人兮不能忘。
> 泛楼船兮济汾河,横中流兮扬素波。
> 箫鼓鸣兮发棹歌,欢乐极兮哀情多。
> 少壮几时兮奈老何!

这是雄才大略的汉武帝一生中少有的诗作之一，后人将此诗与刘邦的《大风歌》相提并论，认为两首诗交相辉映，足以传诵千古。后人因此还在山西后土祠建秋风楼，作为纪念。宋元时还刻石立碑，存于秋风楼。

直到今天，石碑还保存完好，它已成为山西万荣县的一道著名景观。秋风楼上的石碑记载了汉帝国的辉煌，也记载了晋地晋人在汉代的辉煌。

山西人在西汉官场的辉煌起于霍光，而其在西汉官场的全面溃败也由霍光引起。

霍光早年由霍去病提携进入都城长安。霍去病去世后，霍光任奉车都尉、光禄大夫，直接在武帝身边工作，因其品行端正，深得武帝赏识。武帝晚年在考虑继承人时，特意将霍光列为最重要的辅佐大臣。

武帝去世后，新继位的昭帝年幼，作为最重要的托孤之臣，霍光主持朝政，因公正廉明，得罪了皇后之父上官安、长平公主及重臣桑弘羊，几人联手谋害霍光，诬告其"专权自恣，疑有非常"。

好在昭帝虽只有14岁，却聪明异常，知道霍光廉洁忠诚，便多次在朝堂上公开为霍光辩护。始元七年（前80），上官等人欲杀害霍光，废掉昭帝。阴谋败露后，昭帝下令诛杀上官父子、桑弘羊等人，长平公主无奈自杀。扫除政敌后，霍光权势日重，威望日隆。由于辅政得力，行事俭约宽和，使"百姓充实，四夷宾服"。霍光辅政10年，得到世人的尊敬。

如果霍光辅政到此为止，其一世英名将千古传颂，可惜的是，霍光在其晚年发生了变化。

元平元年（前74），昭帝病逝，霍光力主立昌邑王刘贺为帝，谁料，刘贺即位后荒淫无度。霍光又与其他朝臣共议废掉了刘贺，之后又力主立武帝的曾孙刘询为帝（即汉宣帝）。

主议废立君王，已显示出霍光的权臣本色，令人非议的是，霍光在晚年对妻女异常纵容。

本始三年（前71），霍夫人为了让自己的女儿取代许皇后的位置，便勾结宫廷医生毒杀了许皇后。霍光知道真相后虽然震怒，但担心公开处理此事会削弱自己的权力，因而将此事暗中压下，不予处理。

许皇后被毒杀的次年，霍光女儿如愿被立为皇后，霍家开始大肆庆贺，极尽奢华，与此同时，霍家子弟、亲戚大批进入朝中担任要职。霍光本人对此采取了默认的态度。

地节二年（前68），霍光病逝，霍家的专权脚步却有增无减。

地节三年（前67），汉宣帝立太子，但霍夫人对太子不称心，企图毒害太子。在包藏极大政治野心的同时，霍夫人又大修豪宅，以示尊贵。

霍家人任意出入宫廷且羞辱御史。

霍夫人在霍光死后，不但不收敛节制，反而愈加张狂，种种言行引起宣帝的极大不满。此时有人向宣帝告发霍夫人毒死许皇后的事情，促使宣帝最终下决心除掉霍氏一门。

下定决心后，宣帝开始排兵布阵。他先是将霍氏一门掌军权者免职，随后又将亲近霍氏一门的重臣外调。

在宣帝的步步紧逼下，霍家终于感到大祸临头，然而此时的霍夫人仍然没有半点刹车的意思，反而加快了政变的步伐。她先是和近臣商议废掉宣帝，立霍光的儿子霍禹为帝，随后制订了具体的政变计划，但最终政变计划败露，霍家一门全被追杀，株连者达数千家。这其中就有不少山西籍重臣，宣帝的皇后、霍光的女儿也因此被废。

这件事实在令人感慨，霍氏一门包括霍去病在内大部分时间里忠诚卫国，为汉朝开疆拓土及政权稳定做出了不可磨灭的贡献，但结局却令人唏嘘。尤其是霍光本人，其大半生忠于汉室，勤于政事，生前尊荣备至，去世后却身死族灭。尽管后来汉成帝为霍光恢复了名誉，但历史的污点已很难擦拭干净。

霍家被灭门，表面上是其谋私招致灾祸，实质是封建专制体制下皇帝与权臣争夺权力的结果。对霍光本人而言，前半生兢兢业业，忠诚无私，卓有建树，晚年却私欲积存，贪权固位，纵容夫人作恶，实在是咎由自取。

霍家贪权固位、私欲爆发最终招致灭门的案例在山西人的历史上并非孤例。霍光家族被灭300多年后，同样的剧情又一次重演。

三国后期，曹魏政权逐渐被司马氏控制，而山西人贾充在司马氏篡权过程中发挥了重要作用。

司马氏专权发生在曹魏政权的中后期。曹操执政时，司马懿身为汉臣，实为曹操手下的重臣。因曹操有"三马同食一槽（曹）"之梦，所以对司马氏既用又防，颇为猜忌，但太子曹丕却力保司马氏。曹丕即位后，重用司马懿，使司马氏的力量迅速壮大。曹丕死后，明帝即位，也非常忌惮司马懿，将其发配到边远的辽东之地，弃之不予重用，正是在这个时期，山西襄陵人关内侯贾充成为司马氏的骨干党羽。

明帝病危时，山西忻州人秦朗等五人为托孤大臣，受命主理朝政。山西中都人孙资与五位托孤大臣不和，唯恐五位大臣主政对自己不利。于是极力劝谏病危中的明帝，三日内以五道诏书召驻辽东的司马懿归朝，与曹爽同受顾命，司马氏自此以后逐渐专权。

景元元年（260），魏元帝封司马昭为晋王，并以并州（今太原）、司州（司隶校尉部，治所在今河南洛阳）等所属10郡为其食邑，后又增封至20郡。司马昭既为晋王，其家族又源于山西沁河流域，又领有并州等属地，山西自此逐渐成为司马氏篡权的大本营。

泰始元年（265），司马昭去世后，其子司马炎几乎一夜之间便将魏国变成了晋国。在司马炎由晋王变为晋国皇帝的过程中，贾充不仅是重要谋士，而且充当了急先锋的角色。

贾充在魏明帝时成为司马氏的骨干，魏明帝死后，继位的曹氏皇帝逐渐被司马氏架空。小说《三国演义》对这段晋代魏的历史有精彩的描述：

……

司马炎召贾充、裴秀入宫问曰："曹操曾云：'若天命在吾，吾其为周文王乎！'果有此事否？"充曰："操世受汉禄，恐人议论篡逆之名，故出此言。乃明教曹丕为天子也。"炎曰："孤父王比曹操何如？"充曰："操虽功盖华夏，下民畏其威而不怀其德。子丕继业，差役甚重，东西驱驰，未有宁岁。后我宣王、景王累建大功，布恩施德，天下归心久矣。文王并吞西蜀，功盖寰宇，又岂操之可比乎？"炎曰："曹丕尚绍汉统，孤岂不可绍魏统耶？"贾充、裴秀二人再拜而奏曰："殿下正当法曹丕绍汉故事，复筑受禅坛，布告天下，以即大位。"

……

于是请晋王司马炎登坛，授予大礼。魏主曹奂下坛，具公服立于班首。炎端坐于坛上。贾充、裴秀列于左右，执剑，令曹奂再拜伏地听命。充曰："自汉建安二十五年，魏受汉禅，已经四十五年矣；今天禄永终，天命在晋。司马氏功德弥隆，极天际地，可即皇帝正位，以绍魏统。封汝为陈留王，出就金墉城居止；当时起程，非宣诏不许入京。"奂泣谢而去。后人有诗叹曰：

晋国规模如魏王，陈留踪迹似山阳。

重行受禅台前事，回首当年止自伤。

……

《三国演义》虽为历史小说，但对这段历史的描述却十分真实。查遍山西的地方人物志，可以基本还原出这段历史的真实场景：明帝死，曹髦继位，发兵欲除司马氏。贾充即率军击溃魏帝军，杀曹髦，成为西晋开国功臣。司马炎废魏立晋，贾充受封车骑将军，任侍中、尚书令，大权在握。闻喜人裴楷（裴秀从弟）任侍中，进言武帝，排挤贾充出京。贾充恐慌，问计于荀勖。荀勖与贾充合谋，使帝选太子妃不娶河东卫瓘女，而娶贾充女贾南风。武帝之弟亦娶贾充前妻之女，大大加强了贾氏在朝廷中的势力。

身为晋代魏的重要操盘手贾充，其令人唏嘘的情节并不是代司马炎逼宫，而是当众杀死当时仍身为曹魏皇帝的曹髦。《三国演义》对此同样有逼真的描述，只是其情节暴力血腥，令人不忍卒读。

相比贾充，另外一个贾氏尽管演绎着同样的故事，却比贾充要温和一些。

（汉献）帝闻奏大惊，半晌无言，觑百官而哭曰："朕想高祖提三尺剑，斩蛇起义，平秦灭楚，创造基业，世统相传，四百年矣。朕虽不才，初无过恶，安忍将祖宗大业等闲弃了？汝百官再从公计议。"

……

帝颤栗不已。只见阶下披甲持戈数百余人，皆是魏兵。帝泣谓群臣曰："朕愿将天下禅于魏王，幸留残喘，以终天年。"贾诩曰："魏王必不负陛下。陛下可急降诏，以安众心。"帝只得令陈群草禅国之诏。

……

魏王曹丕即受八般大礼，登了帝位。贾诩引大小官僚朝于坛下，改延康元年为黄初元年，国号大魏。丕即传旨大赦天下，父曹操为太祖武皇帝。华歆奏曰："'天无二日，民无二王。'汉帝即禅天下，理宜退就藩服。今降明旨，安置刘氏于何地？"言讫，扶献帝跪于坛下听旨。丕降旨封帝为山阳公，即日便行。华歆按剑指帝，厉声而言曰："立一帝，废一帝，古之常道！今上仁慈，不忍加害，封汝为山阳公。今日便行，非宣召不许入朝！"献帝含泪拜谢，上马而去。坛下军民人等见之，伤感不已。后人有诗叹曰：

两汉经营事颇难，一朝失却旧江山。

黄初欲学唐虞事，司马将来作样看。

这段魏代汉的故事同样精彩绝伦，时间只不过比司马氏晋代魏的故事提前了整整45年。

在这段逼宫历史中，贾诩充当了重要角色，不过和45年后身为逼宫主角的贾充相比，戏却差了很多，而两人的身后之事也大相径庭。纵观贾诩一生，基本得以善终，而逼宫主角贾充的身后却狼烟四起、尘烟滚滚。

终魏晋两朝，贾氏在其中充当着令人不可言说的角色。当年魏代汉，贾诩身先士卒；后来晋代魏，贾充又有精彩表演。不仅如此，贾充的女儿贾南风在司马炎死后，由司马衷的太子妃变成了皇后，就是这个又丑又妒的女人，在西晋王朝兴风作浪，导致了后来的八王之乱，并最终使西晋垮台。西晋的寿命并不长，晋武帝司马炎离世后仅过了26年，西晋便被匈奴贵族刘渊所灭。

魏晋时期，对外戚防范甚严。晋武帝初登基时，对外戚也是如此，但到了武帝晚年，尤其灭吴后，其心态开始转变，皇后的父亲杨骏以及杨骏的弟弟杨珧、杨济都开始受到重用，权倾朝野，时人称他们为"三杨"，朝廷的旧臣大多数被疏远或贬退。有大臣多次上书规劝武帝，武帝也了解这种情况，但并没采取任何行动。武帝死后刚一年，便内乱迭起，外戚杨骏大权独揽，后被皇后贾南风杀死。之后贾南风又杀死重臣司马亮和卫瓘。过了一年，又杀死皇太后杨氏。永康元年（300），贾氏又杀死了太子。

贾南风的滥杀，终于导致皇室内乱，政权不稳。

贾氏一门的表演当然不是家族个性的滥发，而是时代使然。晋武帝晚年，吸取曹魏政权被自己取代的教训，大肆分封同室宗亲为王，司马亮、司马伦、司马玮等宗亲都占据了朝中很重要的位置。皇族和后族的矛盾充斥了整个上层，就在皇后贾南风杀死太子一个月后，她就被赵王司马伦和孙秀杀死。之后，司马伦又灭了贾氏三族，并把依附贾后的张华满门抄斩。随后，司马伦以晋惠帝的名义封自己为持节、都督中外诸军事、相国、侍中。由于司马伦一向昏庸，靠谋士孙秀出谋划策，所以当时西晋的政局实际上是由寒门小地主出身的孙秀在操纵。

司马伦篡权引发西晋王室之一的淮南王司马允的不满，于是双方发生混战，混战的结果是司马允被杀。之后，司马伦和孙秀开始大肆捕杀同情司马允的大臣，前后杀了几千人，连西晋第一富翁石崇，也因为不肯把漂亮的小妾绿珠让给孙秀，结果被划到叛臣名单里，诛灭三族。

司马伦消灭了淮南王的势力后，野心迅速膨胀，他逼晋惠帝当了太上皇，而自己当了皇帝。各地的诸侯王听说赵王司马伦做了皇帝，谁都不服气。

这样，在司马皇族之间就展开了一场又一场的厮杀，参加这场混战的先后有赵王、齐王、成都王、河间王、长沙王、东海王，再加上被杀的汝南王和楚王，一共有8个诸侯王，这就是历史上著名的八王之乱。八王之乱前后延续了16年，最后，八王中的7个都死了，留下最后一个东海王司马越，毒死了晋惠帝，另立惠帝的弟弟司马炽，这便是晋怀帝。八王之乱使西晋数十万人丧失了生命，许多城市遭到洗劫和焚毁。最让人扼腕的是诸侯王纷纷利用少数民族武装参加这场混战，让中原成为匈奴人和鲜卑人横行的地域。当这场战乱接近尾声时，匈奴人刘渊于永安元年（304），正式称汉王，打出了反晋旗号。又过了12年，洛阳和长安先后被匈奴人攻破，晋怀帝被杀。

当然，仅凭一个愚夫妒妇不一定会导致西晋政权的垮台。西晋政权的来历也是促使西晋垮台的一个原因。自东汉以后，群雄逐鹿，后来魏代汉，晋又代魏，这种篡权立国的事实使得世人对西晋政权缺乏忠诚度。事实上，后来导致西晋灭亡的匈奴部族就是打着扶立汉室的名义造反的。

假使东吴不灭，西晋的日子或许还长久一些；东吴一亡，西晋的日子便屈指可数了。唐人李白感而慨之，作《登金陵凤凰台》，诗曰：

凤凰台上凤凰游，凤去台空江自流。
吴宫花草埋幽径，晋代衣冠成古丘。
三山半落青天外，二水中分白鹭洲。
总为浮云能蔽日，长安不见使人愁。

如果认为导致西晋灭亡的八王之乱是贾充家族杰作的说法多少有些夸张的话，那么说贾充家族是西晋灭亡的始作俑者并不过分。

贾氏灭族，西晋政权随之垮台；霍氏事败，西汉政权由盛而衰，历史的演变有时真叫人无言以对。

山西自古出忠臣，历代名将贤相比比皆是：介子推、廉颇、卫青、霍去病、关羽、张辽、郭子仪、杨家将。但历史的陈列却掩饰不住另外一种拷问：忠臣遍地的三晋大地，何以一而再，再而三地演绎从忠臣到权臣再到奸臣的历史戏码？

是山西人的性格使然，是山西的地理环境所致，还是历史赋予山西的独异禀赋？

由春秋五霸到战国七雄，秦、齐、楚大体得以延续，唯晋国一变为三，从春秋的晋裂变为战国时的赵、魏、韩三国。

中国最早的王位实行禅让，从夏开始改为世袭，这个惯例后来一直延续到清末。私有财产出现以后，王位世袭便出现了，因为只有王位世袭才能保证财产世袭。

周实行分封制，这仍然是一种世袭制度，只不过将世袭的范围扩大了，由独家世袭变成多家领地世袭。

西周时期，周王保持着天下宗主的权威，禁止诸侯国之间互相攻击或兼并。周平王东迁以后，王室衰微，再也没有了控制诸侯的力量，"国中有国"的局面开始形成。独家世袭变成了多家世袭之后，春秋五霸开始形成。"国中之国"再次发生裂变，这其中以晋国最为典型。

晋献公时，晋国公族内部嫡系和旁支之间展开了激烈的斗争，晋献公曾大批屠杀公族内的公子，规定从此以后晋国不许立公子、公孙为贵族，公子、公孙们只好离晋去其他国家做官，这就是所谓的"晋无公族"。晋献公这么做，当然是为了捍卫王权，避免西周分封王权旁落的教训重演。

但是，在一个以贵族集团为政权基础的王朝，献公这样的想法过于天真。

由于排斥公族，导致异姓或国姓中和王室血缘关系较远的卿大夫得势，政权逐渐为他们所掌握。春秋中期以后，十余个卿大夫家族控制了晋国的政局（这和东晋政权轮流被几家门阀贵族所控制极为相似）。他们之间不断地进行争斗兼并，到了春秋晚期，只剩下韩、魏、赵、范、智、中行六家最大的宗族。六家之间继续争斗的结果就是剩下赵、韩、魏三家，再往后，三家都被秦国所灭。

韩、赵、魏的创立者最初本是晋国的忠臣，最终却成为裂国的奸臣，这种扭曲的历史对于山西而言并不是个案，而仅仅是拉开了序幕。

战国末期吕不韦由商而仕，由忠臣到重臣、权臣再到奸臣的故事我们姑且不论。

西汉的霍家、东汉的贾家之后，山西进入十六国时代。从刘汉开始，历经后赵、前秦、前燕直至西燕，这些主要由少数民族建立的政权，其政权更迭的路径大体一致：后一任政权基本上由前一任政权的大臣、权臣、重臣、忠臣夺国所建，且都出奇地短寿。

无论是霍光还是贾充，尽管在他们身后祸涉九族，却无法掩盖这样一个不争的事实：晋人在当时对朝政的深度参与。

霍光之后，山西人在政坛上黯淡无光。这一时期可以称道的是太原人常惠和上党（今长治）黎城人冯奉世。

当今中国很多人都知道苏武牧羊的故事，却并不清楚当时牧羊的主角其实是两个人：苏武和常惠。

常惠是太原人，天汉元年（前100），和苏武一起出使匈奴，被匈奴扣留，匈奴单于多次劝降，两人皆宁死不屈。其间，苏武曾多次自杀，都被常惠救下。苏武后来被囚禁于一个叫北海的地方牧羊，常惠也被囚禁于另外一个地方。

始元六年（前81），汉朝和匈奴关系缓和，朝廷派和亲使团到匈奴，提出让苏武归汉，遭匈奴婉拒并声言苏武已死。常惠深夜紧急求见汉使并说出苏武被囚禁的地方，并献计"使汉使言天子于上林苑射雁得书，知苏武下落"。汉使听计于常惠，在与匈奴单于见面时说出了苏武的下落，并斥责匈奴方面不讲信誉，匈奴单于竟信以为真，将苏武和常惠放归汉朝。

苏武和常惠在匈奴被囚禁19年而大义凛然，坚守气节，为后世传颂，但如果没有常惠，苏武很可能就客死他乡而淹没在历史中。

常惠归汉后被授光禄大夫，本始二年（前72），与乌孙王率5万兵击退犯边的匈奴，杀敌万余人，被封为长罗侯。同年，又受霍光之命率兵反击龟兹叛军，使西域诸国最终归顺汉朝。神爵二年（前60），在苏武去世后，接替苏武典属国的职务并升任右将军。初元三年（前46）病逝，谥壮武侯。

冯奉世本人名气虽不算太大却属名将之后,其祖上是战国韩国名将冯亭、汉代名将冯唐。冯奉世在汉宣帝时奉命出使西域,率兵反击叛乱的莎车,一时威震西域各国。后来他接任常惠的职务任右将军,典属国。

永光二年(前42),陇西羌人反叛。此时苏武、常惠均已去世,汉元帝召集五名重臣议事。当时汉帝国正经历大饥荒,其他四位大臣都不主张出兵,唯独冯奉世上书说应当出兵平叛,并自愿率兵出征。最终,冯奉世大破羌军,斩首数千人,元帝下诏表彰,封冯奉世为关内侯。

冯奉世的故事如果到此就结束,其人生堪称完美。可惜,故事到此并没有结束。冯奉世的女儿叫冯媛,最初被汉元帝选为婕妤,建昭三年(前36),汉元帝有一次观赏斗兽表演,突然一头大熊跳出斗兽圈,逼近汉元帝。

其他随从都吓得四散逃命,唯独冯媛奋勇向前,以身护帝,熊随后被武士杀死,元帝和冯媛才免于一死。汉元帝因此对冯媛极为感激,随后将她升为昭仪。元帝死后,哀帝登基,冯媛被尊为太后,不久却被人诬陷谋反,被迫自杀,冯氏家族因此牵连被杀者达数十人。

西汉末年山西少有的对朝政有影响者自此灰飞烟灭,晋人和西汉王朝渐行渐远。

冯奉世的晚年结局和前人霍光、后人贾充有某种相似。霍家因夫人参政而被毁,贾家因女儿登台而被灭族,而自战国以来就名震三晋的冯家,自冯奉世之后也一蹶不振。历史的幸与不幸都被血泪所模糊。

西汉灭亡,东汉建立。

在东汉建立的过程中,山西人参与者甚少。因而,在东汉建立的很长时间里,少有山西人崭露头角。山西人的光芒是在东汉末年随东汉帝国的灭亡才冉冉升起的。

东汉的建立者刘秀的老家是南阳(今湖北枣阳西南),他本人又是地主贵族出身,因而刘秀的起兵班底和建国班底多为中原人士,而这些人中又有不少人和刘秀一样是地主贵族。

分析一下光武帝刘秀的出身和建国过程，则可以大体上了解山西人在东汉政权的早中期为何没有大规模地参与。

刘秀原是西汉刘氏宗族中的一支，按族谱排列应为汉高祖刘邦的九世孙。其七世祖刘发曾为长沙定王，曾祖时代由南方举族迁往南阳，刘秀便出生于此。

刘秀的父亲刘钦曾为南顿（治所在今河南项城西）县令。虽然在刘氏家族中，刘秀与皇帝一支已相当疏远，但究其身份，仍属于皇族，在当地已然算得上大地主。

从刘邦到刘秀，西汉政权已走过近200年，刘邦的子孙已传至第九代，原先的皇帝余脉，其时已沦落为一般的大地主，而从刘秀到刘备，当东汉政权又走过近200年时，身为中山靖王刘胜之后的皇族刘备已经连小地主也不是了。刘备虽后来被汉献帝亲切地称为皇叔，实际上与正宗皇脉已相去甚远。桃园三结义前，刘备的真实身份其实就是卖草鞋的小商贩，其生意甚至比不上贩枣的关羽和卖肉的张飞。

从以上的资料分析看，刘秀出生在今湖北枣阳，成长于河南项城（其父在这里任职），崛起于河北。当王莽政权被推翻后，除了占据关中的更始帝刘玄外，还有散落在全国各地的数百支起义军，各地和刘秀一样的地主贵族也纷纷据地称王："梁王刘永占据河南商丘一带，公孙述在巴蜀称王，李宪自立为淮南王，秦丰自号楚黎王，张步起琅琊，董宪起东海，延岑起汉中，田戎起夷陵。"刘秀则只占据河北一地。

湖北、河南、河北这三个地方的谋士猛将成为刘秀东汉政权的主要人脉来源和支柱，而山西则始终没为刘秀政权崛起贡献多少资源，因而在刘秀东汉政权中少有晋人的身影。

不仅如此，在东汉政权成立之初，山西一度成为刘秀的心腹之患。

刘秀于建武元年（25）在洛阳称帝，而直到建武十八年（42），以刘秀巡视蒲坂，在汾阴祭祀后土为标志，晋地才全部为东汉政权所控制，其间经历了整整17年。

这一情景和明代初期非常相似，甚至和宋代初期也非常相像，新政权用了十几年甚至几十年的时间才将山西收复。

东汉建立初，山西境内战乱不止。当时在山西境内，北有卢芳占据，中部由鲍永控制并州地区，东南部则有田邑据守上党。

这几人中，卢芳有匈奴支持，并与三水（今甘肃泾川）羌胡联合起兵，占有山西北部的定襄、雁门郡及今天的内蒙古一带，势力一度曾扩张至今大同、朔州一带，曾欲称帝。直至建武十五年（39），卢芳才被平定。占据并州、屯兵河东的鲍永则忠于更始帝，曾任短命皇帝更始帝的尚书仆射，直到更始帝去世后，鲍永才罢兵投降刘秀。

这三股势力中，上党守将田邑最先投降刘秀，并一度劝降鲍永。卢芳叛逃病死、鲍永投降后，山西各地零星的抵抗又持续了几年，直到建武十八年（42），才基本被东汉政权控制。

东汉初年，刘秀除了有限地使用鲍永等降将外，对大部分山西人一概漠视。

有一个例子颇能说明刘秀当时的心态：

从战国到西汉，名人辈出的山西冯氏家族，在东汉初又有一位名人出现，他的名字叫冯衍。冯衍在当时被称为名士，却按捺不住对政治的热情。

当鲍永屯兵河东、占据并州之时，冯衍曾投书鲍永以并州为中心，扩张势力，建功立业（古代的建功立业多指称帝）。同时，冯衍因自己杰出的才干被任命为狼孟（今阳曲）县长，屯守并州。田邑投降东汉后，曾劝降冯衍，被其拒绝。更始帝去世后，冯衍才和鲍永一起投降刘秀。然而，即便如此，刘秀对这位名士却极其冷淡，终其一生，冯衍未获重用。刘秀对山西人，尤其是山西名族、名士的态度由此可见一斑。

整个东汉时期，山西人涉足政坛者少之又少，其原因除了当政者的态度、政权的发源地等因素外，还和当时的山西局势有关。

当时的山西，处于民族剧烈融合的阵痛中。南北匈奴分裂，南匈奴大规模内迁，乌桓、鲜卑崛起并长期骚扰山西。

东汉政权刚刚建立时，刘秀急于安定中原地带，无力顾及北部地区。

对于纷扰的北部边境地区，东汉政权仍然采取了类似西汉初年的做法：通使为主，和亲为辅。

尽管东汉政权摆出了十足的诚意，匈奴却常常不买账。匈奴民族习惯于马背游猎，以劫掠为能事，不但支持卢芳袭扰东汉的中原地带，自己也屡屡袭扰东汉的北部边境。在这种情况下，山西北部边境变得颇不宁静，晋北居民为避战乱不得不纷纷迁居常山关、居庸关以里。匈奴不但深入晋北，还不时南下惊掠今天山西临汾、运城和长治一带。在这种情况下，民族势力的交界范围已南移至晋中太原乃至霍山之南的河上至安邑一带。

前有卢芳叛立，后有匈奴袭扰，如此情况下刘秀的东汉政权逐渐形成了对山西人不敢用、不能用、不想用的局面。

东汉的光武中兴并没有维持太久，东汉开国短暂的辉煌以后便逐渐沦为外戚、宦官轮流专权的局面。整个东汉的前中期，山西人寂静无声。到了东汉后期，只有郭泰与王允对当时的政局产生了一些影响。不过，这些影响与前辈霍光与后辈贾充比起来，其作用几乎可以忽略不计。

王允就是《三国演义》里巧施美人计的那个王允，他的故事容后再讲，我们先说一下这位郭泰。

山西史家是这么论述郭泰的："东汉自和帝始，外戚、宦官交替擅政，争斗日烈。官僚士大夫不满朝政，多为清议，批评当政，尤以太学生为清议中心群体，郭泰系一时人望。"

"郭泰，字林宗，山西介休人。早年博通经学，游洛阳，河南尹李膺深器之，为挚友。郭泰回乡，京城士人送者至千乘，与李登舟，众目之，以为神仙。权要多有请其为官者，尝举有道，不应，世人以郭有道称之。"

郭泰出游，头巾淋湿，折角为垫，路人仿之，称"林宗巾"。每出，人争相识，可见声望之高。郭泰淡泊自处，不爱名利，情操高尚，向无危言激行，在宦官与外戚斗争而牵连士人的党锢中，独能免祸。郭泰弟子上千，有60人为当时俊彦，扬名于世。建宁二年（169），郭泰死，时年42岁，大学者蔡邕为其撰墓碑，自言："吾为碑铭多矣，皆有惭德，惟郭有道无愧色耳。"

郭泰生活的时代是东汉党争激烈的时期。东汉末年的政坛，外戚与宦官操纵国政，双方争夺权力乃至到了你死我活的白热化程度。此外，当时在野的士大夫是人数众多的第三种力量，在政治上有举足轻重的地位，号称清流。士林清流与外戚集团声气相通，相互支持，反对宦官擅权。郭泰为士林推崇的名士，以独特方式影响政局，却又品德高尚，超越利害之争，实在难能可贵。

郭泰虽为名士，但对东汉后期的政局影响甚微。倒是王允，以其独特的方式，实实在在影响了东汉末年的政局，甚至是历史走向。

王允是山西太原人，他之所以机缘巧合登上历史舞台全因为一个人——董卓。

董卓在东汉末年汉灵帝时成为并州刺史，拥兵河东。当时东汉政权岌岌可危，军阀之间的混乱已有端倪，强者挟天子以令诸侯。因外戚大将军何进与宦官集团争权，何进暗中召集董卓进京（都城洛阳）。董卓尚在进京途中，何进已被宦官杀死。董卓进京后大开杀戒，一次性杀掉宦官几千人。

不仅如此，董卓进京后立即废掉当初召他进京的大将军何进所立的少帝，并毒死何进的妹妹何太后，立刘协为帝（即汉献帝），自任相国，控制朝政。

山西人王允在这一时期不仅担任董卓的司徒，而且是重要谋士。《三国演义》开头，王允的戏份不少，其中最精彩的便是巧施连环计，联合吕布杀死了董卓。演义中虽有夸张的成分，但基本事实是存在的。

董卓在东汉历史上，甚至是中国历史上都是需要特别记录的一个人物。

董卓的出名首先在于他的残忍，他平时就纵容士兵烧杀抢掠，无恶不作。有一次他派军队到阳城（今河南登封东南），把正在祭祀的男子全部杀死，掠走全部妇女和财物，回到驻地后还要庆祝。他进京后即大开杀戒，不仅屠杀宦官，也屠杀百姓。撤出洛阳时又大肆烧杀抢掠，到长安后，杀人更为疯狂，经常以各种名义和理由杀人，闻者色变。

董卓对中国历史最为恶劣的影响，莫过于开了地方军阀干预朝政的先河。

黄巾起义后，东汉政权实际已被在镇压农民起义过程中壮大起来的各武装集团瓜分，名存实亡，而各武装集团又因争夺地盘进行长期混战，从而加速了东汉王朝的灭亡。

在黄巾起义过程中，各地州郡长官和豪强地主都趁机发展了自己控制的武装力量，成为地方割据军阀。黄巾起义失败后，中平五年（188）东汉王朝正式将一些重要地区的州刺史改为州牧，选择有名望的官僚充任，总掌一州军政大权。这无异于承认地方割据势力，因此更助长了军阀势力的膨胀。

黄巾起义开始时，何皇后之兄、大将军何进领兵守护洛阳。中平五年（188），灵帝成立京师近卫部队——西园八校尉，却以宦官蹇硕为上军校尉。

这就又重新引起外戚和宦官集团之间的矛盾。中平六年（189）灵帝死后，以何进为首的外戚集团与官僚、名士联合，开始了同宦官集团的决战，但这些争斗只是发生在朝中，此时尚未有地方军阀专权控制朝政。

灵帝死后，何进立他的外甥刘辩为帝（即少帝），刘辩时年14岁，何太后临朝。何进以大将军录尚书事，不久就杀掉宦官蹇硕。为进一步消灭宦官，何进又召并州牧董卓进京。早就怀有野心的董卓领兵到洛阳后，恰好找到借口，他依靠掌握的武装废掉少帝，立刘协为帝，自任相国，控制朝政。由此开了地方军阀干预朝政的先河。

研究三晋历史文化至此，每每会心生感叹：在漫长的历史长河中，三晋大地虽未成为统一王朝的都城，事实上却经常扮演着"创新"性的中枢角色。"启以夏政，疆以戎索"的"一国两制"体制创新；"公卿"轮流执政的创举；"三家分晋"的无奈；重臣异化为权臣的轮回。

董卓由并州牧任上进京，中国历史由此翻开了让人不忍卒读的一页。

董卓专权后，各地有军事实力的州牧、太守、刺史等纷纷起兵，以讨伐董卓为名，实际进行争夺地盘的割据战争。初平元年（190），起兵讨伐董卓的有渤海太守袁绍、后将军袁术、冀州牧韩馥、豫州刺史孔伷、兖州刺史刘岱、河内太守王匡、陈留太守张邈、东郡太守桥瑁、济北相鲍信以及典军校尉曹操。他们共推袁绍为盟主，组成关东军。于是，"名豪大侠，富室强族，飘扬云会，万里相赴"，从此开始了中国历史上不断重复出现的军阀割据战争。

董卓之后，地方军阀干预朝政风起云涌：东晋的八王之乱、隋末的李渊太原起兵、唐朝的安史之乱、后周赵匡胤陈桥兵变、明初的朱棣夺权、清初的吴三桂叛乱等，无不是地方军阀干预朝政的重演。

从东汉末年开始，军阀割据和军阀干政的历史轮番上演，董卓影响之恶劣可见一斑。

董卓后来被王允联合吕布杀死，王允也因此被汉献帝任为录尚书事。

如果事情到此为止，王允在中国历史上也算可圈可点。但事情的发展却走向了另外一面，居功自傲的王允在杀死董卓后大开杀戒，杀人无数，连著名学者蔡邕仅仅因为受董卓赏识也被王允诛杀。董卓的部将多为凉州人，在王允嗜杀成癖的情况下，李傕带头向王允求情却遭王允拒绝。王允的无情引发了李傕率兵攻打长安，刚刚平息的战乱烽火又起。自负自傲的王允被李傕捕杀，同时受牵连被杀的还有其下属和军中数百个山西老乡，其最终结局不能不令人唏嘘。

如果王允没有后来嗜杀这一恶劣情节，王允本可在东汉历史上占有一席之地，而他后来的演变不禁让人长叹。

王允的出镜还引发了另外一个文学人物的登场和一段故事的演绎。这个人就是中国古代四大美人之一的貂蝉。这个故事就是中国历史上屡次上演，被孙子列为兵法三十六计之一的美人计。

西施、王昭君、貂蝉、杨玉环被列为中国古代四大美人。说起来四个人的遭遇都颇为凄惨：四人皆是作为"礼品"出现在历史视野中。

西施是越国送给吴王的"礼品"，王昭君是西汉和亲送给匈奴单于的"礼品"，貂蝉是王允先送董卓又送吕布的"礼品"，杨玉环本是唐玄宗的儿媳，却不幸成为唐玄宗儿子被迫送给父皇的"礼品"。

四人中，西施最终得以隐居，王昭君反复改嫁后总算得以善终。剩下的两个山西女人貂蝉和杨贵妃结局都比较凄惨：貂蝉据传被山西老乡关羽斩杀，杨贵妃被杀于马嵬坡。红颜薄命的故事在这两个山西女人身上得到了应验。

以王允的登场为标志，山西人在东汉末年全面涉猎朝政。

东汉解体后形成的三国中，曹操的魏国实力最为强大，最后统一全国的名为西晋，实为魏国。在曹魏政权体系的重要人物中，山西人比比皆是：

祁县的王陵，位至车骑将军、骠骑将军、太尉；晋阳的王昶，曾任骠骑将军、司空；马邑（今朔州）的张辽，为著名大将，任前将军；杨县的徐晃，任右将军；闻喜的毋丘俭，任左将军；阳曲的郭淮，任左将军；襄陵的贾充，任中护军将军；中都的孙资，任中书令；祁县的温恢，任侍中；安邑（今夏县）的卫瓘，任尚书；安邑的卫觊，任侍中；闻喜的裴潜，任尚书、尚书令；闻喜的裴秀，任尚书、右仆射；晋阳的王沈，任尚书、侍中。

张辽、徐晃、郭淮、卫瓘等人，不论是在小说里，还是在真实的历史中都耳熟能详，可以毫不夸张地说，一部曹魏史，至少半部是由山西人书写的。

曹操本人对山西记忆深刻，在他一生不多的诗篇中，有专门忆及山西的《苦寒行》诗句：

北上太行山，艰哉何巍巍。
羊肠坂诘屈，车轮为之摧。
……
悲彼《东山》诗，悠悠使我哀。

东汉末年，山西成为董卓、袁绍、曹操相互攻伐的重要地区。董卓入京前为并州刺史，入京后官拜相国，本来有崛起的机会，却因独揽朝政、嗜杀无度而人心尽失。

董卓之后，袁绍集团占有包括今天山西在内的潼关以东、黄河以北的大片地区，而曹操的势力只局限于河南及河北南部一带。

官渡之战后，曹操崛起，并拼尽全力和袁绍争夺山西。当时的并州刺史为袁绍的外甥高干，因曹军气盛，高干部属多有投奔曹军者，高干无奈也只好降曹。建安十年（205），曹操征乌桓，高干以并州反叛曹操，并派兵镇守壶关口（今属山西黎城）。曹操派部将乐进、李典攻打高干却无法取胜。

建安十一年（206），曹操亲征高干，率军越过太行山，进军上党，行军途中感而慨之，写下了著名的《苦寒行》。吟完此诗，曹操快马加鞭，围攻壶关城三月后于寒冬时节攻破上党，进而攻占并州。

此役对曹操集团有非常重要的意义，这场战斗之后，曹操逐渐占据了山西全境，从此有了较为稳定的后方，不仅三晋精英尽归曹操，而且以三晋为基础，开始问鼎中原。

而在此之前，在山西人的间接帮助下，曹操取得了政治上"挟天子以令诸侯"的优势。

汉献帝本为董卓所扶持和劫掠，董卓被王允用计杀死，无意中帮了曹操的忙。

董卓死后，其部将李傕继续劫持献帝，却不料自己被部将杨奉谋杀。

杨奉乃白波军旧部，而白波军是中平五年（188）黄巾起义失败后在山西襄汾白波谷起事的又一支农民起义军，极盛时人数达10万之众，占有山西大片土地，白波军的组成人员中，山西人占了很大一部分。

杨奉劫持汉献帝东逃至安邑，因生存困难，在运城停留了八个月之后，从闻喜南渡黄河进入洛阳。汉献帝暗中召曹操，曹操以洛阳残败荒芜为由，接汉献帝暂驻许昌，从此取得了政治上的主动权。王允和杨奉成为曹操"挟天子以令诸侯"的助推器，东汉帝国从此走向衰亡。

东汉灭亡，西晋崛起。西晋的日子虽然短暂，却和山西有着千丝万缕的联系。

董卓在进京前曾任并州刺史，曹操在攻占并州后开始问鼎中原，而司马氏立国也以晋为基地。

司马家族发迹于沁河流域下游，而这一地区从春秋时期就属于晋国所有。

景元元年（260），魏元帝封司马昭为晋王，其封地以并州为中心，大体上覆盖了今天山西的大部分地区。

司马氏之所以能一步步专权，很大程度上有山西人的功劳。

当年，司马懿曾为曹操的重臣。曹操观司马懿有"狼顾之相"，料定他日后必有反叛之意，因而对司马氏颇加猜忌，一度弃之不用。曹丕即位后重用司马懿，司马氏势力开始膨胀。曹丕死后，明帝即位，也对司马氏颇加猜忌，一度解除司马氏的兵权，并将他发配边远地区，不予重用。明帝病危，安排忻州人秦朗等五人为托孤大臣。中都人孙资与五位托孤大臣有矛盾，担心五位托孤大臣掌权危及自身，遂谋划司马懿进京，得到明帝首肯，并在三日以五道诏书召驻扎在辽东的司马懿进京，与曹爽同时受命。

至此，司马懿从发配边境的驻军将领再次进入权力中枢，并成为两位顾命大臣之一，而这一过程是在中都人孙资的帮助下完成的。

司马氏进京，权力开始膨胀。襄汾人贾充成为司马氏集团的骨干，并在司马氏篡位的过程中立下了汗马功劳。

魏明帝去世后，司马氏开始布局篡权。曹髦继帝位后欲带亲兵除掉司马氏，此时的贾充挺身而出，亲自带兵击溃皇帝的卫队，并指使人弑帝。贾充弑帝成功，一跃成为司马氏的开国重臣。

曹魏时期逐渐形成的豪门士族操纵朝政的例证在晋人中表现得极为明显。在司马氏晋代魏过程中，山西的世家大族闻喜裴氏、太原王氏、河东卫氏均有精彩表演。

想当初，闻喜人裴秀和太原人王沈都曾依附大将军曹爽。司马氏野心膨胀时，王沈曾放言："司马昭之心，路人皆知。"但就是这两位曹魏的忠臣，后来却先后成为司马氏篡权的骨干，进而成为西晋的开国功臣，历史的演变有时真让人目不暇接。

裴秀的父亲裴潜曾是曹操的得力干将,曾任曹操时代的尚书令、光禄大夫,位高权重。裴秀曾任大将军属下的黄门侍郎,后来却成为晋王司马昭的亲信,在司马炎受禅过程中一马当先,权倾一时。裴秀犯罪,司马炎百般庇护,称"不可以小疵掩大德",君臣关系由此可见一斑。

和裴秀齐名的王沈最初也是依附于曹爽,后来改换门庭,投靠司马氏,成为晋武帝的开国大臣。王沈在西晋开国之初的位置举足轻重,当时凡军国大政,连羊祜、裴秀、贾充这样的重臣要员都要向王沈征询意见。

司马氏专权,山西人鼎力相助;司马氏平蜀灭吴,山西人更是功不可没。

当年灭蜀,司马昭先后派出邓艾、钟会两位重要将领充当先锋。靠邓艾建功,靠钟会平邓,同时又派山西人卫瓘在钟会军中做监军,实际上是把灭蜀后稳定大局的重任交给了卫瓘。日后邓艾、钟会相争,卫瓘权宜得失,果断出手,先后将二人控制,为司马氏灭蜀立下汗马功劳。

卫瓘家族为河东豪门士族,他的父亲卫觊曾为曹操的得力干将,一向为曹操所倚重,任尚书职务。卫瓘本人也是一代名将,在平蜀过程中立下汗马功劳,在西晋建国前后起着举足轻重的作用。

太原的王浑家族,同样在西晋建国过程中功不可没。王浑在晋武帝时曾任徐州刺史、豫州刺史,政绩斐然。咸宁六年(280),王浑率军灭吴,完成了西晋统一全国的历程。王浑以此功被封公,两个儿子一个被封为亭侯,一个被封为关内侯。

通读山西历史,几乎可以这样认为,西晋政权很大一部分权力由山西的豪门士族把持,而他们之间又建立了盘根错节的姻亲和门生故吏关系。

裴秀当年出任曹爽手下的黄门侍郎乃由毋丘俭举荐,双方是同乡关系;裴秀与贾充同娶山西阳曲郭配之女,双方有亲戚关系;王浑的女婿是裴楷,贾充的女婿是晋武帝的太子,他们之间又存在姻亲关系。

充斥在魏晋上层的山西豪门士族之间既有联系又互相争斗。

忻州人秦朗和中都人孙资同为魏明帝重臣,双方却严重对立,正是这种对立，导致司马懿进京，曹魏历史从此改变。

贾充在司马氏篡魏立晋过程中一马当先，卫瓘在平蜀过程中手握重权，同为司马氏的宠臣和重臣，双方却为太子选妃之事展开了你死我活的争斗。

争斗的结果，贾充家族大获全胜。贾充的女儿贾南风成为皇后后，指使党羽杀死了卫瓘及其子孙九人。

在这场争斗中，山西的豪门大族纷纷选边站队，倾力支持一方打压另一方。这其中最有意思的要数裴氏。

贾充在支持司马氏废魏立晋的过程中立下汗马功劳，被封为车骑将军，任侍中、尚书令，大权在握。晋地当时最出名的望族裴氏中的裴秀和贾充同为司马氏的宠臣，同时两人又分别娶阳曲郭配之女，故裴秀在政坛上与贾充相互勾结、相互支持，权倾一时，而裴秀的从弟裴楷，与贾充同为侍中却站在了反对贾充的队伍中，与卫瓘站到了同一阵营。裴楷多次向司马炎进言，欲排挤贾充出京并引起贾充的高度恐慌。

另一世家大族太原王氏也挺有意思：太原人王浑因为是裴楷的岳父，因而在裴楷与贾充争权时多站在裴楷、卫瓘一方，另一太原人王沈家族却站在了王浑家族的对立面。王沈在当时名气极大，经常与裴秀、钟会等重臣聚会作诗，作为司马炎的开国重臣有左右朝局的影响力。贾充、裴秀、王沈等人在晋初结成同盟，权倾一时，当时朝野中就传有"贾裴王，乱纲伦"的说法。八王之乱中，王沈之子王浚投靠贾氏，拥兵自重，并有称霸一方的图谋，后来被真正称霸一方的石勒所杀。

由山西人主导的贾氏集团贪婪奢侈、腐化暴虐，激化了西晋上层社会的矛盾并引发了八王之乱。

八王之乱历时16年，几乎将西晋统一的成果损失殆尽。西晋灭亡后，晋朝的官兵包括山西的世家大族大量南逃，史称永嘉南渡。尽管南逃的晋世家大族与南方的官僚集团重新拥立司马睿在建康（今江苏南京）建立了东晋政权，但其影响力却今非昔比，元气大伤，再也无法恢复昨日的荣光。

在北方，传统晋人往日影响力的区域里，正轮番上演着由少数民族主导的十六国活剧。山西人在长达近300年里忍气吞声，只能一遍又一遍无奈地吟唱着那首千古民歌："敕勒川，阴山下，天似穹庐，笼盖四野。天苍苍，野茫茫，风吹草低见牛羊。"

由晋人主导的西晋政权仅仅维持了52年（265—317）便分崩离析。

建武元年（317），司马睿在江南即晋王位，建都建康。大批的晋人豪门士族随之南迁。这是继秦统一后，晋人第三次成规模迁徙。不同的是，秦初和汉初，晋人中的世家大族大多是被迫迁徙，这一次基本上是主动迁徙。

秦初和汉初，原先散居在三晋大地的韩、赵、魏遗老遗少和世家大族令秦始皇和汉高祖颇为不安，强令这些大族向指定的区域迁徙。

东汉立国后，受气候和战争的影响，中国北方和西北方的匈奴、鲜卑、羯、氐、羌等少数民族，陆续迁到长城以内和黄河流域一带居住。山西由于自己独特的地理位置，成为少数民族内迁的首选之地，如匈奴人居住在山西的中部和南部，鲜卑人的慕容部在魏晋时入驻辽西和辽东，羯人散居在山西东南部的上党郡，氐人居住在甘肃东南部，羌人分散在关中诸郡。这些少数民族居住地大体上以山西为主，另一部分散居在山西周边。

西晋的统治阶层和山西的世家大族对这些内迁的少数民族并不友好，不仅强迫他们缴纳重税，服兵役、徭役，甚至把他们掠卖为奴，如羯人就曾被并州刺史司马腾大规模掳去，押到冀州出卖；十六国时期后赵的建立者羯族上党人石勒少年时就被劫掠卖身为奴；山西的世家大族也多买鲜卑族慕容部妇女为婢妾。

西晋覆亡后，以山西为中心的北方陷入混战，各少数民族轮番在北方大地厮杀，北方进入十六国时代。这一时期先后建立了前赵、成汉、前凉、后赵、前燕、前秦、后燕、后秦、西秦、后凉、南凉、北凉、南燕、西凉、北凉、北燕、夏等政权。各地大规模的混战直到北魏统一北方（439）才告结束，持续了120多年。

北方战乱，山西的世家大族由于惧怕少数民族复仇，大多选择了南逃。西晋时，北方诸郡有700多万人口，永嘉之乱后几次大批南渡的达90多万人。南渡的近百万人口中，不少为晋人，这些人约占东晋人口的1/6。

东晋政权优待南迁的北人，在他们聚居的地方设立所谓侨州、侨郡、侨县。尽管如此，南迁晋人的日子并不好过。东晋统治阶级内部，存在北人士族和南人士族，北人士族中的上层与下层，皇族司马氏与侨姓大族、各大族之间，中央与地方（扬州与荆州）等错综复杂的矛盾。在这些矛盾夹缝中生存的晋人不但失去了往日主政一方的豪气，连生存也变得极为艰难。

在东晋政权统治下的江南，山西人战战兢兢地生活了100多年，这100多年中，南迁的山西世家大族逐渐凋零，不再拥有当年在北方的影响力。

永初元年（420），刘裕在江南称帝，取东晋而代之。自刘宋开始，南方历经宋、齐、梁、陈四个朝代，直到589年，陈被隋灭掉，南北朝的割据局面方告结束。在南朝的169年里，流落在南方的山西世家大族和南迁的流民几乎寂静无声，再也没有了往日的繁盛。

而在北方，战乱和战争让山西的区域地位和军事地位再一次凸显。晋阳、上党、平阳和平城作为全国的重要城市依次闪亮登场。

魏晋南北朝时期的山西，是名副其实的龙兴之地。尽管国家四分五裂，但其中有许多乱世豪杰，在山西这块土地上风云而起，建立了强大的政权，如汉赵皇帝刘渊，兵起山西石州（今离石）而有天下；后赵皇帝石勒兵起上党而有天下；北魏拓跋氏兵起平城而有天下；北周宇文氏兵起代州而有天下。

历经刀兵的太原，前期曾是司马王朝散落在北方的最后一块根据地，后期则是北齐政权的发迹祖地，因而太原也被称为北朝霸府。

山西的大城重镇，当以太原的历史最为悠久。

太原在古代大部分时间里被称为晋阳。在今天太原市晋源区古城营村一带，还保留着一段晋阳古城遗址。那些裸露在田野里的残垣断壁，如同饱经沧桑的巨人，以无声的语言讲述着这座城市2500多年的建城历史。

晋阳之名，最早出现在春秋末年，晋阳城乃赵国的实际创立者赵襄子所建。太原城的历史从那时候就开始了。

春秋演变成战国，以晋阳城的崛起作为标志。晋国一分为三成为赵国、魏国、韩国。晋阳属于赵国，曾做过赵国早期的都城。尽管赵国后来迁都邯郸，但晋阳仍然作为陪都而一直存在。这是太原城在历史上的首次登场。

秦始皇统一中国后，将天下分为三十六郡，在昔日赵国的都城置晋阳郡，不久又改名太原郡。西汉初年曾在此设置太原国，晋阳为太原国都，不久兼置并州。东汉时期，撤掉了并州，归属冀州，分置恒山、西河二郡。

秦汉时期的太原郡，是举世瞩目的雄藩巨镇。秦王朝对此极为重视，耐人寻味的是，秦始皇统一六国后，把太原封给了白仲。白仲的父亲白起正是战国末年最惨烈的秦赵长平之战中的秦军主帅。那一次战斗，白起坑杀赵军降卒数十万，引发赵举国复仇，而太原正是赵国早期的都城，聚集着大量赵国遗民。将坑杀赵国将士主帅的后人封于斯地，究竟为了回报被冤死的白起，还是让白起的后人和赵国的遗民互相牵制？秦始皇的帝王之术让人回味无穷。

整个汉代，并州因为其特殊的地理位置，成为防御匈奴的主战场。许多著名的将领都曾率兵节制太原郡。

南北朝时期，太原郡的地位进一步凸显，许多军事将领争先控制太原郡，进而控制长安和洛阳并进一步控制北中国。

北魏王朝对太原苦心经营，经受百年战乱之苦的古城再次光彩照人。

而晋阳尔朱荣家族的分裂，为另一个太原霸主的崛起，提供了千载难逢的机会。北魏王朝的重心在山西，之后北魏裂变为东魏、西魏，这两个王朝又分别裂变为北齐和北周。

北朝后期，北中国的命运几乎是由两大集团来控制的：一个是坐镇长安以宇文氏为首的关陇集团，另一个就是坐镇晋阳以高氏为主的太原集团。

这两大集团的首领人物都与太原有着密不可分的关系。宇文家族的祖籍就在太原，高氏的祖籍虽是河北，但世代盘踞太原。

在以后的日子里，作为北方重镇，太原越来越显示出它的独特性，而南北朝时期的太原崛起则超过了任何一个时候，日后它更是直接促成了一个强大王朝（唐朝）的崛起。

关隘和关羽

一座城市的重要性，取决于它的战略位置和政治、经济、军事文化的辐射作用。从漫长的历史来审视，太原的城市经历和文化性格像极了山西；或者说，太原就是三晋文化的典型代表，它在历史上从不缺席，却始终处于最主要的陪衬地位。

历数中国历史上著名的文臣武将，山西几乎可以位列榜首。山西历史上素有忠君爱民"郁郁乎文哉"的文治传统，如武丁中兴的功臣傅说，助秦统一的百里奚、商鞅、完璧归赵、将相和的蔺相如，开汉400年的张良，辅佐汉室的霍光，再造唐室的狄仁杰，写出《资治通鉴》的司马光，"天下廉吏第一"的于成龙，"台海一家亲"的杨二酉，"睁眼看世界"伟大先驱之一的徐继畬以及各宰相世家：战国魏世家、赵世家、韩世家，大唐的裴氏家族、王氏家族……而在武将方面，翻阅中国历史会发现，中国历史上的名将，很多出自山西，如春秋时期的先轸、栾枝、栾书、孟明视、魏绛、魏舒，战国时期的吴起、庞涓、赵奢、廉颇、李牧，秦汉时期的纪信、郅都、李广、卫青、霍去病、冯奉世，三国时期的关羽、张辽、徐晃；南北朝时期的独孤信、斛律光、刘武周，隋唐时期的薛世雄、尉迟恭、薛仁贵、单雄信、柴绍、郭子仪；宋代的李筠、王全斌、慕容延钊、杨业、杨延昭、呼延赞、狄青、王彦，明代的任环、麻贵、杨博、张凤翼、孙传庭、宋世杰、任举。但如此多的文臣武将，却从未催生出一位一功帝王。一如太原一生荣耀，却从未做过统一王朝的都城，其巅峰时刻甚至比不上北面的大同，大同在北魏时期曾经是北朝的都城。

秦统一中国后，三晋大地"出将入相"的特点更为明显。秦的历史太过短暂，山西人还来不及施展自己的抱负，秦朝就一命呜呼了。

汉帝国建立后，从汉文帝开始，三晋以一种中庸、低调、务实、质朴、忠厚的形象逐步进入朝堂中枢。在东汉末期，魏晋交替之际，三晋人士在朝堂的重要性也愈来愈明显。

占据山西全境后，曹操在取得政治优势的同时，也取得了地理和人才资源上的优势。从此，大批三晋人士进入曹魏政权，并逐渐形成势力巨大的世家大族，如太原王氏、祁县王氏、阳曲郭氏、平遥孙氏、祁县温氏、河东卫氏、闻喜裴氏、襄汾贾氏等，在后世政坛颇有影响。曹魏时期逐渐形成的九品中正制，首先在晋地开花结果。日后声震中国的山西闻喜"中华第一宰相村"的裴家便是由此时开始发迹。

在中国，说到三国便不能不提《三国演义》，提及《三国演义》，便不能不提关羽。

在小说中，有关关羽的篇幅占了很大一部分，从桃园三结义到三英战吕布，从温酒斩华雄到千里走单骑，从赤壁大战到水淹七军，从刮骨疗毒到夜读春秋。一部三国史，让晋人关羽名震中外。从某种意义上说，一部关羽的个人奋斗史，便是半部蜀汉的创业史。关羽在世，蜀汉建国一路高歌，蒸蒸日上；关羽败亡，蜀汉由盛转衰，日渐颓败。

作为小说，《三国演义》固然有演绎的成分；作为老乡，罗贯中对关羽肯定也有溢美之词，但作为历史人物，小说中呈现的关羽面貌大体清晰而真实。

关羽是今山西运城人。今天的运城建有全国最大的关帝庙，全庙仿宫殿式建筑，左右对称布局，主次分明，面积达1.85万平方米。这样的规格、这样的规模，在中国除孔庙外绝无仅有。

孔子被中国人尊称为"文圣"，而"武圣"的称号则给了关羽。在古代中国，凡有文庙的地方几乎都有关帝庙。不仅如此，在中国大一些的村落几乎都建有关帝庙，其数量远超文庙。明清鼎盛时期，全国关帝庙达3万多座。关羽在历史上的地位几乎可以比肩孔子，其在民间的影响力甚至超过孔子。后人以其忠信勇义的操节,对其倍加推崇,乃至神化。

关羽生前被曹操授意汉献帝封为汉寿亭侯,死后被刘禅追谥为壮缪侯;宋元前后被封为忠惠公、武安王、义勇武安王、壮缪义勇武安王、显灵义勇武安英济王;到明代,明神宗进一步将关羽封为帝君、大帝,媲美"文圣"孔子,被尊称为"武圣",祭祀之庙遍及国内城乡各地。

从生前到身后,关羽的身份由侯到公再到王,直至君、帝;对他的溢美也由勇武到壮、安、忠、义,直至显灵,这样的待遇和赞美,纵观中华几千年绝无仅有。

运城关帝庙修建和重建的历史,实际上也是各代王朝对关羽推崇的历史。关羽在中国历史上的地位和在民间的影响力历经2000年而不衰,山西人的忠义形象至此也慢慢形成。

在那个"文死谏,武死战"的年代里,山西人忠勇爱国,勇猛无畏地呵护着每一个王朝,但出人意料的是,拥有如此多忠臣良将的山西,竟然找不到一位叱咤风云统一全国的开国帝王,甚至在那些风起云涌、点燃全国烽火、震惊中外的农民起义队伍中,也看不到一个山西人的身影。

关帝庙

秦朝的开国皇帝嬴政是陕西人（虽然他的出生地是三晋时的赵国），西汉的开国皇帝刘邦是江苏沛县人，东汉的开国皇帝刘秀是湖北枣阳人，西晋的开国皇帝司马炎是河南温县人，隋朝的开国皇帝杨坚是陕西华阴人，唐朝的开国皇帝李渊是甘肃天水人，宋朝的开国皇帝赵匡胤是河北涿州人，元朝的开国皇帝忽必烈是蒙古人，明朝的开国皇帝朱元璋是安徽凤阳人，清朝的开国皇帝顺治是东北人。这些开疆拓土统一全国的帝王中，没有一个是山西人。

秦末农民起义的最早发起者陈胜是河南平舆县人，西汉末年的农民起义绿林军的首领王匡是湖北京山人，隋朝末年农民起义瓦岗军的首领翟让是河南滑县人，唐末农民起义首领黄巢是山东菏泽人，北宋影响最大的农民起义首领方腊是浙江杭州人，元末农民起义的代表人物朱元璋是安徽凤阳人，明末最大的两支农民起义队伍首领李自成和张献忠都是陕西人，清末最大的农民起义队伍太平天国的首领洪秀全是广东人。

山西人长于坚守和维护一个传统的世界，却难以适应动荡变革的新世界。历史上很多新王朝在摧毁旧王朝或统一的过程中最艰巨的战斗大都发生在山西，而新王朝建立以后最大的隐患也往往来自山西。

秦始皇一生对三晋都充满了复杂的感情：他生在三晋赵国的都城邯郸，一生中受三晋人士吕不韦影响最大，统一东方六国中最大的对手是赵国。

由于三晋的地位是如此重要，所以秦始皇在登基后三次到三晋巡视，前两次巡视发生在他生前，最后一次巡视发生在他死后。

始皇帝十九年（前228），秦国扫灭赵国，秦始皇故地重游，到邯郸收服赵国的俘虏，检阅秦军，之后从井陉入三晋并在太原巡游一番，之后从太原返回咸阳。

又过了十年，始皇帝二十九年（前218），此时秦始皇已统一全国，得意扬扬的他东巡泰山，在这里被韩国贵族张良所雇的人刺杀，秦始皇虽幸免于难，却震惊异常。震怒之下，秦始皇下令全国搜查，搜捕行动一直持续了十日才停止。之后，秦始皇从山东返回，经太行山进入上党，在这里巡视昔日长平之战古战场，之后从蒲津返回咸阳。

始皇帝三十七年（前210），秦始皇又一次南巡，行至山东德州时身染重病，无奈只得西返，行至沙丘（今河北邢台东部）时病逝。但赵高和李斯为了稳定人心，秘不发丧，灵车从井陉口入山西。为了威服三晋，灵车专门绕道从太原北上至九原（今内蒙古包头），再从九原南归咸阳，这一次进入山西巡视的，实际上已经是秦始皇的灵车，由此也可以看出秦人对三晋的忌惮和重视。

秦灭六国主战役长平之战的发生地在山西上党，位于太行山南段的西侧，而六国灭秦的主战场在太行山南段东侧的邢台。巨鹿之战是秦末战斗最激烈、最具决定意义的一场战役，"赵国""楚国"几乎动用了自己全部的军队，秦王朝也将自己的主力悉数压上，双方作战的人数各有15万人以上。巨鹿之战结束后，秦王朝赖以生存的军队基本上被消灭。

长平之战和巨鹿之战堪称秦王朝的生死之战。长平之战是战国时期规模最大的一场战役，也是秦国统一六国的奠基之礼。虽然秦国在长平之战41年之后才消灭六国，但秦统一全国之势在长平之战后便成定局，而巨鹿之战后，秦国灭亡的结局便已注定。这两场重要战役的发生地便是昔日三晋的赵国，上党地区和邢台地区在战国时期都曾属于赵国。

历史有时惊人的相似。决定秦王朝成败的这两场战役结束2000多年后，戏剧性的一幕又出现了：1945年9月、10月，在不到2个月的时间里，国共双方军队几乎在长平之战和巨鹿之战差不多相同的位置又进行了两场大的战役，即上党战役和邯郸战役。

日后辽沈战役中的郑洞国投诚、平津战役中的傅作义接受改编、淮海战役中的杜聿明被俘都与上党战役、邯郸战役探索的战役模式有关。

时空虽跨越千年，但历史把中国第一个封建王朝和现代中国的崛起之战都放在了三晋大地，这不能不说是历史的某种巧合，而这些巧合又昭示着历史的必然：古往今来，三晋对历代王朝的兴衰都有着非常重要的意义。

西汉建立后，刘邦牢牢控制了关中地区并东征西讨，将东方的齐鲁、南方的荆楚依次荡平，但北方的匈奴却桀骜不驯，冒顿单于东灭东胡，西驱月氏，南并楼烦。汉高帝六年（前201），匈奴30万大军大举南下，由山西北部进入进犯中原，先占代国，又兵围马邑、进占晋阳，山西大半被匈奴控制。

山西乃京师关中的屏障，刘邦为此不得不亲征匈奴。汉军倾全国之力，以32万人马由河东入上党，向山西北部进击，不料却在平城白登山（今大同东南）被匈奴围困达七天七夜，后用陈平的计策才得以解围。

白登之围后，西汉帝国鉴于北部边境的形势，定下了和亲的国策，同时鉴于山西的重要性，派皇子到山西为王，镇守北部边境。白登之围后，刘邦冒着生命危险，再次到山西西北部平息叛乱，封儿子刘恒为代王，驻守山西北部。

西汉之后，东汉王朝从一开始同样也在山西苦心经营：先是从河北蔚县到山西大同堆土布石，堆积起150多千米的隔离带，接着又从太原到河北井陉、定县、临漳修筑堡垒，从北到南，构筑起两道从东往西的防线，使山西成为"京师安危之所系"之处。

东汉建立没多久，中原战火尚未完全平息，沉寂已久的匈奴再次南下，很快便突破到山西南部的河东郡、上党郡，距东汉京都洛阳近在咫尺。

就在这万分危急之时，匈奴内讧突起，分裂为南北二部，纷纷向东汉请求亲附。东汉趁机收复了被匈奴侵吞的北部八个边郡，一场开国危机得以化解。

隋朝建立之后，隋文帝深知太原关系社稷安危，即位不久便效仿汉高祖刘邦，将次子杨广封为晋王。杨广就是后来的隋炀帝，他继位后一方面在太原大兴土木，修建避暑行宫汾阳宫，同时任命表兄李渊替他看守太原，不料李渊凭借太原有利的战略地位，举起反隋大旗，不到半年便沿汾河、渭河攻入长安，大唐王朝就此诞生。

唐太宗深知山西的重要性，把太原称为"王业所基，国之根本"，并投巨资营建太原城，使太原成为当时中国仅次于长安、洛阳的第三大都市，终唐之世被誉为北都，在武则天时代甚至被冠以北京之名，成为唐王朝北方的坚固屏障。

太原并没有让唐廷失望，安史之乱中，叛军从范阳（今北京西南）出发，长驱南下，先后攻克洛阳、长安两京，并从博陵（今河北定州）、上党、大同、范阳调兵10万，会攻太原。此时的太原守军万人，却凭借坚固的城墙严防死守，伺机反击，全歼叛军7万余人，牢牢地守住了太原城。之后，名将李光弼率领兵马从太原出发，一举收复了河北、河南大片失地。

由于山西这块"唐朝根基"的顽强坚守，使得风雨飘摇的唐王朝在藩镇割据的重围之中又支撑了100多年。如果没有太原，唐王朝很可能在安史之乱中就灭亡了。

和唐王朝对山西的百般呵护相比，宋王朝对山西却百般刁难。北宋建立后，占据山西1/3版图的北汉和北宋王朝对峙长达19年。北汉投降后，宋太宗既恨太原坚固难攻，又恨太原军民顽强抵抗，由此下令毁掉太原城，并将太原城由府级降到州级。

大宋政权对山西的打压后来也受到了"回报"——金兵大军压境，失去坚固城池的太原独木难支很快便被金兵攻破，山西陷落，开封无险可守，北宋很快灭亡。

金元易代之际，山西由于地处战略要地，饱经战争蹂躏。嘉定四年（1211），蒙古大军开始进攻金朝控制下的山西武州、朔州等地。第二年，又进攻金朝的西京大同，全歼金廷援军。此后，蒙古军用了差不多十几年的时间，直到宝庆二年（1226）左右才占据了山西全境，其间遭到山西人的激烈反抗，十几年间战火几乎没有间断。元朝建立后，对山西采取了怀柔政策。当元末的战火在中国南方愈演愈烈时，山西却稳如泰山，成为元朝稳固的后方。

这一时期可能是山西历史上短暂的一段如歌岁月。山西的城市在这一时期空前繁荣。《马可·波罗游记》中记述的城市如太原、平阳、河中府城（今运城蒲州镇），都是商品丰盛，诸业发达，颇为繁华。运城还是当时的盐业中心，由元初的弹丸小镇一跃而成为繁华的城市，不但兴修了池神庙、学堂、谯楼，还成为河东盐运使驻地，并从此更名为运城，一直沿用至今。

有一组数据可以进一步佐证山西此时的繁华。由于元初蒙古人实行征服性的屠杀政策，"河东之民，杀掠殆尽"。山西人口由金朝中期（1210年前后，蒙古军尚未踏入山西之时）的718.2万人急降至至元二十八年（1291）的55.39万人，为历代最低，是盛唐时的1/6，不足金中期的1/10。但经过100多年的恢复，到洪武二十六年（1393）时，山西人口已猛增至407.2万，这个数字甚至超过了盛唐时的人口。

历史上曾经相似的一幕此时在山西再次上演——元初曾誓死抵抗蒙古人的山西，此时再次选择了捍卫旧王朝和新王朝作对。

洪武元年（1368），朱元璋在应天府称帝，建立明朝，并派大将徐达、常遇春攻克大都，元顺帝逃往漠北，而山西作为元政权的最后一块根据地和朱元璋的明军展开了殊死的搏斗，这一仗断断续续打了近20年，直到洪武二十年（1387），盘踞在芦芽山的残元势力才向明政权投降。

明朝建立后，吸取了宋王朝摧毁太原、自毁长城的教训，对山西格外重视，不但扩建了太原城，还在晋北设立了两道防线。当明成祖朱棣将京城从南京迁往北京后，山西对京城的屏障作用更加凸显了，明廷对山西的防卫也格外重视，在大同和太原都驻有重兵。

明廷对山西的重视换来了山西的回报。崇祯十六年（1643），明军与李自成农民军最激烈的一场战役在潼关打响。在明朝重臣洪承畴等望风而逃的情况下，山西代县人、时任大明督师的孙传庭明知此战必死无疑，仍义无反顾地率军作战，出关时他曾顿足叹息："奈何！吾固知往而不返也。"

潼关一战，明军惨败，孙传庭以死殉国，史书上说："传庭死，而明亡矣。"

潼关之战后，李自成在西安称帝，而后率领农民军破关而入，东渡黄河，经禹门进入山西，一路下汾州，占太原，分兵两路进攻北京。南路军由刘芳亮率领出故关，趋正定攻打北京；北路军则由李自成亲自率领，占忻州，取代州，直逼宁武关下。

在宁武关，李自成遇到了称帝以来最激烈的一战。从代州突围而来的三关总兵周遇吉，率3000守军对阵李自成的3万大军而毫不畏惧，冒死激战。宁武关被攻破后，双方又展开激烈巷战。周遇吉徒手格杀起义军数十人，最终力尽被俘，死于乱箭。而周妻在城破以后率家人据守总兵府，居高射杀起义军无数，箭尽之后，周母下令焚烧了总兵府与敌同尽。

宁武关之战，是明王朝灭亡前的最后一战。周遇吉一家满门忠烈，义薄云天，为大明王朝流尽了最后一滴血，而宁武关也成为大明王朝的最后一道门闩。宁武关失守，通往京城的门户洞开，无奈之下的崇祯皇帝，敲钟召集群臣商议对策，竟无一人前来。血色残阳下的山西宁武关成为大明王朝最后的战场记忆。

山西自古出良将的历史现象和山西的关隘文化密切相关。

阻挡李自成大军的宁武关只是山西众多天险关隘之一。它位于今天的山西省忻州市宁武县城区。它虽建于明代中期，其战略位置却在战国时期就已被高度重视。这处北方重要关隘，在很早的时候位于晋北楼烦（古部落名）故地。战国时，赵武灵王曾在此设置楼烦关，以防匈奴。秦汉时期，这里依旧重兵防守，设置楼烦关，在今县南的宁化村，即为楼烦关南口，县北的阳方口，即为楼烦关北口，防备的主要对象依然是匈奴。

宁武关在明朝为三关镇守总兵驻所所在地。当时，明朝为抵御蒙古大军的进攻，不断在北方设险置关、修筑防线，形成外边与内边两道保卫北京的防线，即内、外长城。外长城东起鸭绿江，西抵嘉峪关，也叫"外边"或"边墙"。大致为阴山—大青山南麓—西拉木伦河一线。

明朝在绵亘万里的北部边防线上相继设立了辽东镇、蓟州镇、宣府镇、大同镇、山西镇（也称偏头关或三关镇）、延绥镇（也称榆林镇）、宁夏镇、固原镇（也称陕西镇）、甘肃镇九个边防重镇，即外长城沿线著名的"九边重镇"。内长城最初为北齐时修建，也叫"次边"，当时主要防备的对象是北周大军。到明代，主要防备的对象为蒙古大军。

据《明史·边防》记载:"内长城西起山西老营堡,转南而东,历宁武、雁门、北楼至平型关尽境约八百里;又转南而东,为保定界,历龙泉、倒马、紫荆、吴王口、插箭岭、浮图峪至沿河口,约一千七百余里;又东北为顺天界(今北京市),历高崖、白羊,抵居庸关,约一百八十余里。皆峻岭层岗,险在内者,所谓次边也。"

内、外长城由北京怀柔区箭扣长城"北京结"分岔,内长城向西南经河北省易县、涞源县、阜平县而入山西省界,经灵丘县、繁峙县山至偏关县老营堡柏羊岭,并在此处与外长城相接;外长城西北行经河北省赤城县、张家口市、怀安县而入山西省界,又经天镇县、大同市至偏关县老营堡柏羊岭,同内长城相连。

内三关、外三关是设在内长城线上的六座著名关隘。靠东侧的居庸关、紫荆关、倒马关称内三关;靠西侧的雁门关、宁武关、偏关为外三关。这六座关隘彼此互为联动,构成一个整体,构成拱卫京都的坚固屏障。内三关呈南北走向,沿太行山—燕山方向布局,拱卫北京;外三关呈东西走向,沿恒山方向布局,既保卫北京,也拱卫三晋。内三关的倒马关、紫荆关位于今天的河北省,居庸关位于北京;这三关都位于太行山沿线,紧邻山西。外三关中的偏关、宁武关、雁门关全部位于山西。

宁武关在明朝时的地位十分显赫,因其地处外三关中路,素有"北屏大同,南扼太原,西应偏关,东援雁门"的战略作用。宁武关始建于明代中期明宪宗时期。在他执政时期,建宁武关有其极强的军事和政治意义。明宪宗的父亲明英宗就是在著名的"土木堡事变"中被瓦剌生擒的那位皇帝。明宪宗继位后第二年就把年号改为"成化"。成化三年(1467),为了应对蒙古大军的威胁,明宪宗就迅速建立了宁武关,在此之后,宁武关的防御功能被发挥到淋漓尽致,有效地阻挡了蒙古的入侵。

明正德八年(1513),蒙古骑兵从大同南下,进攻宁武关,企图由此进入山西晋中,威胁北京,守军官兵奋起抵抗,打败了蒙古兵。

宁武关的创设、加固以及沿关防戍的修筑,将偏头、雁门、宁武三关连成一线,有效地加强了明朝北部的边防。

雁门关

宁武关在山西的关隘中是历代战争较为频繁的关口，尤其在明朝更是如此。当时北方游牧民族南下，必经三关。偏关由于有黄河作为天险，只有冬季匈奴的骑兵才可以踏冰而过，而雁门关以山为天险，骑兵难以突破。宁武关所靠的恢河是季节性河流，匈奴骑兵在枯水期可沿河谷挥师南进，直抵关下。所以历史上大多数时候，宁武关成为游牧民族和农耕民族交战的主要战场。历史上因鲜卑、突厥、契丹、蒙古等游牧民族南下掳掠，经常选择宁武关为突破口，所以在很多时候，这里的战争几乎连年不断。在宁武关千百年来的战争纪录中，最后一场大仗就发生在明末崇祯年间李自成和明三关总兵周遇吉的那场战役。这一仗整整打了七个昼夜，李自成的起义军经血战最终攻破全城全歼守关的明军，但损失也十分惨重。这一战也充分见证了宁武关的险要和坚固。

由于这一战的巨大影响力，它成了后世戏剧争相演绎的主题。传统戏曲《宁武关》一度曾非常鼎盛，为京剧、昆曲文武老生传统戏之一，全剧通唱曲牌，亦文亦武。川剧、湘剧、桂剧、秦腔、河北梆子、徽剧均有此剧目。以此观之，山西因其厚重的历史而在今日拥有海量的文创资源。

偏头关位于山西省忻州市偏关县黄河边，为著名的"外三关"之首。偏头关历史悠久，地处黄河入晋南流之转弯处，为历代兵家争夺的重地。早在春秋战国时期，这里就是战场，赵武灵王曾在这里略中山破林胡；唐朝时曾在这里设唐隆镇，名将尉迟敬德曾在关东建九龙寺。偏关县在汉、唐时还不出名，到了五代十国时期，北汉末代皇帝刘钧于957年置偏头砦；北宋时这里成为与西夏交兵的国防前线，因驻扎重兵，地位一度非常高；明洪武年间始筑关城，明成化年间设偏头关守御千户所，万历年间又大规模建设此城，称为"九塞屏藩"，与宁武关、雁门关一起"鼎峙晋北，互为犄角"，是北疆之门户，京师之屏障。

明代中期，晋商崛起。偏关既是晋北门户，又是晋北与内蒙古互市的通商口。每逢战争的烽烟消失之后，边禁开放，关城及周围的一些堡寨就成为蒙汉互市的区域。蒙古族以大批的草原骏马进入互市区，换取汉人的丝棉织品、茶叶等物品。

互市开放之日，热闹非凡。关城、堡寨将士披甲戴盔，列队城外；城楼之上礼炮轰鸣，鼓角擂动，庆祝商贸盛会。边地将领、政府官员、巨商大贾纷纷前来赴会，一派和平繁荣景象。

偏关位于山西省西北部，北靠长城与内蒙古清水河县接壤，西临黄河与内蒙古准格尔旗隔河相望。偏关在明洪武二十三年（1390）筑偏关城后，宣德年间起山西镇在偏关驻防达113年，有"宣大以蔽京师，偏头以蔽全晋也"之记载。偏关县境内有明代修筑、总长500千米的六条边墙——明长城，1000多个烽火台，30多个古营堡，10多个古寺庙，30千米的黄河大峡谷，关卡几乎遍布全境。

在山西成百上千的关隘和古堡中，以雁门关最为著名。雁门关位于山西省忻州市代县县城以北约20千米处的雁门山中，是长城上重要的关隘，也是华夏最重要的一处关隘，它以"险"著称，被誉为"中华第一关"，并有"天下九塞，雁门为首"之说。"外三关"中，雁门关是最险峻、最核心的一处关隘。

雁门关往东，依次是平型关、紫荆关、倒马关，一直抵达北京居庸关，连接渤海；往西则是轩岗口、宁武关、偏头关直至黄河边。恒山沿代县北境蜿蜒于山巅的内长城，将雁门山、馒头山、草垛山连成一体。它北依雁北高原，南屏忻定盆地。雁门关正好坐落于代州古城北部的勾注山脊，人称"九塞尊崇第一关"，是大雁南下北归的主要中部通道之一。

雁门关历史悠久。战国时代，赵武灵王胡服骑射，大败林胡、楼烦的入侵，建立了云中、雁门、代郡。后来三晋名将李牧奉命常驻雁门，防备匈奴，曾在此"大败匈奴十万余骑"。秦始皇统一中国后，派遣大将蒙恬率兵三十万，从雁门出塞，"北击胡，悉收河南之地"（即河套地区），把匈奴赶到阴山以北，并修筑了万里长城。

汉高祖刘邦时期，曾在雁门关外的白登山被匈奴围困。汉武帝继位后，面对匈奴不断猖狂的南犯，着手反击。公元前130年，汉武帝下诏发卒整修雁门关。汉朝名将卫青、霍去病、李广都曾驰骋在雁门古塞内外，多次大败匈奴，立下汗马功劳。"猿臂将军"李广在做代郡、雁门、云中太守时，先后与匈奴交战数十次，被匈奴称为"飞将军"。

汉元帝时，王昭君就是从雁门关出塞和亲的。从此以后，这一带出现了"遥城晏闭，牛马布野，三世无犬吠之警，黎庶无干戈之役"的安定局面。

雁门关之名，始自唐初。当时因北方突厥崛起，屡犯中原，唐驻军于雁门山，于制高点设关城，戍卒防守。

北宋初期，雁门关一带是宋辽激烈争夺的战场。闻名中外的"杨家将"曾在此长期驻守，屡建功勋。北宋太平兴国四年（979），杨业任代州刺史兼三交驻泊兵马都部署以后，曾多次以少胜多、大败辽兵，被时人称为"杨无敌"。

雍熙三年（986），在雁门附近的战斗中，杨业陷入辽军的重重包围中。在陈家谷，杨业身负重伤，宁死不屈，直至为国捐躯。

宋以后，历经金、元四百余载，雁门关仍巍峨屹立，至明代成为外三关的重要"险隘"。

自秦汉以来，山西北部就是北朝各国统治的中心，成为民族大融合的前沿地带。雁门关及其所在的代县是古代少数民族南下入侵中原的必经之路，所以雁门关自古就是战略要地。自公元前4世纪至20世纪，发生在这里的重要战事，据不完全统计就达数百次，可见它确实是兵家必争之地。雁门关北通大同，南至太原，进可通千里草原，退可守关中和中原，战略地位非常重要，是中国古代关隘规模宏伟的军事防御工程。战国时期就被列为"九塞之首"；南北朝列称北庭三关；明代列称山西内关。历称勾注塞、西陉关，向以关山雄固、北塞门户著名，是中国长城文化、关隘文化的典型代表。

三晋四面环山，北有阴山，南有中条山，东有太行山，西有吕梁山，中有恒山、五台山、太岳山、芦芽山、云中山、管涔山；北部、中部甚至东、西部都有长城分布，西面、南面还有黄河天险。这样的地形使得山西周边及内部重峦叠嶂，关山重重。外三关只是山西关隘的代表。

在东部、东南部，太行八陉中有五处在山西。轵关陉上有封门关、铁刹关；太行陉上有天井关、羊肠坂、盘石长城、碗子城、孟良寨、焦赞营、大口、小口、关爷岭、斑鸠岭等关口要塞；白陉上有孟门关、壶关；滏口陉上有风月关；井陉上有土门关、娘子关；飞狐陉上有飞狐峡，这里在古代曾长期属三晋管辖；此外紫荆关、居庸关也位于山西附近。

山西北部以长城为险，处处设防，铜墙铁壁，关口重重。著名的西口——杀虎口就是北部长城沿线重要的关口。

山西西部以黄河为险，雄关漫道以渡口的形式呈现，如龙门渡、蒲津渡、风陵渡。每一处渡口都相当于一处重要的关隘，围绕着这些渡口曾发过大小数百场战役。如龙门渡就与壶口瀑布相邻，这里因两岸陡峭的悬崖和狭窄的河道闻名，是秦晋之间重要的交通要道，双方一旦发生战争必然拼全力争夺渡口，战争于是在所难免。

山西西南边陲的黄河古渡口蒲津渡至今已有近2000年的历史，作为关中的侧门，位于著名的潼关背后，被人称为"河北、河东陆道进入关中之第一锁钥"。宋以前的东、西对峙战争中,这里成为饱经战火之地,而蒲津渡每次都可能成为战争的导火索。

距蒲津渡南不远处的风陵渡是三晋的河上门户,是河南、陕西、山西三省的交通要冲,是黄河上最大的渡口。由于它紧贴潼关和函谷关,因而在历史上更是战事不断。相传这里在远古时代便是黄帝战败蚩尤的地方;春秋战国时期,秦国和晋国在这里发生多次激战;东汉末年,马超和曹操也曾在此展开恶战;康熙西巡、慈禧南逃,这里都是必经之地。

山西是中国名关最多的省份,守关必有城,守城必有将。这也是历史上山西名将辈出、猛士如云的重要原因,也是山西"出将"的地理因素,更是关羽被后世人们尊为"武圣"背后的军事文化、关隘文化因素。关羽被推为"武圣"并非横空出世,在他背后站着的是一连串威震华夏的三晋名将:先轸、吴起、庞涓、赵奢、廉颇、李牧、李广、卫青、霍去病、冯奉世、张辽、徐晃、独孤信、斛律光、刘武周、尉迟恭、薛仁贵、郭子仪、杨业、岳飞、呼延赞、狄青、王彦、任环、孙传庭、周遇吉……

和中国历史上这些声名显赫的武将相比,关羽在东汉后期的影响力并不突出,与姜子牙、卫青、霍去病、李广、韩信、李靖、杨业、岳飞这些绝世名将更不能相提并论,且关羽的最终结局也算不上辉煌。但为何最终被神化的却是关羽呢?这里就必须提到另外两个山西人——史学家裴松之和小说家罗贯中。

陈寿的《三国志》是一部在唐朝被定为正史的史书。见于正史的关羽事迹最早就是被《三国志》记载的。《三国志》卷三十六(共六十五卷)《蜀书》卷六的起首便是《关羽传》,与张飞、马超、黄忠、赵云的传志列于同一卷。作为刘备的臣子,关羽的地位仅次于《蜀书》卷五记载的诸葛亮。由此可见,陈寿认为关羽是刘备最重要的武将。陈寿是西晋的史家,但从小却生活在蜀地,对关羽的了解和亲近也属情理之中。但《关羽传》只有短短953个字。不过,陈寿已经算很郑重地对待关羽了,因为同卷的赵云只有246个字。武将们所占的篇幅大概就是如此。

裴松之是河东郡闻喜(今山西运城市闻喜县)人,和关羽是运城老乡，双方家乡距离不过几十千米。裴松之为《三国志》作注，使《三国志》的史料价值得到极大提升。虽然《关羽传》的裴注只有761字，却为《三国演义》的写作提供了丰富的史料，使关羽的形象更趋立体和丰富。

在陈寿《三国志》、裴松之《裴注三国志》的基础上，元末明初的戏曲家、小说家罗贯中整理写成了《三国演义》。

罗贯中是山西太原人，和关羽同样是老乡。罗贯中在小说《三国演义》中，除了宏大的历史叙事和跌宕起伏的情节描写，还成功地塑造了"三绝"——曹操的"奸绝"、诸葛亮的"智绝"、关羽的"义"绝。并成功地将"义绝"的关羽把"智绝"的诸葛亮和"奸绝"的曹操挤到了配角的位置上，成为故事叙述的中心。

当然，罗贯中在《三国演义》中除了极力推崇关羽外，还特别"照顾"了另外一位山西老乡——貂蝉。

貂蝉是小说《三国演义》中的人物，传说中的中国古代四大美女之一。罗贯中将她的籍贯定为山西忻州，为东汉末年司徒、山西人王允的义女。

在以《三国志》为题材的杂剧和说书中，貂蝉很多时候被当成"恶女"的典型。罗贯中为貂蝉打造的"人设"和故事情节是：一位身份卑微的女性不惜玷污自身清白去铲除试图倾覆汉室的董卓，由此赞扬貂蝉守护汉室之义。此外，还进一步讲述了貂蝉的动机：貂蝉感念王允对身份卑微的自己视如己出，愿以性命报答其养育之恩，帮助王允实施美女连环计。在汉室面临灭亡之际，貂蝉出于对王允的孝和汉室的义不惜牺牲自己的名誉和性命。此举和关羽的"忠""义"，一唱一和，一阴一阳，展现了山西人的忠义观念，并为后来关羽登上"武圣"之位营造了精准的精神内涵。

除了裴松之和罗贯中的助力外，将关羽推向"神化"地位的还有一个庞大的群体——叱咤明清两代五百年的晋商群体。

中国的很多行业都有自己的师祖或尊神，比如木匠业、建筑业尊鲁班为师祖，茶业尊陆羽为"茶神""茶圣"，梨园弟子尊唐玄宗李隆基为祖师爷。

按理，山西人寻找商业精神的代言人并不难。战国时期魏国人白圭，是中国最早的商人。他是魏文侯时代最擅长经营的人，他以经营农业致富而名扬天下。他不仅有经商的经验，还有一套经商的理论。

他总结的经验是：经营农业首先要注意农业生产动向和市场变化。其次要按供求季节灵活处理进销和储存的关系，以气候预测农产品的丰歉，抓住时机，从农产品丰歉差价和季节差价中赚取利润。同时，经营团队既要齐心协力，又要勤俭节约。

这些经验在今天看来几乎不值得一提，但在几千年前的战国时期，这些前无古人的经验却十分了得。他总结道："经商要像孙吴用兵、商鞅行法那样讲智谋、讲果断，商人应具备智、勇、仁、强等四个条件。"这样的经商理论十分难得，放之四海而皆准。

白圭经商既有经验又有理论，同时他也是有史籍记载的中国最早的商人。白圭是魏国人，也就是说，历史上他属于山西人，这样的商业祖师爷成为晋商精神的代言人是再合适不过了，但晋商们对此却熟视无睹，反而选择关羽作为精神支柱和商业代言人，一代战神关羽从此晋升为财神。

晋商为何集体放弃他们的祖师爷白圭转而选择和经商毫无关系的关羽作为自己的形象代言人呢？个中缘由耐人寻味。

关羽戎马一生，经商经历几乎为零，如果非要牵强地联系，也只有一丝踪迹可寻——桃园三结义前，关羽曾有过短暂的贩枣经历，但也只是一种简单的谋生手段，和正规的经商相差实在太远。

关羽从战神被人追奉为财神，显然和他的身份、地位变化有关。

作为蜀国五虎上将之首，关羽生前被汉献帝封为汉寿亭侯。在他死后，蜀汉后主刘禅于景耀三年（260），追谥他为壮缪侯。

关羽去世800多年后，对他的追封突然加码。

崇宁元年（1102），关羽被当时的北宋朝廷封为忠惠公，这是关羽第一次被封公；两年后的崇宁三年（1104），关羽又被封为崇宁真君；又过了四年，即大观二年（1108），关羽被封为昭烈武安王，这是关羽第一次被封王。封王之后又过了近500年，关羽的地位再一次上升，由王升格为帝,达到了中国封建社会赐封的顶峰。

位于山西运城的关帝庙藏有万历十一年(1583)的铜铸关帝坐像,证实了关羽被封帝是在万历年间,巧合的是,在这一时期,正是晋商集体崛起的时光。此时的关羽,不但被信奉儒家的人间皇帝封为大帝,还被佛教封为护法伽蓝之职,被道教尊为翊汉天尊,集儒、释、道三束光辉于一身,遍观华夏名人,所享尊荣者无出其右。

关羽由侯到公再到王的年代正是北宋徽宗时代。此时的北宋已走进最后的时光:外有金兵虎视眈眈,内有起义连绵不断。徽宗于元符三年(1100)即位,只隔了两年便追封关羽为公,又过了六年,进一步将关羽封为王,其追封的脚步显得非常急迫。

北宋末年的时光惨不忍睹:此时,曾在雁门关外奋勇杀敌的杨家将早已远去,后来可与金兵抗衡的岳家军还未出世。内忧外困之下,宋徽宗急欲通过封王呼唤"忠""义""神""勇"关羽式的战神再次问世,以解北宋君臣的燃眉之急。

同样的心思,当关羽在明代被朝廷追封为帝时,晋商眼前一亮,成为大帝的关羽显然比白圭更具有神圣的光辉,其尊贵的身份足以成为晋商的精神偶像,足以成为他们商业上的代言人。

于是,和谐的一幕出现了:在全国各地拔地而起的关帝庙里,关羽的金身塑像既享受着朝廷封予的帝、王、武圣的尊荣,又接受着来自民间普通大众,尤其是来自商人们的供奉。从战神到财神,从明到清,关羽被朝野高度一致地给予了无限尊崇,其光芒丝毫不亚于文庙里供奉的"文圣"孔子。

关羽因帝、王的身份被商人们拥戴,而商人们借关羽的威名,提高了商业在人们心中的地位。

关羽既被尊为财神,其真身具有的忠、勇、信、义,便被晋商奉为商号的集体性企业文化。当晋商在集议事、聚会、娱乐为一体的会馆里,在遍存各地的关帝庙里为财神关羽敬上一炷清香时,关羽被时人赋予的品格也一遍遍地被人们忆起。这种回忆既是自发的又是诱发的,而回忆的人群也遍及各地：从朝廷到民间，从掌柜到伙计，从山西到全国。

在关羽被奉为帝的几百年里，山西大大小小的县城，甚至是村镇，都建有大小不一、造型各异的关帝庙。正是在关帝被封神的几百年里，不论是山西的商号还是民间小商铺，都是全国信誉最好的地方。这种淳朴、忠厚、良知、信任直到当代依然如此。

在山西票号由盛而衰的100多年中，晋商表现出令人惊叹的诚信精神和自律精神，这种精神显然和"以义制利"的商帮传统有关，与关羽的信义精神有关。在数以百万计的汇票交易中，竟从来没有发生过一起冒领事件，足见其制度之严密、信誉之可靠。20世纪40年代，上海汇丰银行的一位经理回忆说："25年来，汇丰与晋商做了大量的交易，数目达几亿两，但没有遇到一个骗人的山西人。"

在我的故乡山西沁源大大小小的村落里，从20世纪80年代至今，乡邻们用最少的资金做着全天下最小的买卖。一个村庄里大抵有两三家乡亲利用自家的房屋做起一年销售额不到几万元的小本生意。

由于乡村地理偏僻，乡邻们手里经常缺钱少盐，他们之间的买卖经常以赊账的方式进行，双方只是口头约定而从未签订过合同，甚至连借条也没有。

而耐人寻味的是，在我生长的那个小山村里，这种买卖纠纷几十年来一次也没有出现过，而在这种让人不解的买卖过程背后是山西乡村民间借贷极少纠纷、极少诈骗欺瞒的历史事实。

也许这是关羽的威名所致，也许这是晋商的遗风使然，几百年的商场驰骋，晋商留给乡里的不仅仅是"信义"二字。一个令人信服的事实是：在商帮遍地的明清两代，尽管全国各地商帮都有自己的财神代表，但由晋商推出的财神关羽却受到全国各地的普遍尊崇。

中国从来就有一族聚居的传统，而山西人在这方面尤为明显。从魏晋时期，山西就出现了许多世家大族，到唐代时达到高峰。

到了明清晋商崛起时，形势又有一些变化。嘉靖年间，朝廷采纳礼部尚书夏言的建议，准许天下臣工修建自己的家庙，从而打破了"庶人不得

灵空山

立家庙"的古制。此后,民间建祠堂、置祠田、修宗谱、立族规迅速成为全社会的风尚。作家陈忠实在小说《白鹿原》中写到的白鹿村里清朝末年、民国初年的祠堂祭祀和族规盛事,就是对这一现象的反映。

　　山西自古就是中华文明的重要发源地,古风纯正。历史上屡次发生大移民事件,因而对修谱归宗、聚群而居的理念十分认同。这种习惯和理念折射到民间乡野后,就出现了许多聚族而居的村庄。各大族都按一家一族来建立村落,形成一村一族的制度。这些宗族村落往往远离中心城市和城镇,从而在很大程度上避免了战乱和官府的侵扰,他们如一个个只求自保和闭环的最小社会单元,独立于城市之外,靠乡绅和宗族治理村落。

　　这种理念折射到晋商身上,就产生了两种现象:在外乡,他们广修会馆,联络乡亲,以业、以邻而聚,会馆成为他们的驿站和临时的故乡。商人们在这里议事、祭祀、娱乐、暂居。各地会馆的规模虽然不尽相同，但一般而言，都会有议事厅、神殿、戏台、客厅、客房、厨房等。尽管他们在外有庞大的工商业、商号，但他们的精神家园和财富仓库则始终在他们那不起眼的乡下。山西票号最红火的时候，其总部始终是位于平遥、太谷、祁县的乡下。晋商中的许多人把从外乡赚到的银两源源不断地运回乡下，在这里购置土地、修建房屋、修路筑桥、建祠筑庙，荣归故里的同时也造福乡梓，从城堡到城市许多晋商大院因此形成。

在这些遍布全国的会馆和深宅大院里，有一处建筑是理所当然地放在最重要的位置：即祭祀武圣关羽的"关帝庙"以及关羽的神位。

关羽的"武圣"之名就在这些大大小小的建筑中被全中国甚至全世界慢慢接受了。

中华第一宰相村

山西自古出将入相者甚多，且名将名相层出不穷。文臣方面，有武丁中兴的功臣傅说，助秦统一的百里奚、商鞅、范雎，完璧归赵的蔺相如，西汉的霍光，魏晋的贾充、卫瓘，再造唐室的裴度、狄仁杰，北宋的司马光、文彦博，南宋的赵鼎，明朝的张四维、王国光，清朝的陈廷敬、祁寯藻、徐继畲……几乎在每个时代的朝堂中枢，都闪动着山西人的身影。

我们可以通过一个山西世家大族的故事透视山西人出将入相的历史。

在今天的山西省运城市闻喜县礼元镇，有一个村子叫裴柏村，是裴氏宗祠所在地。该家族自古就是三晋望族，也是中国历史上声名显赫的世家大族。村内遗存丰富，堪称中国世家大族史的"活化石"。

裴氏家族自秦汉以来，历六朝而盛，至隋唐而盛极，五代以后，余芳犹存，在上下两千年间，名卿贤相，摩肩接踵，代有伟人，彪炳史册。其中正史立传者达600余人；名垂后世者，不下千余人；七品以上官员，多达3000余人。上下两千年间，先后出过宰相59人、大将军59人、中书侍郎14人、尚书55人、侍郎44人、常侍11人、御史11人、刺史211人、太守77人，郡守以下不计其数。还多次与皇室联姻，出过皇后3人、太子妃4人、王妃2人、驸马21人。

在中华大地两千多年的历史进程中，裴氏家族在政治、经济、军事、外交诸方面，均做出了突出贡献。仅隋唐两代活跃于政治舞台上的名臣就不下数十人。其中著名的政治家有裴秀、裴楷、裴蕴、裴矩、裴让之、裴政、裴寂、裴炎、裴胄、裴度、裴枢等；军事家有裴行俭、裴茂、裴潜、裴叔业、裴邃、裴骏、裴衍、裴宽、裴果、裴文举、裴镜民、裴济等。

隋代名臣裴政，是著名的法律学家。曾受命制定隋朝新律《开皇律》。这是一部划时代的古代刑典，为后世立法奠定了规范格式。明代大思想家王夫之高度评价道："今之律，其大略皆隋裴政之所也"，足见其影响深远。

隋朝文林郎裴世清，是个九品小官，正史上甚至没有给他立传，但他却是我国历史上第一个代表国家，率领访日友好使团出访日本的外交大臣。

名臣裴矩，是供职于北周、隋、唐的三朝元老，为政清廉。他先后任民部侍郎、内史侍郎、尚书左丞、吏部尚书等职。是唐初著名的政治家、外交家、地理学家。隋炀帝时，裴矩曾受命赴张掖（今甘肃地区）主管与西域各国贸易之事。在与各国商人的接触过程中，他获得了有关西域各国的政治、经济、文化、交通等大量宝贵资料，编撰成《西域图记》3卷。书中不但以大量的文字介绍了西域44国的国情，还绘制了许多地图，特别标出了从敦煌到达地中海的3条大道，其中的中道和南道，即为历史上有名的"丝绸之路"。

唐开国元勋裴寂，在隋末天下大乱之际，鼎力协助李渊太原起兵，建立了李唐王朝。

唐宰相裴耀卿，致力于整顿漕运，保证了南粮北道的水道畅通，解决了唐王朝持续了几十年的关中粮荒问题，开元年间传为佳话。

一代贤相裴度，被唐以后数代传颂，名垂青史。他一生竭尽全力削平藩镇割据势力，特别是在平定淮西藩镇吴元济叛乱中，功绩卓著，维护了唐王朝的统一，被唐宪宗封为晋国公。裴度为相曾三起三落，历宪宗、穆宗、敬宗、文宗四朝。当时的文坛大家韩愈、柳宗元、白居易、刘禹锡都曾撰写诗文赞扬他。他的一些事迹甚至被编为小说在民间广为流传。

裴氏只是山西世家大族为卿为相的代表。实际上，这样的案例还有很多。

比如太原是世界张姓、王姓的发祥地，也是李唐王朝的发祥地。

河东张氏相传为西汉名臣张良的后人，后来迁居猗氏，在唐有张嘉贞、张延赏、张弘靖祖孙三代，分别为玄宗、德宗、宪宗时的宰相。祖孙三代同为宰相，不仅在唐朝，即使放眼整个中国封建社会也不多见，山西世家大族在唐朝的影响力由此可见一斑。

太原王氏早在南北朝时就成为著名的世家大族，到了唐代，王氏家族的声望更是达到了顶峰，其中有名望者如王通、王劭、王诏、王溥、王缙、王珪、王播。文化领域的著名人物有王维、王勃、王绩、王翰、王昌龄、王之涣等，这些文豪的名字不但在当时，时至今日也经常出现在世界文学史中。

类似的例子在三晋不胜枚举。山西虽没生产过开国帝王，但造就了一大批护卫王朝的猛将贤相。

第六章　平城时代

北魏王朝

南北朝时期，在山西境内崛起的最重要城市是平城。

太元十一年（386），北方鲜卑族拓跋珪继位为代王，后改称魏王。

三晋大地在春秋战国之后，历经两汉和魏晋，又开始上演精彩的大戏。

拓跋珪称王后，先是统一了北方大漠的各个部落。后又于太元二十年（395）打败了后燕，占领晋阳等地，全面控制了今山西、河北之地，与东晋隔河对峙。

皇始三年（398），拓跋珪迁都平城，北魏王朝的大戏从序幕逐渐走向高潮。

平城时代，北魏先是向北打败了另一支少数民族政权柔然王国，向西打败了夏王赫连昌，紧接着又打败了北燕、北凉和西凉，完全统一了北方，结束了西晋以后十六国北方混战的局面，并向南攻宋（刘宋），与南朝对峙，北魏政权的整个北方统一战好似摧枯拉朽，一气呵成。

平城时代，再一次推动了中华农耕文明和草原文明的融合步伐。北魏政权在平城的98年是草原民族逐渐汉化的百年，北魏孝文帝时期加快了汉化进程并为此采取了强有力的措施。

相比于战国时期赵国的胡服骑射改革，孝文帝的改革相当全面。

他先是仿汉人政权，颁布俸禄，之后又颁布爵位，规定非道武之孙不得封王，同时规定了王、侯、伯、子、男等爵位的食邑差别；相比赵国的胡服骑射改革，孝文帝不但规定禁穿胡服，而且禁说胡语，从日常生活习惯上加快了汉化进程，使草原民族的生活习性完全融合到汉族生活中。不仅如此，孝文帝还改鲜卑姓为汉姓，拓跋氏率先改姓为元，金、元时期著名的文学家元好问就是拓跋氏的后裔。鲜卑族其他八大著名姓氏相继改为穆、陆、贺、刘、楼、于、嵇、尉，并规定，禁止鲜卑族同姓通婚，使鲜卑贵族与汉人士族高门联姻，血统融合。

北魏的这次改革影响深远，举中国历史上的任何一次汉化进程都不及这次彻底全面。正是这次始于平城的改革，加快了鲜卑族的汉化进程，同时使草原文化和中原文化深度融合。日后隋唐赖以崛起的关陇贵族，便是这次深度融合的结果，关陇贵族的血管中既有鲜卑族的血液，又有汉民族的血液，而日后大唐呈献给世人的既有汉民族的精致和繁荣，又有草原民族的大度和豪迈。平城也正因为北魏王朝的这次改革被列为中国名城永载史册。

平城时代，由于大规模的汉化和融合，促进了生产工具和生产技术的进步。据贾思勰《齐民要术》记述：北魏时代，手工业和官府工业均有大的发展；民间丝织业十分发达，甚至优于江南；影响山西后世上千年的采矿业在当时已十分普遍，金银器皿制作精致，已经开始使用煤炭炼铁；河东的盐池闻名全国，酿酒业也十分成熟。

山西名酒汾酒大约在这个时期横空出世，北齐武成帝高湛从晋阳写信给河南康舒王孝瑜称："吾饮汾清二杯，劝汝于邺酌两杯。"此举表明汾酒在当时已成为上流社会的首选。

使平城名垂千古的除了这次孝文帝改革外，还有著名的云冈石窟。作为北魏王朝前期的都城，平城当时的宫殿群落蔚为大观，寺庙院落多不胜数。从平城建都开始，历经数十年，云冈石窟拔地而起，其雕饰奇伟，冠绝一时，之后又陆续开凿，直到隋代才结束。历经百年雕琢，云冈石窟不但成为平城的标志，而且成为中华民族的文化瑰宝，至今熠熠生辉。

据统计，北魏先后15次向平城移民，迁入人口达166万，这样的移民规模仅次于明代移民。大量的商人、匠人、文士涌入，大大提高了平城的文明程度，并持久影响着山西北部的文明。桑干河流域的这次文明进程，甚至影响到它的下游永定河流域（今京津地区）的文明进程，平城当时的繁华甚至可以和当时的邺城、长安、洛阳媲美。

北魏王朝对山西文化的另一个重大影响是书法领域。魏碑体在此时逐渐成型。

山西自古就是书法大省，"书圣"王羲之的老师卫铄便是今山西运城

魏碑帖（张猛龙碑）

人。

卫氏是魏晋时代的世家大族，老家在今山西夏县。东汉明帝时卫家先祖卫暠因儒学被举荐入仕，其重孙卫觊不仅做官，而且已是当时有名的书法大家。卫觊的儿子便是卫瓘。卫瓘后来不仅成为西晋的开国元勋，而且成为当时名重一时的书法大家。卫瓘的儿子卫恒也是当时著名的书法大家，有作品《四体书势》传于后世；卫恒从妹卫铄也是当时著名的书法大家，有作品《笔阵图》传世，王羲之曾多次向她学习书法。

除卫氏一门外，山西的书法大家还有太原王氏王坦之，河东柳氏柳浑、裴氏裴松之等。这么多书法世家交相辉映，三晋的书法水平在北魏时代已达到相当的高度。

魏碑体于此时逐渐形成，不仅引领一代书法潮流，而且其疏朗俊逸、雄强清刚之韵为历代书法界所推崇，至今仍折射出灿烂的光辉。

拓跋氏入主中原的进程，可以分为四个阶段。

第一阶段：4世纪初，拓跋氏在今山西北部、内蒙古中部建立代国，376年被前秦苻坚攻灭，386年复国，称魏王。

第二阶段：定都盛乐（今内蒙古和林格尔西北），建立北魏。盛乐虽然在长城外，但它位于山西西北方向，距今天的山西右玉非常近，距离大同也不算远。北魏建立后，相继击败库莫奚、高车、柔然及后燕，势力日益强大。

第三阶段：398年，北魏王朝迁都平城，拓跋珪正式称帝。标志着平城时代正式开始。这期间，北魏先后灭夏、北燕、北凉，统一了北方。中国北方以平城为中心的时代持续了近百年，可称为"百年平城"。

第四阶段：493年，孝文帝迁都洛阳，推行一系列汉化改革。其改革的范围、力度、规模令人瞩目。

鲜卑族拓跋氏从建立代国起，经过几次迁都，逐步从一个塞外边陲小国推进到长城沿线，进而进入大同盆地传统上由汉民族长期控制的区域，再进一步向南推进到中原核心地带。鼎盛时期，其疆域北至阴山南北沙漠、河套，东北至辽东半岛，东至大海，西至凉州、流沙，南至江淮与南朝为界。

北魏王朝是历史上由少数民族入主中原后建立的第一个政权，对山西而言，这是山西历史上第一个统一中国北方的全国性政权。以山西为中心的北方政权代表北朝与南朝对峙，平城进入全国一线城市，与当时的建康（今南京）、洛阳、长安（今西安）几乎齐名。

北魏迁都平城后，除了向平城大量移民外，还花费数十年的时间营建城市，使平城成为当时中国北部最著名的城市。

北魏平城是在汉朝平城县的基础上扩建而成的，共建都于此近百年，先后经历道武帝、明元帝、太武帝、文成帝、献文帝、孝文帝六位皇帝，成为当时北方政治、经济、文化的中心。

平城之名取自汉语"平成"，而"平成"一词源自《史记·五帝本纪》中的"内平外成"和《尚书》中的"地平天成"，寓意国内外与天地都能够达成和平。今日山西有同名古镇，朝鲜有同名城市，日本亦有历史名城平城京（今奈良）。

北魏迁都平城后，"营宫室、建宗庙、立社稷"，进行了一系列的首都建设工程。宫殿苑囿、楼台观堂等重大工程多达上百处。为了改善城市环境，还从城北、城西引水入城，使平城大街西岸有潺潺流水。

当时平城由皇城、京城、郭城三部分组成。北面为皇城，皇城南是周回20里的京城，其外是周回32里的郭城。

为什么是平城？

在中国北方的数十座城市中，拓跋政权如何选中了平城？平城如何成就了北魏？在平城的城市建设日臻成熟之时，孝文帝为何又决然放弃平城，迁都洛阳？学者胡鸿对此有精辟的分析。

仔细观察中国地形气候图，我们可以发现，大同正处于诸多地理元素的过渡地带上：

（1）400毫米年降水量线经过大同附近。（2）正好位于温带草原区域和暖温带落叶阔叶林区域的交界线附近。(3)从流域看正好位于海河流域的西北端,紧邻海河流域、黄河流域、内蒙古内流区的分界线。这意味着大同附近有较为高大的分水岭山脉。(4)最主要的是大同正好位于古代农牧交错带之中,可农可牧,即农耕文明和游牧文明的交叉带上。

再看一下平城周边的地形地貌。从较大的尺度来看,桑干河流域由一系列小盆地组成,大同盆地在其北端,位于群山之中,周边几个大的山脉是北部和西北的阴山、西南的管涔山、南边的恒山、句注山,东边远处是太行山。这些大山脉又是无数个小山组成的,平城周边就有武州山、方山、白登山三座小山,南边稍远处是崞山,让它形成一个三面环山、一面开口的小地形。其中最重要的是阴山和句注山,阴山南北是游牧民的肥美牧场,就像《敕勒歌》中描绘的一样:

敕勒川,阴山下,天似穹庐,笼盖四野。天苍苍,野茫茫,风吹草低见牛羊。

所以平城距离游牧世界的核心地段是不远的。句注山在古代是一大分界线,在三晋人士吕不韦《吕氏春秋》里,这座山被列为"天下九塞"之一,后来的雁门关就是这座山上著名的关口。山中的通道叫陉,雁门关附近这条通道实在很重要,以至于古代把句注山以北的桑干河流域称为"陉北"。

在古代,山脉等于阻隔,河流则代表通道,山中较大的河谷往往是重要的交通路线。桑干河中古时期叫㶟水,《水经注》中专门有一篇写㶟水,对沿途的景观描述得很仔细。沿着桑干河的城址有很多,其中的马邑值得大家重点关注。马邑,即今朔州。平城位于桑干河北部的支流上,这条河古代叫如浑水,现在叫御河。平城作为都城时,如浑水穿城而过,是主要的水源。沿着如浑水河谷是一条南北向的交通大道,现代从大同往北的铁路(不是高铁)就是这样修的,可以一直通往蒙古国的乌兰巴托。北魏皇帝从平城北巡,大致就是沿着这条线路巡视。在平城的西南,还有一条汇入御河的支流,就是今天经过云冈石窟的十里河,古代叫武州川水或武州塞水。这座山叫武州山,因为有关城,也叫武州塞。称为"塞",也就意味着经过此处有一条重要的交通路线。从平城往西,沿着这条武州川河谷,可以到达北魏的武周县(今左云县),再往西行进一段,就到达善无县(今右玉县),于是进入另一条向北流的河谷,就是今天的浑河,沿河往上,可以到达盛乐(今天的内蒙古和林格尔县),自此也就进入云中地区。阴山南麓的平原地带,在北朝后期还有个名字叫"敕勒川"。浑河即将大转折的地方,就是明清时代著名的"杀虎口",也就是走西口的"西口",长城上的重要关塞。可见这一条路线沿用得非常久,北魏皇帝西巡云中这样走,明清时期出塞谋生的人们这样走,今天连通大同与和林格尔之间的国道、省道还是这样走。

综合几种因素看,胡鸿认为:

第一,平城、大同盆地乃至整个陉北地区都位于农牧交错带上,可农可牧;第二,平城乃阴山草原南下要冲,至少在北、西、东三面都有通往草原地区的大道;第三,整个陉北地区,与南边的汾河流域的联系,中间有句注山的阻隔,虽然并不通畅,但依然可以翻越。

这样的地理特征,意味着什么呢?意味着游牧民族可以在大同盆地以游牧生活为依托,逐步向农耕文明过渡;意味着一旦遭遇中原反击,可以迅速退回草原;意味着假以时日,实力壮大,可以翻越句注山(雁门关),向中原拓展。这就是拓跋氏选择平城作为首都的原因。

日后北魏王朝的发展轨迹正是如此。

陉北这样一个在中原王朝看来相对边缘的地区,只有在发生重大事件的时候才会被朝廷关注,从而进入国家主导的历史记载当中。

陉北(雁北)地区自春秋战国时起,就是农耕民族和游牧民族重点争夺的地区。原因还是因为这里可农可牧,可进可退。

我们可以通过几件历史大事进一步透视这一地区的重要性。

赵襄子灭代

在春秋末期，赵氏已经强大起来。赵以晋阳为重镇，目光已盯上了陉北地区。赵襄子的父亲赵简子，曾经给他的儿子出题，说自己藏了一个宝符在常山上，谁先找到了有赏。结果，诸子到山上什么都没找到，只有襄子回来说找到了，他的答案是，"从常山上临代，代可取也"。常山就是恒山，当时代国的中心在大同盆地以东的壶流河流域，正在常山的北边。赵襄子刚办完父亲的葬礼，就登上夏屋山（也就是句注山、恒山），请代王——也是他的姐夫来会面，然后在宴会上谋杀了代王，又发兵兼并了代国的土地。代是戎狄建立的国家，赵襄子在夏屋山与代王会面，意味着这里是两国的边界地带。在这次偷袭成功之后，赵才将势力范围扩展到陉北地区。那里除了代国，还有一些其他的游牧半游牧部落，被称为林胡、楼烦等，可以想见他们也暂时向赵国臣服了。这是中原诸侯国第一次控制了陉北地区。赵襄子的想法是：占有一片游牧半游牧人群生存的地域，让赵国有更多机会接触到他们的文化，这为一百多年以后赵武灵王实行胡服骑射埋下了伏笔。只有在胡服骑射之后，赵国才能将自己军事力量继续推向更北方和西北的草原地带，从东往西设置了代、雁门、云中三个郡。农耕文明的进取之心在赵国伐代事件和胡服骑射改革中表现得淋漓尽致。

与秦灭六国大约同时，匈奴也崛起了。到了秦末，冒顿单于把草原上的引弓之民并为一家，成为北边的一大强权。汉初大同盆地时常处于匈奴兵锋之下。刘邦分封的韩王信都于太原，他上书说封国经常遭到匈奴入侵，太原距离边塞太远，请求徙治马邑。但马邑很快就遭到冒顿单于的围攻，韩王信投降匈奴，一起回攻太原，侵入汾河谷地。刘邦亲自率兵反击，在山西中部的铜鞮（今沁县）打败了韩王信。随后又在晋阳、句注塞一带与匈奴军大战，汉军都取得了胜利，另一种说法是匈奴主动后撤以诱敌深入。刘邦听说冒顿在代谷（也就是大同盆地往东去的代郡），不顾汉军已经因远征和严寒而损失惨重，带着少量前锋军队主动追击，结果在平城东北的白登山遭遇了匈奴的包围。据说冒顿的骑兵把白登山围了整整七天，刘邦无力突围，最后是靠陈平的"秘计"才侥幸脱身。在此之后，大同盆地及其附近的代、云中地区一直都不平静，是匈奴掠夺、侵扰的重灾区。几任代王都无法立足，或逃回首都，或投奔匈奴。高祖十一年（前196）下诏说"代地……数有胡寇，难以为国"，于是将代国的云中以西划为云中郡；又将句注山以南到太原一带划给代国，以刘恒为代王，都晋阳，后又改到中都（今平遥）。这其实是将代国从边境后撤了，汉文帝时期，防御匈奴的三支大军，在中路代地就屯于句注山，也就是今雁门关处。

由此可见，在西汉前期，整个陉北地区被视为与匈奴的缓冲地带。匈奴在马邑后撤诱敌，在平城却能展开反击和包围，可以看出这个缓冲带从南到北汉匈势力此消彼长。

马邑之谋

汉武帝对匈奴发动战争，以在马邑设伏引诱匈奴为起点。为什么选择马邑？这是距离雁门关较近的城，也是匈奴经常来与汉朝关市贸易的地方。在这里汉军才有设伏的可能，再往北，比如平城，汉军是没能力悄无声息过去的。

汉武帝倾举国之力发动对匈奴的战争，将匈奴驱逐到大漠以北，使得"幕南无王庭""不教胡马度阴山"，从此以后陉北地区才成为汉朝有效实施郡县制统治的地区。如前所述，陉北地区尤其是北部的平城，向北与草原地带的交通和联系比向南更为容易，所以王朝想要牢固掌控这一区域，就必须将边塞推进到阴山一线。这一规律在北魏时期也同样适用。历史上每当中原王朝势弱，这一地区必然又会被匈奴等游牧民族控制。比如在东汉初年，平城就在匈奴及其附庸卢芳之手。东汉军屡战不胜，不得不迁徙雁门等郡边民于常山关、居庸关以东。

有趣的是，当中原王朝对草原游牧族群取得优势时，此处的游牧人群也不是被排除得一干二净，反而被吸纳进来。公元48年，匈奴分裂，日逐王比自立为呼韩邪单于，率南边八部附汉。单于居西河，列置诸部。这是东汉北边形势的一大转机。在此之后一两年，汉朝才恢复了缘边八郡（包括云中、定襄、雁门、代郡在内）。而南匈奴为汉防守这些新恢复的郡，每郡都有匈奴屯兵。与此同时，乌桓大批内附，附塞的南匈奴、乌桓，成为东汉防御和进攻更北方草原上的北匈奴、鲜卑的重要力量。北匈奴在汉、南匈奴、鲜卑的联合打击下日渐衰耗。北匈奴的威胁解除了，同时带来的后果是，原属于北单于的许多部落和人口以自愿或被迫的形式南迁到汉的边塞之内，其中一部分归入南匈奴，而大部分被安置到东汉的北边诸郡中。受到汉朝重赏诱惑的乌桓，以及一部分鲜卑部落，也沿着边塞向西向南移动，有些就进入塞内。也就是说，汉朝对匈奴军事上的胜利，其实让更多的匈奴、乌桓人进入北边塞内，甚至北方的边防都更加依赖他们。北边的形势进一步复杂化。从这里，我们也可以更深刻地体会古代民族融合的复杂性、艰巨性、持久性，也就更能理解北魏王朝在迁都洛阳不久就轰然解体的民族文化结构原因。

在北方所谓"缘边八郡"中，东汉后期平城所在的雁门郡在籍人口有31862户，249000口，户口数明显高于周边的代郡，更数倍于云中、定襄等郡。这说明雁门郡所处的桑干河流域在北边地带拥有较优越的农耕条件，汉王朝可以在这里控制住更多的人口。在籍人口中，有不少定居化的乌桓人、匈奴人乃至鲜卑人。边塞内外的北族十分了解桑干河流域的农业优势，后来拓跋部南进时很重视这一区域，就在情理之中了。

作为第一个在中原农耕地区建都的少数民族政权，鲜卑人对都城位置的选择是异常谨慎的。383年，不可一世的前秦政权在淝水之战后迅速瓦解，被它兼并的诸多势力伺机而动，慕容部与拓跋部几乎同时展开了复国运动。386年，拓跋珪在贺兰等部的推戴下，于牛川即位为代王，恢复了代国，随后又改国号为魏。牛川在阴山以北，今呼和浩特东北方向（今察哈尔右翼后旗乌兰哈达苏木一带），此时拓跋珪迫在眉睫的任务是重建在阴山南北草原地带的霸权。历史再次眷顾了拓跋氏，由于山西南部慕容永政权的存在，河北地区的慕容垂后燕与拓跋结成了联盟，当然其中强势的一方是后燕。重生的代国依靠后燕的强力支援，先后对草原上实力较强的独孤、贺兰、铁弗等部发动战争，取得胜利后实行"离散部落"，建立起一个基础更为稳固的政权。

拓跋代国日渐壮大，与后燕矛盾渐积，转而联合西燕。395年，后燕太子慕容宝来攻五原，拓跋部退至黄河以西固守，又趁燕军回师之际，在参合陂奇袭取得大捷。翌年，慕容垂亲征而死于归途，拓跋遂趁势灭后燕而据有山西、河北（396—398）。在燕魏之间的这次大战中，陉北再次成为一个争夺的焦点。燕军北伐，专门分兵攻占了平城，慕容垂病重退兵时，又在平城以北三十里筑燕昌城而还。拓跋的灭燕之战则是从马邑向南越过句注山，直指晋阳。

获得前盟友全部遗产的拓跋部，一夜之间从偏居漠南草原的小国，跃升为半个北中国的主人。在此过程中，拓跋珪完成了称帝、改国号为魏等一系列建国程序，并且迁都平城，开始建设宫室、宗庙、社稷等，北魏作为一个"王朝"正式登场，也宣告了"平城时代"的开始。

北魏既然已经占据大半个华北，何以仍选择平城为都？事实上，在初次攻占河北之时，拓跋珪曾来到邺城，"巡登台榭，遍览宫城，将有定都之意"，设置了尚书行台，并留兵五千镇守。然而半年之后，正式确定的都城则是平城。

平城的优势可以总结为两点：其一，平城所在的大同盆地，与阴山草原距离很近，与句注山南、太行山东的农耕地带相对隔离。这是一种主动式的隔离，站在北方向南看，这里易出难入，进可攻退可守。其二，北魏的劲敌是同为游牧半游牧国家的柔然、赫连夏，因此云中、代北既是根本，又是边境，必须全力防守。这大约是北魏建国初期选择平城为都的主要考虑。

耐人寻味的是，在北魏平城时代的大部分时间里，平城并不是唯一的中心。

北魏虽建都平城，并在那里安置了大量徙民，但阴山—云中之地仍然极受重视。当北魏建国之际,柔然在漠北崛起,其游牧路线"冬则徙度漠南,夏则还居漠北",于是漠南阴山地区成为双方必争之地。柔然不仅常常南下阴山,兵锋还屡屡波及平城,这种威胁迫使拓跋统治者放弃在中原的进一步发展,把注意力放在平城北面的防御上来。北魏前期,从道武帝到太武帝时代,"北巡""西巡"的频率很高,巡幸的范围则从最初的畿内北部,逐渐向北推移到阴山一线。与之相伴随的,是一次次与柔然的激烈战争。太武帝拓跋焘即位不久,柔然侵入云中,攻陷盛乐宫。此后,北魏军队多次深入漠北草原与柔然决战,获得成功。北魏对柔然作战的收获,除了牛羊畜产,还有数以十万计的柔然、高车游牧人口,"列置新民于漠南,东至濡源,西暨五原、阴山,竟三千里",极大地充实了漠南草原。与此同时,太武帝频繁巡幸阴山、漠南,有时停驻数月之久,从事校猎、讲武等活动。阴山的离宫"广德殿"成为平城之外的又一政治中心。

  唯有巩固阴山防线,才能保障平城和陉北地区的安全,这一道理,于阴山南北发展壮大的拓跋部自然十分了解。与汉朝不同的是,拓跋本以游牧狩猎和征服掠夺立国,对柔然、高车、赫连夏等草原部族的战争不是简单的防守,而是选择兼并和吸收其人力、畜产资源的扩张之路。借助游牧世界中获取的军事资源,北魏一步步吞并了北方并立的其他政权。在此过程中,华北、河西的大量农耕人口也被强制迁徙到平城一带,北魏国家配给他们耕牛和土地,于是桑干河流域的农业也迅速发展起来。与更加适合游牧的阴山、云中地区相比,桑干河流域的水热资源更为优越,既可实行畜牧,更能进行农耕开发,承载更多的人口,成为战争所得人口、资源的最佳"储存地"和"转化器"。北魏国家正是这样完成了它的"原始积累"。

  十六国到北朝时期,农牧交错带上的都城不只有平城,西平、姑臧、统万、和龙都可以归于这一类型。依赖游牧与半游牧世界军事资源立国的北族政权,不约而同地选择将都城放在紧靠农牧交界线的较大都市,或者如赫连夏一样,在此地带从头建设一座新城。他们都与北魏一样,既不能远离游牧地带,又想尽可能向农耕世界进取,这样的都城选择无疑具有相当的时代特征。

拓跋氏经营平城百年，北魏王朝国力日益强大，为何在此时又要南迁呢？

北魏孝文帝在公元494年毅然决定迁都洛阳，此后平城丧失了都城的地位。在孝文帝在位的前20年里，主导北魏朝政的是冯太后，在此期间不仅实行了三长制、均田制、俸禄制，平城的城市建设也日臻完善。宫殿、城墙已极具规模，明堂、辟雍那样的高级礼制建筑也已建好，壮观的云冈石窟和城内的寺院足以安放人们的信仰，冯太后和孝文帝本人还在城北的方山上修建了陵墓。为什么孝文帝要断然放弃平城，到一片废墟的洛阳另起炉灶呢？

其实，自北魏定都平城以后，都城附近经常发生饥荒，随着时间的推移，饥荒的程度愈演愈烈。487年，平城再次发生大饥荒，朝廷不得不允许饥民出关前往河北"就食"。频繁发生的饥荒已经不是偶然的天灾，背后问题的实质是桑干河流域的人口达到饱和，而从河北向代北运输粮食，需要陆路攀越太行山，成本极高。都城的粮食安全问题，也是后来隋朝和元朝最为头疼的问题，大运河就是为了解决隋、唐和元的运输而逐步成型。后来的北宋王朝之所以没选择洛阳而选择开封定都，也是考虑到首都的粮食运输问题。另一方面，柔然在北魏的多次讨伐之下已经衰弱下去，赫连夏、北凉等北方强国早已被消灭，北方边境的威胁大大降低了。与之相应，太和年间北魏建立起六镇为中心的防御体系，阴山一线的边防已经可以常规化地交给边镇来维持。随着北魏在华北平原的统治日趋巩固，国家的经济、人口重心已移到华北平原，此时平城就不适宜作为全国的政治中心了，更何况孝文帝还梦想着向江南进发。基于以上种种原因，深谙中华文化的孝文帝，甚至不满于迁往此前石赵的故都邺城，而选择了远在黄河以南的神圣故都洛阳。可惜的是，这次迁都不久，北魏的丧钟就已响起。

迁都之后，北魏历史记载的重心完全转到了洛阳，尤其是太和后期，阴山和平城的历史的确黯淡了下去。屏蔽北境的六镇，从极受重视的军事重镇，越来越成为被朝廷遗忘的角落。在边镇从军者毫无出路，大量的士兵都是被强迫而来的罪犯之流。他们头上的镇将都是一些"底滞凡才"，"专事聚敛"，还有一些犯罪配边的"奸吏"为之出谋划策，政以贿立，腐败透顶。陈寅恪先生说："中央政权所在之地洛阳汉化愈深，则边塞六镇胡化民族对于汉化之反动亦愈甚，卒酿成六镇之叛乱。"洛阳的汉化和文治化程度越深，六镇那些依靠武力出身的兵将就更加边缘化，这些没有出路的北人与盘剥他们的镇将间矛盾极深。文化的冲突是表象，地域间政治前景的落差和人群间社会流动的阻塞才是问题的实质。

重重积怨带来了六镇的大乱，敲响了北魏王朝的丧钟。来自阴山、云中的失落武人再次主导漠南草原，在动乱之中和之后，他们陆续被句注山南的契胡酋长尔朱荣收编，最终成为北朝末期东西分立的决定性力量。这似乎是拓跋历史的一次加速度重演，但历史并没有简单重复，局中人也努力在避免重蹈覆辙。高欢掌握大权之后，一方面将傀儡皇帝放在邺城，以邺城为名义的首都，一方面自己带领重兵常驻晋阳，遥控朝局。这一局面，到北齐正式建立之后依旧维持了下来。邺城与晋阳分担了都城的职能，皇帝带着朝廷中枢每年在两城之间频繁往来。为何形成这样的制度？从后来的情况看，北魏彻底放弃平城，带来了北镇边缘化的严重后果，来自北镇的高欢等人对此有着切肤之痛。既要维持代北军事资源的优势，又不能放弃河北平原的人口、财富与正统性，选择晋阳和邺城"两都"是个很好的方案。邺城在黄河以北，紧靠太行滏口陉，而晋阳在句注山以南的汾河谷地，两者间的交通距离，较之平城和洛阳大大缩短。在某种程度上，这让人想起了北魏前期阴山和平城双中心的模式。兼顾游牧与农耕两个区域，双都制乃至多都制乃是最合理的方案，此后的王朝，尤其是北方民族建立的辽、金、元等王朝，无不采用了跨越南北的多都制，这就是历史的选择。

北魏的这次建都和迁都，对后世影响极大，尤其是对入主中原的辽、金、蒙古政权影响巨大。

石窟与魏碑

历史的诡异之处首先在于，从北魏开始的一系列事件在后世发生了魔咒般的连锁反应。

公元499年1月，南齐为夺回雍州所失各郡，派兵四万夺回南乡郡，给北魏造成严重的军事压力，孝文帝拓跋宏抱病离开洛阳，御驾亲征，于3月底病逝于北返行军途中。

北魏之后，辽、金、蒙古君主相继出现了类似情况：

926年，辽朝的创建者耶律阿保机在征服渤海返回皇都的途中病逝。

1123年，金军将辽燕地的金帛、豪族、工匠、民户席卷一空。金朝创立者完颜阿骨打命手下大将继续追击辽天祚帝，自己领兵回师。6月15日，阿骨打病重，启程返回上京；8月28日，在返回上京途中病逝。

1226年，蒙古帝国的创建者铁木真不顾六十四岁高龄，坚持亲征西夏，随后接连攻占沙州（今甘肃敦煌西）、肃州（今甘肃酒泉）、甘州（今甘肃张掖）、西凉府（今甘肃武威）、灵州（今甘肃灵武西南）等地，进围中兴府。1227年春，铁木真派一部分军队围攻中兴府，自己率军南下进入金国境内，攻陷临洮府等地，在回师途中病逝于六盘山下。

从北魏英主孝文帝开始，辽、金、蒙古几个少数民族的创建者无一不病逝于征伐返师途中。

中国历史上著名的"三武一宗灭佛"事件，也是从北魏开始。让人瞠目结舌的是：三武一宗的北魏太武帝拓跋焘、北周武帝宇文邕、唐武宗李炎以及后周世宗柴荣全部都属于非正常死亡。

公元438年，北魏太武帝发动了我国历史上第一次大规模灭佛行动，诛杀了大量僧侣，拆毁许多寺院，还焚烧了北魏境内大量的佛经。

公元574年，北周武帝发动历史上第二次大规模灭佛行动，拆毁寺庙4万座，逼迫300万僧侣还俗。

公元845年，唐武宗发动历史上第三次大规模灭佛行动，拆毁唐朝境

云冈石窟

内大量的寺庙，逼迫大量僧侣还俗，并没收教内全部资产。

公元955年，后周世宗发起历史上最后一次大规模灭佛行动，废除寺庙3万多所，逼迫5万僧侣还俗。

从北魏太武帝开始，三武一宗的结局不胜唏嘘：公元452年，太武帝拓跋焘被当朝宦官宗爱弑杀，时年45岁；公元578年6月17日，北周武帝宇文邕在北伐突厥途中突然病倒，6月21日还京长安，当天夜间突然病逝，时年36岁；公元846年，唐武宗李炎因服用方士所炼金丹，突发重病身亡，时年32岁；公元959年，后周世宗柴荣北征辽朝，连克三关三州，但在商议攻取幽州时突发疾病去世，年仅39岁。

耐人寻味的是，大规模灭佛事件虽发端于北魏，但著名的佛教建筑石窟也是兴起于北魏。

石窟是北魏王朝最具标志性的建筑代表，对后世影响极大。

石窟源于印度，东汉末年随佛教传入中国，广泛分布于北方、南方地区以及新疆、甘肃、西藏等地。中国石窟，遗存最早的是新疆拜城的克孜尔石窟；而开凿数量最多的区域，是北方地区。

北方地区石窟始于北朝，兴盛于隋唐，终止于明清，时间长达1500多年。

北方地区的石窟以晋豫为主，遗存有众多的石窟寺。数据显示，山西境内现存有石窟寺近300处，这些石窟寺广泛分布在大同、太原、晋中、吕梁、晋城、临汾及运城。

北魏迁都平城后，经过几代经营，平城逐渐成为北方佛教中心。这也为开凿石窟创造了有利条件。平城（大同）现有的七座石窟中，以云冈石窟为代表，其时代之早、规模之大，与敦煌莫高窟、洛阳龙门石窟和天水麦积山石窟并称为"中国四大石窟"。云冈石窟是中外文化、中国少数民族文化和中原文化、佛教艺术、石刻艺术、书法艺术相交融的一座文化艺术宝库。

石窟艺术向外传播，首先向南部的河南传播。孝文帝从平城迁都洛阳，太行山西麓是平城至洛阳的主要通道，沿途开凿了许多石窟。晋东南高平羊头山石窟是这一区域的代表。沿太行山西侧还有太原天龙山石窟、平定开河寺石窟、左权石佛寺石窟、和顺云龙山石窟、昔阳石马寺石窟、屯留广泉寺石窟、泽州碧落寺石窟等，这些石窟大多开凿于北朝时期。

受北魏石窟的影响，隋唐时期开凿的石窟，大多分布在北朝石窟区域内，主要分布在太原、晋中、临汾和晋东南地区。宋元时期石窟的规模已经比较小，到明清时期石窟艺术已接近尾声，开凿石窟的活动在全国已很少，但山西仍在继续，主要分布在临汾和晋东南地区。

北魏王朝还开启了权臣家族依赖帝后崛起的先河。

北魏后期最重要的家族是尔朱荣家族，他的外甥女是太武帝皇后；取代尔朱荣家族的是高欢家族，他的女儿是东魏皇帝的皇后；西魏重臣、八大柱国之一的独孤信家族其长女为北周明帝的皇后，七女为隋文帝杨坚的皇后，另一个女儿为唐高祖李渊的母亲；杨坚家族的女儿又是北周皇帝的皇后。这几个短命王朝的开创者先后都依靠帝后的关系在历史舞台上闪亮登场。

北魏时期的"南北分制"制度对辽、金、元政权都有重大影响。除此之外，北魏时期"太后临朝称制"的做法也波及后世。北魏后期由胡太后临朝称制，这一事件对后世也影响巨大。如唐朝的武则天、宋朝的刘太后和高太后、辽朝的萧太后、清朝的慈禧太后。

北魏末年发生的"六镇起义"事件也影响了后来的唐朝。

"六镇兵变"后，北魏王朝盛极而亡；安史之乱后，唐王朝由盛而衰。

北魏王朝时期兴起的魏碑体书法，对唐朝楷书的成型也影响巨大。

北魏王朝提倡汉化，发展教育，这一时期诞生了一种介于汉晋隶书和唐楷间的独特风格的新书体——魏碑。它上承隶书，下启楷书，既融合了北方少数民族的粗犷剽悍之风，又渗透了儒家文化的温文尔雅、刚正不阿，同时又受到佛教和道教文化的熏陶，呈现出古朴、自然、刚劲、雄壮的风貌。平城时代的书迹种类繁多，包括碑刻、墓志、造像记、题记、明堂瓦文等。楷书正是在魏碑的基础上一步步发展成型的。

平城时代的北魏文化是在民族融合过程中创造出来的，具有三晋文化特征的典型都城文化，在各方面都产生出有特点的代表人物和作品。如经学家徐遵明，道教改革家寇谦之，佛教名僧昙曜，史学家崔鸿，文学家温子升，文学家江式，书法家崔悦，卢谌两大家族，天文学家晁崇、信都芳，医学家李亮、李修，大建筑家蒋少游，大农学家贾思勰，大地理学家郦道元，文学作品《木兰辞》，书法主系魏碑，珍奇瑰丽的石窟，这些在中国文化史上都具有重要地位。

平城时代和平城学

平城时代对于三晋而言无疑是个独特的时代。

系统梳理平城的文化脉络，对于今天的山西，尤其对于今天的中国而言，显得无比重要。随着中华民族伟大复兴步伐的加快，中国需要越来越强的文化自信和文明交流融合，而平城在文化交流融合方面无疑具有深厚的历史底蕴和极强的示范性。

平城就是今天的山西大同。

从人文地理看，大同地处晋北、西北、华北交界处；从自然地理看，大同横跨黄土高原和内蒙古高原；从经济地理看，大同地区属于畜牧和农业兼作的经济区域；从民族地理看，大同在古代属于以狄族为主体的少数民族区域和华夏民族为主体汉族区域的交叉地带；从文明分布情况看，由于地理和气候作用，这里在古代长期属于草原文明和农耕文明的交界地带。以上特点决定了这一区域长期的文化碰撞和文化交融趋势。

大同在历史上首先是座移民频繁、交流频繁的城市。石器时代在大同东侧桑干河流域的泥河湾发现大量的古人类化石，距今约200万年，证实这里很早就有人类生存；后来又在大同地区发现位于阳高县古城镇许家窑村南存有人类化石。考古发现证实，许家窑人是北京人的后裔，约在10万年前北京人向西迁徙时，遇大同湖阻隔，在此定居。这一发现，证实和拉开了大同区域移民的序幕。日后赵国北拓移民农垦戍边（这也是史书记录的中国古代第一次农垦移民戍边活动）；北魏定都平城后征调全国工匠、豪杰、士人聚集平城，后又南下洛阳；明初九边重镇守边大规模军垦、商垦、农垦移民，且大规模向北京移民；清代万里茶道商旅，走西口、闯关东大规模移民，大同都是必经之路和聚集中心。频繁的移民必然带动频繁的文化交流和文明交汇，使得大同这座古城文明生生不息，持续散发出文化交汇的光芒。

文化的交往也必然会伴随着阵痛。由于大同位于农耕文明和草原文明

魏碑帖（赵谧墓志铭）

魏碑帖（郑文公碑）

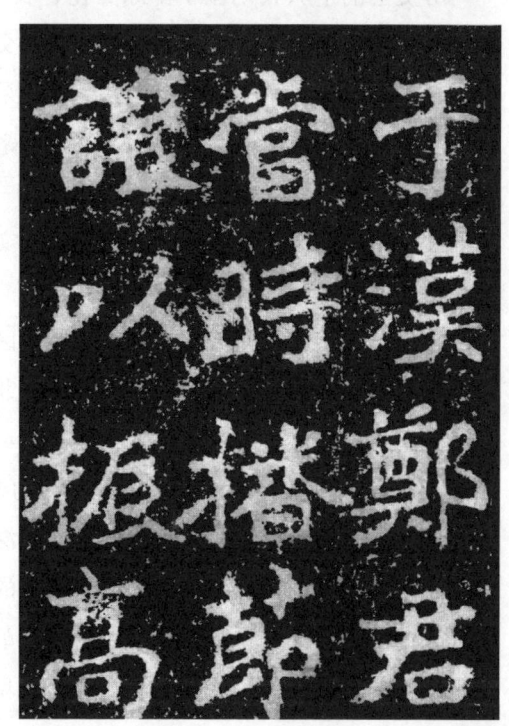

的交界地带，位于少数民族南犯中原的前沿阵地，因而这一区域历史上也经常兵戎相见、狼烟四起。从战国时期赵国北击匈奴，北魏南犯中原，到燕云十六州沦陷，在平城地区燃起的烽烟中，无论是匈奴、乌桓，还是羯、鲜卑、柔然、突厥、契丹、女真、蒙古，无一不是以这里为突破口。汉高祖刘邦、隋炀帝杨广都曾在晋北被少数民族兵团围困；而蒙恬曾率30万大军越过桑干河北击匈奴；唐朝名将裴行俭也曾率军经大同出塞，消灭突厥军队20万人。

大同地区从战国开始就成为中国北部最重要的前哨。明长城九边重镇中以辽东镇、大同镇、甘肃镇三镇最为重要，分别扼守着中原的东北、正北、西北大门，而三边中又以大同镇最为重要。明朝在山西布有两道长城防线：阴山沿线的长城防线和恒山沿线的长城防线，而大同正好处于两道长城防线的核心位置上。古往今来，以长城文化为核心的军事文化始终贯穿着雁北区域，使这里成为坚韧挺拔、不屈不挠的精神象征。

历史上的平城长期位于草原文化、农耕文化、黄河文化、山地文化、森林文化的包围中，因而文化交流和文明交流也十分频繁。中国历史上的三次民族大融合，平城所在的地域都有深度参与。春秋战国时期的夷、戎、狄融入华夏族；北魏时期，"五胡"等众多民族融入汉族；五代十国及辽、金、蒙时代，各民族融合的范围进一步扩大和深入，而平城地区也一次次目睹和体验了这种融合。民族融合文化在平城的历史记忆中有着不可动摇的地位。

有融合必然会有交流和借鉴，平城地区历史上的两次大的改革正是中原文化和草原文化互相学习的典型案例；北魏孝文帝的改革是鲜卑族等少数民族融入中原文化的具体体现。而赵武灵王的改革，不仅具有军事领域的意义，还深入推进和稳固了中原文明的文化边境。日后北魏都城南迁，辽、金、元、清双轨制管理都是寻求文化深度融合的结果。从这个意义上说，发生在平城的两次改革都具有非常大的创新意义，也给平城文化注入了强大的内生改革文化基因。胡服骑射改革引发了日后统一强大的秦汉帝国，北魏孝文帝改革间接催生了日后气象万千的大唐帝国。

平城地区在历史上曾是北魏的都城，辽、金的陪都，这在很大程度上凸显了平城地区在元代以前在北部中国可与今日北京比肩的历史地位。而蕴含其中的古城营造文化，以云冈石窟为代表的雕刻、雕塑艺术，以魏碑为代表的书法艺术，以悬空寺为代表的融合佛、道、儒三教合一的中国古代建筑文化，充分显示了平城作为古都深厚和广阔的文化底蕴，其中的魏碑书法上承汉隶，下启唐楷，成为中国书法甚至是东方艺术的高峰。

平城地区在地理上属于桑干河水系，而桑干河的下游正是北京的永定河。大同和北京之间的泥河湾遗址曾是距今200万年前中华先民生活过的地方。人类早期，北京人曾逆桑干河而上进入平城地区。而春秋战国时期，赵国军队也曾沿桑干河大规模进入永定河区域。历史上的桑干河（永定河）很早就形成了上、下游互动的历史。古代燕云十六州所在的区域，绝大部分和桑干河（永定河）流域相吻合。桑干河流域被辽国控制以后，中原失去了和北方游牧民族之间的天然防线（阴山、太行山、燕山）和人工防线（长城），中原汉族从此失去了北方屏障。至此，桑干河流域被契丹、女真、蒙古族统治达400多年。

桑干河（永定河）流域的上游和中游在明朝成为重要的军事要塞，大同、宣府、张家口形成了一个铁三角，从西北部紧紧护卫着北京。清统一蒙古大漠后，桑干河流域成为重要的商业通道。大批移民、流民、晋商沿桑干河进入京、津、冀地区，不仅将张家口打造成著名的皇商聚集之地，还将天津、北京托举为北方最重要的商贸集散地和商业都城。

从历史来看，平城地区所在的桑干河最大的功绩在于它对其下游北京地理格局和文化格局的影响。

桑干河在流经北京时被称为永定河，是北京境内最大也是最古老的河流。由它而形成的冲积扇平原，为北京城的形成和发展提供了优越的地域空间和水土便利。永定河及其故道遗存所形成的莲花池水系、高粱河水系，一直是古代北京城的主要水源。早期的河道曾作为三晋北方通往华北的物资运输通道；金、元、明、清时永定河曾助力北运河为北京的经济命脉漕运发挥过重要作用；永定河水的变化、河道变迁直接影响着北京的城

悬空寺

市布局和发展方向。

由于桑干河的塑造作用和通道作用，桑干河流域的文明呈现出一脉相承的特点。除了今日的大同和北京外，中华文明不同时期的黄帝之都逐鹿、北狄代王城、金中都等区域性古都群落，都直观地反映了中国古代都城变迁的历史。桑干河（永定河）流域至今还保存着许多的古城、古堡和古村落，成为人们可以参观考证的城镇变迁的活化石。

桑干河流域还云集了众多宗教文化特征明显的知名景点景区，这些景区不仅年代久、种类全，而且名气大、保存完好，如大同地区的华严寺、悬空寺、永安寺等，北京地区的云居寺、潭柘寺、戒台寺、八大处等。这些名寺不仅在时间上跨度长达2000多年，而且在宗教类别上几乎覆盖了释、道、儒、俗、天主、基督教以及中国各种民间信仰，如土地、山神、龙王等，反映了桑干河（永定河）流域的多样性和包容性。

当然，以平城为核心的文化影响外溢绝不止于桑干河下游。云冈石窟39窟宝塔雕刻精美，保存完好。据梁思成先生考证，日本奈良法隆寺中的塔体造型精美，形制与此塔极为相似。而奈良历史上曾经的名字就叫平城京。无独有偶，朝鲜今日也有一个城市名字叫平城。这是巧合还是有极强的文化关联，有待考古学家进一步考证。

无论从哪一个角度讲，以平城文化为核心的文化脉络集聚了移民文化、长城军旅文化、民族融合文化、改革创新文化、古都文化、宗教文化、山水文化等多个文化分支。在此基础上创建文脉清晰的"平城学"地域文化研究体系，不仅必要而且可以极大地提高整个城市的文化软实力，为三晋地域文化研究增添灿烂的篇章。

第七章　大唐盛世

北魏余晖

大唐王朝和北魏王朝有着千丝万缕的联系。

大同古称云中，这是个很诗意的名字。看到它很容易让人联想到"蓝天白云"这四个字，而这样的场景正是草原游牧文明的典型文化特征。五胡十六国时期，这里是鲜卑人的地盘，北魏在这里营建都城，使它成为北部中国当时最负盛名的地方。这是中国历史上第一个由少数民族入主中原，并由少数民族主导融合汉文化的政权。这个政权以鲜卑人拓跋氏主导，眼界宽广，不仅接受东方的汉文化，推行"汉化政策"；也接受西方的文化，对佛教高度重视。不仅打造了大同的云冈石窟，还打造了洛阳的龙门石窟。这种文化融合、政治融合的趋势到唐朝时发展到极致，使大唐开创了一个兼容并蓄、包容开放的时代。这种包容精神和融合趋势甚至影响到后来的辽、金政权和蒙古政权。也就是说，由北魏开创的平城时代既影响到平城西南方向的西安大唐政权，也影响到平城东北方向的北京大元政权。

北朝之后的山西，终于蹒跚跨进隋唐。

可以毫不夸张地说，唐王朝的世纪也是山西人的世纪。"一部唐史，半数晋人。"唐王朝的渊源、崛起、高峰，甚至衰败，都和山西人有千丝万缕的联系。

隋唐王朝脱胎于北周王朝，北周王朝又源于西魏王朝，而西魏王朝则源于北魏王朝。北魏王朝的统治中心是山西，山西与这两个王朝有着剪不断、理还乱的关系。

太和十八年（494），北魏都城由平城迁到洛阳，这是北魏王朝统治的最高峰，这一时期草原民族和汉民族的融合已达到了秦以来的最高水平。

北魏的衰败始于正光四年（523）。那一年，六镇起义爆发，民族矛盾激化，北魏的统治由此进入风雨飘摇之中。

带兵镇压六镇起义的是秀容（今忻州）契胡酋长尔朱荣。

尔朱荣是北秀容人，他的高祖曾追随北魏道武帝征战晋阳，立有大功，授封秀容川，其封地达300里。他的祖父尔朱勤，因其外甥女为太武帝皇后，一跃而成为皇亲国戚，并成为地方刺史。到他的父亲时，尔朱荣家族已经积累起雄厚的家产，史书称其父亲"承祖业，善牧畜，牛羊驼马，色别为群，弥漫川谷"。尔朱荣因多次献战马和粮食给北魏王朝，受到北魏孝文帝的奖赏。迁都洛阳后，特许其为"雁臣"，任左右将军、光禄大夫。年老后传爵位于尔朱荣。

北魏六镇起义给了尔朱荣家族崛起的机会。尔朱荣先后击败家乡北秀容、南秀容的多处叛乱，并南下并州平叛。之后，以武力占据肆州，军力逐渐强盛并受命都督并、肆、汾、广、恒、云六州军事并任大都督，山西北部几乎全部被尔朱荣控制。

乱世出英雄，从正光四年（523）起兵镇压叛乱，到孝昌四年（528）坐镇晋阳，短短5年，尔朱荣家族就强势崛起。其时尔朱氏兵强马壮坐镇晋阳，南向洛阳，以太原王的身份立长乐王元子攸为帝。敕勒酋长斛律金、高欢、贺拔岳、贺拔胜等都投奔他。之后，尔朱荣又发动河阴之变，击杀胡太后及朝官2000余人，将整个北魏朝廷玩弄于股掌之上。同时，出击上党，击杀河北大起义首领葛荣，收复河北五州，以功升任大丞相，坐镇晋阳，遥控整个朝局。

尔朱荣的荣华并没有持续多久，仅仅过了两年，他就被他立的敬宗皇帝杀害在宴会上。

尔朱荣死后，他的两个部将高欢和宇文泰于永熙三年（534）分别拥立北魏皇室的子孙为皇帝：高欢拥立元善见为帝，是为孝静帝，史称东魏；宇文泰继续拥立原北魏元宝炬为皇帝，史称西魏。东魏和西魏都尊原北魏皇室子弟为帝，东魏后来被北齐取代，高氏家族代替拓跋家族做了皇帝；西魏后来演变为北周，宇文家族代替拓跋家族做了皇帝。

高欢取代尔朱荣主持东魏政局，几乎把尔朱荣的故事又重演了一遍。

高欢本是鲜卑化的汉人，身上还有匈奴的血统。早年家贫，投奔尔朱荣以后颇受重用，由草根布衣逐渐升为晋州（今临汾）刺史。尔朱荣死后，高欢和尔朱荣家族经过几年的斗争逐渐占据优势，不但在晋阳建大丞相府，还使女儿成为东魏皇帝的皇后，权倾一时。

高欢主政东魏后，与西魏苦战十几年，双方大的战斗有7次之多。武定四年（546），高欢率10万军队围攻西魏重镇玉璧（今山西西南），死亡7万多人仍不能取胜，高欢由此忧愤染病。当时军中谣传高欢已死，为稳定军心，高欢扶病出见文武大臣，此情此景和三国时期诸葛亮病逝前扶病巡视军营如出一辙。

诸葛亮讨魏（三国曹魏），为后世遗有《出师表》；高欢讨魏（北朝西魏），为后世留有《敕勒歌》。

高欢扶病出见文武大臣，命大将斛律金唱《敕勒歌》："敕勒川，阴山下，天似穹庐，笼盖四野。天苍苍，野茫茫，风吹草低见牛羊。"高欢依歌和之，泪如雨下。第二年，高欢在忧愤中病死。

高欢死后，高氏家族继续统治东魏。武定七年（549），高欢的儿子高洋改东魏为北齐，自立为帝，直到承光元年（577）被北周灭亡。名满天下的四大名楼之首"鹳雀楼"就是北周大将宇文护为了镇守蒲州，在蒲州西面的黄河东岸建造的一座戍楼，作为军事瞭望之用，与北齐对峙。

北齐政权深深打上了山西烙印。

高欢本身成长于山西，之后崛起于山西，从贫民一直到晋州刺史，直到由子孙建立东魏、北齐。

高氏家族控制的北齐政权全面接管了东魏政治的底盘，占有今天黄河中下游流域的河北、河南、山东、山西及苏北、皖北的广大地区,有300万户,人口2000多万。

天保三年(552),高欢的儿子高洋以山西为中心,全力开疆拓土,向北出击库莫奚,向东北驱逐契丹,向西北击破柔然,向西平山胡(属匈奴族),向南攻取淮南,势力一直伸展到长江边,是当时与陈(南朝)、北周鼎立的三个国家中最富庶者。其中,山西人功不可没。

实际控制西魏的宇文泰是代郡武川人,从小也生活在三晋。他本身也是鲜卑人,后逐渐汉化。他早先参加葛荣起义,后来投奔尔朱荣,因为其镇压关陇起义有功,被提拔为关西主帅,其成长轨迹和高欢如出一辙。

永熙三年(534),北魏孝武帝不堪忍受高欢的控制,从关东逃亡到关中,投奔宇文泰,却刚出狼窝又入虎穴,没过多久就被宇文泰毒杀。宇文泰在杀害了孝武帝后,另立北魏宗室元宝炬为帝,是为文帝。西魏成立并以长安为中心,占有今陕西大部和洛阳以西地区。恭帝三年(556)宇文泰死后,他的儿子宇文觉废掉西魏恭帝,建立北周。

北魏分裂为东魏和西魏,东魏和西魏又分别被北齐和北周所取代,北周后来又被隋取代。看起来眼花缭乱,其实并不复杂。

这段历史和北魏统一北方前的北方十六国争相更迭的历史十分相像,它反映了北魏的民族融合虽取得重大进展,但仍然不十分彻底。草原文化和中原文化的融合仍需时日,而三晋大地也在这次融合过程中不断呻吟、挣扎和思索。

不论是尔朱荣家族,还是高氏和宇文氏家族,他们身上都打上了深深的草原文化烙印和中原文化烙印,抑或深深地打上了三晋文化的烙印。

从春秋战国时期就有裂变传统的三晋大地,在北魏统一后再次裂变,其间的现象足令后世深思。因为不论是高欢还是宇文泰,都是汉化后的鲜卑人,抑或是中原化之后的山西人。

宇文泰本为贺拔岳的部下,而贺拔岳又是尔朱荣的部下,这几个人从小都生活在由草原向中原过渡的晋北一带,其生活习俗、生活观念直至体魄性格,都兼具草原文化和三晋文化的特点。

贺拔岳拥兵关西，成为同是尔朱荣手下的高欢劲敌。高欢崛起后，贺拔岳派宇文泰至晋阳观察高欢的动静，宇文泰回报贺拔岳，认为高欢之所以不敢篡帝位是因为惧怕贺拔家族的势力。贺拔岳随即命令宇文泰为特使，向北魏帝表忠心，孝武帝也倾向依靠贺拔氏。

永熙三年（534），贺拔岳遇刺身亡，宇文泰取代其成为关西主帅。贺拔岳之死成了北魏分裂的直接导火索。

高欢取代尔朱荣成为东魏和北齐开国元勋，宇文泰取代贺拔岳成为西魏和北周开国元勋。

宇文泰成为关西主帅后，三晋的臣僚名士温子昇、柳庆、裴侠、王思政等都心向宇文泰。孝武帝投奔宇文泰时，又有大批山西大族跟随。承光元年（577），北周武帝攻占晋阳灭掉北齐后，又迁并州原北齐军人4万户于关中，所以北周政权在很大程度上还是由汉化的具有鲜卑血统的山西人在主导。

谈及北齐政权和北周政权，有两个家族不能不提，这就是崛起于晋地的两大家族：娄氏家族和独孤氏家族。

娄氏家族的代表人物是娄昭君，她是北魏平城人。她最成功的地方就是在乱世中独具慧眼，发现了高欢的潜质，并且不顾父母反对，以身相许，坚定地支持高欢建功立业，即便临产也不让高欢回家照顾，高欢对她非常敬重。

从高欢恭帝三年（534）入洛阳立孝静帝建立东魏到太宁二年（562）娄氏去世的28年中，娄氏起着非常大的作用：

天平四年（537），娄氏策划孝静帝纳高欢的次女为皇后，随即将权臣孙腾、高岳、高隆之、司马子如拢为心腹，建立了以高氏家族为核心的政权班底。

武定七年（549），儿子高洋在娄氏的支持下迫孝静帝禅位，建立北齐。

天保十年（559），高洋因饮酒无度死于晋阳，太子高殷即位。在娄氏（此时为太皇太后）的支持下，皇叔、大丞相高演杀害高殷，继承帝位。

娄氏一生共生育六男二女，其四子皆为帝，即文襄（高澄）、文宣（高洋）、孝昭（高演）、武成（高湛），两个女儿皆为皇后，这种现象在中国绝无仅有。

独孤氏家族的代表人物是独孤信。这个家族在中国历史上的状况也极其罕见。

独孤信是西魏八大柱国之一，他有三个女儿非常有名：长女为北周明帝的皇后，七女嫁给了隋文帝杨坚，另一个女儿则为唐高祖李渊的母亲。

独孤信通过这种婚姻关系将北周皇族宇文家族、隋朝皇族杨氏家族、李唐王朝的李氏家族紧紧地联系在一起，使其家族在乱世中立于不败之地。

独孤氏家族、杨氏家族、李氏家族都源于北魏时期，均属关陇军事贵族的核心家族，尤其是独孤氏家族，对另外两个家族的崛起起了相当大的作用。

我们可以仔细分析一下这两个家族的崛起过程。

独孤信为北周明帝皇后的父亲。明帝在位虽然只有三年，但这三年却是独孤氏家族强势崛起的三年。作为帝后的父亲，独孤信不但强化了自己军事贵族的地位，而且以皇亲的身份不断扩大自己的影响力，杨氏家族的崛起与其有很大的关系。

隋文帝杨坚的父亲在西魏时为大将军（地位略低于独孤信），北周时进位柱国大将军、大司空，封隋国公。其高祖杨惠嘏，曾任晋阳太守，其家族和山西有着千丝万缕的关系。

杨坚，小名那罗延，娶了独孤信之女后，进一步成为西魏皇亲，后袭封隋国公。北周武帝平北齐时，杨坚奋勇当先，率兵3万大败北齐，进位柱国。他效仿独孤信，把女儿嫁给北周武帝太子，作为太子妃的父亲，杨坚深得北周武帝的器重。宣帝即位后，杨坚以后父被拜上柱国、大司马，掌握兵权，为他日后取北周而代之奠定了坚实的基础，而这个基础在很大程度上是独孤氏家族给他带来的。

唐高祖李渊家族的崛起也和独孤氏家族有很大关系。

李渊出生在关陇贵族的高门家庭，李渊的祖父李虎是西魏的八柱国之一，北周时被追封为唐国公。李渊的父亲在北周时位至安州总管、柱国大将军。母亲是独孤信的另一个女儿，与北周明帝皇后和隋文帝皇后是亲姐妹。

由于有了这一层关系，李渊虽然幼年丧父，仍在7岁时袭爵唐国公。

隋取代北周后，15岁的李渊被任命为隋文帝的贴身侍卫官，在姨母文帝独孤皇后的关照下，很快出任刺史并开始其政治生涯。

隋炀帝登基后，随着隋王朝统治危机的加深，炀帝对关陇贵族集团内部门望高、有可能取而代之的家族的疑忌也日益加深。特别是对隋开国功臣李穆之子李浑，因其门望高、门族强盛，更是放心不下。当时的方士安伽陀散布说"李氏当为天子"，劝炀帝杀尽海内李姓者。

大业十一年（615），也就是李渊起兵反隋的前两年，炀帝以谋反罪名杀掉李浑及宗族32人。这件事在整个隋朝统治阶层引起极大震动。可以设想，如果不是李渊母亲和炀帝母亲是亲姐妹这层关系，身为李氏高门的李渊家族完全可能遭灭族。正是独孤氏家族的存在保护了李渊家族。因为在当时，炀帝已对这位表兄起了疑心。在李浑事件的第二年（616），炀帝虽然派李渊北上抵御突厥，不久又任命他为太原留守，对他却很不放心，派亲信王威、高君雅为副留守，严密监视李渊的行动。

如果不是独孤氏家族的存在，李渊不仅难以崛起，而且很可能遭到灭门之祸。

某种意义上也可以说，独孤氏家族一手托起了三个王朝：北周王朝、隋杨王朝、李唐王朝。

隋王朝虽承袭北周，建都关中，却和山西有千丝万缕的联系，且杨氏一门崛起于山西。

隋文帝杨坚的先人杨元寿曾任北魏武川镇（今内蒙古呼和浩特西北）司马。武川镇接近晋地，是草原民族内赴中原的必经之路。杨坚的高祖杨惠嘏，曾任晋阳太守。这是一个相当重要的职务，这一主政一方的职务，使得杨氏一门广泛积累起人脉并迅速崛起；到杨坚的父亲杨忠时，已官至北周柱国大将军、大司空；到杨坚时，由于杨坚的妻子不仅是北周明帝皇后的妹妹，其女儿还是北周宣帝的皇后，杨坚身兼皇亲和外戚，其身份、地位在关陇贵族集团中已无人能比。至此可以看出杨氏崛起的清晰线路图：

晋北→晋中→关中，而太原是其崛起的关键地域。

太原在北魏南迁、东西魏对峙、隋代北周、唐代隋的过程中具有独一无二的作用。这一点从先后出任太原地方长官的人物中就可以看出端倪。

太原在北魏时就是位于平城和洛阳之间的重要城市。北魏分裂为东西魏后，高欢盘踞在太原，使其成为东魏的政治中心。

北齐时虽建都于邺，却仍以太原为重要的政治中心。这一点从北齐亡国过程中可以看出。

建德四年（575），北周向北齐发动大规模进攻，攻下河阴外城后，又围攻汾北重镇晋州、平阳，齐后主率军在此拼命抵抗。溃败后，急忙逃回晋阳，在那里组织最后的抵抗。可见，北齐虽然建都于邺，却把太原视为大本营。北周大军攻破太原后，北齐政权就基本宣告结束。

正因为太原地位如此重要，隋唐之际，主政并州者大都在当时具有十分重要的地位。

隋文帝杨坚的祖父曾任太原太守，除了他之外，先后主政太原（或晋阳）的还有：李穆、杨广、杨俊、杨谅、李渊。

李穆就是后来被隋炀帝杨广以谋反罪杀掉的李浑的父亲。

李穆在北周时与杨坚地位相当，他当时以总州总管的身份，与杨坚、相州总管尉迟迥、越王宇文胜同为北周的四辅官。

这四人中，宇文胜是皇族，杨坚和尉迟迥是皇亲，只有李穆既不是皇族又不是皇亲，足见其十分受尊崇。

杨坚既是北周皇亲又是外戚，而尉迟迥的地位也十分了得。他的母亲是西魏的实际掌控者、北周的实际创始人宇文泰的姐姐，妻子为西魏文帝的女儿，孙女为宣帝的皇后，地位一点也不比杨坚差。

李穆能与这三人并列四辅官，可见其在关陇贵族中的地位。李穆完全依靠个人的实力，在西魏、北周时频立战功，曾随杨坚的父亲杨忠东征北齐。

北周灭北齐后，曾发生过东寿阳土人反叛袭击并州事件。平叛后，周武帝以并州乃"天下精兵处"，地位重要，以李穆为并州总管，足见其倚重之深。

杨坚以隋代周，极力拉拢李穆共同对付尉迟迥，又逼杀宇文胜，终于独掌大权，建立隋朝。

隋文帝继位后，派各王子以宗王的身份出镇各州总管。杨坚深知山西的重要性，派次子晋王杨广为并州总管。开皇十三年（593）和开皇十七年（597）又分别派秦王杨俊和幼子杨谅为并州总管，足见其对山西的重视。

这里有必要专门叙述一下杨谅的故事。

杨谅任并州总管的同时，杨广以欺骗的手段谋得太子之位。文帝偏爱幼子杨谅，特许其在并州铸钱，同时杨谅以加强武备为名，请得诏许在并州打造兵器、铠甲并招纳亡命之徒，实际上具备了叛乱和另立山头的条件。

杨广篡位后，鉴于山西的重要性，立即召汉王杨谅从山西返京师。杨谅在得知杨广已政变后立即举兵造反，派兵向京师进发，后兵败被隋炀帝囚禁而死。

最为倒霉的是山西，杨谅在兵败后，并州的士民以从乱罪被诛、被流放者达20余万家。

史书上虽没有交代这些人的去处，但可以肯定的是，山西因为这次兵变元气大伤。

李渊任太原留守，山西再一次站在了风口浪尖。

出任太原留守这一职位，是李唐王朝崛起非常重要的一步。此前李渊的职务多为临时性的、辅助性的职务。

隋代北周后，15岁的李渊被任命为隋文帝的贴身侍卫官。隋炀帝即位后，李渊先后任郡太守、殿内少监、卫尉少卿等职务，这些职务政治地位都不是很高，难以形成个人影响力。

隋炀帝第二次征辽东时，李渊在怀远镇负责督运粮草；杨玄感起义后，炀帝急调李渊镇守弘化郡（今甘肃庆阳），负责长安以西的防务；炀帝诛杀李浑后，为安抚民心，命李渊为河东抚慰大使。这些职务都是些临时应急的职务，李渊很难从中形成自己稳定的班底。

李渊出任太原留守后，情形立刻发生了变化。太原留守作为地方行政长官，使李渊掌握了大量的行政资源并拥有了一定的军事权，这使其很快形成了自己的政权班底。后来的事实证明，李渊最初的政权班底以山西人为主。

山西由于处于和突厥争斗的最前线，位置相当重要。李渊最初的政治优势很大一部分是因为取得了突厥的支持，联合突厥反隋。

太原的战略地位在当时仅次于京都长安，因而太原留守具有很重要的政治地位，李渊出任这一职务明显比其他起义军更有政治上的号召力。

我们来看一下李渊起事前的班底：当时李渊全家都在山西，次子李世民随李渊在太原活动，长子李建成和三子李元吉在河东照顾家小。

李渊出任太原留守后开始筹划起事，当时山西人晋阳宫监裴寂、晋阳令刘文静都和李渊结成同盟筹划起事；武则天的父亲武士彟当时是山西的大商人，以买卖木材致富，在李渊起事之初，武士彟以大量的资金资助李渊购买武器、战马、粮食。

当时，李渊负责在太原居中筹划起事；长子李建成负责在河东"潜结英豪"；次子李世民在晋阳密诏豪友，开始了实际上的招兵买马。

大业十四年（618）六月，李渊召集兵马于晋阳，在晋祠（今太原西南）立号堂令正式起兵。当时随李渊起事的主要有两帮人：山西人和李渊家人。

最早跟随李渊起兵的除了裴寂、刘文静、武士彟外，还有唐俭、温大雅等人；李渊家族这边，除三个儿子李建成、李世民、李元吉外，还有其女儿平阳公主及其夫婿段纶、从弟李神通等。史书上把这次起事称为晋阳起兵。

晋阳起兵，其中的谋臣猛将大多为山西人，山西成为李唐王朝的真正发迹之地。

纵观几千年中华文明史，山西历史上从来没有出现过一位叱咤风云、一统全国的开国帝王，但山西人最自豪的就是成为大唐帝国的龙兴之地。不仅如此，山西在大唐帝国时期还向整个世界推出了中国几千年封建史上唯一的女皇帝——武则天。

李渊在长安建立的政权为什么国号叫"唐"？

李渊在做太原留守时就已承袭了祖上的唐国公爵位。但这不是最主要的，最主要的是这里是唐国的故土，是唐尧的根据地，李渊家族和唐有着故国的渊源。为什么这么说呢？晋国在改名之前就叫唐国；其次，尧帝时期尧有一名重要的同事叫皋陶，是和尧、舜、禹齐名的"上古四圣"之一。皋陶曾做过尧的"大理"，掌管刑狱（唐宋时期的大理寺，掌管刑狱，也是从这里来的，相当于今天的最高法院）。他的后代就以"理"为氏，再往后，"理"改为"李"。由此推断，李姓的始祖曾和唐国的首领共事，共同开创了尧天舜世，李姓和唐国有割不断的联系。李渊在太原做唐国公时，感觉就像回到了故国祖地。他建立唐朝后，封太原为北都、"北京"。他死后，他的尊号就是神尧皇帝。他以唐为国号也不仅仅是因为身上有唐国公的爵位，更主要是因为山西是唐国故地，他想仿效唐尧建功立业。

王业所基

唐太宗李世民曾对人说过："太原乃王业所基，国之根本。"可以毫不夸张地说，唐王朝的世纪也是山西人的世纪。"一部唐史，半数晋人。"唐王朝的根基、发迹、崛起、高峰甚至衰败，都与山西人有着千丝万缕的联系。

李渊家族虽属于关陇贵族集团，但关陇贵族集团本身源于北魏。山西又是北魏的大本营及北魏鲜卑族汉化最重要的熔炉。就李渊家族本身而言，其发迹地源自山西，这带来三个重要的结果：其一，李唐王朝的重臣猛将大多出自山西；其二，李唐王朝历史上许多重要的历史事件大都和山西有关联；其三，李唐王朝的性格深深地打上了山西烙印。所以从这个意义上说李唐王朝是山西人的王朝其实并不过分。

中国历史上汉族主政的四个盛大王朝中，李唐王朝的李姓、刘汉王朝的刘姓、赵宋王朝的赵姓、朱明王朝的朱姓在山西人口数量分别为第三、四、五、四十六。从山西发展历史看，这个排序和山西对王朝的影响力排名出奇地一致。

自秦以后，纵观各代，山西对李唐王朝的影响最为重大，除去众多的李氏人口外，山西为李唐王朝贡献了最多的贤臣良将，其数量列各代之首。

唐代的名臣贤相以山西为最，仅闻喜裴氏一门就有十几人被拜相。

唐代名臣除去开国功臣裴寂、武士彟、史大奈、温大雅之外，还有裴矩、王珪、裴炎、狄仁杰、敬晖、张嘉贞、裴耀卿、王播、裴度、裴休、白敏中等人。

李渊时代，三晋影响力最大的名臣为裴寂。裴寂是唐代蒲州人，是典型的北周贵族后裔。他的祖父是北周司木大夫，他的父亲是北周绛州刺史，仪同大将军，相当于唐的从一品，具有很高的政治地位。

裴寂和李渊很早就认识且关系密切。李渊做太原留守时，裴寂在这里做晋阳宫副监，是李渊工作上的同事。他很早就劝说李渊起事，在李渊决定起兵的过程中倾力相助，他给李渊提供的赞助清单如下：宫女500人、米9万斛、布匹5万段、甲40万领。

这些物资对李渊早期起兵的支持非常巨大。

进入长安后，裴寂又帮李渊安排受禅即位。因此，"高祖即受禅，谓寂曰：'使我至此，公之力也'"。

对于这样一位既出身关中郡姓的世胄名家，又和李渊同属关陇集团，私交甚笃又有劝进之功的佐命元勋，李渊当然把他视为心腹，除赐良田千顷外，还拜他为尚书右仆射。

史书上这样描述裴寂当年的地位："高祖（李渊）视朝，必引与同坐，入阁则延之卧内，言无不从，呼为裴监而不名。当朝贵戚，亲礼莫与为此。"

这样的场景，很容易让我们想起东晋政权刚在江南建立时"王与马，共天下"的局面和上朝情形。

事实上，李渊建立起来的唐王朝，仍然是以关陇贵族为核心的政权。他把关陇贵族作为自己政权的依靠，但关陇集团是一个靠武力建立起来的军事贵族集团，这个集团家族的数目本来就不多，经过几次朝代变迁，特别是经历隋末农民战争的打击，大家族减少了很多。裴寂既出身关陇贵族，又和李渊交往颇久，且在李渊起事时给予了极大的帮助，这样的人既是拉拢的对象，又是李渊依靠的力量，而且在裴寂的身后有一大批山西籍的功勋。从某种意义上讲，裴寂代表了唐初的山西功臣集团，对待裴寂的态度就是对待山西籍功臣的态度。

唐开国初，裴寂位列第一辅臣，在九个宰相中名列第一。不仅是裴寂，整个山西功臣集团在唐初都踌躇满志，跃跃欲试。

唐开国初，和裴寂一同担任宰相的还有山西人裴矩。

裴矩的父亲裴讷之是北齐太子舍人，裴矩本人也曾为北齐高平王文学。隋朝初年曾参加平定南陈的战役，后来到岭南一带做官。隋炀帝时又派他到张掖（今属甘肃）一带监视互市，对突厥和西域一带的情况都很熟悉，曾撰有《西域图记》（《西域图记》也成为后来吴承恩写《西游记》时的主要参考书目）三卷，是隋炀帝对外政策的主要参谋。

裴矩在隋炀帝时代就有很高的官位，后来宇文化及和窦建德都用他做尚书右仆射。唐初局势稳定后，开始以主要力量对付突厥，因为裴矩对边境事务熟悉，仍拜他为相。这样，在历经北齐、北周、隋、唐四个王朝后，裴矩成为唐初的四朝元老，山西人的执政能力和职业精神可见。

李渊时期，还有一位山西人需要特别提一下，他的名字叫柴绍，山西晋州人，作为李渊的女婿，他率军参战并立有战功，在李唐王朝早期起事中发挥了很大的作用。由此可以看出山西人和李氏家族的渊源，尤其是在李唐王朝的发展之初。

裴寂、裴矩、武士彟、温大雅等人属于唐高祖时期的班底，到了唐太宗时期，太原人王珪、温彦博成为这个时代的大唐名臣。

王珪的祖先是乌桓族人，他与唐太宗时代的另外两位名臣房玄龄、杜如晦是好朋友。他原来属于太子李建成的重要幕僚。唐太宗称帝后，他因正直敢谏和魏徵一起被拜为谏议大夫，后来又升为侍中。唐太宗曾让他评价当朝宰相，王珪列举房玄龄、李靖、温彦博、魏徵等人的优点长处，并自认为不如这些人，自我评价"激浊扬清，疾恶好善，臣于数子，有一日之长"，被他评价的人都认为他说得很中肯。王珪曾当面批评过唐太宗纳庐江王之姬妾的事，也批评过唐太宗用人不当的事，由此成为当时和魏徵齐名的著名诤臣。唐太宗采纳王珪的建议，开创了"自今后中书门下及三品以上入阁，必遣谏官随之"的定制，倡导了一代谏诤政制之风，类似于今天官员任前公示和监察审查制度。

王珪的另一个身份是唐太宗的儿女亲家。由于王珪的人品和在当朝的影响力，唐太宗以其女下嫁王珪之子。即便在结亲这件事上，王珪也一丝不苟，以礼制要求公主拜公婆，"成国家之美"。由此王珪家族成为唐代少数与皇家结亲的山西世家（山西另外一个与皇帝结亲的重要家族为郭子仪家族）。不仅如此，由于王珪儒学造诣很深，他还成为魏王李泰的老师。几个因素叠加，使得王珪成为当时朝野上下举足轻重的人物。

唐太宗时期还有一位山西籍的重臣温彦博，他是史学家温大雅的弟弟。因为博学多才，温彦博青年时代就成为隋末的文林郎。唐建国初，他劝说罗艺以幽州归唐，立了大功，入朝成为中书舍人，后来又升为中书侍郎。太宗时期，他又参与了反突厥的战争，再次立功，史称其"器宇轩昂，善于宣吐，性格谨慎，既掌机务，谢不通宾客，觐见必陈政事利害，言必有中"。

温彦博成为太宗时期与房玄龄、魏徵、王珪齐名的重臣，后来积劳成疾去世，在他去世后，唐太宗哀叹不已。

唐代山西籍的政治力量除了像裴寂这样的起事功臣、柴绍这样的皇室宗亲外，还有像裴炎、张嘉贞这样的后起之秀，他们既代表了新崛起的中小地主，又代表了科举制下新崛起的士人力量。除了这两股重要力量外，还有一股重要力量在整个唐朝都不能被忽视。这股力量就是从魏晋以来就开始在山西形成的世家大族。这支力量也是武则天走向最高权力的无形推手之一。

隋唐皇权专制的重要社会基础是具有经济实力和政治特权及社会地位的世家大族。这些世家大族在魏晋南北朝时曾垄断政治，入隋之后，隋文帝废除九品中正制，由朝廷任命地方官，使世族无法世袭做官。隋炀帝时创立了科举制，基本上结束了世族子弟坐至公卿的特权，但并未完全杜绝。因为隋唐起家的统治者本身就是世族出身，其主要依靠力量也是这些人。出于巩固皇权的需要，皇室势必不能不提拔重用其功臣勋旧。旧世族及亲信功高望重，新世族又不断产生，这就形成了一个个特权集团，成为政坛的核心力量，如关陇集团即是如此。

当时的社会还特别讲究门第之风，人们的观念依然是仰慕豪门，而地方望族之间又互为姻亲或私交甚厚，他们之间互相拉拢，垄断着大量的政治、文化资源，不愿接纳贫寒之士分享权力。

这种世家大族影响地方的局面为皇权所承认和肯定。唐初李世民就命令高士廉重修《氏族志》，实际上就是为唐初的世家大族排序；到了武则天时代，又重修《姓氏录》为新进的世族正名；中宗至玄宗时又修《姓族系录》，所有这些都是随皇室更替为新权贵造势，抬高世族地位。

唐政坛和文化界大都由世族和新科士人所主导，其中山西的世家大族占据了非常突出的地位。魏晋时期形成的世家大族在南北朝时期遭到沉重打击分化之后，到唐再度发出耀眼的光芒，其夺目之处，全国罕见。

唐时山西世家大族主要有如下十几支：

首推闻喜裴氏。裴氏在唐共分五房，其中担任过宰相的就有十余人，著名的有裴寂、裴矩、裴炎、裴耀卿、裴行本、裴光庭、裴休、裴度等。裴寂我们前面介绍过，为大唐开国第一功臣，而裴度作为平定藩镇之乱的名臣，在当时声名远播，时人称其"一生系大唐安危"。除此二人外，另一个大放异彩的裴氏人物为裴行俭，他是唐高宗时代文武双全的大将军，功勋卓著。

太原王氏早在南北朝时就成为著名的世家大族，到了唐，王氏家族的声望更是达到顶峰。

河东张氏相传为西汉名臣张良的后人，后来迁居猗氏，在唐有张嘉贞、张延赏、张弘靖祖孙三代，分别为玄宗、德宗、宪宗时的宰相。

除了上面几家外，还有河东吕氏、柳氏，汾阴薛氏，文水武氏，太原狄氏、郭氏、白氏，上党苗氏，代北李氏。

柳氏有柳浑等三人为宰相，文化名人有柳宗元、柳冲、柳芳等，山西沁河流域至今仍有柳氏民居等古迹，为柳宗元后人所建。

薛氏代表性的人物有薛仁贵、薛收、薛用弱、才女薛涛等。

太原郭氏代表性人物为汾阳王郭子仪，宰相郭元振、郭正一等。

文水武氏因武则天父女二人而起，有武三思、武承嗣及宰相武元衡等。

太原狄氏以名相狄仁杰为代表，名人迭出，在唐代达到顶峰。

上党苗氏相传为春秋时期楚王室之后，唐时苗晋卿等曾为宰相。

河东吕氏有吕温，吕氏一族在北宋时南迁到寿州（今安徽凤台），名人辈出。

太原白氏相传出自姬姓，其先人为春秋时秦国名相百里奚，其子百里孟明视为名将。孟明视有两个儿子西乞术、白乙丙，白乙丙的后人以白为姓氏，战国时秦国名将白起即为白乙丙的后人。秦统一中国后，白起的后人被派往山西做官并定居太原，遂成为大诗人白居易的先祖。太原白氏在唐除白居易外，还有其弟弟白行简、堂弟白敏中，在当时也都名噪一时。

代北李氏本为朱邪氏，原本是沙陀族人，唐皇室赐姓李。其家族代表人物李克用在唐末被封为晋王，李克用的儿子李存勖系五代后唐庄宗。李氏一门在唐末五代名将辈出，成为当时的风云家族。

除了上述世家大族外，山西世家大族还有乔氏、董氏，这些世家大族盘根错节，互为关联，有力地支撑着唐政权，成为当时不可或缺、不可忽视的政治力量。

这一时期是山西世家大族在中国封建社会最为辉煌的时刻，也是世家大族最后一次以集团方式登场并发挥了巨大政治影响力。在此之后，特别是宋南渡之后，山西世家大族便日渐凋零，日薄西山，再也没有恢复昔日的荣光。

唐以后，特别是北宋以后，随着山西世家大族的逐渐凋零，山西人也基本上告别了中国的政治舞台。这一别就是1000多年，直到清末民初，山西人才重新在政治舞台上活跃起来。

唐玄宗时代，山西继续保持政治大省的热度。由于唐玄宗在登基前曾受封潞州别驾并在此发迹，所以对山西颇有好感，大量的山西人在玄宗时代继续活跃在政治舞台，除了张嘉贞等老臣外，新崛起的有杨贵妃和她的哥哥杨国忠为首的杨氏集团。

杨贵妃本名杨玉环，她本是唐玄宗的儿媳，被唐玄宗看中后封为贵妃，在宫中的实际地位相当于皇后。由于杨贵妃备受玄宗宠爱，她的三个姐姐及哥哥杨国忠先后进入宫廷，并在此后逐渐形成杨氏集团。

杨贵妃本人通晓音律，尤善歌舞，对我国舞蹈艺术的发展做出过重要贡献。相传，西域名曲《霓裳羽衣曲》，就是经杨贵妃轻歌曼舞的生动演绎而名动中原的。

杨贵妃是中国古代四大美女之一，而她的三个姐姐也个个国色天香，应召入宫后，被封为韩国夫人、虢国夫人、秦国夫人。

杨氏集团在玄宗当政时称雄一时，安史之乱后，杨国忠、杨贵妃相继被杀，虢国夫人随之也遭到追捕而自杀身亡。杨氏集团就此土崩瓦解。

安史之乱是唐由盛转衰的重要标志。一群山西人造就了大唐的兴盛，却也为大唐埋下了衰败的种子。尽管如此，安史之乱后唐政局仍然能看到众多山西人苦苦相撑的影子，其中最为著名的人物为郭子仪、裴度、李克用。

郭子仪作为平定安史之乱的最大功臣，率兵多次在危险关头挽救了大唐，史称有再造唐室之功。他一生忠心耿耿，被封为汾阳王，这几乎是封建社会皇室所能给予臣子的最高奖赏。遍览古代人臣，生前被封王者寥寥无几。

　　裴度是山西闻喜人,唐元和间任宰相。他最著名的事迹是平定藩镇蔡州(今河南汝南),擒拿著名的叛军首领吴元济,并因此被封为晋国公,其光芒直逼郭子仪。

　　李克用本为朱邪氏,沙陀族,山西太原人,因功被唐皇室赐李姓。他以镇压黄巢起义起家,势力逐渐扩大,形成一方军阀。他曾与朱温联手镇压黄巢起义,后来与朱温反目。当朱温叛唐并取而代之时,李克用始终忠于唐室而不称帝,此举被后人大加赞赏。清代诗人严遂成其至专门作《三垂冈》一诗夸赞李克用:

　　　　英雄立马起沙陀,奈此朱梁跋扈何。
　　　　只手难扶唐社稷,连城犹拥晋山河。
　　　　风云帐下奇儿在,鼓角灯前老泪多。
　　　　萧瑟三垂冈下路,至今人唱《百年歌》。

　　李克用在生前因功被唐昭宗封为晋王,其地位几乎比肩郭子仪,其子李存勖称帝后,李克用被追谥为武宣帝,终于成为名副其实的帝王。

　　从郭子仪到李克用,山西人用自己的忠勇支撑着大唐的半壁江山,直到唐覆灭的最后一刻,彼情彼景令人泪目。

　　山西堪称唐朝的大本营,除了政治、军事外,在经济上对唐朝廷的支持也不遗余力。

　　当时太原以南,尤其是今天的临汾、运城地区粮食一向丰饶,是京师长安生存之赖,堪称大唐的粮仓;上党地区则以农桑为主,向京师供应大量的麻织品;晋北由于牧业发达,大量的马匹供应军队,成为军马的重要基地;因为山西当时的森林植被保护良好,林业发达,唐中期修缮长安就从岚州(今岚县)调运了大量的木材。

　　手工业方面,山西当时的冶铁、冶铜非常有名。全省有15个县从事采矿和炼铁,山西一省的冶铁点占到了全国总数的1/3,比西汉时要多出

1.5倍，由此可见山西经济在当时的重要程度。

山西的冶铜业在当时也十分出名，今天的阳城、闻喜、翼城、曲沃、孟县、五台等地都是当时著名的冶铜地。

北宋文化名人欧阳修曾到山西考古，在稷山、绛县、垣曲等地发现了大量的唐代冶铜遗址，光在平陆县就发现了铜穴48个。唐代山西出产的铜制品十分精良，西域周边国家都把山西出产的铜镜等铜制品视为珍品和奢侈品加以收藏。当时冶铜业的一大功能是铸钱，据唐政府统计，天下共有99炉铸钱，其中山西境内就拥有40炉。

冶炼自然需要煤炭，山西当时煤炭采冶十分发达，而且用于普通烹饪已十分普遍。曾有日本僧人到山西游历，亲眼见到太原西山"遍山有炭，远近诸洲人进来取烧，料理饭食，极有火势"（《行记》）。

除采冶外，山西当时的纺织业、陶瓷业、盐业也十分发达。今天的晋东南地区在唐代丝织业十分发达，石州、晋州、沁州（今沁源）、汾州及今天的太原在唐代有十分发达的麻织品和丝织品工艺，蒲州等地纺织业非常发达，其中很多成品为宫中贡品。

今天的平定、长治、壶口、朔州、浑源等地，其陶瓷业在唐代比较有名，有的甚至是唐窑中罕见的品种。

唐代山西的盐业全国闻名。山西的盐税收入成为唐政府重要的财政收入来源，光山西一地的盐税收入就占到全国盐税收入的20%，占到唐代全国财政收入的12.5%，有力地支撑着唐朝的统治。

一代女皇武则天

唐代山西最为光彩夺目的人物非武则天莫属。

武则天是今山西文水人。她的父亲善于经商，家底丰厚，她的母亲是隋宗室宰相杨士达之女。李渊早期在山西作战时，在武则天家里住过，和武则天的父亲关系很好。李渊起兵反隋时，武则天的父亲不仅给予李渊大量的物资支持，还亲自参加了李渊的起事部队，任大将军府铠曹，贞观初年曾做过利州（今四川广元）都督和荆州（今湖北江陵）都督。

　　武则天生于武德七年（624）正月，少女时代在利州度过。贞观十年（636），长孙皇后去世后，唐太宗听说武则天长得很美，便于贞观十一年（637）把她招进宫，做了才人。才人为内宫正四品，在妃嫔中地位不算很高，因此太宗死后，武则天被送到感业寺为尼。

　　唐高宗在做太子时就很喜欢武则天，即位后重召武则天入宫。这一年武则天28岁。

　　宫廷斗争残酷复杂，武则天进宫后纵横捭阖，很快取得了决定性的胜利。

　　她先是和同为山西老乡的王皇后联手，与萧淑妃争宠。在王皇后的暗中支持下，武则天很快就取代了萧淑妃的地位，被封为昭仪，成为"九嫔之首"，地位仅次于皇后、贵妃。这一年是永徽五年（654），武则天30岁。

　　成为昭仪后，武则天利用自己给高宗生了一个儿子的有利条件，采用种种手段，经过一系列惊心动魄的斗争，终于做了皇后。

　　永徽六年（655）九月，代表关陇集团利益，极力维护王皇后地位的中书令褚遂良被贬出朝廷。十月十三日，王皇后、萧淑妃同时被废为庶人；十九日，武则天终于被立为皇后。这一年武则天31岁。

　　至此，武则天终于完成内宫斗争三部曲：重返宫廷、成为"九嫔之首"、晋级皇后。

　　废王立武的问题，表面上是宫廷争斗，实际上反映的是关陇贵族和一般地主阶层的斗争。

　　唐太宗晚年精心安排的宰相班子，既有长孙无忌这样的皇亲国戚，又有于志宁这样世袭身份的关陇贵族，同时也有张行成这样作为开国功臣和山东一般地主的代表人物，以及具有功臣、武将、一般地主三重身份的李勣。太宗既考虑到关陇贵族的核心地位，也考虑到一般地主在政权中的作用，基本上保持了各派政治力量的平衡。

　　但是，由于长孙无忌以皇舅和顾命大臣的身份把持朝政，高宗即位后,长孙无忌在褚遂良的支持下,在三年零两个月的时间里,先后把宇文节、韩瑗、来济等关陇贵族提拔为宰相,而让代表一般地主和功臣身份,支持武则天的李勣辞去尚书左仆射职务,只让他做了一个挂名的宰相。这样一来,一般地主在朝廷高层中的力量受到很大削弱。

关陇集团形成后,主要靠婚、宦,即婚姻和官位维系。与皇室通婚,就能稳定出身关陇集团和依附关陇集团的长孙无忌、褚遂良等在朝廷中的地位。

而武则天身后,既有功臣集团的支持,又有来自山西大本营的支持。功臣集团方面以李勣为代表,他在废王立武的过程中坚定地支持武则天。山西大本营方面以裴炎为代表,他既代表了庞大的山西政圈,又代表了正在崛起的中小地主阶层。正是他在关键时刻以顾命大臣的身份支持武则天合法地取得了最高发令权,使得武则天在高宗去世后,迅速接管了唐帝国的最高指挥权。

废王立武,这是关陇贵族和一般地主阶层之间的关键一仗,也是武则天能否成为内宫之首的关键一仗。通过这一战役,两派之间的胜负基本上已见分晓。

关陇贵族本身源于山西,西迁陕西之后,所剩人数已不是很多。经过朝代变迁和隋末动乱,所剩家族更少,因此在废王立武斗争中,基本丧失了抵抗能力,处在被动挨打的地位。经过武则天的一系列运作,关陇贵族的代表人物长孙无忌、褚遂良、韩瑗、来济等先后被贬被杀。经过大规模贬杀,只剩下少数几个家族,已经很难称得上一个集团了。西魏、北周以来,关陇贵族持续控制中央政权的局面终于结束了。

集团性阶层控制中央局面的结束,标志着唐王朝高层出现一定程度的权力真空。

武则天通过三场战役,终于登上了皇后的宝座,但成为内宫之首显然不是武则天的目标,她的目标是问鼎最高统治者的宝座。在这场艰难的战略大决战中,她通过六场决定性的战役,终于成功登顶。

第一场战役:参与政事。

武则天采取种种手段做了皇后以后，开始对政务产生强烈的兴趣。在她做皇后的第五个年头，机会终于来了。

显庆六年（661），唐高宗"风眩头重，目不能视，百司奏事，或使武则天决之"，武则天开始直接参与政事的处理，取得了部分治国理政的权力。在此之前，武则天主要是通过担任宰相的李义府和许敬宗对朝政产生影响。

第二场战役：韬光养晦，站稳脚跟。

武则天虽然开始参与政事，但高宗对其仍然防范甚严：对武则天重用的李义府，高宗多次予以警告；龙朔三年（663），高宗命太子每五日听百官奏事，并把一部分权力委托给太子，开始分解武则天的权力；曾经反对立武则天为皇后的裴行俭，也受到高宗的一再提拔，说明高宗用人并不被武则天的态度而左右；上元元年（674）九月，高宗下诏追复长孙无忌官爵，从某种意义上说，这一举措也是冲着武则天来的。

从麟德元年（664）到上元元年（674），正是武则天40—50岁的黄金十年。这十年间，从现有的史料看，还看不出武则天对国策和国政有什么巨大的影响力，而这期间武则天还差一点被废。

麟德元年（664），即武则天做皇后的第九年，高宗命上官仪草诏废武则天。虽然经过武则天的"自诉"，没有废成，上官仪也被杀掉，但由此可以看出，尽管身处皇后之位，也开始参与政事，但高宗对其并不是完全的信任，武则天在这期间的地位也并不稳固，且宰相班底以高宗信任的人为主，宰相议事制度也对武则天形成巨大掣肘。

第三场战役：建言献策，扩大影响力。

武则天虽参与政事，但长期不能执掌大权有各方面的原因：首先是唐朝的政权体制比较完备，武则天很难越权行事。

唐朝实行三省六部制，并且确立了宰相政事堂议事的制度，凡军国大事和五品以上官员的任免，均要先由宰相在政事堂议决后由中书省起草制诏，经过门下省审核，呈皇帝批准后颁布执行，不经过中书省和门下省，皇帝不能直接发号施令。这样，军国大事的最后决定权虽仍操纵在皇帝手中，但在决策时宰相和中书省官员的发言权都是很大的，特别是给事中、黄门侍郎和侍中有封驳否决之权，更是对君权的一种限制。

皇帝施政尚且受到限制，武则天想越过三省和宰相班底独掌大权则几乎不可能。从永徽六年（655）武则天被立为皇后到上元二年（675）这20年中，武则天只能通过宰相班底中的亲信对政事施加影响，但宰相班底并不稳定，而且很长时间内宰相班底中反对武则天的成员占据了大多数。这是唐高宗在对武则天委以参与政事的同时，设置的一种对武则天权力制衡的人事安排。

除了上述因素外，诸如女子不能参政的传统观念、政治威望不够、缺乏官僚和下层的广泛支持等因素，都在很大程度上阻碍了武则天向最高权力的攀升。

上元二年（675），武则天加紧了谋取最高统治权的活动。这年一月，唐高宗健康状况恶化，武则天看准时机，果断出击，在朝堂上陈述了治国理政的12条建议，这些在以后对政治产生重大影响的国策，当时被称为"武后建言十二事"。

"建言十二事"的具体内容为：一、劝农桑，薄赋徭；二、给复三辅地；三、息兵，以道德化天下；四、南北中尚禁浮巧；五、省功费力役；六、广言路；七、杜谗口；八、王公以降皆习《老子》；九、父在，为母服齐衰三年；十、上元前勋官已给告身者无追覆；十一、京官八品以上益禀入；十二、百官任事久，材高位下者得进阶申滞。

"建言十二事"是武则天在国家发展的关键时刻，尤其是最高统治者唐高宗病危的关键时刻提出的施政纲领，有极强的针对性。

"建言十二事"中的第八事"王公以降皆习《老子》"，一方面是表明自己是李唐皇权的维护者，更重要的是要以道家思想作为统治思想的理论基础，实行无为而治，而无为而治在当时最重要的是停止战争。第三事"息兵，以道德化天下"，就把这两者具体而微妙地结合在了一起。第一、二、四、五等事中提出的轻徭薄赋、发展生产，都是在这个指导下展开的。第六、七事中提出的广开言路、杜绝谗言，要求建立良好的政治风气,也是为了保证这个方针的实行。

第九事,父亲健在,为母亲的服丧期由一年改为三年。表面上是要把女性的地位提高到和男性一样,实际是为自己将来以一个女子来掌权而制造舆论。

最后三事中提出的勋官已给告身的不再追覆,八品以上官员增加俸禄,低级官员久不提升的晋级,则是满足中小地主和下级官吏的要求,以换取他们的支持。

"建言十二事"适应了唐王朝当时对外在边疆由进攻转为防御、对内中小地主和中下级官吏要求在政治上进一步发展的客观形势和战略要求,在朝野中产生了广泛影响。武则天的个人影响则从朝堂扩散到朝堂外,为她以后进一步扩张权力积累了民意基础。

第四场战役:接班人之争。

在武则天提出治国理政纲领的同时,唐高宗病情持续恶化。这年(675)三月,高宗曾提议让武则天摄知政事,在遭到宰相们的极力反对后,便想将皇位禅让给皇太子。在这权力交接的关键时刻,四月二十五日,太子弘却不明不白地暴亡。

太子弘死后,高宗暂时停止了把权力交给妻子还是传给儿子的摇摆,于六月初五立李贤为太子,并任命新的宰相班子。

太子弘暴亡,几乎可以断定是武则天所为。想当初,武则天为争夺皇后之位,曾亲手扼杀了自己的亲生女儿并嫁祸于王皇后。这一次,为争夺皇位控制权,武则天又一次故伎重演。

太子弘死后,高宗于八月二十七日以张文瓘为侍中,郝处俊为中书令,确定了新的宰相班子。这个班子一方面要执行武则天提出来的基本国策,另一方面比以往几个时期又具有更加浓厚的反对武则天直接执政的色彩。

这个时候的宰相班子,仍然由贵族和一般地主官吏两部分组成。唐初以来,最高统治机构中人员构成的老格局尚未打破,门阀观念仍然起着作用,但是唐初皇帝视为皇权依托的关陇贵族已经衰落,所剩家族寥寥无几，故这个时期所起用的贵族均非魏周以来的门阀，大多是唐初的开国功臣或与皇室有密切关系的人物。他们除了可以通过门荫迅速升迁外，其他方面与一般地主官吏并无显著差别。他们之所以能跻身宰相行列，固然与他们的出身有一定关系，但在贵族这个圈子中，之所以选中他们，主要还是靠他们的才学。他们虽然不像李那样具有开国功臣的身份，也都不是高宗的佐命元勋，但高宗信任他们，他们在政治上发挥着越来越大的作用。他们不仅在协助皇帝决策上起作用，而且在过去被皇帝和关陇贵族视为独享领域的皇位继承问题上，也和贵族一样有举足轻重的发言权。

但是这个格局并没有维持多久。

仪凤四年（679），形势再次发生变化。这年五月，高宗命令太子监国，太子的地位进一步上升。同时，高宗的这一决定几乎向外界表明了他想把政权交给儿子的意愿。形势对武则天越来越不利。

与此同时，从这年九月开始，先后有三位宰相去世，一位被罢免。表面上看，这个宰相班子仍然维持着不让武则天掌权的格局，但内部已经出现空缺，尤其是永隆元年（680）四月裴炎等一批年轻的官员进中书、门下省后，原来宰相中清一色老臣的局面开始被打破。

永隆元年（680），就在裴炎等人入相后不久，形势再次变得危急。由于高宗健康状况进一步恶化以及太子李贤监国后"处事明审，为时论所称"，威望比原太子李弘还高，因此阻止高宗把最高统治权转移给李贤便成为武则天的当务之急。这样，在任裴炎为宰相后不久，便发生了所谓的"太子谋逆"事件。虽然高宗非常喜欢太子，但在武则天的坚持下，八月十二日，李贤被废为庶人。十三日，英王哲被立为太子。高宗准备把最高统治权移交给儿子的打算，终于被武则天阻止了。

第五场战役：临朝称制。

弘道元年（683）十二月初四，唐高宗李治卧病不起，在东都洛阳去世。死前召侍中裴炎受遗诏辅政，遗诏皇太子柩前即皇帝位，"军国大事有不决者，兼取天后进止"。虽然对武则天表示了极大的信任，给她以继续参政的权力，但并没有把大权交给她。

但高宗显然低估了武则天谋取最高领导权的决心和魄力。高宗在世，武则天行动上有忌惮，高宗去世三天后，武则天便开始了快速行动。

十二月初七，武则天授意裴炎上奏，太子没有正式即位前，不应宣布敕令，有要紧事，建议由武后下令于中书、门下省施行。

这是武则天夺权非常关键的一步。高宗去世，太子尚未正式即位，在这权力真空期，由武则天发号施令，实际上已取得了最高发令权，其权力和权威已凌驾于新皇帝之上，为随后的决定皇帝废立打下权力和心理基础。

中宗即位50多天后，由于本身的自私和无能，被武则天废掉，贬为庐陵王，发配到房州（今湖北房县），在那里度过了十几年的岁月。之前被废为庶人，在朝中享有很高威望的原太子李贤则被武则天逼令自杀。

废掉三子李哲后，武则天立四子李旦为新皇帝，她自己继续临朝称制，但无论她自己还是四子李旦都明白，这只是一个过渡。

高宗下葬25天后，武则天便采取了一系列改朝换代的措施：改变旗帜的颜色，由黄色改为金色；改东都洛阳为神都；改尚书省为文昌省，改左右仆射为左右相；其他政府机构名称也一律改变。

紧接着，由武承嗣出面，请太后追其祖宗为王，立武氏七庙。七庙即七世之庙，汉唐以来只有天子才立七庙。追尊祖先为王，也只有天子才有这种特权，武则天追王立庙的行为，实际上为自己做皇帝做舆论上的准备。

第六场战役：平叛。

武则天执掌最高统治权，在当时一般地主官僚是可以接受的，但由武氏取代李氏做皇帝，尤其是由一个女人来做皇帝，反对的人还是相当多的。睿宗即位后，留守在西京的老臣宿将刘仁轨立即上书武则天，陈述西汉初年吕后专权终于败亡的故事，规诫武则天不要做吕后。针对武承嗣请求立武氏七庙，裴炎也提出："独不见吕氏之败乎！"

当时社会上还有一股反对武则天的力量，主要是一些失意的官吏。他们在政局变动时，没能趁机爬上去，有的甚至被武则天贬逐，因而对武则天怀有极端怨恨的情绪。即使在武则天亲自提拔的宰相乃至亲信中，裴炎、刘祎之等人也对武则天大权独揽、重用武氏、削弱相权感到不满。

嗣圣元年（684）九月，即中宗被废半年多，因事被贬的原眉州刺史徐敬业、长安主簿骆宾王等在扬州会合，以匡复庐陵王为辞，发动叛乱。

徐敬业起事很猛，起事时还由诗人骆宾王起草了一份辞藻华丽的《讨武曌檄》，向各州县散发，并很快聚集了10万起事大军。

武则天临危不乱，果断平叛，只用了40多天，叛乱就被镇压。

如果武则天知难而退，就停留在这种实际掌权的状态，那么徐敬业叛乱平定后，围绕皇位而展开的斗争也就可以终结了，可是武则天是一个有雄心壮志的坚毅女性，她既然下定了要做皇帝的决心，就要克服一切障碍，采取任何手段来实现这个目的。在斩裴炎、平徐敬业、杀程务挺之后，武则天召集群臣谈话，她说："朕事先帝二十余年，忧天下至矣！公卿富贵，皆朕与之；天下安乐，朕长养之；及先帝弃群臣，以天下顾托于朕，不爱身而爱百姓。今为戎首（指裴、徐、程），皆出于将相，群臣何负朕之深也！且卿辈有受遗老臣，倔强难制过裴炎者乎？有将门贵种，能纠合亡命过徐敬业者乎？有握兵宿将，攻战必胜过程务挺者乎？此三人者，人望也，不利于朕，朕能戮之。卿等有能过此三者，当即为之；不然，当革心事朕，无为天下笑。"武则天说的都是实话，虽然很严厉，但也充满了她要继续驾驭形势、登上皇位的坚定信念。

天授元年（690）九月初九，在宫中已经奋斗了整整36年（从654年武则天重新被高宗接入宫中封为昭仪算起）的武则天宣布改唐为周，正式登上皇帝宝座，成为中国几千年封建社会中第一位也是唯一的女皇帝。

武则天的故事太过传奇，不仅在中国，即使放眼全球也堪称惊天动地。

放眼全球，能和武则天相提并论的只有俄国的叶卡捷琳娜、英国的维多利亚女王，这三位女性被世人并称为"世界三大女强人"。

不过，叶卡捷琳娜和维多利亚女王执政时期比武则天要晚1000多年，埃及艳后虽声名远播，却始终只是男人的附庸，并未真正执政。

武则天是全球女权主义第一人，她的经历前不见古人，后不见来者，一骑绝尘。

作为女强人，武则天在山西并非孤例，放眼中华上下五千年，一多半的非凡女性皆出于山西：有华夏女人文始祖女娲，有奔月之嫦娥，填海之精卫，有忠贞于爱情的舜帝二妃娥皇、女英，有中国古代四大美女的貂蝉和杨贵妃，有汉武帝之皇后卫子夫，北齐开国皇帝高欢之皇后娄昭君，隋文帝皇后独孤伽罗，大唐高宗之王皇后，后汉高祖刘知远之皇后李三娘。不过，所有的人和武则天相比还是稍逊风骚，中国几千年历史，真正成为女皇的，仅武则天一人。

武则天逝世1300多年后，世界迎来了女人密集登顶的时代，除了老牌的英国女王只具有象征意义外，德国总理默克尔、巴西总统罗塞夫、韩国总统朴槿惠、泰国总理英拉都成了本国实际权力的控制者。尽管如此，她们对同时代的影响力仍然远远低于武则天。大唐乃中国封建社会的最高峰，而武则天对这个王朝直接和间接的影响时间超过50年，西汉吕后、清末慈禧太后与之相比仍是望尘莫及。相较于这两人，武则天不仅有自己独特的政治主张，而且有明确的施政纲领。在她之前有大唐的贞观之治，在她之后大唐迎来了开元盛世。作为两个辉煌时代的承上启下者，武则天功不可没。

武则天的成功首推其自身杰出的禀赋。她的果敢、坚毅、坚韧，对复杂形势的驾驭能力绝非一般帝王可以相比。她不仅在宫内斗争中纵横捭阖，一路胜出，而且进军朝堂主宰朝政；不仅卧薪尝胆甘做绿叶，在高宗身边蛰伏几十年，而且善于把握时机果断出击；不仅改变了唐初以来形成的中书、门下、尚书三权分立的宰相议事制度，而且打破了几千年来男人把持朝政的惯例。显然，没有高超的政治智慧很难做到这一点。

武则天母亲是隋朝宰相杨士达之女，父亲是唐高祖李渊早期起事的重要盟友，这一家庭背景无疑对武则天及早了解上层社会、及早掌握政治运作要领打下了坚实的基础，而武则天登顶的背后，除了有中小地主阶层的利益外，强大的山西集团也为她提供了不少支撑。

武则天执政时代，除了中下层官吏中有大量的山西籍官员外，在高层仍有大量的山西人为其摇旗呐喊，这些要人中尤以薛仁贵、狄仁杰、敬晖、张嘉贞几个最为突出。

武则天执政前，以裴行俭、薛仁贵、裴炎最为主要，他们中虽偶尔与武则天有政见不合之处，但作为山西集团的重要一员，在朝堂上为武则天加分不少。

裴行俭是闻喜人，是高宗时代的杰出将领，曾多次带兵捍卫边疆，战功卓著，后被封为闻喜公。

薛仁贵是河东龙门（今河津）人，也是武则天执政前的重要将领。他曾多次带兵征战高丽、讨伐契丹，立了很多战功，后被封为平阳郡公。当时曾有诗赞誉他："将军三箭定天山，壮士长歌入汉关。"山西当地至今仍有他的不少传说，他的故事被编入很多戏曲中演出，其名声几乎与唐后期被封为汾阳王的郭子仪媲美。

裴炎是武则天夺得最高权力的关键人物。当时，正是他在高宗去世唐朝权力出现真空的关键时刻帮武则天取得了最高发令权，之后又帮武则天削弱相权。虽然他后来因为专权被武则天处死，但他确实是武则天登顶的最大功臣，武则天掌权，其功不可没。

敬晖，山西平阳人，也是武则天执政时期的功臣。

狄仁杰是山西太原人，他不仅是武则天执政时的重臣，也是唐朝名臣。他机智聪慧，正直敢言，纠正了武则天因重用酷吏带来的很多弊政，不仅在朝中威望甚高，而且颇得武后信任。

张嘉贞是山西猗氏（今临猗）人，武则天执政时期的名臣。他不仅在武则天时代政绩卓著，而且历经睿宗、中宗、玄宗而不倒，是名副其实的四朝元老，是贞观之治到开元盛世这一过渡时期的亲历者和见证者。

唐代诗人多在晋

唐诗是中国文学中一颗璀璨的明珠，而唐代最有名的诗人中有近半数出自三晋。

三晋文化在唐代不仅大放异彩，而且是全方位的发展，其中尤以唐诗最为有名。

隋唐交替之际的山西人王通是当时非常有名的儒家代表人物，唐初名相房玄龄、魏徵都受他的教育和影响；他的弟子温彦博、温大雅及李靖都是当时的名臣或名士，而他的弟弟王绩、孙子王勃都是唐代著名的诗人。

> 东皋薄暮望，徙倚欲何依。
> 树树皆秋色，山山唯落晖。
> 牧人驱犊返，猎马带禽归。
> 相顾无相识，长歌怀采薇。

这首《野望》诗是王通的弟弟王绩的代表作，也是唐初最早的五言律诗之一，其诗格调清新，摆脱了南朝以来华靡艳丽的诗风，不以辞而以情动人，闪烁着独特的魅力。整首诗在萧瑟闲逸的情调中透露出诗人浓浓的彷徨与苦闷，从中也可以看出隋末唐初纷乱的社会现实以及知音难遇的境遇对诗人的影响。王通的孙子王勃的诗则别有一番意境：

> 城阙辅三秦，风烟望五津。
> 与君离别意，同是宦游人。
> 海内存知己，天涯若比邻。
> 无为在歧路，儿女共沾巾。

这首《送杜少府之任蜀州》是王勃在长安送别友人去四川时所作。

古代写离别的诗很多，大都含悲伤凄凉之态或黯然销魂之状，而这首诗却别具一格，意境高远，尤其"海内存知己，天涯若比邻"一句，犹如奇峰突起，高度概括了深厚的友情不会受到时空的限制，化依依惜别之情为目远千里的振奋激励，故成为广为传诵的千古名句。

作为唐代杰出的思想家，王通有集儒家精华的《中说》传世。他不仅有弟子千余人，而且开了王氏一脉在唐代文坛独立于世的先河。王通之后，仅王氏一族在山西就有王劭、王诏、王缙、王珪等人在文化、政坛占有重要地位，而响彻华夏大地的文人，除了王绩和王勃祖孙俩外，还有王维、王翰、王昌龄、王之涣等人。作为王通的孙子，王勃也是河东龙门人，作为"初唐四杰"之一，他很早就显露出过人的才华，被誉为"神童"。他不仅有名篇《滕王阁序》，还有名篇《滕王阁诗》：

滕王高阁临江渚，佩玉鸣鸾罢歌舞。
画栋朝飞南浦云，珠帘暮卷西山雨。
闲云潭影日悠悠，物换星移几度秋。
阁中帝子今何在？槛外长江空自流。

这首《滕王阁诗》作于《滕王阁序》之后，用含蓄、凝练的笔调，营造出一个变幻无际的时空。该诗寓意深远，通过对滕王阁今昔对比的描摹，抒发了人生盛衰无常而宇宙永恒的感慨。诗中独具匠心地对时间、空间、辞章有序排列，对后世产生了极大影响。

中国古代四大名楼鹳雀楼、黄鹤楼、岳阳楼、滕王阁各有名篇相随，而这些千古名篇中有两篇为山西王氏族人写就。

白日依山尽，黄河入海流。
欲穷千里目，更上一层楼。

这首《登鹳雀楼》可谓妇孺皆知，不仅是中国古代四大名楼中的名篇，而且是唐诗中的名篇，更是中国诗词文学的一座里程碑。写这首诗的人叫王之涣，诗中描述的鹳雀楼就在今天山西永济的黄河边上。

在这首诗里，诗人以千钧巨橡之笔，写登楼望远所见的中条山在夕阳中的壮丽景象和黄河奔腾入海的磅礴气势，其浩瀚苍茫的境界令人震撼。写景之外，更有"更上一层楼"的空间想象。全诗仅20个字，却有视野千里之势，同时又透出平易而深刻的哲理，千百年来为人们所传诵。

除这首外，王之涣还有一首边塞诗《凉州词》被为人们广为传诵。

　　黄河远上白云间，一片孤城万仞山。
　　羌笛何须怨杨柳，春风不度玉门关。

全诗在壮观中蕴含苍凉，慷慨激昂而又神韵内敛，为边塞诗中的千古名篇。

和这首诗相唱和，山西王氏另外两位诗人也各有一篇边塞诗《凉州词》千古流传：

　　葡萄美酒夜光杯，欲饮琵琶马上催。
　　醉卧沙场君莫笑，古来征战几人回？

写这首边塞诗的人叫王翰，山西太原人。另一首边塞诗《使至塞上》的作者，便是大名鼎鼎的王维。

　　单车欲问边，属国过居延。
　　征蓬出汉塞，归雁入胡天。
　　大漠孤烟直，长河落日圆。
　　萧关逢候骑，都护在燕然。

这是王维诗歌中屈指可数的边塞诗，作于诗人赴边途中，其景象描写雄奇壮丽，而"大漠孤烟直，长河落日圆"一句更是画龙点睛，颇具神韵，千百年来为人们称颂。

王维的诗作很多，而且名篇迭出，不胜枚举，这在唐代诗人中并不多见。他不仅是山水诗人，还是一位山水画家，诗画双绝，空前绝后。

除了王翰和王维，王氏家族的另一位诗人写的边塞诗更是雄浑壮阔，荡气回肠。

秦时明月汉时关,万里长征人未还。
但使龙城飞将在,不教胡马度阴山。

这首《出塞》是唐代著名边塞诗人王昌龄所作,全诗写景及人,气势流畅,语意含蓄深沉,意境雄浑高昂,明代曾有人将它推举为唐代七绝压卷之作。

整个唐代,山西文化独领风骚,在全唐著名的诗人中,山西人占据了近1/4。除了有名的王氏一族外,唐前期的宋之问,盛唐之际的卢纶,位居唐"三大诗人"之一的白居易,与李商隐齐名的温庭筠,与韩愈一起领导古文运动的柳宗元,无一不是来自山西。

唐诗在中国文学史中占有绝对的高度,而山西的诗人在唐朝诗人中占有绝对的高度,很多诗篇至今让人爱不释手:

从军行(其四)
青海长云暗雪山,孤城遥望玉门关。
黄沙百战穿金甲,不破楼兰终不还。

闺怨
闺中少妇不知愁,春日凝妆上翠楼。
忽见陌头杨柳色,悔教夫婿觅封侯。

芙蓉楼送辛渐
寒雨连江夜入吴,平明送客楚山孤。
洛阳亲友如相问,一片冰心在玉壶。

以上三首诗的作者皆是王昌龄,他是山西太原人,唐玄宗开元年间进士。他与当时的诗人常建、王之涣、辛渐、高适、王维、李白、岑参都有交往，而与王之涣、辛渐交往最深。他擅七绝，能以很少的篇幅概括极其深刻的社会内容，不少作品成为当时乐府歌词中的绝唱。现在流传下来的180多首王昌龄的诗中，比较集中地反映了两类主题：一类是歌颂边塞将士的离愁别绪，另一类则反映妇女的内心世界，很多成为当时直至今日的名作。

王维的祖先原本是山西祁县人，直到他父亲时，举家迁到了今山西永济。他的高祖、曾祖和父亲都做过州官，他的弟弟王缙还担任过唐代宗时期的宰相。在永济的黄河边上，面对风景如画的故乡，王维写下了大量的山水诗，如《山居秋暝》：

空山新雨后，天气晚来秋。
明月松间照，清泉石上流。
竹喧归浣女，莲动下渔舟。
随意春芳歇，王孙自可留。

在诗中，王维描写了一个桃花源般的山中世界：一场新雨后，山中空气清新，景色宜人。微微寒意中，明月静静地照在青松上，清泉淙淙流淌在山石之上，一阵阵欢笑声和喧闹声从竹林里传来，原来是洗衣服的姑娘们回来了；莲叶晃动，江舟的渔人也归来了。这是一幅多么明快的山居场面啊！诗人将自然美和心境美完全融为一体，描绘出一种纯美的诗境。

空山不见人，但闻人语响。
返景入深林，复照青苔上。

王维晚年为辋川别墅风景写了很多首诗，鹿柴为辋川一景。在上面《鹿柴》这首诗中，诗人捕捉到了傍晚时分鹿柴的幽静景色，以动衬静，以局部引全局，疏淡自然。

> 人闲桂花落,夜静春山空。
> 月出惊山鸟,时鸣春涧中。

王维晚年写了不少富有禅意的诗,《鸟鸣涧》一诗意境尤高,几乎达到"无我之境"。

王维15岁离家后,曾到长安、洛阳等地游历,这种经历也可以从他的诗中体现出来:

> 独在异乡为异客,每逢佳节倍思亲。
> 遥知兄弟登高处,遍插茱萸少一人。

写这首《九月九日忆山东兄弟》时,王维只有17岁。对家乡的情感和对故土的珍视,化作了奔涌的诗意。寥寥几笔,勾勒出独居他乡的少年王维对故土的依恋和对亲人的思念。

值得一提的是,诗题中的"山东",其实指的是西岳华山以东诗人的山西永济老家。

作为一位造诣极深的诗人,一位杰出的山水画家,王维以极简的笔法,勾画出一处场景,营造出一番极具感染力的情思气氛,如《相思》:

> 红豆生南国,春来发几枝。
> 愿君多采撷,此物最相思。

王维一生创作了大量诗歌,仅流传下来的就有400多首,呈现出多样性的艺术风格。其中一首送别诗《送元二使西安》(又称《阳关三叠》),格调清新,寓意别致,深受世人喜爱。

> 渭城朝雨浥轻尘,客舍青青柳色新。
> 劝君更尽一杯酒,西出阳关无故人。

这首诗在当时就广为流传，还有人把它谱成歌曲，在送别的宴席上演唱，由此可见王维诗歌受欢迎的程度。

晚年的王维过着半隐居的生活，其诗也萌发出很多禅意和哲理，如《酬张少府》：

  晚年唯好静，万事不关心。
  自顾无长策，空知返旧林。
  松风吹解带，山月照弹琴。
  君问穷通理，渔歌入浦深。

卢纶是河东蒲州人，中唐时期的"大历十才子"之首。他的诗多送别酬答之作，尤以军旅诗为世人所称道，风格豪放，超凡脱俗，思想性、艺术性极佳，其中以《塞下曲》最为著名。

  塞下曲（其二）
  林暗草惊风，将军夜引弓。
  平明寻白羽，没在石棱中。

  塞下曲（其三）
  月黑雁飞高，单于夜遁逃。
  欲将轻骑逐，大雪满弓刀。

  送李端
  故关衰草遍，离别正堪悲。
  路出寒云外，人归暮雪时。
  少孤为客早，多难识君迟。
  掩泪空相向，风尘何处期。

唐代和李商隐齐名的另一位大诗人是温庭筠，他出生在今天的山西祁县。他不但会写诗，而且是写词的高手。他写词不但速度快，而且数量多，艺术性极高，如他的诗作《苏武庙》：

苏武魂销汉使前，古祠高树两茫然。
云边雁断胡天月，陇上羊归塞草烟。
回日楼台非甲帐，去时冠剑是丁年。
茂陵不见封侯印，空向秋波哭逝川。

武则天时代，山西汾阳有一位和沈佺期齐名的诗人，名字叫宋之问，他是初唐律诗定型的代表诗人。《题大庾岭北驿》是其代表作之一：

阳月南飞雁，传闻至此回。
我行殊未已，何日复归来。
江静潮初落，林昏瘴不开。
明朝望乡处，应见陇头梅。

宋之问在武则天和中宗两朝颇为受宠，睿宗执政后，他被发配到岭南。

这首诗就是他被流放到钦州（今广西钦州东北）途经大庾岭时所作。本诗实景虚想交织在一起，旨在写愁却并未见一个"愁"字，吞吐之间反映了诗人愁肠百转的心情，也体现了诗人高超的文字驾驭能力。

和宋之问的发配经历相类似，山西另一位大诗人也有被发配到广西的经历。这个人就是和韩愈一起倡导古文运动的柳宗元。

千山鸟飞绝，万径人踪灭。
孤舟蓑笠翁，独钓寒江雪。

柳宗元是今山西运城人,世称柳河东。他因参与革新而被贬为永州司马,后又被迁往广西柳州。他的诗歌创作主要分为永州和柳州两个时期,其山水诗也主要创作于这两个时期,风格从清秀到险怪,情感上则从忧伤到绝望。他被贬后,虽然精研佛学,并试图寄情山水,但其强烈的用世之心,以及由此带来的忧伤与悲愤在山水诗中确实有流露,如《江雪》这首诗,通过描写渔翁寒江独钓,表达了诗人虽际遇坎坷,处境孤独,但仍然傲岸不屈的性格。

唐代山西诗人中最有名的当属白居易。他虽出生在河南,祖籍却是山西太原。

> 时难年荒世业空,弟兄羁旅各西东。
> 田园寥落干戈后,骨肉流离道路中。
> 吊影分为千里雁,辞根散作九秋蓬。
> 共看明月应垂泪,一夜乡心五处同。

白居易生活在唐中晚期,各地叛乱迭起。《望月有感》这首诗写的既是个人的不幸遭遇,也是国家不幸的真实写照。

> 离离原上草,一岁一枯荣。
> 野火烧不尽,春风吹又生。
> 远芳侵古道,晴翠接荒城。
> 又送王孙去,萋萋满别情。

白居易写上面这首《赋得古原草送别》时才16岁,就是凭这首诗,使初到长安应试的他站稳了脚跟。这首诗将长而茂盛的原上草比作不尽的别离之情。尤其是"野火烧不尽,春风吹又生"一句,形象生动地表现了春草生生不息的顽强生命力,也表达了对新生事物的赞颂,成为流传千古的绝唱。全诗体现出的生生不息与上一首诗体现的零落之苦形成鲜明对照。

> 绿蚁新醅酒,红泥小火炉。
> 晚来天欲雪,能饮一杯无?

白居易作这首《问刘十九》时,正是被贬谪为江州司马之际,虽然仕途不得意,但能在雪夜以火炉暖酒,与好友畅饮欢谈,也不失为一件幸事。诗人将生活小事信手拈来,遂成妙章。

> 一道残阳铺水中,半江瑟瑟半江红。
> 可怜九月初三夜,露似真珠月似弓。

长庆二年(822),诗人不堪朝廷党争,主动离开京城赴杭州任刺史。途中见到暮色秋江的美景,便随口吟成了这首朗朗上口的小诗《暮江吟》。

作为一位对中国诗歌做出伟大贡献的现实主义诗人,白居易毕生以一腔热血创作了3800多首诗歌,在唐代诗人中首屈一指,而他倡导的新乐府运动,更是在唐代诗坛独树一帜。他的代表作有《长恨歌》《琵琶行》《忆江南》等。

大唐王朝是当时世界上疆域最大、国力最强、文化最为繁荣的国家。在这一黄金时代,中国诗歌气象万千,百舸争流,保持了200余年峰巅不衰。中国伟大的诗人差不多半数以上出在唐代,而唐代最伟大的诗人差不多有近一半出在山西。山西以一己之力为大唐王朝贡献了丰富的文化土壤。

除文学外,当时山西在全国的史学名家有王劭、温大雅、柳芳等,地理学方面有名家裴矩。

说到唐代的地理学,有必要重点介绍一下裴矩。他既是著名的裴氏家族成员,又是"西游记"的先行者,他西游的时间甚至要比玄奘早几十年。

裴矩生活在隋唐交替之际，早年参与隋炀帝通西域的具体策划和实施。他曾出使走访西域20余国并编成《西域图记》3卷，这是中国第一部图文并茂记述周边国家史地情况的独创性著作，堪称后世史地图志的蓝本。书中记述了西域44个国家的情况，绘有诸国人物相貌服饰图、山川形势图、交通路线图，范围远及中亚、西亚、小亚细亚，成为研究中西方交通史的重要参考资料，更是唐玄奘西天取经的重要参考工具书。

山西在李唐王朝焕发出灿烂的光辉，其光芒不仅是在政治上，还包括军事、经济、文化各个方面，几乎在全部领域支撑着大唐。我们也可以从李世民的一次军事行动中，看出山西对李唐王朝的重要性。

唐朝建立的第二年，晋北的刘武周与突厥人联手攻打太原，占据了整个山西北部地区。消息传来，高祖李渊大惊失色，准备派兵救山西，而李世民也认为"太原乃王业所基，国之根本。河东富实，京邑所资"，并主动请缨带兵攻打太原。

李世民这一仗不但彻底击败了刘武周、宋金刚，还收获了宋金刚手下的大将，骁勇绝伦的尉迟恭。20世纪80年代的电影《少林寺》的许多构思和情节，便来自这一历史背景。

李世民攻占太原，唐政权重新控制了山西，这为唐兵出关争河南、河北，平定天下建立了稳固的根据地，由此可以看出山西对唐朝的重要性。

李渊曾任太原留守，自太原起兵并以山西为基地建立了唐朝，对山西的感情自不必说，就是李世民对山西也充满无限留恋。他被人称为太原公子，曾满怀深情地对人说："朕少在太原，喜群聚博戏。暑往寒逝，将三十年矣。"登基后的李世民也经常回山西。

贞观十九年（645），李世民亲征高丽，战场上看见山西人薛仁贵作战勇猛，所向披靡，欣喜之情溢于言表，当场召见，拜为游击将军。这年年底，战场归来的李世民专门赶至太原过春节，与山西军民联欢并当场赋诗："四时运灰琯，一夕变冬春。送寒余雪尽，迎春岁早新。"

李世民一生写诗并不多，而游太原时慨而作诗，可见太原在他心中的地位。这首诗写完没多久，转年贞观二十年（646），李世民率群臣游晋祠，欣然撰写《晋祠之铭并序》。今天当我们游览晋祠时，仍然可以看到李世民亲自书写的书法拓本，这已成为晋祠的镇馆之宝。

唐高宗李治在晋时间虽然不长，但他毕竟做过晋王，和山西有着千丝万缕的联系，而他前后两位皇后王皇后和武则天都是山西人，因而李治对山西的感情要远大于长安之外的其他城市和省份。

武则天是山西文水人，对山西的感情非常深。高宗当政时的显庆五年（660），她曾陪高宗一起回山西探亲，在太原待了45天并厚待故里之人，下令祭祀晋阳起兵时的死难者。她当政后专门把太原由并州改为北都，每次回乡省亲都专门路过太原，特意抬高太原的地位。她提拔崔神庆任并州长史时，曾亲口嘱托："并州，朕乡里。宿兵多，前长史皆上书为之，今授卿，宜之所以委重者。"关切之情溢于言表。

武则天参政主政50多年，其间任用了不少山西青年才俊。狄仁杰是其中杰出的代表，他一生为上万人断案，无一复诉者。他死后武则天一声叹息："朝堂空矣！"

唐玄宗李隆基对山西情有独钟。景龙二年（708），他出任潞州别驾，在这里任职一年多，史称他在潞州"有德政，善僚属，礼士大夫，爱百姓"。

开元十一年（723），玄宗北巡山西，上太行山并再次回到潞州，将他的旧邸改为飞龙宫，在这里大宴群臣，并下令免除潞州百姓五年租税，以示恩典。之后又前往并州，下令改并州为太原府，后来又复设太原为北都。在太原，玄宗为缅怀高祖、太宗晋阳起兵的功业，亲自撰写《起义堂颂》并刻碑，以示纪念。之后玄宗又到汾阴县祭祀后土。

在巡视潞州途中，途经高平，唐玄宗见此地白骨遍布，触目惊心。于是命令当地官员修建庙宇祭奠战争中的亡魂。庙建成后，命名为"骷髅庙"。这是中国古代唯一一座专门祭祀阵亡士兵的庙宇。

开元二十年（732），玄宗再次巡视上党、太原，并免太原百姓三年租税。在汾阳，玄宗再次大宴群臣并大赦天下。

安史之乱后，唐帝国的最高统治者很少再巡视山西，而山西人仍一如既往地力保大唐江山。除了郭子仪、李克用等人外，裴度也功不可没。

位于今天山西闻喜县的裴柏村，有一块著名的"平淮西碑"。碑上的内容讲述的就是裴度的故事。

唐宪宗执政时，淮西叛乱。唐宪宗拜山西人裴度为元帅，李愬为将军，韩愈为行军司马，一举剿灭了吴元济，收复了淮西（中学课本里曾有一篇古文《李愬雪夜袭蔡州》，讲的就是这段故事）。淮西平定后，宪宗论功行赏，以裴度为功劳第一，爵封晋国公，并令韩愈撰平淮西碑文。碑刻成后，因李愬对韩愈的文章偏颂裴度有意见，遂指使其妻（宪宗皇帝的外甥女）状告韩愈的文章不真实。宪宗为了讨好并摆平平淮西有功的将领，便下旨将韩愈的文章磨平，另让段文昌重新撰文。到北宋时，陈珦又磨掉段文昌的文章，又将韩愈的文章刻上。

道光三十年（1850）正月，大学士、山西人祁寯藻从兰州回京，路过山西，专程去裴柏村晋谒裴晋公祠。第二年便有人从山西到北京，请求将韩愈的撰文重新书写，刻在石碑上。

今天闻喜裴晋公祠内的这块石碑于元和十二年（817）立，咸丰元年（1851）重刻，由道光时著名书法家祁寯藻亲自书写。世传此碑为"三绝碑"：一为裴度功绩，二为韩愈撰文，三为祁寯藻书丹。小小的石碑记录了山西的大唐往事。事实上，游历山西各地，大唐的遗迹遗风随处可见。在唐帝国的统治者们看来，大唐不仅发端于山西，山西还成为大唐的擎天之柱，甚至就连大唐的国名也源于山西。

西周之前，山西有一个唐国。据《史记·晋世家》及有关史书记载，在山西翼城、曲沃一带，商代时有一个小方国叫唐国，传说是帝尧后裔的一支。被西周灭亡后，周成王戏剪桐叶为圭，封其弟叔虞于唐，史称唐叔虞。这就是历史上有名的"桐叶封弟"的故事。到了唐叔虞的儿子执政时，改唐为晋，才是山西称晋的开始。

山西和大唐，剪不断，理还乱，至今思之，仍让人不胜唏嘘。

第八章　第三座文学高峰

撕裂的北宋

和唐帝国时期的风生水起、辉煌豪迈相比，山西在整个宋代并不舒心。纵观整个宋代，山西呈现出一种长久性的撕裂状态。

从唐帝国解体到宋朝建立，其间不过50多年，中国北方却先后经历了后梁、后唐、后晋、后汉、后周几个王朝。

大宋原本也是从山西出发的，至少也是以山西为基点，但后来演变的结果是：大宋的开国君臣对山西并无好感。

大宋江山是赵匡胤通过陈桥兵变从后周七岁皇帝柴宗训手中夺来的。

柴宗训的父亲柴荣是后周第二任皇帝周世宗，而柴荣的养父郭威是后周首任皇帝。

郭威本为后汉高祖刘知远的得力部下。当初，刘知远镇守太原，听从郭威"河东山川险固，风俗尚武，宜农宜战，此霸王之资"的意见，积蓄力量，积极抵御契丹并在太原称帝，成为后汉高祖。同时，采用郭威的计策，四处攻城略地，先后攻占洛阳和大梁，并以大梁为东京，太原为北京，经营中原地区。

刘知远做皇帝没几年便去世，他死后，后汉分为两支：一支为刘知远的堂弟刘崇，在太原称帝，仍沿用后汉的国号和年号，史称北汉；另一支由郭威代汉自立，发展成后周。后周政权其实是从后汉发展而来，后汉政权从后晋发展而来，而后晋政权又是从后唐政权裂变而来。

唐末，黄巢的部下朱温和山西的李克用是唐政权的两支重要军事力量，朱温先是叛黄巢，接着又叛唐。天祐四年（907）朱温逼退唐帝，于汴梁（今河南开封）建立后梁政权。

后梁政权建立后，把进攻的重点放在盘踞山西的李克用身上，双方交战数年，李克用一方逐渐占据上风。后唐同光元年（923），李克用的儿子李存勖称帝建立后唐，并围攻后梁。后梁灭亡后，李存勖将都城迁至洛阳。

李存勖后来被叛将所杀，李克用养子李嗣源攻入洛阳称帝，后人称其后唐明宗。明宗继位即下令石敬瑭为北京留守、河东节度使，而刘知远作为石敬瑭的部下又负责掌管军事。

石敬瑭原系沙陀族人，其父随李克用征战多年，屡立战功。他生于太原，自幼熟读兵书，曾对李存勖有救命之恩，同时又深得李嗣源信任并娶其女为妻，而刘知远原先也为沙陀部民，是石敬瑭太原起兵的骨干，却对石敬瑭丧权辱国、屈事契丹不满。

石敬瑭后来与后唐决裂建立后晋，而刘知远后来与后晋分离建立后汉。

从唐末到后周，不论是大唐的重臣李克用，还是后唐的建立者李存勖、继任者李嗣源，后晋的建立者石敬瑭，后汉的建立者刘知远全部出自山西太原，而后周的建立者郭威正是刘知远手下的猛将，也就是说大宋的建立者赵匡胤承袭的后周班底大部分来自刘知远的后汉，而日后和大宋分庭抗礼的北汉也是从后汉裂变而来。

大宋建立的大本营和班底骨干基本来自山西，但大宋从建立的第一天起，便对山西充满了敌意。

准确地讲，是对盘踞在山西中北部与大宋政权分庭抗礼的北汉政权和拥兵自重、坐镇山西东南部与大宋朝廷貌合神离的李筠势力充满了敌意。

大宋敌视山西似乎有十足的理由。

建隆元年（960）一月，大宋建立。四月，李筠便正式举起反宋大旗。

李筠是山西太原人，赵匡胤篡位时，李筠作为赵的同僚手握军权，控制着山西晋东南地区，冷冷地注视着赵匡胤的一举一动。

　　李筠之所以如此傲慢，是因为他的经历。当初，后唐的李从珂继承帝位，李筠被招为内殿直，之后又升为很有实权的指挥使。后晋开运末年，契丹进犯东京，晋将赵廷寿听说李筠勇猛，将他招至自己帐下负责攻打契丹。到后汉时，高祖刘知远很赏识李筠，任命其为博州刺史。郭威代汉建立后周后，认为李筠是有功之臣，便任命他为昭义军节度使、检校太傅、同平章事。周世宗柴荣时，进一步升他兼侍中；恭帝继位后，他又一次升职为检校太尉。

　　作为一个老资格的后周开国功臣，李筠非常看不起赵匡胤，所以在赵代周称帝后没像其他藩镇那样迅速表明归顺之意，而是非常傲慢地坐等赵匡胤对他的任命，李筠的这个动作实际上已经为以后的命运埋下了祸根，他本人却浑然不觉。

　　宋太祖对李筠的骄横难制是非常了解的，他对李筠最初的策略是加官晋爵，怀柔制之。登基不久，便向李筠通报了代周受禅之意，并加其官为中书令，同时派出专使到潞州送达诏书。李筠很犹豫地接纳了专使，但在迎接专使的酒宴上拿出后周太祖的画像大哭。他的这一动作带来了两个后果：赵匡胤从此对他不再抱任何幻想，北汉统治者刘钧认为有机可乘，秘密派人联系李筠，双方约定联合攻宋。

　　李筠本身具有一定实力，却志大才疏，决定反宋却犹豫不决，决定联刘却不信任，这场战争从一开始便决定了后来的命运。

　　建隆元年（960）四月，李筠正式举起反宋大旗。他发布宣战檄文，历数赵匡胤的罪状，拘捕宋派来的监军，向北汉称臣纳贡，请求派兵支援，同时派兵袭击泽州。

　　这样的场景在历史上不知演绎了多少次，当初李渊反隋、徐敬业反武则天，都曾发布檄文，号动天下。

　　但这一次并没有多少人响应李筠，即使他称臣纳贡的北汉也和他离心离德，其他对宋不服的前后周大臣如李重进等也按兵不动，坐山观虎斗，所以李筠实际上等于孤军作战。

双方接下来在泽州南和泽州城进行了几次战斗。赵匡胤率军亲征，宋军大胜，李筠自焚而死，整个战争进行了不过64天。

李筠本是山西人，他坐镇反宋的据点是山西晋东南地区，他称臣纳贡、联合反宋的盟军也是山西北部的北汉，赵匡胤对山西的态度可想而知。

平定李筠后，宋太祖开始进行统一全国的部署，当时的情况是这样的：

在北方，是契丹族建立的辽，控制了燕云十六州和长城以北的广大地区，早有入主中原的雄心，是赵宋王朝的劲敌。

在西北，党项族正在崛起，威胁中原王朝的端倪也初步显露。

夹在两者之间的北汉政权，以太原为中心，占据河北、山西、陕西部分地区。长期以来由于有辽国撑腰，与以前的后周现在的宋王朝公开敌对。

在西南，后蜀政权占据了四川全境，一度把势力范围扩展到汉中盆地和甘肃东南。自后唐以来，一直与中原王朝敌对。

江淮以南的吴越政权以西府（今浙江杭州）为中心，控制了浙江和苏南的太湖流域，南唐政权控制着以金陵为中心的长江流域。

此外，荆南、湖南、南汉、漳泉等割据政权分别占据湖北、湖南、广东、广西和福建等地。

尽管割据政权众多，但赵宋王朝最为忌惮的还是北汉政权：北汉和宋王朝都是从后汉裂变而来，北汉离宋政权的都城东京最近，对宋的威胁最大，且军事实力最强，北汉的背后是对宋虎视眈眈的辽国。

赵匡胤拿下山西人李筠后，接受了大臣们的意见，采取避实就虚、先南后北的策略。之所以制定这样一个策略，在于宋对当时双方实力的正确评估：宋和辽都是当时力量最强的政权，但相较而言，辽的经济、军事实力又显然占据了优势。仅从军事方面讲，辽当时有军队30万，擅长骑射的骑兵是军队主力，宋军队当时只有19.3万人，大多数是步兵。就在燕山以南华北的旷野平原上作战而言，辽军不仅在数量上，而且在兵种构成上，均处于有利地位，而北汉，兵力虽少却精悍无比，不仅有山西中北部雄厚的经济做后盾，而且有辽国做军事后援，难以攻取。在这种情况下，如果贸然将兵锋北向，不仅毫无取胜的把握，而且可能损兵折将，动摇新建的宋王朝根基。因此宋王朝决定将兵锋指向南方地区，经过几年的摸爬滚打后，赵匡胤终于荡平了南方地区。

开宝元年（968）八月，宋太祖下诏讨伐北汉。

当时的北汉，统治着忻、代、岚、宪、石、并、麟、沁、汾、辽等十州，都城是并州，都城的核心区域位于今山西阳曲。

开宝二年（969）二月十六日，赵匡胤亲自带兵从东京出发，经潞州向晋阳进攻。三月二十一日兵临晋阳城下。二十三日命人在晋阳四周修筑长墙，以图长期围困。二十九日，引汾河水灌城，水攻晋阳。

从二月底开始围城，赵匡胤率宋军在晋阳城下围攻百日有余，伤亡惨重，却无法使北汉屈服。无奈之下只能返回东京，第一次大规模征讨北汉的战争就这样不了了之。

时隔十年，宋再次决定攻打北汉。不过，这一次御驾亲征的已经不是赵匡胤，而是他的弟弟宋太宗赵匡义。

太平兴国四年（979）二月十五日，几乎是十年前的同一天，宋太宗御驾亲征，离开东京，前往晋阳，开始了对北汉的第二次大规模讨伐。

宋的这次进攻非常顺利，三月就已打下了隆州（今祁县）、沁州、岚州等地，到四月二十二日兵临晋阳城下，驻扎在汾水东岸。宋太宗亲自指挥攻城。

五月五日，端午节，伤亡惨重之下，北汉主刘继元决定投降。

投降后，北汉拥有的10州、1郡、41县、135220户及3万军队，全部为宋拥有。至此，割据了19年的北汉政权灭亡。

宋灭北汉时，山西的总人口为131.9万，北汉当时的人口差不多占了山西全境的一半还多。宋灭北汉后，不但将宋的国境线推至晋北，还将山西大片富庶的资源归为己有。

打下北汉的宋王朝虽然在表面上下诏赦免了北汉刘继元的罪过，封他为右卫上将军，但很快便将他贬至房州（当年唐中宗被废后也被发配到这里）。淳化二年（991），刘继元病死于房州。

宋军在两次攻打北汉尤其是攻打晋阳的战役中损失惨重。北汉投降后，宋太宗对晋阳的报复接踵而至。

平定北汉后，宋朝君臣认为晋阳是军事重镇，数百年来，以晋阳为大本营，出现过许多割据一方的称王称帝者，可谓名副其实的"龙兴之地"。为了杜绝后患，首先从政治上打击晋阳，将晋阳降为一般的州（不过因为晋阳的军事地位重要，过了80年后，嘉祐四年，即1059年，宋廷才恢复晋阳河东节度使的旧称，又过了差不多50年，大观元年，即1107年，才升晋阳为大都督府）。

平定北汉当年，宋太宗一鼓作气打出"组合拳"：先是将并州的治所迁到榆次；其次，在汾河东面修筑新城，命令老城军民迁至新城，在新城内将所有的十字街改为丁字街，有"钉破并州"的用意；对于老城，在当初攻城时水灌的基础上又进行了焚烧。城中老弱病残来不及避难者，多被烧死。水、火之后，晋阳城化为一片废墟。

当初，太宗攻打晋阳时，晋阳军民奋力抵抗，即使北汉主已经决定投降，晋阳民众仍然坚持不降，出现了"屋瓦乱飞如箭镞"的战斗场面，宋太宗对此记忆深刻。平定北汉后，为了防止晋阳民众反叛，宋太宗专门派人将晋阳北面系舟山上的壁垒削平，寓意"砍断龙角"。

宋太宗的这一番煞费苦心很快收到了效果，此后上千年晋阳再无割据势力出现。直到民国时期阎氏政权出现，才终结了宋太宗对晋阳的诅咒。

打下北汉后，宋廷依然不能收复山西全境。当时宋廷虽然控制了北汉旧地，但山西最北部依然被辽占据。

当时，宋与辽的分界线一段，在今河北境内，沿今天的海河、大清河、白洋淀、白沟、南易水为一线；另一段在今山西，沿恒山、雁门山、云中山、芦芽山为一线。山西代州、岚州、忻州成为抗辽的前线。

之所以选择这样一个分界线，很大程度上拜山西人石敬瑭所赐。石敬瑭作为后唐大将坐镇晋阳，却屡次与契丹勾结。为了夺取后唐大权，他上表向契丹称臣。为了换取契丹对他的支持，他将燕云十六州献给了辽国，契丹则册封他为大晋皇帝。

石敬瑭割燕云十六州给辽国，不仅使山西裂土，而且使北方险要尽失。

对于大宋王朝而言，山西的实力下降和某种程度上的防卫缺陷，使大宋失去了重要的屏障。终北宋100多年，辽国一直是大宋噩梦般的存在，而这一切又和大宋对山西的态度有关。

宋辽对峙，晋北成为大宋的最前线，山西全境成为大宋的最后一道屏障，而晋阳城成为屏障中的关键。宋太宗对晋阳城的无情打击，使这座本可以挽救宋王朝的城市，在北宋最重要的关头失去了应有的防御作用。

北宋早期抗辽，主要依靠山西的杨家将。

杨业就是杨家将中的杨老令公，他的祖籍本是今天陕西神木人（神木在战国时曾属于三晋魏国），神木与今山西一河之隔，加上他大部分时间在山西度过，所以他是个不折不扣的山西人。杨业曾是北汉刘崇帐下的猛将，被赐名刘继业。在晋阳抵抗宋军时，杨业作战神勇，被誉为"无敌将军"。北汉皇帝投降大宋时，杨业仍守城苦战。城破后，杨业被宋太宗招降并授右领军卫大将军。

杨业归宋的第二年，辽帝亲率大军10万进攻雁门，杨业兵少，采取短促突袭的战法打败辽军，不仅杀其驸马，还俘获了辽国的数万人口并缴获了大批粮草马匹。

又过了两年，即太平兴国七年（982），辽又以三路向南攻打宋军，东西路分别攻河北、陕西，中路重点进攻雁门关。杨业在这一战中再次打败辽军，歼敌3000余人，俘获近万人，同时还缴获牛马5万头。牛马在当时属于重要的战略物资，杨业这一仗可以说是战果辉煌。

悲剧发生在雍熙三年（986），这一年大宋王朝兵分五路，发兵30万北上攻打辽国。其他三路从河北出发，第四路由潘美（就是戏剧中的潘仁美）、王侁等率领从雁门关出发，第五路由海道攻打辽国。

五路大军齐发,杨业所在的第四路一马当先,捷报频传。杨业先是在雁门关北口击败了辽军,到寰州(今朔州东)时又迫使守城辽将投降。接着杨业的儿子杨延昭攻打朔州取胜,辽将被迫投降。杨业父子围攻应州,辽应州守将亦投降。大宋军在杨业的率领下一路高歌,打下浑源时,在恒山下与第三路大军田重进的军队会合。

宋军攻打辽,辽国的萧太后决定举全国之力与宋军决战。萧太后亲自率领大军陈兵军都山,与杨业、田重进相抗衡。杨业闻讯后,先是下令先锋进击云州(今大同),自己则率军攻打灵丘。此时杨业又闻报田重进与辽国的猛将大鹏翼在飞狐口(今河北蔚县东南角)决战,急忙率军驰援,与辽军大战十几次,并将大鹏翼等主帅擒获,获胜后与田重进同时进击,围攻灵丘、广昌(今河北涞源)、云州,两军会师于军都山并攻占了蔚州。

至此,杨业军捷报频传,屡战屡胜。

宋军山西一线旗开得胜,河北一线却危机重重。当年宋军统一全国时的南征名将曹彬,此次北伐攻辽却一败涂地,不得已宋太宗只得下令全线班师,曹彬部溃退至雄州(今河北雄安一带)。与此同时,辽军调整部署,一方面集中兵力于河北涿鹿一带进攻宋军,派重兵越过军都山向南攻打宋军,同时又派20万人攻打代县北。杨业面对强敌,本欲坚守蔚州,阻挡辽军,却获报第四路军主将潘美在其刚刚获胜过的飞狐口被辽军打败。不得已,杨业只得被动撤军,驰援潘美,辽军重新占领寰州。

萧太后深知杨家将和雁门关在宋军和战争中的分量,亲率大军进攻代北地区。大敌当前,杨业主张避敌主力,采取奇袭扰敌的办法,而主将潘美、王侁则想侥幸取胜,不听杨业的建议,反而讥讽杨业:"君侯素号无敌,今见敌逗挠不战,得非有他志乎?"督促杨业再次攻打寰州,杨业无奈只得赴敌,临行前与潘美约定杨业进军诱敌,潘美在陈家谷口伏兵,双方在陈家谷口夹击辽军。

七月上旬,杨业夜袭寰州,至朔州城东,辽将耶律斜轸且战且退,诱杨业入围而合力攻击,杨业孤军奋战退至琅琊村(今朔州南),苦战至黄昏,不见潘美等人。原来潘美、王侁陈兵陈家谷,快到中午仍然不见杨业消息,以为辽军被杨业打败。王侁急于争功,带兵离开了谷口,而潘美没能制止他。等到黄昏时,听闻杨业兵败,潘美不顾杨业的死活,率兵南逃。杨业率军战至陈家谷口,不见潘美接应,只得率军返身再战。他手刃敌军数十人,身中十几刀,坐下马匹也身负重伤,被辽兵捕获后绝食三日而死。

当年这段故事,被后人改编成各种版本的文艺作品,从宋一直流传到现在,而杨家将凄美壮烈的故事也传唱了千年,成为三晋大地直至华夏的千古绝唱。今天,当人们徜徉代县雁门关,仿佛仍然能听见当年千军万马的厮杀声。

这段故事颇耐人寻味,宋太宗欣赏杨业的忠勇,却始终没将战场的主导权给杨业。王侁不顾战场安危与杨业争功,潘美置杨业性命于不顾,违背约定,弃兵南逃,杨业心中之悲愤可想而知。

事实上,宋王朝对待杨业的态度形同对待山西的态度——利用而不重用。终北宋一朝,对山西疑虑重重,对晋阳城甚至屡屡打击,这种自掘坟墓的举动很快便遭到报应。

崛起于白山黑水之间的女真族在灭辽之后,很快大举南下进攻北宋。

南侵的金兵分东西两路出兵,东路军从平州(今河北卢龙)南下,几乎没有遇到什么抵抗,直抵北宋都城东京城下,而西路军从大同南下,到达晋阳城下,遭到晋阳军民的顽强抵抗。

由于晋阳城久攻不下,且战斗异常激烈,牵制了金兵大量的有生力量,致使东路金兵因兵力不足而迟迟没能攻下东京,当年的宋太宗万万没想到被他恨之入骨的晋阳城,此刻却无怨无悔顽强地守卫着大宋的国土。

晋阳军民抗金的意志虽然坚决,但此时的晋阳城已不是汉唐五代时的晋阳城了。经历过大宋火烧、水淹的晋阳城,此时不仅城变小了,人也远没有宋初那么多,粮食储备也不足。被围困的日子久了,城里缺乏粮食,只好吃树皮、草料充饥。到最后,军民死亡十之八九,许多士兵饥病交加,失去了战斗力,晋阳这座孤城在被金兵围困了九个月后不幸沦陷。

自毁长城的宋王朝,终于自食其果。

公元1227年，晋阳城破后，西路金兵长驱直入，与东路金兵合为一处，很快攻克东京，将徽、钦二帝掳往北国，北宋宣告灭亡，而建都临安（今浙江杭州）的南宋只能在黄河以南布防，山西则完全跳出南宋的视线而被迫纳入金国的版图。

金国统治山西的日子并不长，随着蒙古族的兴起，金兵很快遭到同样的打击，一代天骄成吉思汗率领蒙古铁骑进攻中原，首先进占山西忻州、代州等地，进而兵临金中都（今北京）。金王朝无奈，只得迁至北宋都城旧地东京。金王朝在东京的日子太过短暂，当晋阳、平阳等地被蒙古大军攻占后，山西大门已轰然洞开，山西防线一失，河南也将不保，金帝只得逃往蔡州。在金帝逃离东京的第二年，南宋和蒙古联合出兵，金朝灭亡。

南宋的好日子并没过多久，山西落入蒙古军队之手后，通往中原和秦陇要塞的屏障洞开，中原大地失去拱卫。蒙古军队从山西西进，攻占关中，又自汉中锋芒南指，巴蜀之地岌岌可危。天府之国陷落后，华中、东南也相继陷落。

本以为可以凭借长江天险坐稳江山的南宋王朝，终于没有逃脱灭亡的厄运，而这一切在宋太宗火攻、水淹晋阳城的时候便已注定。

翻阅宋代山西历史，发现山西在宋代刻画的痕迹极其有限。整个北宋，除了杨家将以外，政坛上只有司马光、文彦博几位名臣，而南宋也只有赵鼎一位重臣，其他的名人则大都和战争有关，如杨业的儿子杨延昭、孙子杨文广，宋太宗时期的名将太原人呼延赞，宋仁宗时期的名将西河人狄青，南宋初期的抗金名将上党人王彦。

宋朝是典型的文官政权，大宋王朝虽然军力脆弱，但经济、文化、政治在当时仍处于世界前列。宋朝的名臣、文化艺术名人比比皆是，但在灿若星河的宋朝政坛、文坛上，山西人却星光暗淡。作为中国重要的文化里程碑，宋词与唐诗并列于中国文坛，但繁星满天的宋词作者里，山西人却寥若晨星，远非唐代可比，甚至与后来的元曲队伍相比也相去甚远。即便知名如司马光等，日子过得也并不舒坦。

司马光（1019—1086）是山西夏县人，宋神宗时曾任宰相，因与王安石政见不合，被贬洛阳达15年之久，最终落落寡合而逝。

赵鼎（1085—1147）是山西闻喜人，南宋初曾两度为相，举荐岳飞、韩世忠抗金。后被秦桧排挤，郁郁而终。

从宋立国起，山西就成为一个独特的存在。不论是激战抗金延缓北宋国祚的晋阳城，还是精忠报国的杨家将、岳家军、司马光、赵鼎，最终的结局都凄惨无比。大宋对山西始终充满了警惕，山西始终不被完全信任，这种撕裂的状态在整个宋朝都未曾中断。

山西在宋朝的几位重臣中，唯一与其他人不同的是文彦博。

文彦博（1006—1097）是山西介休人，作为宋朝名相、军国重臣，他一生经历了仁宗、英宗、神宗、哲宗四朝，出将入相的时间超过50年，这种经历和定力不光在宋朝，在整个封建社会都极其少见。

文彦博的将相生涯中赶上了北宋的两次变法，在范仲淹等人的庆历新政中，文彦博处于观望状态。范仲淹被罢黜出京后，文彦博接手范仲淹留下的摊子，着手将范的改革激进措施进行修复和修正，确保朝政有序进行。

多年以后，王安石变法，文彦博表示反对，曾多方抵制王安石变法，和王安石关系恶化，最终被排挤出朝，到大名府等地任职。

元祐元年（1086），司马光当政。当时文彦博年逾八旬，已退居洛阳几年了，被司马光重请出山，参与政事。

绍圣元年（1094），宋哲宗重新打出改革旗号，重新起用变法人士。当时章惇秉政，认为文彦博与司马光反对王安石变法，将文彦博降职。过了3年，文彦博去世，时年91岁。

在他去世几年后，风波仍然没有停止。蔡京为相后，将文彦博、吕公著、司马光等120人称为元祐党人进行打击，直到北宋末南宋初，文彦博才又被追复为太师，谥忠烈。

即便如文彦博这样当政长达50多年的军国重臣，一生也几度沉浮，如履薄冰，而大量的山西人没能进入宋朝核心也就不难理解了。

金兵南渡，宋朝南迁后，山西人虽也参与朝政，但只能算苟延残喘，而大量的世家大族、文化精英随着金兵入侵，或沉沦，或南迁了，如祖籍山西，与蔡襄、苏轼、黄庭坚并列"宋四家"的著名书画家米芾（1051—1107）虽出生于北方，但一生的大部分时间生活在南方。他曾迁居湖北襄阳，也曾在江苏镇江定居，他的绘画作品充满了南国风，说明他的生活重心已放在了南方。今天的山西几乎看不到他的遗迹，反而是湖北襄阳建有纪念他的米公祠，江苏镇江南郊黄鹤山北麓建有纪念他的米芾墓，镇江市内建有米芾书法公园。如果不是宋朝沉沦，山西境内割裂沦为抗辽前线，山西断不会在宋朝文化领域黯淡无光。

历史学家们在分析北宋败亡的原因时经常唏嘘不已。因为北宋在当时的东方，无论是文化、经济还是军力，都无人可以匹敌。

北宋当时几乎代表了世界科学文化的最高水平。北宋时期，佛教和儒家经典大量问世，《资治通鉴》等史学经典令人耳目一新；宋词继唐诗之后再攀文学高峰；苏轼、黄庭坚、米芾、蔡襄的书法艺术造诣精湛；定窑、钧窑、哥窑、汝窑及景德镇的精美瓷器令国内外商人大开眼界；唐朝发明的火药、宋代应用于航海的指南针、汉代的造纸术和宋代活字印刷都传往国外，科学技术取得了非凡的成就，以至于11世纪中国成为技术革命的中心。

科技的发展提高了传统工农业的产量，乡间的工业和手工业已初具规模，国家的税源渠道广泛——食盐、茶、香料、钾碱、酒醋、生丝成为税收主力。早熟品种越南占城稻的引进使水稻一季一熟发展到一季两熟；丝绸、瓷器、茶叶、书画通过海上航道源源不断运往国外。

水稻品种的改良和生产率的提高使人口增长成为可能。金国和北宋以山西恒山为界，金朝辖区不过100万户，而宋朝辖区达2000万户，仅都城东京就有居民20万户。张择端的《清明上河图》就形象地再现了当时世界著名城市的繁华景象。金朝部队总数不过20万，而宋朝军队总数在百万左右，且武备之盛，前世未有。

如此兵强马壮的王朝为什么会兵败如山倒？

从文化方面分析，宋朝以文治国，武勇在这个朝代并不受重视，被宋徽宗时代封公封王的关羽在北宋开国之初甚至进不了武庙的配祀之位。整个王朝堪称崇尚阴柔、排斥阳刚的时代，宋词和唐诗相比多了一些阴柔、细腻、凄婉，少了一些阳刚、豪迈、悲壮。

在宋太祖"杯酒释兵权"后，宋朝的武将从此受到漠视，甚至出现了"兵不知将，将不熟兵"的军事指挥局面。赏花钓鱼蹴鞠的高俅成为军事主管，贪腐练字纵情的蔡京成了宰相。而宋徽宗自己也以写字画画为荣，这种制度性的腐败和文化习俗使北宋积重难返，而北宋君臣对山西的漠视和防范也使宋朝屏障尽失，忠良不再，王朝覆亡成为难逃的命运。

北方文雄

摸鱼儿　雁丘词
　　元好问

问世间，情是何物，直教生死相许？
天南地北双飞客，老翅几回寒暑。
欢乐趣，离别苦，就中更有痴儿女。
君应有语：渺万里层云，千山暮雪，只影向谁去？
……

临江仙　自洛阳往孟津道中作
　　元好问

今古北邙山下路，黄尘老尽英雄。
人生长恨水长东。幽怀谁共语，远目送归鸿。
盖世功名将底用，从前错怨天公。
浩歌一曲酒千钟。男儿行处是，未要论穷通。

雁门关外
　　元好问

四海于今正一家，生民何处不桑麻。
重关独居千寻岭，深夏犹飞六出花。
云暗白杨连马邑，天围青冢渺龙沙。
凭高吊古情无尽，空对西风数去鸦。

歧阳
元好问
百二关河草不横，十年戎马暗秦京。
岐阳西望无来信，陇水东流闻哭声。
野蔓有情萦战骨，残阳何意照空城！
从谁细向苍苍问，争遣蚩尤作五兵？

初挈家还读书山杂诗
元好问
天门笔势到闲闲，相国文章玉笋班。
从此晋阳方志上，系舟山是读书山。

台山杂咏
元好问
山云吞吐翠微中，淡绿深青一万重。
此景只应天上有，岂知身在妙高峰。

上述诗词都出自一位杰出的文学和历史学家之手。

如果说山西在北宋的政治、军事领域还有一定的作为，那么到了金、元时期基本上就默默无闻了。然而，值得庆幸的是，在长达几百年的沉寂中，山西还是孕育出一位杰出的人才。

宋朝南迁，女真族和蒙古族相继入主中原。山河破碎之下，山西处于风雨飘摇之中。政治上也只有有限的参与，不但和大唐相去甚远，甚至和北宋相比也有相当的距离。这点容易理解，不论是女真族还是蒙古族当政，晋人在政治、军事、经济方面的萎缩几乎是必然的结果。

但这一时期，不甘寂寞的山西人却将中国的戏曲文化推向了一个新的高度。

金、元之际，山西最闪光的"明星"非元好问莫属。他被时人推为金、元之际的文坛盟主，时称"北方文雄"。他是宋代司马光之后，山西最具代表性的文化名人。

从元好问的身世，我们可以看出山西这座民族大熔炉是如何将少数民族和汉族一步步融合在一起的。

从元好问的姓氏基本可以得出结论：他的祖辈具有鲜卑皇族血统。当年北魏孝文帝进行大规模汉化运动时，曾出台相关规定：改鲜卑姓为汉姓，皇族拓跋氏率先改姓元氏，禁止鲜卑同姓通婚，使鲜卑贵族与汉人士族高门联姻，血统融合。显然，元好问是一名汉化后具有少数民族血统的汉人，而从他的活动轨迹，我们可以看出金、元交替之际山西士人的普遍性遭遇。

元好问生于1190年，号遗山。他的先祖为鲜卑拓跋氏，是北魏皇族。随北魏孝文帝迁都洛阳时改姓元，后落籍河南汝州。五代之后移居山西平定（今阳泉市平定县）等地，至他的曾祖父元春时又迁至忻州，遂成为忻州人。他的祖父元滋善，在金朝海陵王时代（1157）任柔服（今内蒙古土默特右旗托克托附近）丞；父亲元德明多次科举未中，以教授乡学为业。

孝文帝迁都洛阳的那一年是公元494年，距元好问出生，时光正好走过近700年。几百年间，元好问的家庭由一个北魏的皇族演变为山西忻州农村一个普通富有书香气的士大夫家庭，元气尚存，却已风光不再。这是一个从贵族逐步滑落为平民的过程，也是少数民族家庭逐步汉化的过程。元好问家庭的足迹实际上也是金、元时期汉族士大夫的遭遇。从他的身上我们可以真切地感受到自唐以后，北方特别是山西汉人几百年里（从唐末至明初）的心路历程。

元好问有兄弟三个。由于他的叔父元格没有儿子，他在兄弟中又排行老三，按照汉族的传统，他的叔父元格在他出生后七个月时就把他当作过继儿子，随即把他带到掖县（今山东烟台莱州市），他的叔父任掖县县令。

毕竟出身于士大夫家庭，元好问在十一岁时就得到著名学者路铎的赏识；十四岁时又拜陵川高士郝天挺为师；十九岁时元格至陇城（今甘肃秦安县）赴任，后病逝，元好问扶元格的灵柩回到故乡忻州。这一年，元好问二十一岁。之后，元好问又到离家乡韩岩十里外幼时曾随父亲元德明隐居学习的福田寺读书，一直到贞祐二年蒙古人入侵，这一年元好问25岁。

贞祐二年（1214），蒙古大军南下攻河东，并突袭忻州，屠城十万余众。元好问的兄长元好古在这次屠城中丧生。为避兵祸，元好问举家迁往河南福昌。不久后，蒙古大军再次进攻金廷，金廷迁都开封，元好问又举家迁往登封。

从十九岁到二十八岁，元好问在战火纷飞中三次参加科考，均遭失败。直到1224年，他三十五岁时才得中科举。这次登第后，元好问才正式就选，被任为权国史院编修，留官汴京，但生活得异常清苦。

1225年，三十六岁的元好问因不满冷官生活请长假回到登封。其间，他撰写了一部重要著作《杜诗学》，内容包括杜甫的传志、年谱和唐朝以

遗山书院

来评论杜甫的言论。这次创作对他日后的诗歌创作产生了非常重大的影响。

金正大三年（1226）至八年（1231），元好问先后任河南镇平、内乡、南阳县令。此时的元好问诗名日隆，其诗忧国忧民，有杜甫遗风，并有独创。

金天兴二年（1233）四月，蒙古兵攻破金都城汴京，元好问随金朝大批官员被俘，并被押往山东聊城作为囚徒被看管了几年。即使在这样的境况下，他仍然向当时任蒙古国中书令的耶律楚材推荐了五十四位中原名士，请耶律楚材予以保护和任用。同时，他痛心金国的沦亡，并以诗存史，编辑了金国已故君臣的诗词总集《中州集》。这本书后来为元代修宋、辽、金史，以至明朝修元史，提供了大量的第一手资料，特别是为修金史奠定了基础。

元好问晚年选择在故乡的读书山、福田寺及韩岩村隐居著述。元太宗十一年（1239），因其"一代文雄"的名气，耶律楚材曾倾心接纳他进入元廷中枢，可五十岁的元好问已无意出仕为官，其年重回故乡隐居，并交友游历，潜心著述。其间，他曾于1252年，觐见当时负责管理漠南汉地军政事务，后来成为元朝开国皇帝的忽必烈，说服忽必烈尊信儒学并任用儒士治国。这次觐见事件过去五年后（1257），元好问在获鹿寓舍去世，享年68岁。

写山西的金、元岁月之所以不吝笔墨地介绍元好问，在于那个时代具有其特殊性，在于元好问的身世经历有其独特的代表性。

戏曲摇篮

公元907年，正当大唐缓缓降下帷幕之际，出生于契丹迭剌部（今内蒙古赤峰市）一个叫耶律阿保机的人正式登场。这一年，他正式担任契丹八部的联盟长，成为契丹部落联盟的实际领袖。九年后（916），他建立了契丹国，成为辽（契丹国）的创建者。从这一刻开始直至14世纪末明朝军队完全占领山西，山西经历了近400年时间的战乱。其间经历了后梁、后唐、后晋、辽、后汉、后周、北汉、北宋、金、蒙古近十个政权，除了北宋和元两个政权执政期间，山西保持了百余年的和平外，其他大部分岁月里，山西都处于动荡不安的岁月中。

  北宋建立后，山西并未完全统一，雁门关以北基本上处于辽的控制之下，双方在雁门关一带进行过持续几十年的战争。直到澶渊之盟后，边境战事才基本平息。雁门边关战争频频，近在咫尺的太原很难安宁，山西实际上成为北宋抗辽的第一道防线，也是最重要的一道防线。这也是为什么唐代山西诗才辈出，宋代词人却寥寥无几的最主要原因。

  金灭宋，山西首当其冲，太原更是金政权进攻北宋的首个目标。1125年，金灭辽之后，取代了辽在北方的统治地位。同年冬，金以山西、河北两路兵马南下，兵锋直指北宋首都开封。其中西路军从云中出发，一路攻克朔、武、代、忻几州，兵临太原。

  太原在北宋初期经过宋太宗的水漫火烧改址，早已不复北汉时期的城防规模，兵单力薄。当时正在山西巡视的北宋北方最高军事负责人、奸臣童贯见状连夜逃走，仅剩守将王禀率三千人固守。金将粘罕急于与东路军会师开封，一方面分兵数万围攻太原，另一方面本人亲率大军南下，一路攻克平阳（今临汾），入晋东南，又攻克威胜军、隆德府（沁县与长治市区），至泽州晋城。北宋朝廷震惊之下，急与金国和谈，宋钦宗答应割让太原、中山、河间（河北河间）三地给金国。粘军闻讯，遂回兵太原。

  金军拿着宋钦宗的命令，要求太原守将交割太原城，但戏剧性的一幕发生了：已经四面被围的太原军民此时拒不奉诏，选择了誓死抵抗。

  为了攻占太原，金军使用了当时最先进的攻城武器和攻城方法。先是以器械抛巨石，击毁城楼；又以木轮运土柴填平城壕；还用鹅车运兵攀城，以火梯、云梯配合进攻。王禀等对应抗敌，以糠袋缓冲巨石打击，又以皮囊鼓风纵火烧金兵柴草，还在城上仿鹅车形制，以绳索系巨石置敌车上，命人用搭钩、绳索拽倒敌方鹅车，使金军攻城屡屡失手；城内15岁以上，60岁以下，人人上阵；食品均分，万众一心，同仇敌忾；太原郊区民众也自动组织，配合城内军民作战。

最终，在粮尽力竭坚守九个多月后，太原城才被金兵攻破，守将王禀受重伤，拒绝投降，投汾河而死。

太原失守，山西全境被金兵攻占。失去最后屏障的北宋王朝，在太原失守后不久就宣告灭亡。

金兵攻占太原近百年后，相似的一幕再次上演。

1211年，成吉思汗出兵攻打金朝中都（北京）附近州县，攻占山西武州（五寨）、朔州以北地区，并以重兵包围金朝西京大同，但未能攻克。第二年，蒙古军攻占中都和西京之间的州县，进而攻克西京大同。之后，蒙古大军兵分三路南攻，金朝不敌，放弃山西大同，并迁朔州军民9万人于晋西、晋南地区。蒙古军攻城略地，一路屠城，仅忻州，即杀戮数万人。元好问的兄长元好古就死于这次屠城。

1214年，金廷与蒙古求和并迁都南京（今开封），史称"贞祐南渡"，蒙古军自此占领了中都（北京）。

1217年，蒙古军从陕西、山西南下，太师木华黎亲率大军从大同南下，向河东南北路（山西中南部）进军。

木华黎是蒙古国名将、开国功臣。在铁木真统一蒙古高原各部的战争中，战功卓著。元太祖六年（1211）后，随铁木真连年伐金，是平定辽东、攻占北京的主帅。1217年任太师、国王，代替西征的铁木真主持征金事宜，连年向山西、河北、山东发起进攻，在六年的征战中征服了金朝的大部分国土。在木华黎的率领下，蒙军势如破竹，山西境内惨遭屠戮，至1222年，山西全境为蒙古军攻占。耐人寻味的是：攻占山西的第二年，木华黎就在凤翔之战结束后的班师途中病死于山西运城闻喜县西下马村，这位一生跃马扬鞭、征战无数的猛将至此不得不"下马"而去。

蒙古大军彻底占领南宋国土是在1279年，而山西比南宋士民早半个世纪就处在蒙古人的统治之下。可以想见，这半个多世纪里，山西全境不可能岁月静好，元好问的遭遇就是山西人的集体遭遇。元好问去世时（1257），蒙古兵征战正盛，在他去世两年后（1259）蒙古大汗蒙哥在四川合川钓鱼城之战中陨落。

一组数字对比可以证实蒙古军队入晋后山西人的遭遇。

唐朝安史之乱前夕（752），山西人口为397万；经唐末、五代十国，到北宋击败北汉，占领山西雁门关以南后（980），山西的人口跌至131.9万。

金朝中后期，蒙古军队入晋前夕（1210年前后），山西人口为718万；蒙古军队攻占山西至元鼎盛时期（1291），80年间，山西的人口猛降至55万，比春秋时期晋国人口（80万左右）还少，为历代最低，可见蒙古统一全国，连年征战，山西遭遇之惨烈。

元末明初，山西战乱少，山西人口迅速恢复。从明初开始几十年间，明政府先后从山西向外省移民达十几次，移民总数上百万。即便如此，山西仍有超过532万人口。从人口的变化，可以想见，从唐末到明初山西人民的遭遇。

唐诗以后，三晋文坛涌现出三位巨人：史学家、诗人元好问，戏曲作家关汉卿，文学家罗贯中。

元好问（1190—1257）生活在金、元交替之际，一生坎坷，但著作颇丰。他不仅写诗，还写词、小说和散曲。他留下了377首词，是金代作品最多的词人，并以"丧乱诗"奠定了他在中国文学史上的地位。

关汉卿（1234—1300）是元代最伟大的戏曲家。他生活在元初，在知识备受摧残、士人地位低下、戏曲艺术备受歧视的元初，关汉卿甘愿浪迹江湖，潜心戏曲创作，表现出崇高气节和卓越才华。他的作品大多揭露和控诉皇权专制和官府的黑暗，歌颂美好的爱情。

罗贯中（1330—1400）生活在元明交替之际，是中国伟大的文学家，著有小说《三国演义》和杂剧多种。

正是由于这些文学巨匠的持续接力，成就了中国历史上的第三座文学高峰——元曲。

中国四大文学高峰分别是：唐诗、宋词、元曲、明清小说。在这四座文学高峰中，除宋词稍逊风骚外，三晋在唐诗、元曲和明、清小说中都有文学巨匠产生，其中尤以元曲最为显著：人才辈出、星光灿烂。

在中国戏曲发展史上，山西以其最早的戏曲发祥地之一、悠久深厚的戏曲渊源、举世瞩目的戏曲大师、古朴优美的戏曲文物、规模宏大的戏曲剧种而蜚声全国，被誉为"中国戏曲的摇篮"。戏曲文化发展在山西最为鼎盛的时期正是宋元时期，而这一时期山西在政治上正处于低谷。

历史屏蔽了山西人政治才能的发挥，却在不经意间为山西人文化天赋的挥洒打开了另一扇大门。

中国古代戏曲，是由说、唱、民间社火、杂技、百戏、乐舞等艺术形式演化而成，是一门综合性很强的艺术。从远古时期的原始歌舞和巫舞，历经周秦的古优、汉代的俳优、百戏，唐代的歌舞戏等表演形式，通过宋杂剧、金院本和南戏的演化，至元代终于形成了集唱、念、做、打于一体的成熟戏曲形式——元杂剧，从而形成了我国戏曲史上的第一个黄金时期，而这个黄金时期最杰出的地域文化代表便是山西。

山西成为中国戏曲第一个黄金时期的代表是当之无愧的：在现今出土的戏曲文物中，山西在全国排名第一；现今所存的城市、乡村的戏台数量，山西仍为全国第一；金元时期的戏曲大家，以山西为最多；在全国所有的戏曲种类中，山西仍然排在首位。

在唐诗、宋词以后，山西人在政治上失意的同时，却以满腔热血和才情成就了中国又一个文化巅峰——元曲。

中国古代戏剧从萌芽、演变直至逐渐成熟，一直与山西的文明发展休戚相关。早在唐代时，山西南部的平阳就流行过歌舞戏、参军戏。北宋时的滑稽戏、百戏、皮影戏更是在山西民间广为流传。

北宋时山西晋城一带曾出现过一位识文断字的说唱艺人孔三传，常年在当时京城汴梁的瓦舍中表演，由他首创的诸宫调说唱艺术，成为元杂剧的直接起源。

现存两部诸宫调著作：一部是《刘知远诸宫调》，写的是山西人在山西的故事；另一部为《西厢记诸宫调》，则是山西人写的发生在山西的故事。

《西厢记诸宫调》的作者是金代山西侯马人董解元，写的是发生在山西永济普救寺崔莺莺和张生的爱情故事。这部剧用了14种宫调、190套曲子，5万多字，不仅有上乘的思想内容和艺术技巧，而且为后来王实甫创作《西厢记》提供了绝好的蓝本。《西厢记》后来成为舞台上久演不衰的剧目，山西人功不可没。

金元时期，政治上失意的山西并未立刻孕育出商业大潮，而是另辟蹊径催生出另一个文化高峰——元曲，这其中有着深刻的地理、历史、社会、经济和民俗风情等多方面的因素。

从地理位置看，山西东有太行，西有吕梁，南有黄河，为中原地区的天然门户和屏障；河东地区一向为区域政治中心和文化中心；以商旅要道而言，河东与西面的西安，南面的洛阳、开封构成了天然的商业金三角，城市经济十分发达，由此人文荟萃，文人辈出，这些都成为元曲创作的基础和源泉；此外，河东地区的造纸业、雕版印刷业十分发达，这也为戏曲的发展提供了重要的传播手段。

宋朝南渡后，整个宋金战争的战场随之南移，而河东地区则相对安定，成为战乱的大后方，同时也成为文人士子避难的地方，由此大批杂剧艺人得以汇聚，以艺谋生，河东成为金元杂剧发展的重要基地。

由于政治上的低谷，民族歧视的存在，民众生活和欲望的重心逐渐转向世俗娱乐生活。同时，受图腾崇拜影响，河东民间形成了深厚的迎神赛社风俗习惯。人们频繁演戏奉神而托福，而奉神往往以戏酬之。

祀奉神灵活动直到今天在三晋大地仍然普遍存在，不论红白之事，但凡条件允许，乡间大都要上演一出戏码，早已形成习惯。民国以前，山西各地几乎全部呈现出村村有庙、庙庙有戏台的壮观场景。

考古发现证实，中国迄今发现的宋辽金戏曲文物在数量上，莫不以山西为冠，戏台遗迹、墓葬雕刻、戏剧壁画……所有的出土珍品无一不展示着三晋戏曲昔日的繁盛。

戏台的出现，是中国戏曲形成的重要标志。随着戏曲表演形式的发展，对演出场地的要求也应运而生。

宋元时期，中国的戏曲舞台正式形成，其建筑主要分两大类：一类是城市瓦舍勾栏里的戏台，另一类是城市神庙建筑中的戏台。随着社会的发展变化，平地上临时布置起来用于围观的勾栏戏台已消逝得无影无踪，而神庙中附属的戏台，由于其木石结构的坚固性以及与神庙一体，受到人们的尊重和保护，因而能保存至今。今天我们仍然能在山西大地上得以目睹这些戏台，大抵是这个原因。

宋元戏台修建经历了由露台向舞亭类建筑、由四面观向一面观的演变。

在这个过程中，舞台遗迹、墓葬中出土的舞台雕刻以及地面舞台建筑实物，无论数量还是规模，山西都居于全国首位。

山西修建戏台最早始于北宋。

山西万荣县桥上村有宋代建筑的后土圣母庙一座。这座庙虽然毁于抗日战争时期，但现存的天禧四年（1020）的石碑却能证实其悠久的历史。

《河中府万泉县新建后土庙记碑》碑阴记载，这座庙院曾规模盛大，有大殿、舞亭、真武庙、二郎殿、娘娘庙、六甲殿、崔相公殿以及山门、大门楼等。从碑文中还可以了解到，这座庙的舞亭建于景德二年至四年（1005—1007），这是中国迄今为止已知的建筑最早的戏台。中国最早的戏台此时出现在山西晋南地区颇耐人寻味。

景德二年（1005），正是宋真宗执政的时代。此时的宋真宗已经没有了宋太祖、宋太宗时代收复燕云十六州的进取之心，转而沉醉于歌舞升平、求仙问道之中，此时的山西也已经没有了杨家将激战边关的战事，而政坛名相、史学大家司马光尚未出世。山西人在苦闷犹豫中选择了尊神和自娱，这种状态从北宋真宗年间开始直到明朝初年。

山西在北宋修建戏台的情况，虽然我们能从零星的碑刻记载中有所了解，但从万荣到洪洞、沁县到平顺都发现有宋代戏台的遗迹，戏台跨越了河东、上党两大地区。可以想象，至少在当时的山西南部和东南部修建戏台演出杂剧已比较普遍，而这种状态到了金元有增无减，愈演愈烈。

山西现存最早的木结构戏台出现在金代。戏曲考古者在山西高平北10

千米寺庄镇王报村二郎庙调查发现了建于大定二十三年（1183）的舞亭（戏台）一座。据相关碑文记载，山西还有三座金代戏台尚存部分遗迹：一是晋城市泽州县冶底村东岳庙戏台，台基和石柱为金代原构；二是晋城市阳城县屯城村东岳庙戏台，有四根石柱是承安四年（1199）原物；三是运城市万荣县西景村岱岳庙戏台，据当地老人回忆，这座戏台是大定二年（1162）所建，元至正年间重修。抗日战争中，庙及戏台均被日军烧毁，仅存台基及修补的石碑。

到了元代，戏曲在山西已空前繁荣。与此同时，戏台的修建也快速发展，山西全省各地出现了大量的戏台。

目前全国仅存的十座元代木结构戏台全部在山西，分别位于运城、临汾、吕梁、晋城等地。

戏曲的繁荣和戏台的大量修建，离不开众多的戏曲作者。元代，山西成为剧作家最为集中、数量最多的省份。

王国维在《宋元戏曲考》中说道："元曲作家北人之中以平阳为最……则元初除大都外，此为文化最盛之地，宜杂剧家之多也。"

元曲，包括杂剧和散曲两个部分，在中国文学史上可与汉赋、唐诗、宋词相提并论。

曾在唐诗中大放异彩的山西，在经过宋词短暂的沉默后，在元曲中重现辉煌。在那个群星璀璨、佳作如云的黄金时期，三晋大地涌现出一批举世瞩目的戏剧大师。以关汉卿、郑光祖—白朴、乔吉—吴昌龄为代表的三大作家群，从南到北，横贯山西全境，呈现出令人刮目的整体实力。

元曲四大家中，山西就有三位：关汉卿、郑光祖、白朴；著名的元代四大爱情戏中，山西人写了三部：解州人关汉卿的《拜月亭》、襄陵人郑光祖的《倩女离魂》、河曲人白朴的《墙头马上》，元代散曲两大家中，山西有一位：太原人乔吉，他以《两世姻缘》名噪一时。

元代的许多杂剧由山西人写就反映山西的故事，许多剧目流传至今，成为戏曲史上的千古名剧。

白朴写过最早编成戏剧演出的梁祝故事《祝英台死嫁梁山伯》，大同人吴昌龄为我们留下了现存元杂剧中篇幅最长的作品《唐三藏西天取经》,王实甫写下了发生在河东的故事《西厢记》,其他如关汉卿的《单刀会》《裴度还带》、纪君祥的《赵氏孤儿》、狄君厚的《介之推》、张国宾的《衣锦还乡》、岳百川的《吕洞宾度铁拐李》,无一不是反映发生在三晋人士身上或发生在三晋大地上的故事。

元代杂剧庞大的山西作家群中,最值得书写一笔的应该是被誉为"元杂剧奠基人"、元曲四大家之首的关汉卿。这位比欧洲文艺复兴时期英国戏剧家莎士比亚早200年的戏剧大师,以其精湛的艺术造诣影响了中国戏曲的发展,被誉为中国戏曲的开山鼻祖,被王国维盛赞为元代第一人。

作为戏曲界的一面旗帜,关汉卿一生创作了66部杂剧,占全部元杂剧作品的1/10,其中以山西人物故事为题材的就有20余部,占他全部剧作的近1/3。他的杂剧有悲剧、喜剧,题材广泛,堪称折射元代社会百态的一面镜子。其中的精品《窦娥冤》这部著名的悲剧可与巴尔扎克的《人间喜剧》相媲美。这部剧作曾被改编为蒲剧,后来又进一步改编为电影在全国各地上演,在很长一段时间内成为人们街谈巷议的话题。

如此多的戏曲大家、如此多的精美戏台,必然会孕育出众多的戏曲种类。

据20世纪80年代普查,山西地方剧种多达54个,占全国300多个剧种的1/6,品类繁多,居全国之首。

山西地方剧中的大戏是人称山西四大梆子的蒲剧、晋剧、北路梆子和上党梆子。

蒲剧是山西四大梆子中最古老的剧种,因起源于晋南蒲州而得名。它形成于明末,盛行于清,剧目达1000多个。

蒲剧后来传到晋中,与当地的秧歌及说唱艺术相融合,形成中路梆子。清同治以后,随着晋中地区祁县、平遥、太谷商业的崛起,中路梆子也焕发了生机。不少爱好戏曲的商贾东家,邀请著名艺人到他们的大院戏台上演唱,而在民间也有一大批戏曲爱好者追捧闹票,使得中路梆子名气愈来愈响亮,并流传到河北、内蒙古、陕西、甘肃等地,博得当地的一片喝彩声，以后就以晋剧称名于世。

道光之前，晋剧曾一度雄踞北京剧坛，成为山西的代表剧种。京剧崛起后，晋剧仍然在北京长盛不衰，这种状态一直持续到民国初年晋商衰微以后才告一段落。

受蒲剧影响，晋北产生了声腔激越、风格豪放的北路梆子。明代的两次大规模移民使大量晋南人迁居到晋北，促进了蒲剧在晋北的传播，在与当地语言和民间艺术的融合之中最终形成了独具边塞风骨的北路梆子。

上党梆子起源于素有深厚戏曲传统的古上党郡，由明清时期外地传来的罗罗戏、卷戏和地方小戏，融合从晋南、晋中流入的梆子戏而成，其经典剧目《闯幽州》《三关排宴》在晋东南地区家喻户晓。

除了四大梆子以外，山西还有许多地方小戏，好似繁花锦簇，开遍三晋大地。

上党落子和晋南眉户，是小剧种中的大剧。前者源于河北武安，后者经陕西眉、户二县传来，经百年流传，已在山西扎根落户。

受宗教文化影响，山西各地逐渐形成了风格别致的道情戏。道情本来是道教用来传教布道的一种说唱形式，由古代的道歌发展而来。大约在清代，道情这一说唱形式在融合当地民间艺术的基础上逐渐演变为地方戏曲，目前在山西流行的主要有晋北道情、洪洞道情、临县道情和永济道情等。

而广泛流传于山西各地的秧歌戏竟达16种之多，大都由农村传唱的小曲儿、歌舞等踩街秧歌演变而来。民歌体的有晋中秧歌、太原秧歌、沁源秧歌，板腔体的有壶关秧歌、襄垣秧歌、武乡秧歌，丝弦伴奏的有繁峙秧歌，清唱的有介休干板秧歌等。

至于地方性的其他小戏，如二人台、拉活戏、跳戏、河东线腔、上党皮黄等则种类繁多，不胜枚举。

山西自古大山阻隔，交通不便，却恰恰因此让山西保留了许多古老剧种。这些戏曲有的并没有唱腔曲调，却与古代村社社火相近，构成了各具形态的乡野百戏风貌。

与戏曲相关联，山西还有100多种民间舞蹈，它们同样源远流长，具有浓郁的地方色彩，其中鼓类舞有花鼓、转身鼓、扇鼓、威风锣鼓等，秧歌舞有踢鼓子秧歌、凤秧歌、汾孝地秧歌，还有舞狮子、舞龙等。

如今，逢年过节，山西各地张灯结彩，锣鼓喧天，耍龙灯、扭秧歌、踩高跷、跑旱船、打花鼓、舞狮子各类戏曲舞蹈表演绚丽夺目，从中可以看到民间戏曲舞蹈的繁荣景象。

笔者曾在运城地区农村土戏台上看到过一副楹联，写的是："山乡庙会流水板整日不息，村镇戏场梆子腔至晚尤敲。"

楹联虽简，却写出了三晋戏曲繁盛的历史，而这一切的源头基本上来自元杂剧。

古建筑博物馆

神庙、戏台、戏曲、庙会四位一体，在推动戏曲发展传播的同时，不经意间也成就了山西另一个独冠全国的文化遗产——古建筑。

戏台最早只存在于城市的瓦舍勾栏，当它和神庙建筑相结合时迅速产生了两大现象：一、民间庙会日益成为一种文化经济结合体；二、附有戏台的神庙建筑迅速由城市向乡村蔓延。同时，戏台因与神庙结合，因而受到人们的崇敬和保护。类似的建筑就在这种文化心理下逐步保存下来，形成今日遍布山西全境的各类古建。其中，晋商大院里的关帝庙最能说明这一文化现象：武圣关羽既是民间崇拜的英雄，又是晋商的保护神，更是各类晋商巨宅和会馆的主要建筑组成部分，同时还可能是戏台上演戏曲中的主角。至此，我们就不难理解，为什么明清之际，山西境内关帝庙遍地、戏台大院遍地的原因。

今天我们在太谷看到的曹家三多堂大院，占地1.06万平方米，约在嘉庆到光绪年间陆续建成，内有小院15个，有3层高楼3座、2层楼3座，共有房屋288间。只此一处，已远超孔氏庄园，而三多堂只是曹家大院的一部分，并不是全部。

曹氏家族在东北崛起后，一方面扩大投资，在各地增设商号；另一方面在老家太谷北洸村陆续修建深宅大院，仅内眷所居就有"福""禄""寿""喜"字4座宅院，三多堂属于"寿"字院。除此之外，曹家还有占地50余亩的十几个大院，有家塾院、车棚马厩大院，光新旧轿车就有70多辆、骡马30多头。此外，还有澡堂院、花窖、煤炭场。

花窖有专人负责为各大院培植四季不谢之花，煤炭场有专人负责拉煤运炭、脱制煤糕，供所有大院消费，而客房院则专为外埠回来汇报工作的掌柜们住宿。这些大院加起来共有500多间房屋。此外，曹家在本村还建有耕食斋，经营管理本村的土地，建有义记当、豫生堂等10余处做生意的院落门市房，粗略统计仅北洸村便有房屋800多间。

北洸村的大院并不是曹家房产的全部，曹家也有自己的避暑山庄——迁善庄。

明清以来，太谷许多富商每逢酷暑都要到距城十里开外的太岳山（太谷人称之为南山）避暑，所以在南山里有不少避暑山庄，如孙家的如意庄、员家的四棱寨、孟家的赤伍庄、武家的胡家庄。

迁善庄位于北洸村南约15千米的一个山峁之上，是咸丰年间曹家花2200两白银买来的。从咸丰三年（1853）开始，曹家用了5年时间，终于将这个避暑山庄建成。山庄依山而建，墙高10~15米，墙厚1.67米，呈梯形垒起，顶厚达1米，皆由1尺见方的石砖砌成。石墙上加砌垛口，俨然一座石城，墙下石岩壁立，可谓固若金汤。山庄南面较低处，有一在巨石中间开凿而成的拱形寨门。寨门前为一石砌平台，平台外是宽约5米的深沟，弯弯曲曲缠绕于外墙之外。平台与深沟前有一活动吊桥。桥架在平台上，入寨时放下，平时吊起。寨门也由巨石锻制而成，远远望去，俨然一座古城堡。寨内分布有十几个院落，有关帝庙、龙王庙，有磨坊、碾坊，还有土地祠、假山等，各院之间有暗道相通，很多房间都有暗室以做避难之用，庄内备有刀枪、长矛及土炮。

曹家修建这座避暑山庄到底花费了多少银两并没有确切记载，但我们可以用另外一个工程和它进行比较。

山西沁源县现今遗留的古城墙初建于元代，且是夯土筑城而非石砌。初建时城墙高度只有1.2丈，其高度远不及迁善庄的墙高。嘉靖元年（1522），沁源城墙加高8尺，至万历年间又加高1丈，才勉强和迁善庄的墙高持平。

万历七年（1579），知县因土城墙经常坍塌，遂请上司批准用砖石包砌城墙，全县费尽全力才筹集到施工银2187两。这个数字甚至不及曹家买迁善庄地皮的费用，以一县之力竟无法和一家之力相提并论，曹家之实力可见一斑。

晋中地区遗留至今的大院中，和孔氏庄园规模相差无几的，是位于祁县县城的渠家大院。

这座大院始建于乾隆年间，后经不断扩建，至同治、光绪时期形成群体规模。大院坐北朝南，四周以高大的围墙护院，构成一座封闭式的建筑群体。大院占地面积5317平方米，建筑面积3271平方米，整个宅院分19座小院，有240间房屋。屋顶以单坡、双坡、歇山、平顶等形式交织组合，楼房、平房相映生辉，呈现出布局错落有致、曲线变化有序的特点。

主体建筑为当地民居典型的里五外三穿心楼形式。堂屋面宽5间、进深2间。院落中部以牌楼形式过渡，呈现出里院东西各5间、外院东西各3间的布局。北楼南屋遥相呼应，组成南北长、东西窄的格局，并以东西设置偏院的形式再横向扩展，从而构成偏院形式，表现出当地习俗的特点。

最引人注目的是，在主体院落南端设置了戏台院，它不仅是居中建戏台的罕见实例，也表现出宅主对戏剧的浓厚兴趣。

不过，我们今天看到的渠家大院并非渠家建筑的全部。鼎盛时的渠家，仅大院就达十几座，房屋千余间，占地达3万多平方米，这样的规模显然已大大超过了孔氏庄园。

距离渠家大院最近的是位于祁县县城东北10千米处的乔家大院。乔家大院在山西的诸多民宅中，规模并不算大，却因开发较早，成为许多影视剧的拍摄点而声名远播。

乔家大院建筑群由6个大院、19个小院、313间房屋组成，占地面积

8700平方米，建筑面积3870平方米。宅第大门坐西朝东，大门以里为一条石铺甬道，长80米、宽7米，将南北6个大院分隔两旁。北面3个大院皆为三合院，每院由3个小院组成。南北六院建筑不仅设计精巧，而且建筑形式变化多姿。在院落的形式上，有四合院、穿心院、偏正套院；在屋顶的造型上有悬山、歇山、硬山、卷棚及平顶；门与窗的结构也多种多样，形式不一，既吸取了西洋式特点，也集中体现了中国清代北方民居建筑的独特风格。在建筑装饰上也有鲜明的特色，不论是木雕、砖雕还是石雕艺术品，均精美绝伦，随处可见。

和渠家、乔家大院呈水平布局相比，晋中地区的另一处大院更具特色，整个建筑群在缓坡上依次展开。从建筑结构上看，院中套院，门内有门，厅堂楼阁，因地制宜，每进一院即增加一个新的高度，高度虽不足1.1米，却增加了建筑的层次感，使建筑显得活泼而有趣。这个大院就是号称"华夏第一民宅"的灵石王家大院。

王家大院位于灵石县东12千米的静升村。王家为太原王氏后裔，元仁宗皇庆年间由灵石沟营村迁至静升。王家以商贾起家，后步入官场，以官显贵。康熙年间，在静升老街首建拥翠、锁瑞两巷王氏住宅区。乾隆年间增建钟灵巷，兴建了红门堡、拱极堡、东南堡王氏住宅区。雍正年间，王家又建崇宁堡。嘉庆年间再次增建高家崖王氏住宅区。至此，规模宏大的王家大院总面积已经达到15万平方米。

今天游人看到的只是王家已开放的高家崖建筑群和红门堡建筑群。两个建筑群东西对峙，一桥相连，皆为黄土高坡上的城堡式建筑，总面积达31528平方米。

山西境内和王家大院建筑格局相类似的建筑群还有位于阳泉市东3千米处的平潭镇官沟村的银圆山庄，原名张家大院，始建于康熙三十九年（1700）前后。

张家大院地上地下建筑面积分别有2万多平方米。整体院落建在50米高的石崖上，上下共有10层建筑，由11个院落组成，现存窑洞125孔、房屋185间。整个建筑群院中有院，窑中有窑，房上有房，地道相通，被行内专家称为山西的"小布达拉宫"。

在我们今天能看到的所有晋商宅院中，能被称为山西民居建筑之首的当属榆次常家庄园。

常家庄园位于今天的晋中市榆次区，当地有民谚"乔家一串院，常家两条街"，形象地将乔家大院和常家庄园的规模进行了比较。

明代弘治年间，一个叫常仲林的人从太谷县迁到了这里，以放羊为生。

没想到他的后人竟会从这个小村落走出一条中国的万里茶道，在这一片土地上建起庞大庄园，被后人尊为"天下第一儒商"。

常家营建庄园始于明末清初，到第九世常万玘、常万达时，宅第建设进入鼎盛时期。常万玘由南向北，建成一条西街；常万达在村北购置土地，建成一条新街——后街。经过200多年的持续修建，2条大街两侧均建成许多深宅大院，共有房屋4000多间、楼房50余座、园林13处，占地60万平方米，其规模空前绝后，当之无愧成为山西民居建筑之首，故坊间也有谚曰："皇家建筑看故宫，民间建筑看山西。"从永乐十八年（1420）明成祖朱棣建成故宫起，到2020年，明故宫已矗立在北京整整600年，而常家庄园在山西也已存在了400余年。

明故宫东西宽750米，南北长960米，周长3420米，占地面积72万平方米，房屋9000余间。

如果从占地面积看，常家庄园的规模相当于明故宫的80%多。在几百年的历史长河中，山西大院以它们的精美绝伦无言地诉说着晋商的过去。事实上，一个个大院不啻一个个商业中心，在晋商的奋力拓展下，不仅推动了山西省之外商路沿线商业城市的崛起，也承载了山西自身许多商业中心的发展。

平遥古城、临县碛口、西湾民居可以视为晋商间接的代表作，它们之所以在今天成为声名远播的文化古城、古镇、古村，和晋商有着千丝万缕的关系。

如今的平遥古城完好地保存着明清时期四大街八小街七十二条蚰蜒巷

乔家大院

的格局。大型公共建筑以左祖右社之势对称分布,如左文庙、右武庙,左城隍、右县衙,左道观、右寺院等。古城的形制是我国北方明清城镇之典型代表,其保存程度完整、系统、纯净为世界所公认,其形制之完整、声誉之远播可称为中国现存四大古城之首。

古城中最为明显的是其华丽的3层木结构市楼,高高耸立于繁华的街市中心,成为这个著名商业城市的象征。大名鼎鼎的日昇昌票号就位于古城的西大街上,而古城内的大量民居保存完好并使用至今,在总计3797处四合院中,价值较高的建筑就达400多处。古城内古色古香,淳朴自然,晋商遗迹清晰可见。

碛口古镇位于山西临县城南50千米处,依吕梁山,襟黄河水,是黄河沿岸著名的山水画廊。

碛口兴起于明末清初,此后300多年,随着晋商的崛起,碛口逐渐成为中国北方著名的商贸重镇。在地理位置上,它西接陕、甘、宁、内蒙古，东连晋、京、津，为东西经济文化枢纽，被誉为"九曲黄河第一镇"。

碛口的繁荣既缘于它的惊险，也有赖于商业的推动。黄河在碛口有一段近500米长的暗礁，落差达10米，水急浪高，船筏难以通行，碛口遂成为黄河北干流上水运航道的中转站，古镇也由此而得名。

遥想当年，西北各省的大批物资源源不断地由河运而来，到碛口后，转陆路由骡马、骆驼运到太原、北京、天津、汉口等地，回程时再把当地的物资经碛口转运到西北。鼎盛时期，碛口码头每天来往的船只有150艘之多，各类服务型店肆达300多家。日复一日，碛口便以"水旱码头小都会"的美名传遍大江南北。镇内现在仍然有数量丰富且保存完好的明清建筑，主要有货栈、票号、当铺等商业性建筑和庙宇、民居、码头等，几乎包括了封建制度下民间典型的漕运商贸集镇的全部类型，尤为珍贵的是，古镇至今依然保持了原始质朴的生活形态。直到全面抗战、解放战争时期，碛口仍是华北通往延安的主要运输口岸。1948年3月23日，毛泽东主席东渡黄河时曾夜宿碛口，并由此转战西柏坡指挥全国解放战争。

西湾民居坐落于碛口镇的西湾村，为该村陈氏家族所建，属于典型的聚族而居的村落。

据村内现存咸丰八年（1858）的碑铭记载，陈氏"先祖陈师范艰难创业，历代子孙经商有方，持家有道，家业经久不衰"，由此可见陈家当年的商业盛况。

由陈师范亲自兴修的第一批建筑在村东，村西的大片空地则由陈氏后人历经11世陆续修建，形成现状。

西湾民居是典型晋系风格的四合院，现保存基本完好的有近40个院落。村落的主体位于两座石山之间，中间为30度斜坡，民居建筑群坐落其上，层层叠叠，最高处可达6层。整个村落中的民居宅院长约250米、宽约120米，占地约3万平方米，以体现金、木、水、火、土的5条石砌街巷将30个宅院连成一体，周边以高墙围护，形成一个庞大的城堡式封闭空间，仅在南面留大门3个，寓意天、地、人，体现了道家天人合一的思想。村落中的宅院和宅院之间均以小门沟通，进入一院可串遍全村，既保留了各家各户各自生活的独立单元,又加强了整个家族之间的紧密联系,一旦有突发事件,便于相互帮助与支持。

整个村落的建筑刻意追求豪华和气势,特别注意景观和风水。陈师范本人所建宅院在选址、造型、装饰上可为全村之冠,是封建礼制和宗法等级制度的生动体现。其院落隐藏在一个不起眼的街巷中,外部院落仅有两扇门板。推门而进,里面则出现一个设计精巧、建筑考究的大门。头道门之所以显露寒酸相,遵循的应该是藏富不露的基本思想。这种构思在国内建筑中是极其罕见的,它从另外一个侧面也体现了山西人内敛含蓄、不事张扬、才美不外现的性格特点。

除建筑外,晋商带给故乡的其实还有很多,晋剧和山西的各类地方戏在元代以后仍能保持长盛不衰,很大程度上也有赖于晋商长久的追捧和推动。

位于榆次聂店村的王家就是一个爱好晋剧的家族。王家的远祖曾经吹过唢呐,万历年间开始经商,到乾隆年间进入快速发展时期,以经营典当

平遥古城

铺为主，光在榆次城和聂店等地就开设了永生、大成等36家典当铺，后又发展到山西其他地区及河南、河北、江南、东北等地。到咸丰、同治年间，王家已发展成为全国著名的商贾。经营范围包括票号、钱庄、典当、绸缎、布匹、呢绒、金饰、粮油、杂货、烟草等行业，共有200多家商号、分号遍布全国各地。

发了财的王家像其他晋商一样，开始在故乡大兴土木，上百年间陆续在聂店村建起几十个宅院。这些宅院大都是一进三串，前庭后院，东西厢房，过庭书房。宅院的名称根据用途取名为育婴堂、培德堂、四达堂、聚庆堂、敦邻堂、青云堂、庆余堂、福锦堂。根据年代起的，有新院、旧院。根据地址起的，有大北院、小北院、道南院。这些院落都集中在巷内，被统称为王巷。巷内还有账房院、厨房院、东张院、北张院、裁缝院等，供佣人居住、存放车辆和饲养牲畜。王家共有院落45个，占聂店村1/3以上的面积。

王家在聂店村还有1500亩上好的土地，占到全村土地的一半，专门由几十名雇工耕种。

王家还在榆次城东北面15千米处的伽西村东南一个山清水秀、地势险要的地方建有王家寨。其寨四面绝壁，寨高沟深，墙高且厚，寨门设有暗道机关。整个山寨分前寨、后寨，后寨建有3个豪华庭院，专门为王家人享用。山寨的修建，既为避暑也为避乱。

王家对晋剧非常偏爱，其中的一个家主王钺就是晋剧迷，经常去榆次的晋剧社听戏。为了请戏班到家中演出，王家在大院中建了座戏台。戏台两侧有两个别致的看台：一个是明台，一个是暗台，专供王家人看戏。王钺还亲自组织了一个戏班，经常在大院里演出。

明以后，特别是清代，随着晋商的接力拓展，一个个商业集镇逐渐形成，商业的繁荣带动服务业、娱乐业一起发展。一时间，商号周边饭馆、客栈、货栈、澡堂、茶庄、洗衣局等行业次第崛起，晋剧、秧歌也随之空前活跃起来。

晋剧等山西戏曲之所以在入清以后能空前繁荣，一方面是民间蕴藏的巨大戏曲基础，另一方面也是由于晋商对戏曲的大力支持。如祁县渠家承办有尚梨园等晋剧戏班，太谷孙家长期资助锦霓园戏班。

各戏班除在城乡各庙会演出外，还常去各富商巨贾之家演出。山西的大家族每逢喜庆或大宴宾客时都要演戏，也间接地促进了晋剧表演艺术的发展。曹氏财东为了慰问各分号伙友，常在节假日带上家乡的戏班去全国各地演出。久而久之，商号的伙友们也都迷上了晋剧，经常在晚上关门后或节假日自己演唱，往往一个商号就能唱一整场戏。这种娱乐活动既丰富了伙友们的业余生活，又极大地促进了戏曲的发展。

今天人们在晋中地区看到的古院落集群，大部分是晋商在明、清时代的住宅，而这些建筑只是山西古建的一小部分。

中国古代建筑是中国历史和文化的重要组成部分，而山西被考古学家誉为"天然的中国古建筑博物馆"。

在众多的历史文物中，山西的古代建筑尤其是保存至今的木结构古建筑居全国之冠。中国古代典籍中提及的建筑形式，诸如长城、关隘、城堡、街道、衙署、府第、书院、祠堂、会馆、民居、栈道、桥梁、寺庙、陵墓、祭台、村寨、戏台、殿堂、楼阁、古塔、乐楼、作坊、店铺、票号等建筑实物全部可以在山西一一对应，各类古建筑遍布山西全省各地，数量达万座之余，其门类齐全，式样繁多，令人惊叹。

据全国第三次文物普查结果显示，全国共有元代以前的木结构古建600余座，而山西境内就有350多座。其中，中唐、五代、宋、辽、金时期（13世纪中叶以前）保存至今的木结构建筑就达120余座。这些建筑经历七八百年乃至上千年的风雨侵蚀和地震冲击，依旧巍然屹立，熠熠生辉，誉满中外。而明清时期的建筑在山西境内几乎随处可见，它们的分布，有的在山峪，有的在山麓，有的在山巅，有的在村寨，有的在城市。其中，殿宇楼阁具备、庭堂台榭齐全，华表、牌坊、回廊、抱厦、桥梁、古塔等，或布局疏朗，或结构严谨，或雕造精致，或装饰富丽，不少是稀世珍品和全国仅存之孤例。这些变化多端、很少雷同的建筑，成为研究各个历史时期中国文化史、社会史、建筑史、宗教史、美术史、科技史最具代表性和最有价值的实物遗存。

山西现存古建筑在全国各省份中最多，数量达 18118 处，但这远不是山西古文明遗存的全部：山西现存不可移动文物位居全国第一，数量达 3.7 万余处；山西全国重点文物保护单位居全国首位，数量达 271 处；山西现存寺观壁画是全国同类艺术品中最多的省份，数量达 2.3 万余平方米；山西现存寺庙彩塑同样居全国同类艺术品第一，数量达 2.4 万多尊；山西现存的 11 座金元戏台则为全国仅有。

纵览三晋大地，人们不由得会发出这样的疑问：是什么因素让三晋大地拥有如此灿烂的古代文明？又是什么因素让这些文明实物历经千百年后在三晋大地仍然保存得如此完好？

山西之所以保留了如此众多且完整的古建筑，并成为全国之冠，与山西独特的地域文化是分不开的，尤其与其特殊的地理自然环境和社会环境密切相关。

山西四面环山，古代原始森林众多，葱郁的森林和绵延的山脉，以及适应土木工程的黄土，为先民们"就地取材"提供了丰富的土、木、石等建筑材料资源；表里山河的山西，受到来自海洋湿润的夏季风影响较小，来自亚欧大陆内部的冬季西北风对山西气候影响较大，而干燥的气候特别有利于古建筑的保存；山水相连、盆地连绵的地形地质自然环境，赋予了山西深山藏古刹的优越条件；兼容并蓄的三晋文化，又培养了这块土地上的人民对先祖、先贤及自然的敬畏之情、信仰之意以及对传统文化的坚守和保护。这些思想和思维习惯数千年如一日始终与这块土地上的一草一木相伴；另外，古代山西的匠师，在创造不同类型的建筑作品时，培育了大批的能工巧匠。

中国古代建筑以独特风格居于东方建筑之林的前列，形成了东方建筑文化圈的中心，而山西是这一中心的"古代建筑艺术宝库"。据第三次全国文物普查统计，山西的古建筑遗存共有 28640 处，以占全国总面积 1.6% 的土地拥有全国 10.85% 的古建筑，这不能不令人惊叹。这些古建筑，以时代序列完整、材料和形制品类众多著称于世，具有很高的历史价值、科学价值、艺术价值和社会文化价值。从山西古建筑的遗存情况，我们也可以得出这样的结论：山西是中国传统文化保存最完整、传承最清晰、坚守最执着、民俗最丰富的地域。这一点从山西太原的晋祠建筑体现得最为明显，在很多方面都堪称"全国第一"。

晋祠是中国现存最早的皇家祭祀园林，是中国古代建筑艺术的集约载体，是国内宋元明清至民国本体建筑类型、时代序列完整的孤例，是世界王氏、张氏的发祥地。晋祠现存最早的主体建筑圣母殿，创建于北宋太平兴国九年（984）。殿四周的围廊，为中国现存古建筑中的最早实例，是中国宋代建筑的代表作。宋代建筑鱼沼飞梁，造型奇特，是中国现存唯一的古代木结构十字形桥梁建筑，在世界古代桥梁建筑史上也具有较高的科学、艺术和研究价值。圣母殿内的43尊宋代彩色泥塑，是反映宋代宫廷人物的现实主义作品，是中国雕塑艺术宝库中的珍品。晋祠现存碑碣中，以"贞观之治"缔造者唐太宗李世民亲自书写的《晋祠之铭并序》和一代女皇武则天亲自作序的《华严经石刻》最为珍贵。尤其是《晋祠之铭并序》是一通集史学、文学、政治、书法为一体的丰碑，开创了中国行书碑文之先河。

晋祠创建于西周（前11世纪），北魏郦道元《水经注》中记载晋祠已有相当规模。后经北齐、隋、唐、五代、宋、金、元、明、清及民国直至现代中国，历经几千年的擘画营造和修葺扩充，以大量的古建筑、雕塑、碑刻、壁画、古树名木，从不同侧面反映了中国古代政治、经济、建筑、园林、雕塑、宗教、文化等诸多领域的发展变化。晋祠的历史、艺术、科学和鉴赏价值，使其成为古代宗祠与园林艺术相结合且跨越历史最长又最具代表性的唯一实例，也是中国古代文化和人类建筑艺术宝库中一份珍贵的遗产。

山西在历史上也是多民族融合的地区，这个文化特点也反映在古建筑中，形成山西区域特征比较鲜明的古建筑集群：雁门佛教建筑（忻州、大同、朔州）、并州多教建筑（太原、吕梁、晋中、阳泉）、上党诸神建筑（长治、晋城）和河东祭祖建筑（临汾、运城）。在这些古建筑中，木结构

山西古建筑分布

建筑尤为独特。山西木结构建造遗存，从唐代建中三年（782）至1949年的1167年间，序列完整，没有间断，这不仅在中国成为仅存，在世界建筑史上也极为罕见。只此一例，即可说明三晋文明的原生性、连续性、传承性。

山西古建按建筑形态可大致分为以下类型：佛寺建筑、道观建筑、神祠建筑、石窟寺、古戏台、古塔、楼阁、牌坊、衙署、民居、陵寝、墓葬、寺观彩塑、寺观壁画、长城关隘、边堡、名城、名镇、名村。

山西现存佛教建筑遍及全省各地，有国内最早的木结构建筑——五台山南禅寺；有规模最大的唐代木结构建筑——五台山佛光寺东大殿；有最古老、最高大且完整的全木结构古塔——应县木塔；有建筑宏伟、布局完整的大同善化寺、天镇县慈云寺、朔州崇福寺；有中国佛教四大名山之首的五台山建筑群；有山野建筑高平游仙寺、泽州青莲寺及沁源圣寿寺等。这些寺院建筑不仅是山西之最，也构成中国建筑史不可或缺的重要篇章。

道观建筑，是供奉道教神祖、仙人，以及道教门徒修炼、传道和斋醮仪式、生活的场所。汉代称"治"，晋朝称"庐""治""靖"，南朝称"馆"，北朝称"观"，唐代以后称"宫"或"观"。随着时代发展，道教建筑规模不断扩大，形成以轴线对称，院落层叠或随地势高低依山而建的院落布局，并承载了中国传统建筑及文化艺术之精华。

山西的宫观建筑体现了道教崇尚自然和隐居修炼的思想，如"五岳"之一的北岳恒山全真派建筑群，选址于恒山主峰天峰岭，这里山势高拔，松涛林海；有的选址于村落边比较清静的山隅，与自然山水及聚落融合，体现了道教修炼传道的思想，如永乐宫，原选址于芮城西南黄河北岸芮城县永乐镇彩霞村，面临黄河，背依中条山，山川秀美，土膏林郁；有的选址于府州县中心，形成本区域政治、经济中心的重要文化构成，如太原纯阳宫，选址于太原市中心，院落布局严谨独特，为道教建筑文化中别具特色的范例。

山西的神祠建筑也颇具代表性，最早最具代表性的当属"晋祠"。祠，即"祠堂"，所供奉的不是神灵，而是为国家和地方做出重大贡献的君王、名宦等先贤智者，或是封建礼教道德行为的典范人物。明代开始允许民间修建祠堂，出现同族血缘的子孙祭祀祖先之场所，又称家庙。庙，本是古代供祀祖宗的地方。中国古代将帝王、诸侯供奉祖先的建筑称为"宗庙"，帝王的宗庙称为"太庙"。汉代以后逐渐发展为祭祀鬼神及古代先贤的场所。

中国在上古时代就形成了敬天法祖的信仰，对天地和祖先的崇拜是古人最原始的两种信仰。原始祭祀没有固定场所，后来出现了祭天为圆坛、祭地为方坛的祭祀方式。随着社会的发展和人们对皇天后土祭祀活动的日益频繁，祭祀场所日益增多，建筑形式也随之增多。从最初的祭拜天地山川、五岳四渎、社稷之神，发展到祭拜民间传说中的神仙及先贤，从而出现了神庙、祠堂等固定祭祀场所。

山西是华夏文明的摇篮和文化圣地，分布于境内的神庙、祠堂随处可见。祭祀的内容，从山、水、天、地之神和英烈先贤，到普通家族的尊长，应有尽有。有商汤祈雨的析城山，有先秦天子祭天祈神的中镇霍山，有明、清帝王祭拜的北岳恒山，有汉武帝祭拜的万荣后土庙和教民稼穑的后稷庙，有奉祀晋国国君的晋祠庙和唐王李世民庙，有祭拜五岳四渎的济渎庙、五岳庙，有供奉城市守护神的城隍庙，有供奉武圣的关帝庙，有祭祀文圣孔子的文庙，有遗存于晋东南的二仙庙等区域地方神庙，这些建筑遗存都是中国古建筑的有机组成部分。

山西是中国北方戏曲艺术的发祥地，素有"戏曲摇篮"之称。有关数据显示，山西遗存至清代的戏台共有2854座，分布在省内各市县及村落的神庙中。凡有神庙必建戏台，即使以佛寺或道观为主，也均建戏台。

国内已知最早的木结构戏台是建于北宋年间（1020）的山西运城市万

晋祠

荣县桥上村的后土庙戏台；现存最早的戏台实例为晋城市高平市王报村二郎庙金代戏台。

元代是山西戏曲发展的繁盛时期，山西平阳地区是元杂剧的发祥地，以折子戏为主，演台面积较小，平面呈方形。目前中国所遗存的元代戏台五座，均分布于临汾市。

借助于漫山遍野的戏台和元杂剧的传承以及晋商们的推波助澜，明代山西戏曲进入了又一个繁盛时期。在宋代的司马光之后，元好问、关汉卿、罗贯中持续接力，不仅将戏曲这个山西境内的中国第三座文学高峰演绎得有声有色，而且使山西戏曲在元杂剧的基础上，孕育发展出"四大梆子"戏。戏台功能也随戏曲的发展而发生变化。明代初期戏台延续元代亭式戏台规制，到清代地方戏得以发展，表演场地逐步扩大，戏台的表演功能不断增加，由方形单开间逐步发展为三开间，且出现前后台布局，以及演台两侧或背后的化装室。清代山西戏台的种类和结构非常丰富，不仅有神庙戏台和镇村戏台，而且出现了皮影等剧种演出的专用戏台；另外，晋商的深宅大院和官宅的府第中也建有戏台。此时戏台布局有两台相对的对台，也有三台并联的戏台，且装饰华丽。不仅表现了山西人民对戏剧艺术的热爱，也体现出发端于金、元时期的文学高峰——戏曲，在明、清直至现代仍然得到守正创新的传承。

第九章　晋商的兴衰

500年的商业帝国

元朝以后，中国历史迎来了又一次由汉人主导的政权——明朝。朱元璋从安徽起兵，经过十几年的征战，在南京建立政权。又过了几十年后，他的儿子朱棣打败了他的孙子——建文帝朱允炆，将都城由南京迁到了北京，为对付北部的蒙古政权卷土重来，开始了"天子守边"的历程。但这一次，山西人并没能在政治上续写汉、唐的辉煌，而是开启了另一段旅程——500年的商业帝国。

20世纪之前的山西之富，远远超乎今天人们的想象，姑且不论明代，只清代，全国商业领域人数最多、资本最厚、分布最广的是山西人；每次全国性募捐，捐出银两数最大的是山西人；要在全国排出最富的家庭和个人，最前面的一大串名字大多也是山西人；在全国重要的商路上，来来往往携带钱财最多的还是山西人。

明清两代，晋商在各个城镇，有的处于垄断市场的地位，有的虽与各省商人共占市场而又以晋商为多。

以咸丰三年（1853）为例，清王朝强令各地大商号捐输助饷，并按捐饷数额不同给予议叙虚衔的奖励。在清档案中可以看到：在天津长芦山西盐商就有103家，在奉天（今辽宁沈阳）的巨商中山西有130家，在京城57家茶庄中山西人占17家、159家当铺中山西人占108家、268家账局中山西人有210家，张家口、归化（今内蒙古呼和浩特）、包头等市场则完全由晋商所控制。

在清代晋商的鼎盛时期，山西境内不仅经商人群分布广泛，经营行业也十分广泛，很多行业晋商都独占鳌头。当时人们生产生活所需的各种铁器、铜器、陶器、粮食、食油、茶、棉布、丝绸、烟酒、纸张、皮货、颜料、煤炭、药材、干鲜果、酱菜等商品，晋商无不经营。晋商不仅是商品的长途贩运者和销售者，也是商品的生产者，融工商业为一体。

山西盛产各种铁器，从开矿、冶炼、打造、销售提供全程服务，铁货散布全国，潞锅和造船用的铁钉名扬海内；临汾、襄陵（今襄汾）一带的麻纸制造业，既供应民用，又供应官府，并曾作为咸丰宝钞用纸；曲沃县盛产烟草，制造旱烟的烟坊有数十家，旱烟行销国内外，而在京城的山西烟店就达500多家；以汾酒为代表的山西酿酒有悠久历史，晋商把生产技术传播到中国北方各地，像东北三省和直隶（今河北）省的酒坊（东北称烧锅），绝大多数为山西人开设；平遥县盛产漆器，平遥的颜料商人在平遥本地和京城都设有颜料加工厂，从明代到清代操纵和垄断着京城的颜料和桐油市场；山西不产茶叶，可清代的茶路大多由山西人控制，晋商除到各茶区贩运茶货外，还在湖北、湖南一带设置茶场制茶，产品行销中国北方和俄罗斯等地。

由于晋商经营范围十分广泛，在很多行业又处于垄断地位，再加上其卓著的商业信誉，因而市场上很快就有了一批山西名牌产品：汾酒、龟灵集、定坤丹、陈醋及京城的六必居酱菜店、都一处烧卖馆、万全堂药店、洪吉纸号等。有的品牌历经百年仍信誉卓著，如有上千年历史的名牌产品汾酒，至今仍行销世界各地。

山西商业的鼎盛时期，其影响力不仅在国内，在国际上也声誉日隆。德国人李希霍芬就曾说过，"山西人具有卓越的商才和大企业精神，有无比优越的计算智能，有发达的数量意识和金融才华"，因此"中国人好比犹太人，而山西人更像犹太人"。

德国人的看法不错，事实上晋商确实是当时国际贸易的一支劲旅。自从丝绸之路开通以来，在明代，绛州、襄陵等地的商人就远赴海外，有的去了波斯（今伊朗）。至清初，晋商贩运的茶叶就到达了俄罗斯。雍正六年（1728），中俄签订《恰克图条约》，中俄通商。乾隆二十年（1755），停止俄商来京贸易，中俄贸易完全集中在恰克图进行。自从恰克图中俄通商以来，可以说基本上就是晋商与俄商的贸易，兴盛时在恰克图的晋商达140多家，年进出口贸易额达1968万卢布。一部分晋商走出恰克图，分赴俄罗斯的莫斯科、多木斯克、耶尔古特斯克、赤塔、克拉斯诺亚尔斯克、新西伯利亚、巴尔纳乌、巴尔古今、比西克、聂尔庆斯克、乌丁斯克、伊尔库茨克等城镇开设字号，销售茶叶等商品。这种类似晋商独揽中俄贸易的情况，在中国其他商帮中极其罕见。

对金融业的革新和票号的创立是晋商鼎盛的证明，同时也是晋商称雄于世的标志。

在明代以前，中国的金融业只有古老的典当铺。明中叶以后，虽兴起了钱铺和银号，但因它们是从事货币兑换和铸造银元宝的行业，所以仍属于商业资本中的货币经营资本，直至19世纪50年代以前也不是金融业。在这样的经济环境下，是晋商从明末到清前期依据商品经济发展的需要，先后创办了印局（放印子钱）、账局和票号等新的金融业形式。直至19世纪末中国通商银行创办之前的300年间，中国居民生活资金的调节和工商业资本融通和划拨，可以说基本上是由晋商控制的。如果没有庞大的商业资产、密集的货币需求，晋商何须又何能进行金融业的变革？

事实上，由于晋商执掌着中国金融之牛耳，因而晋商的名声更盛于以往。也由此开始，山西人会经营、善理财的说法传遍九州。大清银行的第一任行长贾继英是山西人，民国时期的财政部部长很长一段时间由山西人孔祥熙担任，中华人民共和国的第一任财政部部长是山西人薄一波、第一任中国人民银行行长是山西人南汉宸。

众多晋商的驰骋成就了山西，山西从明代开始成为中国较为富裕的省份，而到了清代特别是道光年间，山西已成为中国最富的省份。贵州省一位官吏进京述职，由贵州入四川，经陕西渡黄河入晋，沿官道行走，当光绪十三年（1887）行至介休县义棠镇和介休县城时，在日记中写道："街市极繁盛精整，渡河后至此始见富实气象。"

由于从事工商业和金融业的利益大大高于农业生产，因而山西从明代就出现了许多由商致富的家族，比如蒲州的张氏就是其中的代表之一。

> 张氏原籍解州盐池之南，后徙居蒲州。历数代至允龄一世。他年幼时即掌理家政，及年长，遂发奋服贾远游，西达兰州，贩货张掖、酒泉，南至淮、泗，渡江入吴，溯长江西上，往来于楚蜀之间，足迹遍及天下。五十余岁时回乡，置别墅于蒲州城东十里之孟盟桥。允龄子四教亦服贾远游，去汴泗，到江淮，至姑苏，所经营贸易，常出人头地。

上面这段话记载的是堪称明代首富——晋商张四维家族的情况。有明一代，山西人因商致富，积累了大量资财，其富超过了著名的徽州（古称新安，今安徽歙州）商人，成为中国最显赫的地方性商帮。

> 富室之称雄者，江南则推新安，江北则推山右（即山西）。新安大贾，鱼盐为业，藏镪有至百万者，其他二三十万则中贾耳。山右或盐或丝，或转贩，或窖粟，其富甚于新安。

上面这段话是古人对徽商和晋商的评价。它既说明当时（明代）晋商之富已超过徽商，又说明山西人致富除经营盐业与徽商相同之外，还经营丝织、铁冶，进行各种货物的贩运贸易。

据《晋录》记载："平阳、泽、潞豪商大贾甲天下，非数十万不称富。"《弇州史料后集》中也写道："天下富家，居首等者，凡十七家，除王室、王公、贵族、宦官等以外，属于商人者，只有七姓，而山西（有）三姓。"

山西由商致富并且成为一个富省，严格地说是清康熙、乾隆以来的事。康熙在执政前期，曾两次巡幸山西北部和南部地区，所得印象是北部贫寒，南部稍为充裕。康熙三十五年（1696）五月，康熙帝"由大同，历山西、陕西边境，以至宁夏，观山陕民生，甚是艰难"，才改变了他巡幸直隶、山东、江南、浙江时"见地方人民，皆各安生业"，"以为他省类皆如此"的印象。康熙四十二年（1703）正月，康熙巡幸畿南四府（徐州、淮安、凤阳、颍州）、河南、山西、陕西后说："惟秦晋两地民稍充裕，畿南四府及河南一路，殊觉生计艰难。"可见，此时的山西已开始呈现出富省的迹象。

到雍正年间时，山西已走在其他各省的前列，当时的山西学政刘于义就这样说："平（阳）汾（州）为山右殷富之乡，百姓颇多积蓄。"至道光年间时，山西已富甲天下，闻名海内外。当时的资料曾这样记载："伏思天下之广，不乏富庶之人，而富庶之省，莫过广东、山西为最。""近复细加访询，实缘晋省富饶，全资商贾。"资料中不仅指出山西的首富地位，还大量列举了具体例证："太谷县之孙姓富约二千余万，曹姓、贾姓富各四五百万。平遥县之侯姓、介休县之张姓富各三四百万。榆次县之许姓、王姓，聚族而居，计阖族家资约各千万。介休县百万之家以十计，祁县百万之家以数十计。"

又过了几十年，至光绪初年，山西富户大多数集中在晋中地区。按照当时的调查，介休、祁县、太谷、榆次四县有富户14家，拥有资产三四十万至2700万不等，计介休侯姓和冀姓，祁县乔姓和渠姓，太谷曹姓、刘姓、武姓、孟姓和杨姓，榆次常姓、侯姓、王姓、何姓和郝姓，这些都是当年闻名全晋、声震华夏的富商。

除了这些历史记录外，我们还可以从另外一个角度透视当时山西之富庶。

清朝从道光以后，由于大量割地赔款，财政入不敷出，开始向民众加收赋税和摊派，晋商首当其冲。光绪四年（1878），山西巡抚曾国荃借祁县、太谷、平遥票商银12万两。光绪十四年（1888），山西票号北京分号统一捐输郑州河工银12万两。光绪二十年（1894），中法战争爆发，户部筹备"购船募勇"经费，息借商款1102万两，实为国内公债，借山西票号北京分号银100万两。光绪二十四年（1898），清政府发行昭信股票，在京48家山西商号每家认购1万两。光绪二十六年（1900），慈禧太后挟光绪帝西逃，在山西太原向山西金融界人士借银30万两。由此可以看出，晋商在当时真是富可敌国，连太后缺盘缠都得和晋商开口。

说起慈禧太后西逃，至今在山西还广为流传着这样一个故事。

在今天太谷曹家大院，有一珍藏名叫金火车头钟，每有游客参观，导游总会不厌其烦地给游客讲述这件宝物的来历：

这件金火车头钟由黄、白、乌三金合制而成，重达41.7千克，车头后部镶嵌一时钟，车顶装一自动报时的白金铃铛，中部装有自动预报天气阴晴变化的晴雨表。此外，还有气缸、烟囱。另外还装有6个乌金、白金质车轮，两条长约1.5米的乌金火车轨道。上紧发条，火车头会在轨道上有规律地来回开动，如同钟摆。如果在气缸中注入水，左侧烟囱中则会冒出蒸汽，整点一到，车顶的白金铃铛自动摇响，发出清脆的叮当声，几点响几声，计时准确无误。据说当年慈禧太后挟光绪帝西逃时因途中盘缠用尽，遂向曹家借了一笔巨款。太后返京后，因国库空虚，无力偿还曹家，于是便将这件由法兰西赠送的价值连城的珍宝赐给了曹家。此说流传甚广，诗人程素仁更有诗云：

砂锅勤卖小车推，推出豪华称晋魁。
辽奉蒙俄六百座，福禄寿喜四合围。
一千万两筑大业，两朝帝王化烟灰。
金钟今尚笑西后，无有曹家怎北归。

诗写得一般，但晋商的殷实和帝王的尴尬由此可见。无论传言如何，但曹家的富庶和太后借款应该是铁的事实。

曹家只是晋商的代表之一，从嘉庆年间到光绪年间的百余年，曹家第五门经过几代人的励精图治，成为拥有1200余万两白银、商号640余家、雇员3.7万余人，涉及13个行业，横跨7个国家的商业大家族。

曹家的鼎盛维持了足足一个多世纪，民国以后，曹家本来已开始走向衰败，但仍然要维持其商业大家的气势，其内部的豪华排场有增无减。特别是在结婚庆典和丧葬大礼时，更是挥金如土，其宏大场面、豪华程度，曾令附近十里八村的老百姓叹为观止。

资料记载：1920年曹家第二十一世曹克让去世，其出殡共花去4天时间，丧葬队伍延绵达三四里之长，这次殡葬共花费白银2万余两。当年8月，曹家第二十二世曹师肃娶亲，大宴宾客3天。同时，村中搭彩楼，唱戏3天，这次婚礼曹家花去的白银也达2万余两。

一个走向衰败的家族仍然如此挥金如土，我们可以想象到晋商在鼎盛时的富庶程度，何况曹家在晋商中还不算最富裕的。

史料记载或许带有主观成分，但即便在今天，当你徜徉在三晋大地，那些隐藏在村落中间的宏伟建筑也足以让你对晋商的过去惊叹。像太谷西贾村和北洸村、介休北贾村和北辛武村、平遥达蒲村和邢村、祁县乔家堡村、榆次聂店村和车辋村，以及介休、平遥、祁县、太谷等县城，一座座高楼大院、一排排店铺建筑，宏伟富丽，显示着主人曾经的富有。这些晋商昔日的财富如今都已成为文化名城和旅游景点，像平遥城和祁县城皆为明清建筑，是国家批准的历史文化名城，平遥古城甚至成为世界文化遗产。祁县乔家大院、渠家大院，太谷曹家大院，榆次常家大院，灵石王家大院如今已经成为中国最负盛名的民间大院。当它们日复一日迎来一批又一批的中外游客之时，其实也在一次又一次地陈述着晋商昔日的辉煌。

不只是在山西的土地上才能让人回忆起晋商的辉煌，如今，那些散落在全国各地的山西会馆也在叙述着晋商驰骋四海的过去。

考察全国的山西会馆，在过去的几百年中，晋商在京师（今北京），直隶省的通州、天津、保定，山东省的济南、聊城、东阿、恩县，辽宁省的沈阳，江苏省的苏州、扬州、镇江、南京、吴江县的盛泽镇，浙江省的杭州，福建省的福州，安徽省的芜湖、温阳、亳州，河南省的开封、洛阳、淅川、舞阳和南阳的赊旗镇（今社旗县城），湖北省的汉口、沙市、江陵、公安、钟祥、当阳、郧西、随州，湖南省的长沙、湘潭，广东省的广州、佛山，四川省的成都，还有重庆、西宁、宁夏，陕西省的汉中，甘肃省兰州、天水等城镇都建有会馆，有的甚至建有两个会馆，如洛阳有潞泽会馆、山陕会馆。而在京师，以州县、行业建立的会馆达30多个，像临汾商人就在京师建起了临汾东馆和临汾西馆两个会馆，而平遥、襄陵、潞安等州县则从明代就在京师建有会馆。

历经几百年沧桑，如今的山西会馆绝大多数都已不复存在，但聊城、苏州、亳州、开封、洛阳、舞阳、赊旗镇、西宁、张掖、徐州、郏县、安阳、辉县、海城、多伦等地的山西会馆至今仍然完好无损，其建筑之宏伟、雕梁之精美令人叹为观止。目睹这些已成为各地旅游景点的建筑，不禁让人怀念起晋商曾经的峥嵘岁月。

苏州的全晋会馆被公认为山西会馆的代表作。

全晋会馆始建于乾隆三十年（1765），曾毁于兵火，光绪五年（1879）至民国初年又建新馆。全晋会馆的初建和重建，在时间上正好和晋商的鼎盛和再度辉煌相吻合。

这座新馆按北方的建筑习惯坐北朝南，分为中、东、西三路，中路依次为头门、戏楼、正殿等，整座会馆占地面积6000多平方米。

据说，全晋会馆每遇皇帝诞辰、国家大庆、关公诞辰及忌日，均要举行隆重的庆典或祭祀仪式，鸣钟击鼓，场面恢宏。每当经商者生意兴隆、财源广进时，也要举办庆祝娱乐活动。中路的古戏台便是当时的演出场所，同时也是会馆古建筑群的精髓所在。戏楼两层，底层为仪门及两廊，楼层由北向南伸出戏台，台面高出地面约2.7米。拾级而上，可见戏台顶部正中藻井上的"鸡笼顶"。整个"鸡笼顶"用大红底色做烘托，顶部正中置一铜质圆明镜，熠熠发光。它与正方形的台面上下对照呼应，构成天圆地方、天动地静的意境，蕴含方中含圆、静中有动、阴阳平衡、对立统一的思想。这种高超的建筑手法，不仅使建筑物外观壮美，而且由于科学地运用了声学原理，使得演唱者在演唱时声腔产生共鸣，从而得到余音绕梁的音响效果。此藻井堪称古戏台的精华。

全晋会馆的包厢和戏台之间也有着严密科学的空间处理。在这里，观众可以随意选择座位，视线均不会被包厢或戏台的柱子所遮挡。戏台呈三面伸出型，观众能从多方位欣赏演员的表演，将其一招一式尽收眼底，也能使演员的自然音质清晰地传递到剧场的每一个角落。

据说，当年柬埔寨西哈努克亲王和莫妮克公主曾在全晋会馆里观看昆曲、苏剧和评弹，对这里赞赏有加。建筑大师贝聿铭先生在参观全晋会馆时认为："这里的戏台造得恰到好处，必定出于高人之手。"余秋雨先生也感叹："苏州曾是中国最富庶的地区，人们可以想象到的最奢侈的享受、最精致的生活都可以从这里找到。20世纪80年代，当这座城市的人们准备建立一个戏曲博物馆时，他们选择的馆址竟是当年晋商修建的会馆，之所以做出这样的选择，很大程度上是因为这座精美的戏台。在苏州这样的富庶繁华之地，没想到山西人轻轻松松盖了个会馆就把风光占尽，要找一个南方戏曲演出的最佳舞台作为文物永久保存，找来找去，竟在人家山西人的一个临时俱乐部里找到了。"

确实，苏州园林名满天下，但能承载苏州戏曲文化的建筑物竟然是山西会馆，难怪身为南方人的余先生心中感叹。苏州历史上曾先后有过260多处会馆和公所，但留存至今较为宏伟且具代表性的当属全晋会馆。会馆并不是晋商活动的主要场所，这里只是他们当年听戏、聊天、联络乡情的地方。几百年以后的今天，我们仍然可以透过这些精美的建筑想象晋商当时的富庶。

笔者曾在全晋会馆见过当年精致的戏文木雕，上面的戏文名字是"郭子仪拜寿"。

晋商的崛起

余秋雨先生在他的《抱愧山西》一文中，曾对晋商有过一番意味深长的评价。他写道：

山西商人的全方位成功，与他们良好的整体素质有关。这种素质，特别适合于大规模的商业活动，因此也可称之为商业人格。我接触的材料不多，只是朦胧感到，山西商人在人格素质上至少有以下几个方面十分引人注目——

其一，坦然从商。做商人就是做商人，没什么遮遮掩掩、羞羞答答的。这种心态，在我们中国长久未能普及。士、农、工、商是人们心目中的社会定位序列，商人处于末位，虽不无钱财却地位卑贱，与仕途官场几乎绝缘。为此，许多人即便做了商人也竭力打扮成"儒商"，发了财则急忙办学，让子弟正正经经做个读书人……这种情景在山西没有出现，小孩子读几年书就去学生意了，大家都觉得理所当然。最后连雍正皇帝也认为山西的社会定位序列与别处不同，竟是：第一经商，第二务农，第三行伍，第四读书。在这种独特的心理环境中，晋商对自身职业没有太多的精神负担，把商人做纯粹了。

其二，目光远大。山西商人本来就是背井离乡的远行者，因此经商时很少有空间框范，而这正是商业文明与农业文明的本质差异。整个中国版图都在视野之内，谈论天南海北就像谈论街坊邻里，这种在地理空间上的心理优势，使山西商人最能发现各个地区在贸易上的强项和弱项、潜力和障碍，然后像下一盘围棋一样把它一一走通……当然，最能体现晋商目光的莫过于一系列票号的建立了，他们先人一步地看出了金融对于商业的重要，于是就把东南西北的金融命脉梳理通畅，稳稳地把自己放在全国民间钱财流通主宰者的地位上。这种种作为，都是大手笔，与投机取巧的小打小闹完全不可同日而语……

其三，讲究信义。……山西人机智而不小心眼，厚实而不排他，不愿意为了眼前小利而背信弃义，这很可称之为"大商人心态"，在南方商家中虽然也有，但不如山西坚实。不仅如此，他们在具体的商业行为上也特别讲究信誉，否则那些专营银两汇兑、资金存放的山西票号，怎么可能取得全国各地百姓长达百余年的信任呢……

其四，严于管理。山西商人最发迹的年代，朝廷对商业、金融业的管理基本上处于无政府状态，例如众多的票号就从来不必向官府登记、领执照、纳税，也基本上不受法律约束，面对如许的自由，厚重的山西商人却很少有随心所欲的放纵习气，而是加紧制定行业规范和经营守则，通过严格的自我约束，在无序中求得有序，因为他们明白，一切无序的行为至多得利于一时，不能立业于长久。

……

余秋雨先生对晋商不吝笔墨的赞美，曾令当代山西人长久地激动，但事实上，对拥有500多年商业历程的晋商而言，这样的结论显得简单而仓促。

若说晋商"讲究信义"，赞同者应该甚多；若论晋商"严于管理"，似乎也有据可查，但若由此推出晋人"坦然从商""目光远大"的结论却十分勉强。

事实上，在古代很长的一段岁月里，山西人是各省人中最不能坦然从商的一群人；从后来的发展事实看，晋商的眼光也十分有限，否则由晋商独创的票号为何没能演变成后来的商业银行，而是随着一个王朝的消逝而永久地消失了！

准确地说，晋商在明清时代崛起并不是晋人们"坦然从商"的结果，而是出于无奈。

研究晋商的履历，一个看似简单却十分深沉的问题曾长久地萦绕在我的脑海里——从春秋战国时期就有大商贾出现的晋人，其商业繁荣和商人集群为何没有出现在紧随其后的秦汉、唐宋，而独独出现在较晚的明清？20世纪末，中国曾进行过第四次人口普查，从公布的数据情况看：山西共有汉姓2363个。

其中30万人以上的姓氏19个：即王、张、李、刘、赵、杨、郭、陈、高、马、任、韩、孙、武、贾、郝、阎、冯、梁。

20万~30万人的姓氏12个：即宋、吴、白、薛、崔、周、曹、侯、田、杜、董、胡。

10万~20万人的姓氏24个：即牛、段、秦、郑、史、程、范、吕、徐、常、乔、许、贺、樊、朱、魏、石、姚、苏、孟、卫、申、黄、康。

这是一张很有意思的山西姓氏人口结构图，在这张图上，王、张、李、刘、赵、杨、郭姓人数分列前七名，而朱姓则位列第四十六名。

朱姓在全国虽算不上巨族，但总人口分布也位列全国前十五位，可在山西的排位靠后却十分明显。

中国历史上较有影响的汉族王朝共有四个，即刘汉王朝、李唐王朝、赵宋王朝、朱明王朝。

从山西人口姓氏分布来看，李唐王朝的李姓、刘汉王朝的刘姓、赵宋王朝的赵姓人口分别在山西位列第三、四、五，而唯独朱明王朝的朱姓人口在山西只排到第四十六位，其人口数量远远落后于其他三个王朝。

王、张两姓和杨、郭两姓人口在山西分列第一、二和第六、七并不奇怪，这四个姓氏皆起源于山西，王、张两姓起源于太原，杨姓起源于洪洞范村，郭姓起源于太原阳曲，而并不完全起源于山西的李姓、刘姓和部分起源于山西的赵姓在山西有如此多的人口分布则耐人寻味。

事实上，姓氏的影响力正代表了王朝的影响力。在漫长的中国古代历史上，历经刀光剑影、颠沛流离、水旱天灾、恶政蝗虫的洗礼，仍能保留下来的不是皇亲国戚，便是世家大族。本省皇族姓氏人口的多少，从某种意义上说也代表着王朝对本省影响力的大小，或者换句话说，代表着本省对王朝影响力的大小。

从中国历史上看，晋人对当朝影响力最大的要数李唐王朝，其次是刘汉王朝和赵宋王朝，至于朱明王朝，晋人对其影响微乎其微。

晋人对王朝的影响力和皇族姓氏人口在本省的排名一致，这并不是巧合。从史料看，山西人对明王朝的影响远逊于其他三个王朝，有两个例子颇能说明问题。

一个例子是，对明代山西高级官员数量的统计显示：明代山西籍官员身为宰辅者5人，官至六部尚书、侍郎、都御使、通政使、总督、巡抚、总兵者80人。在明朝276年的历史上，山西籍官员能做到总兵以上者不足百人，山西人对明代政局的影响可见一斑，而反观其他几个汉族王朝，山西人对政局的影响却是无时不有、无处不在。

明朝迁都北京以后，山西的军事地位骤然提升。山西人欢天喜地，本以为可以像汉、唐时期那样，在政治、军事上一展身手，却不料事情并不像他们想得那么美妙。

洪武元年（1368），朱元璋定国号明，从此开始了中国历史上又一个新的时代，但明王朝的首都应天府（今江苏南京）和明王朝的大本营安徽都远离山西，尽管朱元璋手下猛将如云、谋士如蚁，却很少有晋人。明王朝建立之日，山西全境仍在元将王保保（扩廓帖木儿）的控制之下，朱元璋对山西满腹狐疑。当年八月，明军攻陷大都，元顺帝北逃，元灭亡，朱元璋即刻命令部将攻取山西。大将徐达指挥明军分两路向山西进军：一路由冯胜、汤和率领，从河南越过太行山取泽潞（今晋城、长治）；一路由徐达和常遇春率主力从北京南下，进入井陉，向西攻取太原。

从进入山西始，明军在晋西和晋北与元朝的残余势力进行了近20年的较量，才扫清了元残余势力。洪武二十年（1387），盘踞在山西芦芽山之元残余势力四大王向明政权太原晋王府投降，直到此时明王朝才真正统一了全国。

由于山西很晚才被明军攻下，致使朱元璋对山西由满腹狐疑变为满腔愤怒，他几乎认定山西是元军最顽固的据点，因而对晋人大都排斥不用。无奈之下，山西人只能长叹一声：既然出将入相无望，只能以经商了此余生！

朱棣入主北京，山西人本来可顺着桑干河而下进入永定河，可惜朱棣修故宫只需要山西的木材，建长城只需要山西人守边，至于赞襄军机政务，却和山西人相去甚远。

明政坛对山西人的疏远至少持续了100多年，山西在明代只是成为明王朝最重要的前线。为了防御蒙古军事贵族的袭扰，明政府在东起鸭绿江，西至嘉峪关一线，设立了辽东、蓟州、宣府、大同、太原、延绥（也称榆林）、宁夏、固原（也称陕西镇）、甘肃九个边防重镇，史称"九边"。

山西境内，大同和太原成为明廷最重要的两处兵站，大同总兵驻大同，太原总兵驻偏关。在山西境内则形成两道最重要的军事防线：大边，即大同以北至长城；二边，即晋北偏关、宁武、雁门三关为主要隘口的内长城。大同在当时成为"京师之藩屏"，只此一地，驻军即达13万之多。太原城也多次扩建，以加强军事防卫。

但是，如此重要的军事地位、如此之多的驻军，却几乎看不到多少带兵统将的山西人。查遍明初名臣重臣，山西人杳无踪影。如果要勉强推举一位的话，只能算是薛瑄了。不过，他只是一名文臣而非武将，且他入相时，明王朝建国已近60年了。等到一位叫王琼的山西人出任明廷的兵部尚书时，已经是明嘉靖年间的事了，此时明王朝已走过160多年的岁月，而那时，大部分本该出将入相的山西人早已走在了经商的路上。

客观地说，明代因北边御敌之需，山西也出现了几位镇守边陲的名将，如杨博、麻贵、李怀信、王崇古、王琼、孙传庭、任环等。王琼在嘉靖年间历任户部、兵部、吏部尚书。任环曾在嘉靖年间大败倭寇于江南。杨博曾在嘉靖年间任兵部尚书，历官40多年。麻贵在万历年间曾任宁夏都督。王崇古曾任镇守京城西北的宣大总督。

但是，这些人的任职时间大都在明朝的中后期，那时候，晋商已经出现并开始占据商业上的头把交椅，经商的氛围已开始在三晋大地慢慢形成。从明朝的整个历史看，上述晋人大抵只能算是明朝中后期的重臣，却算不得名臣，不但和山西历史上的名将卫青、霍去病、关羽、张辽、徐晃、卫瓘（即协助邓艾、钟会平定蜀国之人）、尉迟敬德、狄仁杰、郭子仪、杨业、呼延赞、狄青、王彦等人无法相比，就是和同时代的名将徐达、常遇春、蓝玉、汤和等人相比也自叹弗如。

明代三晋诸将中唯一被大众所熟知的恐怕只有孙传庭了。姚雪垠在《李自成》一书中，把孙传庭描写成专和农民起义军首领李自成作对的反面人物。孙传庭生于万历二十一年（1593），死于明朝灭亡的前一年（1643）。这位山西代县人死前任明王朝的陕西巡抚，高迎祥就是被他捕杀，而造成李自成军重大伤亡的也是这位孙传庭。他在潼关与起义军交锋时战死，而与他同时期的重臣吴三桂和洪承畴则先后降清。

孙传庭是明末少数战死的将领。纵观整个明末，大部分重臣或降或逃，像郭子仪、杨家将那样忠心护卫王朝的重臣少之又少。缺少山西藩屏的明王朝，其最后的时光惨不忍睹：崇祯皇帝敲钟召集大臣议事竟无一人前来。也许，本该前来护驾的山西人早已被朱元璋和他的子孙们驱赶去经商了。

晋人的精英在明初被迫成为晋商，这是不争的事实，但若把原因归结为朱元璋对山西的冷淡也失公允。事实上，在裙带关系和故土难离观念盛行的中国，远离政治中心而又能做到朝中有人则实属不易，朝中无人而"好"做官则难上加难。

以薛瑄为例，他进退朝堂的遭遇便证明了这一点。薛瑄是今山西万荣县人，自幼饱读诗书，倾心理学，永乐年间中举人，登进士第。

薛瑄是明代著名的理学大家，其学问可与南宋朱熹相提并论，他曾长期在河汾一带讲学，培养了许多弟子，并创立了龙门学派。

即便这样一位大儒，其做官仍然需要朝中有人推荐。

推荐薛瑄做官的不是别人，正是当时明英宗身边的红人，大太监王振。

王振本是三晋人士（今河北蔚县人，但蔚县在历史上大部分时间里属三晋管辖），因为他的太监身份，在山西的名人谱中自然看不到他的名字。王振曾长期服侍明英宗并以贴身太监的身份辅助其逐步掌握实权，在明英宗即位的很长一段时间内，其对王振言听计从。当年，瓦剌大军进攻中原，英宗决定御驾亲征。说起来可笑，50万明军的总指挥表面上看起来是皇帝，实际上却是这位一天仗也没打过的贴身太监。由于王振的无知和自私，这场仗的后果十分严重：王振死，英宗被俘，几十万士兵土崩瓦解。这就是明朝历史上著名的土木堡之变，明朝从此由盛转衰。

土木堡之变前，王振红得发紫，由其推荐，薛瑄被任命为大理寺右丞。薛瑄上任后尽职尽责，深得好评。土木堡之变发生后，瓦剌骑兵进攻北京，薛瑄协助于谦守德胜门，功不可没。景泰元年（1450）又赴四川平定苗民起义。事件平息后，因功升任南京大理寺卿，在任刚正不阿，抨击豪强不法。景泰八年（1457），英宗复辟，下于谦于死狱，大臣们都不敢求情，唯独薛瑄上疏请求免于谦死罪。此举得罪了英宗，而此时王振早已丧命八年，没有了同乡的求情与保荐，薛瑄被皇帝赶回山西老家，此后再未回过朝中。

像薛瑄这样的大儒做官尚且如此艰难，平民百姓做官就更不用说了。

明人王士性在《广志绎》一书中曾云："晋俗勤俭，善殖利于外。"雍正二年（1724），山西学政刘于义上奏朝廷称："山右积习，重利之念，甚于重名。子弟俊秀者多入贸易之途，其次宁为胥吏，至中才以下方使之读书应试，以故土风卑靡。"雍正皇帝对此朱批："山右大约商贾居首，其次者犹肯力农，再次者谋入营伍，最下者方令读书，朕所悉知，习俗殊属可矣。"

在一般人看来，山西在商人崛起后，平民大众受其影响盛行经商，进而形成浓厚的经商氛围，因此形成了平民子弟宁愿从商而不愿读书求仕的风习。

雍正的朱批结论并不错，纵观整个清朝，整个官场重臣中山西人屈指可数。

明朝属于汉人政权，山西人尚且求官不易，更遑论清政权了。

清前期对汉臣防范甚严，汉王三藩位于东南和西南边陲，北京皇城边上壁垒森严。查遍山西史料，整个清朝山西人出将入相者寥寥无几。

整个清代，属于朝廷重臣的山西人只有于成龙、吴琠、陈廷敬、孙嘉淦、祁寯藻等少数几个人。

于成龙是山西方山人，在顺治年间开始做官，康熙朝时官至直隶巡抚、两江总督，被康熙帝称为"天下廉吏第一"。史书记载，他去世时："身后仅遗布袍数事，米数斛，四壁萧然，一如寒士。每离任之地，民众皆痛哭相送，乃至罢市，其清廉之操，人所难及。"

吴琠是山西沁县人，至今，沁县老百姓都耳熟能详："沁县三件宝，鸡蛋、小米、吴阁老。"吴阁老就是吴琠，康熙六年（1667）开始任职，曾先后任湖广总督、大学士、刑部尚书。这是一位和于成龙一样深受百姓拥戴的官员，康熙帝称吴琠"宽厚和平，持己清廉"。

陈廷敬是山西阳城人，今天晋城市的旅游重地皇城相府就是陈廷敬的故居。他于顺治十四年（1657）中举，次年中进士，从政50余年，先为内阁学士、左都御史，后任工部、刑部、户部、吏部尚书，并升任文渊阁大学士。作为一代帝师，他几乎参与了康熙朝的所有重大决策。陈廷敬的母亲去世时，康熙帝专门遣人赐茶酒慰问，清廷的慰问之典至此开始形成。

孙嘉淦是山西兴县人，康熙、雍正、乾隆三朝重臣。从政以直言敢谏闻名，今仍存有他的奏疏150余篇，大多深切时弊。他为官近40年，为乾隆朝的著名清官，曾先后任康熙朝的吏部侍郎、刑部尚书。

祁寯藻是山西寿阳人，嘉庆十九年（1814）中进士，入翰林，授编修，历道光、咸丰、同治三朝。道光年间授体仁阁大学士，同治初年以大学士授礼部尚书，同时作为帝师，为皇帝授书。

尽管这几位山西人在清代都算得上是重臣，但和近300年的清王朝相比，和大清数以千计的重臣相比，山西人在权力中枢的人数几乎可以忽略不计。朝中无人的窘境在明之后继续在清上演。

雍正皇帝对山西人的观察并不算错，但他由此得出的结论却完全不同。事实上，山西是天下最热衷权力的省份，山西人也是天下最爱从政的人群，但当努力读书并不能得到朝中的人出手相助时，大部分山西人便知趣地走在了经商的路上。明如此，清亦然。当雍正御批山西学政的奏折时，山西的经商氛围已然形成，然而骨子里的山西人却并非如此。

在山西常家庄园的大门上，有这样一副对联："晋商席卷天下，雄风安在，留十二万庄园遗址堪赏览；常氏囊括四海，精神何存，有五百年诗礼传家可追寻！"

如今，畅游常家庄园，站在这副对联下，每每会令人凝神屏息：即使晋商称雄商界500多年，但他们的骨子里渴望的还是"诗礼传家"，正如那些在全晋会馆里怀念郭子仪的商人一样，无论身逢何时，无论置身何处，他们对朝堂的渴望都一如既往。

数晋商巨子，大多出于祁县、太谷、平遥三县，其中维系年代最久的，当推太谷县北洸村的曹氏家族。光绪三十年（1904），山西巡抚委托曹家主人曹润堂组建山西省总商会，会址便设在太谷，首任会长就是曹润堂。

由此可见曹氏在晋商诸子中地位之显赫。曹氏商业从明代开始，一直维持到中华人民共和国成立初的社会主义改造时期才告结束。即便这样一个靠勤劳致富起家的商业巨族，在其崛起后也难掩对朝堂的渴望。

在地方上，曹氏家族利用家族成员的婚姻关系，把太谷、祁县、榆次、徐沟等地区的商业大家、社会名士、官宦世家紧紧地维系在一起，形成一张特殊的官商一体网。

在朝廷，曹氏利用其强大的经济实力，大力资助候补官员谋求官职，捐巨资助饷，结交清廷中的实权人物，如曹中裕即与当时的山西巡抚胡聘之交往甚密。

除此之外，道光十四年（1834），曹氏还竭力培养子孙读书入仕。曹氏家族第十八世曹步郇甲午科顺天中举，后赴任工部主事。道光二十年（1840），曹氏家族第十九世曹培滋庚子科中举，晋资政大夫。光绪八年（1882），曹氏家族第二十世曹中裕中举，后赴任刑部河南司郎中。光绪十七年（1891），曹中成中举；十八年（1892）中进士，诰授奉直大夫，赏戴花翎，钦加五品衔，任内阁中书典籍厅行走、方略馆校对等。

曹氏几十年间前赴后继读书做官的景象足以颠覆雍正对于山西第一经商、第二务农、第三行伍、第四读书社会定位序列的判断。

曹氏家族子弟争相读书做官的现象在晋商族群中显然不是个案。纵观整个晋商族群，当其商业发展到一定程度后，除了刻意结交官场中人外，大都争先恐后地送子女读书求官。这一方面是为了商业保护的需要，更重要的是，在这些商人心中，做官依然是光宗耀祖的最佳选择，权力依然是一步登天的最好途径。这种情结不仅存在于世家大族，也深深地根植于普通伙计相公中。

大清银行第一任行长贾继英由商入仕的经历似乎可以印证这种情结。

中国历史上第一个官办银行是大清户部银行，创办于光绪三十一年（1905），后于光绪三十四年（1908）改组为大清银行。大清银行的具体创办者便是贾继英。

贾继英本是山西榆次六堡村人，从小受父亲启蒙入私塾读书，本想考取功名，却无奈家境贫寒，中途辍学，后经人推荐进了乔家大德恒票号当学徒。不同于一般伙计，贾继英有一些文化，人勤快又干练，很快便被破格擢升为大德恒太原分庄经理。

年轻的贾经理上任没多久便迎来了人生的一次重要机遇。

光绪二十六年（1900），庚子事变爆发，八国联军入侵北京。慈禧太后带着皇帝和一班文武大臣仓皇西逃。因河北等地连续大旱，赤地千里，再加上当时的义和团运动，整个河北官僚机构几乎陷入瘫痪。慈禧太后一路上风餐露宿，狼狈不堪，直至到达山西境内，这一情形才开始改观。

因逃跑匆忙，没带多少银子，而皇室几千人还要赴西安，路途遥远，开支巨大。情急之下，慈禧太后令山西巡抚筹措银两，而山西巡抚急召山西各地票号掌柜雪中送炭。

时局不定，大清江山岌岌可危，借给皇室的银子有可能有去无回，各路掌柜纷纷退缩。关键时刻，贾继英未经请示，果断拍板，立马筹措30万两银子供皇室应急。

作为商人的贾继英很快得到回报：慈禧太后离开山西后在西安住了一年，其间，清廷的赋税收入都由大德恒经营，大德恒俨然成了大清朝廷的临时府库！那借出去的30万两银子不仅悉数收回，还从经营赋税业务中赚了一大笔钱。

贾继英得到的回报还没有结束，一年之后，时局果然如贾继英判断的那样：大清江山虽然岌岌可危，但断不会马上就倒；八国联军虽然凶狠，但不至于马上就把大清推翻。

庚子事变平息后，慈禧太后回到北京，待把紊乱了一年的朝政理顺后，她又想起了山西票号，想起了贾继英。

想想一个普通的民间票号就有那么大的财力,慈禧太后开始对票号发生了兴趣,进而有了开设官办票号之意。当她意欲筹办户部银行时,第一个便想到了山西人贾继英。

她下旨召见贾继英。朝堂上,慈禧太后说:"去年你那票号支垫皇上西巡费用,忠心可嘉,我该替皇上谢谢你。你想做官,还是想经商?"

一心向往官府权力的贾继英此时再次显示出精明和圆滑,他应对慈禧太后说:"经商,我能得心应手;做官,不知能否胜任?"

慈禧太后便说:"那我给你个差事吧,既是经商,又是做官。"

于是,慈禧太后下旨,授贾继英官品,并赏了他半副銮驾,让他筹办大清户部银行。

至此,贾继英完成了他由商而仕的华丽转身:他从乔家大德恒票号的一名经理,一跃而成为大清的官员。

当官后的贾继英乘坐慈禧太后赏赐的半副銮驾衣锦还乡,他回到老家后的第一件事便是在榆次城内置买了整整一道街的房子,并请慈禧太后赐名寿安里。榆次城从此有了一条以"里"做街名的街道。

光绪三十一年(1905),户部银行成立开张,贾继英任行长;光绪三十四年(1908),户部银行改组为大清银行,贾继英继续任行长。

辛亥革命后,清廷灭亡,但此时的贾继英已名震天下,大清银行虽然倒闭了,却未能阻挡他官运亨通的脚步。继大清银行后,贾继英又担任了晋胜银行行长,成为山西"土皇帝"阎锡山的得力助手。

贾继英由商入仕显然不是个案,纵观三晋大地,无论古代还是现代,这样的案例触手可及。如果以春秋战国为始,那么发生在三晋大地上最早、最显著的由商入仕的案例便是战国末期的吕不韦拜相。

吕不韦的故事发生2000多年后,三晋大地又一位相似的人物诞生了,他就是民国时期的山西太谷人孔祥熙。

孔祥熙的故事和吕不韦的故事有颇多相似之处,孔祥熙曾担任国民政府行政院院长、财政部部长,后来又成为民国首富,一身兼首相和首富两个角色。

吕不韦的故事堪称由商入仕的榜样，而孔祥熙的故事则堪称由仕入商的经典，二人交相辉映，将中国封建社会官商一体表现得淋漓尽致。在中央集权的政治体制和官商一体的经济体制下，商人们无一不对官场向往，这里既有官商结合获取更多财富的商业需求，又有攀登庙堂、光宗耀祖的文化心理需求。中国2000多年的商业史，由商入仕、官商结合的例子不胜枚举。

官商结合显然不是晋商独有的现象，著名徽商胡雪岩就因为搭上了朝廷官员的列车，从此一路坦途。

徽商如此，晋商亦然。且不说有名的大商大贾，就连一般的经理伙计也深得官商结合的要领。

山西票号如火如荼之际，著名的蔚长厚票号福州分庄有一位经理名叫阎维藩。

阎维藩本是山西祁县人，自幼家境贫寒，读了几年书便辍学进了平遥蔚长厚票号当学徒。他天生聪明好学，口齿伶俐，善于应对，又写得一手好字，再加上勤劳肯干，深得掌柜赏识，没几年便派他到福州分庄当经理。他到福州后，积极拓展业务，结交官府，为蔚长厚赚了不少钱。

当时福州有一位年轻的武官恩寿与阎维藩交往密切，也给蔚长厚揽了不少买卖。阎维藩看出此人前途远大，便刻意结交。当时的清政府贿赂公行，一名普通官员要想升迁，往往要花许多银子。恩寿因手头拮据，影响升迁，阎维藩便慷慨地为他垫支了10万两银子。

阎维藩虽精明能干，却年轻资浅，被任命为分庄经理后颇受年长同事的嫉妒。此次擅自挪用巨资资助官员，被人举报到了总号。

总号得知此事后，觉得阎维藩不仅有越权之过，更有冒险之错，于是派人到福州查处阎维藩。恰在此时，朝廷擢升恩寿为汉口将军的圣旨到了福州。大官便是大钱，"三年清知府，十万雪花银"，恩寿成了大权在握的将军，且是当朝一品二品的官衔，10万两银子自是不必再提，阎维藩被免于查处，继续留任。

阎维藩和胡雪岩发迹的故事几乎同出一辙，所不同的是，胡雪岩后来选择了独自创业,而阎维藩被当时的巨商乔家聘为大德恒票号的总号大掌柜。

成为大掌柜的阎维藩日后主持大德恒票号达26年之久,他殚精竭虑,用心经营,大德恒的业务日新月异。每股分红(3年为一期)在8000~10000两白银之间。中间虽遭中日甲午战争、义和团运动、庚子事变、辛亥革命、军阀混战等诸多社会动荡,许多商家票号纷纷倒闭破产,而阎维藩主持的大德恒却每每能逢凶化吉,涉险过关。以此观之,阎维藩除了赤胆忠心外,也确有卓越的商业才干。

阎维藩的故事在晋商的商业史上当然是以正面形象被广泛赞誉,其中刻意结交官府的意识、识人的智慧、决策的胆识也无数次被人提及,而在这一次次的提及和赞誉声中,晋商向往庙堂之意和官商结合的心路历程也一次次跃然纸上。

中国古代官商结合的例子并不少见,到明代更是数不胜数。

明嘉靖年间,京城曾搞过一次很有意思的富豪排行榜。主持这次评比的不是福布斯,也不是英国小伙子胡润,而是另外一个小伙子——当朝首辅、权臣严嵩之子严世藩。

这次评比只局限于京城,评比的结果是:全京城家产在100万两以上的大户共17家,第一名是严嵩、严世藩父子,第二、三名是晋商,第四名是一位徽商,第五名是锦衣卫都督陆炳。

这份富豪排行榜透露出的信息耐人寻味:它表明,在明中后期社会风气已发生了深刻的转变。明前期,朱元璋大力肃贪,这时候官员们退休,谁如果多搞了银子、多带了箱子,会被人们斥为贪官,而在明中后期,官员们不仅敢于先富而且已经敢于公开炫富,谁若退休搞不到银子、盖不起宅子,会被乡人嘲笑为没本事。

严嵩家被列为京城巨富第一名是不争的事实,它向世人清楚无误地表明,巨富还是巨贪。锦衣卫是特务机构,主要负责搜集情报和抓捕一切敢向皇权叫板的人,肃贪当然也是它延伸的职责之一。锦衣卫都督陆炳位列财富榜第五名毫不奇怪,毫无疑问,这些财富主要来自受贿或敲诈。

从后来公布的诸多史料看，严世藩的这份财富排行榜是准确无误的：主管政务和官员的首辅严嵩位列第一，主管肃反肃贪的锦衣卫官员位列第五，朱明王朝的起家之地安徽的商人位列第四，而晋商分享京城巨商第二、三名的事实也清楚地表明，晋商至少在明中后期已经崛起，成为席卷大江南北的巨商大贾。

当第一、四、五名巨富都和皇权有着千丝万缕的联系时，身为第二、三名的晋商们渴望庙堂之高，钻营官商勾连就毫不奇怪了。

无奈走向经商之路的晋商是在明中后期才成为巨富的，明前期享誉大江南北的大多为江西商人和安徽商人。

徽商在明初崛起毫不奇怪，明朝的开国功臣大都为安徽人，官多了自然钱就多了，所谓"不贪不滥，一年三万"，而江西在明初经商人数众多的原因也很简单——江西在明初当官的多。

明朝开国沿用科举取士制度，而当时天下读书以赣、浙、闽三省为盛，在这三个省中又以江西为盛。整个明朝，江西出了2690个进士（这个数字远远大于山西），这个数字仅次于浙江（2900多人）和南直隶省（包括今江苏和安徽两省，共3400多人），而明前半期，江西考取的进士数量是全国第一。

明前期，有很多江西人在朝为官，当时有一句话叫"朝仕半江西"，意思是说，当时的朝廷重臣差不多有一半是江西人。这句俚语虽说略有些夸张，却也十分接近事实。明初重臣解缙、胡广是江西吉水人，在永乐时期掌权；接下来是杨士奇、陈循，这两个人都是江西泰和人，他们在仁宗、宣宗、英宗、景泰帝时期一直掌权；再往后是彭时、费宏、夏言、严嵩，这几位全是江西人，他们都是内阁官员，而且都担任首辅。江西人主持朝政，前后大概有一个半世纪。从严嵩下台后，江西人广受牵连，从此全面退出了决策圈。

一个首辅下台，牵动整省人士淡出决策圈，这事听起来有点夸张，但实际上就是这么回事，所谓"一人得道，鸡犬升天""朝中有人好做官"，反过来也一样，"一人失道，鸡犬不宁""朝中无人难做官"。

明代江西官场止于严嵩，而始于解缙。有史学家曾在一篇文章中谈到，解缙做首辅时，帮助不少江西人考取了进士。特别是永乐二年（1404），解缙既是主考官，又是读卷官，这一年从第一名至第七名的进士全是江西人，这在中国历史上是空前绝后的。江西人会读书是事实，但这其中的猫腻多也可能是事实。当时的科举实行的是糊名制，有点类似今天高考试卷的防作弊措施，但不管这些制度再怎么严格，只要考官事先把试题透露给考生，考生又把自己试卷的内容告诉考官，怎么也能考上。而一个人一旦做了官，便会不遗余力地提携同乡。同时，一旦本省籍高官获罪，在株连九族的社会氛围里，同学、同乡、门生、旧故受牵连便成了必然。

明前期江西人在官场上的盘根错节，带来了江西人在商场上的纵横驰骋。明大军打到哪里，江西人的官就做到哪里，而只要哪里有江西人做官，江西的商人在哪里就能如鱼得水。那时候的江西商人就像现在的苏浙商人一样风光无限。当时，江西商帮叫江右帮，是明代最早出现的商帮，而明代另外两个著名的商帮徽商和晋商都出现得较晚。

江右帮后来在商场上节节败退，一是因为资本小，竞争不过别的商帮；二是官场与商场互动，成也萧何，败也萧何，明中叶以后，随着江西人在官场的风光不再，江右帮的风光，也渐成明日黄花。

江西和山西，本有很多相似之处。明代曾流行一句做官谚语："命运低，得三西。"这句话的意思是说，官运比较差的人往往会被派到山西、陕西、江西这三个地方去当官。这三个地方都是自然条件、生存条件比较艰苦的地方，在这里当官，官员们往往比较清苦，油水不多。

日后人们在考察江西人为何读书风盛的原因时认为：江西人多田少，经商无钱，做手工业则有辱于门第，所以子弟必须发愤读书考取功名，以图发迹。正因为如此，便成就了江西人在明代官场一个多世纪的辉煌。

从自然条件而言，明初的江西和山西确实有许多相似之处，但从地理条件和社会条件而言，江西比之于山西自有许多优越之处。

中国从宋开始，经济重心逐渐向南偏移，这种偏移的结果反映在政治、文化上的结果之一便是历代科举进士数量南方总优于北方,其中江西最为明显,单从科举入仕而言,北方的山西远非南方江西的对手。

从政治地理因素观察,江西在明初也明显优于山西。明朝定都应天府,江西处于邻近省份,所谓近水楼台先得月,而山西距明初都城应天府数以千里,远不如江西便利。所以明初江西官场、商场相得益彰,而远离皇城的山西却举步维艰。

自秦始皇统一中国以来,除短暂的分裂时期外,山西从未距离皇城如此之远。

进入明代,山西人在政坛上依然不如意。由于学而优则仕的影响,山西士人也曾竭尽全力考取功名,但结果并不理想。明初,山西人通过科举进入国家权力中枢的寥寥无几,直到明中后期,这一现象才稍微改观。那时候,很多山西士人精英已经被迫无奈地走在了经商的路上。

据统计,明山西籍官员身为宰辅者有5人,官至六部尚书、侍郎、都御史、通政使、总督、巡抚、总兵者只有80人。这一数量不但和大唐无法相比,即便和同时代安徽籍、江西籍等地的官员数量相比也相去甚远。

毫无疑问,明早期相当长的时间里,山西在政坛上仍然备受冷落。

但是,政治上的失意并不是晋商崛起的必然理由。晋商在明崛起有其更为广阔的社会因素,研究和分析这些因素有助于我们更好地认识晋商,正视晋商兴衰的社会历史发展逻辑。

研究晋商,我们不能不发出这样的疑问:同为政治上失意,晋商为何没能在宋或元崛起,反而偏偏选择了在明崛起?

对于朱明王朝而言,山西最初是以军事重镇的角色出现的。朱元璋于洪武元年(1368)在应天府建立大明,但直到洪武二十年(1387)才扫清了盘踞在山西的残元势力。这几乎是全国各省中最晚归顺大明的省份,此时距大明成立已过去了近20年。

由于山西的顽强抵抗,大明政权对山西猜忌和忌惮的同时,也意识到山西的军事价值。

在明朝的九大军事重镇中,位于山西的大同镇和太原镇尤为重要。历史上少数民族袭扰中原政权，大都绕不开这两个关口。其他几个军事重镇由东向西呈一线排列，而山西的这两个重镇却呈南北排列，大同在北，太原在南，即在山西境内设置了两道防线：大同总兵驻大同，太原总兵驻偏关。

为了加强军事防卫，洪武九年（1376），即明政权刚成立的第九年，明政权就决定扩建太原城，并在太原周围屯田。

明政权的这一决定和宋政权的决定恰恰相反：当初，北宋政权在收复太原后，采取一切手段打压太原，不仅迁址，而且大大地缩小太原城的规模，以至于后来金兵来袭时，太原城猝不及防，在抵挡了几个月后被金兵攻破。

北宋的历史只有160多年，而明王朝的历史却有270多年，双方寿命的对比和太原城在两个时代规模大小之间几乎呈正比，至少是有着千丝万缕的联系。

明政权虽然在政治上对山西极为冷落，在军事上却对山西极为重视。

明成祖朱棣迁都北京后，一方面将几十万山西人移民北京及其周边，加强北京城的活力和防卫力量；另一方面又在晋北地区大量驻军，山西全境尤其是晋北被称为"京师之藩屏"，仅大同一地就有驻军13万。

为了防止元残余势力再度崛起，为了防备新崛起的瓦剌、鞑靼的袭扰，明政权从建国初就开始大规模地修筑长城，至明灭亡始终没有中断过。山西是明长城分布最多的省份之一，明长城共有8851.8千米（2009年公布的数据），山西境内的长城就达1300多千米，其东起天镇，西到偏关，南到壶关（今黎城县东阳关），分布于大半个山西。长城沿线关隘众多，外长城有杀虎口、得胜堡、镇宏堡、平远堡等关口；内长城有偏头关、宁武关、雁门关、平型关、龙泉关（今属河北阜平）、固关、苇泽关（娘子关）、黄榆关（今属河北邢台）、黄泽关、壶关等。众多关口中，偏头关、宁武关、雁门关为明著名的外三关（内三关为北京和河北境内的居庸关、倒马关、紫荆关）。

偏头关位于今山西偏关县城中部偏西关河北岸，东连鸦角山，西临黄河。据史书记载，五代和北宋时期，这里被列为要塞，元时改为关。到了明代，这里的地位进一步提升。洪武二十三年（1390）这里重新建关，到成化十一年（1475）置偏头千户所。宣德四年（1429）、天顺二年（1458）、弘治元年（1488）、嘉靖十六年（1537）、嘉靖二十七年（1548）、隆庆三年（1569）均有修葺。至万历二十年（1592），200多年间，偏头关共进行了7次大的修筑和扩建。到万历时，已颇具规模，始称"九塞屏藩"，其重要性可见一斑。

雁门关位于山西代县城西北20千米处，是明内长城的重要关隘之一。据清乾隆《宁武府志》载，最早时关口位于雁门山上，东西山岩峭拔，中路盘旋崎岖。洪武七年（1374）重新建关，以后又数次修复加固。

雁门关四周峰峦叠嶂，峭壑阴森，地势险要，道路曲折，为历代戍守重地。战国、西汉、唐、北宋、明、抗日战争时期，这里都发生过激烈的战斗。在雁门关大门外，门额石匾横刻"雁门关"三个大字，左右镶嵌砖镌对联一副："三关冲要无双地，九塞尊崇第一关。"关内有战国时期赵国北边良将李牧祠旧址，关城正北山冈上有明驻军营房旧址。

宁武关号称"三关之首"，成化二年（1466）筑关城，弘治十一年（1498）扩城七里，嘉靖二十年（1541）有三关镇守总兵在此驻守，统辖雁门、偏头二关。当年李自成率领农民起义军就是攻下此关后才得以进攻大同、宣化而后进一步攻占北京的。

明政权在山西境内设置的两个边镇极为重要，担负着艰巨的防御任务。

大同边管辖着天镇县镇口台，经阳高、大同、左云、右玉、平鲁西到偏关县东北鸦角山的外长城，全长335千米，另有卫8个、所7个、堡583个；太原边管辖着西起保德黄河岸边，经河曲、偏关、神池、宁武、原平、代县、山阴、应县、浑源、繁峙、灵丘、五台、盂县、平定、昔阳、和顺、左权到黎城县的内长城，全长800余千米，属关3个（雁门、宁武、偏关）、堡39个、口19个。

如此长的防线、如此多的关隘，需要众多的驻军，除山西境内的驻军外,还有邻近陕西、河北等地的驻军,明政权在北部边境的日常驻军和防御超过了以往任何朝代。

大量的驻军产生了巨大的军事需求市场,茶、马、盐、铁、军粮、军服、军饷等成为特殊的需求,而山西正好处在南北民族接触和冲突的枢纽地带。

利之所趋,晋商迎来了一次巨大的商机。

明代中国商人按地域分,有徽商、西商、江右商、闽商、潮商、苏浙商、关陕商等。

徽商即南直隶徽州之商人,因境内有新安江,又被称为新安商人。西商即晋商,后来西商被统称为晋商。

明代众多商帮中最先崛起的是晋商和徽商,随着明朝中晚期福建、广东沿海海禁松弛,贸易活跃,渐渐地潮商崛起,形成历史上著名的三大商帮。

三大商帮中,徽商的崛起非常容易理解。朱明王朝的发迹之地和大本营都在安徽,开国功勋中,安徽人占了很大的比重。在古代官商一体的大背景下,徽商的崛起成为必然。潮商的崛起一方面和南方尤其是沿海贸易和走私活跃有关,一方面也和地利有关。明朝中晚期,资本的萌芽在沿海一带开始滋生,商业和贸易的活跃必然会引发新的商业形态和商人组织的崛起。

明三大商帮中以晋商的实力最为雄厚,影响力也最大。政治上并无优势的山西人,在经过明初短暂的失意后,很快便寻找到了新的崛起途径——经商。

晋商最早崛起的地域为今天的临汾靠近运城盐池之地,长治、晋城以及北部边境的大同、太原、代县等地。

明初实行开中制,即商人向边境地区输送粮食和物资,朝廷可以给予相应数量的"盐引","盐引"为当时食盐买卖的凭证和资格,商人将粮食等运到政府指定的边关后,可以取得贩盐的资格。运粮和贩盐均可获利,于是在靠近盐湖的地方和边关附近或物产丰饶地区均有优势进行商业活动。

运城盐湖是当时有名的产盐区,大同、太原、代县本来就是边关,有大量军用品需求;晋城、长治地区物产丰富,尤其是铁制品、丝织品等为边境所需;大同附近本身就有放牧养马的习惯和草场,大量马匹更为边境所需。于是,在开中制的刺激下,山西最早的商业形态和最早的商业势力开始形成,晋商由此开始了叱咤商场500多年的行程。

显然,晋商的崛起有着强烈的军事背景。此外,晋商在当时也占尽了地利之便。山西靠近蒙古草原,很早就有商贸往来,明初的军事对峙加重了军工贸易的分量,同时也大大地促进了边境的民间贸易,而山西几乎是所有省份中经商贸易地理位置最适中的地方。在古代运输不便的情况下,占有地利之便无异于在贸易战中抢得了先机。

最早的晋商以盐商和行商为主,随着开中制的变化,晋商的贸易商业活动也随之发生了变化。

明中期弘治年间,因为私盐流行,官盐阻滞,明政府调整开中制,由原来的纳粮给"盐引"贩盐改为纳银领"盐引"贩盐。这种情况下,晋商经营领域出现进一步细分:一部分人到盐区纳银换取"盐引",专门从事盐业买卖,成为专门的盐商;一部分人则在山西本土或全国各地采购粮、布等物资,贩运到本省边境谋利。由此,晋商中出现了经营多种行业的商业组织。

当时在北部诸省份中,山西经济一直处于领先地位。山西传统产业,如晋南棉布纺织及种棉业,晋北的畜牧业,晋东南的丝绸业、煤炭业、冶铁业、冶铜业,皆为晋商经营的范围。随着开中制的调整,晋商的采购需求和采购范围都出现了变化。南方的优势产业,如粮食业、茶业、丝绸业、木材业、药材业统统都进入晋商的经营范围。随着经营区域的扩大,绒货业、颜料业、烟草业等也进入晋商的经营范围,同时,一些诸如人参、马尾、油、纸张、干果、杂货、铜、锡、烟袋等小品种货物贸易也逐渐为众多中小晋商所青睐。此时的晋商已不局限在晋南或晋东南地区,而是作为一个整体省域的商业贸易在崛起,其经营的产品也早已不局限于粮、盐，而是包罗万象。

研究晋商的崛起，往往会让人产生一个疑问：晋商为何会在明中期快速崛起，且这种崛起不是山西个别区域或个别富豪，而是整个晋商的集体性崛起，这在其他省份很少出现。

当我们一次又一次地研究和分析晋商崛起的成因时，我们不能不注意到发生在明初的一起影响巨大的社会事件，且这起社会事件基本上为山西所独有，而这起事件正是晋商整体性崛起的重要条件。

这起事件就是发生在明初，前后持续了几十年的山西大移民。

山西移民自古就有，至少从春秋战国时期就已经开始。

晋、陕、豫交界的山西西南部，是华夏文明最重要的发源地。山西处在如此重要的地域，其政治、文化、经济、军事的发达程度，甚至世家大族的发展程度都优于其他省份，因而向其他区域的人口输出或被迫输出就成为必然。

山西历史上成规模的移民，最早应追溯到战国时期，从那时起至清末，发生在三晋大地上的成规模移民至少九次，而每一次移民也意味着三晋文化影响的扩大。

三晋历史上最早的移民史是伴随韩、赵、魏三家开疆拓土而发生的。

春秋五霸的战争中，随着晋国实力的不断壮大，版图也随之扩大，而每一次版图扩张，都伴随着小规模的移民。

三晋大地首次成规模的移民发生在战国时期，随着韩、赵、魏三国实力不断壮大，三国都城不断迁移，每一次迁移都伴随着相当规模的移民，而移民也就意味着该国版图的扩大。

如此规模的版图扩张、如此频繁的都城迁移，必然会带来大规模的人口迁移和文化融合。魏国当年扩张所在的区域正是北方游牧文化、南方吴楚文化、东北齐鲁文化和中原农耕文化的融合区域。东汉末年曹操父子建立起来的魏国，正是以这个区域作为自己的核心统治区域。

和魏国一样，韩国从晋国分裂而出后，也是以山西为大本营，一路向南扩张，而每一次扩张，也伴随着相当规模的移民。

三家分晋之初，韩国占有今山西东南部及河南中部，其后韩国通过战争不断向中原地区扩张。韩国的国都原来在平阳，威烈王十年（前416）迁都到宜阳，韩景侯时又迁到阳翟；烈王元年（前375）韩灭郑国后，又将都城迁往新郑。每一次迁都自然也伴随着规模不等的移民。

至于赵国，也一样如此。三家分晋时，赵国的势力主要在山西中北部，在向南发展的同时还越过太行山向东发展，都城也从晋阳迁到邯郸。

三晋历史上的这次移民是随着三晋版图的扩张而自然发生的，规模虽不是很大，但持续时间达上百年之久。这次移民不但扩大了三晋的影响力，而且使三晋文化与周边文化产生了融合，同时也加强了山西和周边省份的血脉联系。今天的许多陕西人、河南人、河北人、山东人其实就是当年的山西人。今天的河北被称为燕赵大地，其中的"赵"指的就是战国时期三家分晋时的赵国。

山西历史上的第二次移民发生在秦汉之初。

秦始皇统一中国后，担心东方六国伺机东山再起，于是下令将东方六国的贵族大户尽数迁往关中，在秦统治中心的眼皮子底下看管起来。西汉建立后，刘邦出于政权稳定的需要，同样下令将原六国的贵族、富家望族的遗老遗少迁往西北一带。历史上山西这次移民规模虽不大，但迁移的对象是贵族、富豪、世家大族，所以在三晋仍然影响巨大。这些世家大族外迁的同时带走了资金和技术甚至是精英人才，同时也为后来的亲情联络、商业往来播下了种子。

山西历史上的第三次移民发生在东汉后期。由于东汉末年的战争导致山西中南部、东南部人口锐减，少数民族不断内迁，而山西的原住民迫于战争和民族矛盾，不断向中原地区转移。

山西历史上的第四次移民发生在西晋末年。由于西晋统治集团的内斗，发生了历时16年之久的八王之乱，百姓为了避乱，纷纷向南方迁移。山西也是当时的重灾区之一。八王之乱结束后，西晋分崩离析，北方被五胡所占据，晋朝的都城也不得不迁到建康。随着都城的南迁，大批贵族、士人及百姓随之也向长江以南迁移。而这一次移民的后期出现了"移民逆流"：北魏王朝定都平城后，从周边大量向平城移民，几十年间先后到达平城的富户、工匠、文人等达几十万户，使平城的人口在短时间内出现骤然增长的态势。

山西历史上的第五次大移民，发生在安史之乱之际，安史之乱历时八年，战争频繁，作为唐王朝"王业所基"的山西，虽不是主战场，却是重灾区。战争使许多百姓流离失所，被迫向长江流域迁徙。

山西历史上的第六次大移民发生在北宋末年。随着宋朝南迁，北方逐渐被女真族的金政权控制。由于不堪忍受民族压迫，山西大量百姓随着宋政权一起向南迁移。

除了上述五次移民外，发生在明清两朝的三次大移民和晋商的崛起有着密切的关系。

明初的山西大移民，是由元末明初的全国形势决定的。

元朝是中国封建社会最野蛮、最黑暗的朝代，为了维护蒙古王公贵族的统治，蒙古上层联合汉族地主及色目、契丹等民族的贵族上层共同压迫底层民众。

元朝统治者将各族人强制分为四个等级，即蒙古人、色目人、汉人和南人，其中汉人主要包括原辽国和金国统治下的各族人，有北方汉人、契丹人、女真人、高丽人；南人主要指原南宋统治下的汉人。其中，蒙古人的地位最高，汉人尤其是南人地位最低。

为了满足蒙古人的生活习惯，元统治者将汉人和南人耕种了上千年的土地变为牧场，还通过赐地的方式剥夺农民的土地。同时，从各方面压榨和限制汉人、南人：不许汉人、南人藏兵器、狩猎、习武、养马、祈神，不许集市买卖和夜间点灯；强迫汉人、南人变身为奴隶，甚至寺院里的喇嘛都可以随意侵占汉人、南人的土地，随意奴役汉人、南人。

元政权的残暴统治，激起了汉人尤其是南人的反抗。元朝末年爆发了大规模的农民起义，起义从开始到元朝灭亡，前后长达十几年。由于战事主要发生在江淮一带，十几年内发生大小战役数百次，这一带百姓流离失所，伤亡惨重，人口大量减少。

元末战乱还没来得及医治，明初的靖难之役又接踵而至。为争夺皇位，燕王朱棣向南京政权发动战争，持续四年，杀掠无数，江苏、山东、河南、安徽等地深受其害，几乎成了无人之地。

除兵乱之外，水旱、蝗灾也连连发生，造成中原地区"千里赤地无人烟"的凄惨景象。同时，危害极大的瘟疫也多次流行于河南、山东、河北、陕西以及南方诸省。

当中原一带战乱肆虐之时，元将扩廓帖木儿统治下的山西，却是另一番景象。

中原的兵祸几乎没有波及山西：山西四周都是高山峻岭，北有长城，南有黄河，东有太行，西有吕梁，易守难攻。起义军虽多次发兵进攻，却屡屡败北，山西因此也避免了战乱之祸。

同时，那些年水旱、蝗灾也很少殃及山西，所以与周边各省比，山西显得相对安定，风调雨顺，连年丰收，呈现出经济繁荣、人丁兴旺的景象。为了避乱，外省有大量难民流入山西，一时山西人口激增，成了人口稠密地区，总人口比当时的河南、山东的人口总和还要多得多。

由于山西人多地少，而中原一带战乱后地广人稀，明政府决定从山西迁出一部分人口来填充山东、河南、河北等周边省份。官府为此还颁布了一系列优惠政策，例如发放棉衣、迁移路费以及安家、置办农具的银两，规定了移民到目的地可以"自便置屯耕种"，还可以免去三年的赋税。

明政府同时还制定"狭乡迁宽乡"的政策，规定弟兄三个必须移民一个，弟兄五个移民三个，弟兄七个移民四个，移民大都在山西洪洞大槐树下集中迁移。

研究山西这次大移民，我们注意到一个独特的现象：从山西最初迁出的移民主要是今天的洪洞县及其周围的太原、临汾、晋城、长治等地区的流民和居民，其中以临汾地区迁民最多，而这些地方恰恰是晋商最早崛起的地方。

为什么迁民最早、迁民最多的地方能成为晋商最早崛起的地方呢？其中的原因其实并不复杂。

明初,从山西洪洞等地迁出的移民主要分布在河南、河北、山东一带以及北京、安徽、江苏、湖北等地,少部分迁往陕西、甘肃、宁夏地区。

从山西迁出的移民,以后又转迁到四川、贵州、新疆及东北诸省。

从明朝洪武年间到永乐年间,近50年里,明政府共从山西移民上百万人,包括汉族、满族、回族、蒙古族等多个民族,遍及全国20多个省、500多个县。如此长时间、大范围、有组织的大规模迁徙,在中国历史上是罕见的,而像明初这样从山西一地将百姓迁移到全国各地的也仅此一例,实为山西所独有。

如此大规模的移民,如此集中之后又分散的移民,造成一个客观事实:即以山西为中心,构成了一个四方交织的亲情网络,移民虽然在他乡建起了自己新的家园,但故乡的山山水水、故乡亲人的血脉之情,却是无论如何也难以忘怀的。随着时间的推移,这种亲情会不经意间推演出另外

洪洞大槐树

一个客观存在：由于亲情之间书信往来及旅途互动，这种四通八达的乡谊和亲情无意间构成了一个以山西本土为收发的网络信息交换中心。这种信息在商业利益和生产生活的驱使下，经过多方交换、核实、过滤后会形成极具价值的商业情报网络，而这种建立在亲情互信基础上的商业情报在一定情况下会迅速转化成商业贸易行为。在明代通信和交通都不发达的情况下，这样的商业情报网络具有无比珍贵的价值。这种情报在具备一定的资金和商业动机的情况下会随时转化为经商行为。而这种便利条件除了山西以外，在当时任何其他省份都不具备这种独特的条件。

试想一下，一个2000人的村庄，有500多人需要移民到20个省、500多个县。每个移民点就是一个信息点，每个移民点就是一个商业情报交换中心，每个移民点就是一个物资采购点，每个移民点就是一个物流中转站，每个移民点就是一个产品销售点，而能把这些有机组织和串联起来的，就是中国人千百年来最为珍视的乡情、亲情和友情。

在大移民背景下，晋商迅速崛起并且是大规模地整体性崛起就毫不奇怪了。

早期晋商除了盐商外，大部分要靠流通领域攫取利润，其主要手段是利用地区差价或季节差价赚钱，如边地粮贵马贱，内地则相反，边地春天粮贵秋天粮贱，这都是晋商发财的机会。靠这种手段发财，其资金和判断力是最为紧要的，而判断力最关键的因素是商业情报的可靠性和广泛性。

由于山西大移民的存在，晋商在情报收集方面的优势几乎是压倒性的。

所谓晋商"目光远大"的论断至少应该是明中后期的事了。没有明初的大移民，没有四通八达的移民点，晋商凭什么"目光远大"？又靠什么通达四方？

明代以后，中国历史进入清代。令人诧异的是：如此重大的改朝换代事件，对晋商的经营竟然没产生太大的影响。晋商不仅保持了自己天下第一商帮的地位，还在清末将山西整省推为中国最富裕的省份。

如果说明初的山西大移民是政府指令性的结果，而发生在明朝末年，几乎贯穿整个清代的另外两次大移民则是山西人主动选择的结果。正是这两次大移民，使山西的商业组织四通八达，商业氛围蔚然成风，商业势力独霸全国，成为整个中国最富的省份。

这两次移民，一次是走西口，一次是闯关东。

明清人口激增，从明末清初开始，晋西北、晋中等地区的大批民众为了谋生，纷纷迁徙到长城以北的内蒙古草原垦荒、经商，史称走西口。这是中国近代史上一次大规模的移民活动，从明末清初一直持续到民国时期，绵延不断历时近3个世纪。

所谓口，原先是指明代中期以后在长城沿线开设的蒙汉互市关口，如张家口、喜峰口、古北口等，后来演变成对蒙贸易的关卡。明末清初时，晋商习惯称位于大同以东的河北张家口为东口，而大同以西的杀虎口因位于张家口以西，所以被称为西口。

清乾隆中后期，随着大清帝国的国力强盛、疆域扩大、边境逐步稳定和人口的急剧增长，走西口的人数逐渐增多，商业规模也越来越大。此时的西口，逐渐专指商民往来、交易日益频繁的归化城（今呼和浩特）。

从清前期开始，中原地区便开始有人陆续向北迁移，去长城之外的塞北从事农耕和经商活动。在这些走西口的人中，山西人占了绝大多数。不同于明初的移民，这次大规模的人口迁徙完全是民众自主的选择，之所以形成这样的结果，和明末清初的政治形势是分不开的。

明朝末年政治腐败，政府屡次增加田赋，增设各种苛捐杂税，农民负担极为沉重，连后来执政的康熙帝都曾感叹晋西北的徭役为天下之首。再加上当时的晋西北、雁北、陕西地区与冀、鲁、豫地区自然灾害频发，广大农民被压得喘不过气来，各地农民起义不断发生，如陕西就爆发了高迎祥、李自成、张献忠领导的大规模农民起义。一时间，狼烟四起，社会动荡不安，广大百姓不得不背井离乡，四处漂泊。在这种情况下，走西口不失为一个逃避战乱、自救求生的选择。

清朝建立后，为了加强对蒙古地区的统治，阻隔蒙汉联系，清政府对蒙古一直实行封禁政策。这种政策虽然有利于蒙古地区的畜牧业发展，却不利于农业的发展和国家税收的增加。所以在经过顺治、康熙几十年的统治后，封禁令实际上已经逐渐废弛，尤其到了康熙年间，由于实行"滋生人丁，永不加赋"的政策，关内人口越来越多，而土地越来越少。随着人地矛盾问题越来越严重，清政府对蒙古地区的封禁政策慢慢变成了"借地养民"政策。在这种政策的鼓励下，走西口的人数猛增。

和明初移民不同，山西最早走西口的主要是晋西北人，后来晋中地区走西口的人数也逐渐增多。

晋西北地区当时土地贫瘠，灾害频繁，再加上有靠近内蒙古的地利之便，而晋中地区虽然条件较好，但人地矛盾突出，另外这个地区有经商基础，因而成为走西口的区域。

在当时走西口的人群中，晋西北主要是保德、河曲、偏关人，雁北多为朔县、平鲁、左云、右玉、山阴人，晋中地区主要是平遥、祁县、太谷人。

当然这支队伍中还有人数不一的陕北、山东、直隶、河南、甘肃人。

明末清初的这次走西口大潮，对晋商的崛起甚至辉煌有着非同寻常的意义。

和明初不同，这次大规模的人口迁徙是百姓主动选择的结果，不论是养家糊口，还是经商谋生都极具创业、创新的意义。

大规模的人口流量，带来了大量的商机，晋商锐敏地抓住了这次机会，拓展和派生出很多以往不曾有的产业和商业模式。

如果说明代的商业发动机主要以军需为主，那么这次的商业指向已大量转为民用。与此同时，晋商在这次走西口活动中大大地拓展了自己的商业版图，将自己的商业脚步，从关内拓展到关外，从中国拓展到世界，也就是在这一时期，山西人的商业意识和商业活动从明初的被迫转变为自觉。

当时走西口的人一般是先通过杀虎口进入和林格尔（今呼和浩特市区东南部）和清水河（位于黄河东岸，邻近山西），然后到土默特平原（今河套平原的一部分），也有一部分人到达河套平原和后山地区，还有不少晋西北人直接渡过黄河，经陕西府谷县出关，往北进入伊克昭盟（鄂尔多斯旧称）境内。

山西人走西口到达的地域范围很广，内蒙古中西部是走西口移民最多、最集中的地区，也是受移民影响最显著的区域，主要包括现在的鄂尔多斯、呼和浩特、包头、巴彦淖尔、乌兰察布等地区。

至今，在内蒙古很多地方都可以看到山西人走西口的烙印，如在呼和浩特地区，有上千个村屯的名称与山西的州、县、村的名称有关，如定襄窑、偏关卜等，而在鄂尔多斯地区，则有很多以走西口本人或本家族姓氏为名的村屯，如李家坡、冯家渠、徐家梁等。这些独具特色的走西口印记，在不时提醒着人们晋商往日的艰辛与辉煌。

山西人近300年的走西口生涯大致可分为三个阶段：

第一个阶段是清初，少数贫民在清政府封禁政策下突破封锁自发到关外谋生。

第二个阶段是清康熙至乾隆年间，这一阶段也是走西口的第一个高峰。

据统计，到乾隆末年，整个内蒙古地区的汉族人口已达到100多万，其中大部分是山西人。

第三个阶段是从光绪年间一直到1936年，这个阶段也是走西口的第二个高峰。

和第一个高峰时期不同，此时的清政府统治已进入风雨飘摇的时刻：外国侵略者来犯，国内农民起义不断，整个社会动荡不安。为了筹集军饷，支付战争赔款，政府实行全面放垦的政策，鼓励口内的老百姓到口外谋生。之后的北洋军阀和国民政府为了从广大移民身上收取各种苛捐杂税，也大力支持移民。在政府支持和自身生存压力的双重作用下，以山西人为主的贫苦农民又一次大规模地走出西口，到口外谋生，由此形成了又一次商业贸易高峰。据记载，这一时期内蒙古地区的汉人一度达到300多万人，其移民规模远超明初。

走西口的山西人中大体可分为三类：第一类是躲避官府徭役、兵役和官司的人。对他们来说，口外的限制和约束相对关内要少很多，比较自由，是躲避官府的理想场所。第二类是那些无地或少地的贫苦农民及部分手工业者，他们是走西口的主体。第三类是商人，他们利用山西靠近内蒙古的地利之便，往返于两地，用汉族的日常生活用品换取蒙古牧民的羊肉、牛奶、皮草等。

庞大的迁徙人口流动本身就蕴藏着巨大的商机，而随着口内人口越来越多地涌向口外，内蒙古地区的牧民汉化进程也在加快，由此又产生了巨大的贸易需求，走西口谋生的山西人中也就不断地产生新的商人，最终汇聚成名震中外的晋商。

我们以清代享誉内蒙古地区的复盛公商号崛起的故事，来看一看一代晋商是如何从普通穷苦人，通过走西口一步步成为商业巨子的。

复盛公的故事发生在乾隆年间，一位叫乔贵发的穷苦农民和一位姓秦的老乡结伴走西口，靠着老乡的引荐，他们在一家当铺当起了伙计，终于有了一个落脚的地方。

这是故事的开头，走西口的大部分穷苦农民大都会走这一步，先借助乡谊寻找一个落脚生存的地方，而大部分人一生也就止步于此。

乔贵发显然和别人有些不同，他和同伴勤勤恳恳一干就是十几年，终于攒了一些钱。可以想象这十几年中他们吃了很多苦，但终于靠辛苦和节俭积累了最初的创业资本。

有了一些钱后，他们就辞了伙计的活儿。在包头开了一间草料铺，接待往来的商人小贩，供他们歇脚喂牲口，顺便经营豆腐、豆芽、烧饼、切面等零星小吃和杂货。两个人省吃俭用，精打细算，再加上他们为人诚恳，干活儿齐心协力，生意越做越红火。

乔贵发走的路可能是大部分穷苦人走西口谋生、经商所走的路，即从靠体力服务的小本买卖开始做起。由于有十几年的伙计生涯，使他们既能洞察周边的社情民意，又非常了解商业需求，同时也积累了一定的人脉和信任度，所以在选择经商项目上能够非常精准。靠着山西人勤劳吃苦、勤俭节约、诚信待人的本能，终于使他们刚迈出经商的第一步便旗开得胜。

乾隆二十二年（1757），两人巧借商机扩大了铺面，开设了广盛公商号。

后来他们又购置地皮，兴修房院，扩大经营范围，绸缎布匹、针线、铁器、蔬菜、调料等一应俱全。多元化的经营，使二人在短短几年内积累了一大笔财富。

巧借商机，需要具备极高的商业眼光，这也是很多人一生只可能做到小商小贩这一步，面对巨大商机却难以把握，最终无法成为大商人的原因。

乔贵发能巧借商机，除了有丰富的经商经验外，还需要有多方的信息来源。扩大铺面，无疑是将他的商业由轻资产向重资产转化；开设商号，使乔贵发走上了品牌经营的道路；扩大经营范围，除了需要有足够的资本外，还需要有可靠稳定价廉的货源，而这些正是他那些移民到全国各地的乡亲们可以提供的。

乔贵发经商，当然经历过失败，甚至是很严重的失败，在同行的大力协助下才死里逃生。后来，乔家和秦家又共同投资3万两银子，改广盛公为复盛公，仍以经营油、酒、米、面及百货为主，兼营当铺等业务，实力也越来越雄厚。数年以后，复盛公商号已雄踞包头商界之首。

道光以后，由于另一个合伙人秦家子弟生活骄奢淫逸，入不敷出，把股金挥霍一空，复盛公几乎成为乔家的独家生意。不久，在乔家的精心经营下，复盛公的经营区域和经营规模再次扩大。在包头城乃至内蒙古地区，"复"字号作为一个庞大的商业连锁集团，一直在商界独占鳌头。清末，尽管社会动荡不已，但复盛公凭借丰富的商业经验，一次又一次地避免了噩运的袭击，直到民国时期仍然矗立不倒。

走西口只是晋商艰辛谋生的一个侧面，而闯关东则是晋商血泪创业的另一个侧面，两者叠加，构成了明末清初晋商崛起的两大主要路径。

清代关东一般指现在山海关以东的地区，主要指今天的黑龙江、吉林和辽宁三省。从康熙年间开始，这个词被官方和民间广泛使用。

现在人们所说的闯关东风潮，主要是指从清顺治年间到民国这段时期内,山东、山西、河北、河南等地的百姓去关东谋生的历史。

在一般人的印象里,闯关东的人群中,大多以山东人为主,所以山东人便成为闯关东的代表。殊不知,这些闯关东的山东人中,有相当一部分是山西移民的后裔,所以与其说是山东人闯关东,倒不如说是山西人和山西移民的后裔在闯关东。

明初,山东地区是山西人移民的主要目的地。

以山东滕州为例:滕州现存的族谱中,有约50%明确记载他们的家族是明朝洪武、永乐年间从山西洪洞县迁移而来。光绪三十三年(1907)的《滕县乡土志·氏族》记载了滕县较大的望族十二姓,其中黄氏、张氏、王氏、侯氏、杨氏五族的祖籍是山西洪洞县,黄氏的族谱更是具体到洪洞县喜鹊村,迁移滕县的时间是明洪武年间。

今天,在山东一带很多地方仍然流传着"打锅牛"的传说,证明这里有着大量山西移民的后裔,而现在清明时节,山东部分地区有蒸面燕的习俗,这些习俗本来就是山西的习俗,随着明山西移民迁居到山东,也就在山东各地流传开来。

山西移民迁移至山东,还对山东的民间艺术产生了很大影响。明洪武年间,一部分山西移民迁移到山东东昌(今聊城)和临清一带,这些移民大都来自山西泽州和潞州。如今在山东聊城、菏泽一带还流传着一种叫泽州调的梆子戏,就是由来自山西晋城一带的戏曲结合本地文化融合而成的。这里之所以流传着这种调,说明这一带曾有大量的山西移民。

闯关东的历史成因和走西口极为相似。最终这场持续300年的移民潮不仅成为中国历史上,而且成为世界历史上持续时间最长、迁徙人数最多的移民活动。据统计,300年的时间里大概有3000万的流民迁移到了关东地区。这个案例也说明三晋文化是随着移民而逐步传播和传承的,今天内蒙古地区有大量的晋剧表演团体和晋剧爱好者也和三晋移民的历程有关。

闯关东到关外谋生的人群中走着众多的山东人、山西人以及祖籍原本为山西的山东人,而在闯关东经商者的队伍中,山西人则占了相当大的比例。

和山东、河北、河南人相比，山西人在明代就有经商的传统、基础以及经商的意识。当大多数人闯关东还仅仅为糊口的时候，精明的山西人则从一开始就考虑如何在关外布局自己的商业版图。

我们可以以山西太谷曹家为例，来看一看山西人是如何在闯关东的过程中崛起为一代商业巨子的。

太谷位于山西晋中地区，尽管在清代成为晋商最为集中、最为富裕的区域，但在明初时商业并不发达。一直到了成化八年（1472），太谷始有"农力于野，商贾勤于贸易"的记载，而曹氏始祖曹邦彦在明代中期迁入太谷北洸村时"不喜营利"，子孙"专务耕作于村东"，靠着辛苦劳作过着普通农民的安定生活。

史料记载，崇祯六年（1633）后，战乱频仍，农民饱受其害，流离失所，直到这时，不甘贫困的太谷农民曹三喜才有了跋涉千里的谋生之举。

最初，曹三喜到东北一个叫三座塔的边防屯卫地闯荡。此时已50岁的他，先做佣工，后来又租种大户的土地，靠着自己的勤劳和从中原地区带去的先进农耕技术，很快就在东北站稳了脚跟。此后他又以敏锐的商业眼光看中了当地盛产的廉价黄豆和高粱，在当地开豆腐坊、烧锅坊，同时兼种菜、养猪。这些看似平常的生意经过他的组合和苦心经营，日渐兴隆起来。

不久，曹三喜又将自己的生意从生产、批发转向生产、零售一体化经营。

同时，从老家太谷叫来两个儿子帮忙，之后父子三人又新开了粮店、钱铺、杂货铺等多家字号。

随着东北朝阳地区经济的发展，这里的定居人口逐渐增多，不久建立了县制。当地流传着"先有曹家号，后有朝阳县"的说法，由此可见，曹家商号在当地的影响力。

随着清军入主中原，曹家的商业也迎来了又一次飞跃。当时的满汉边境地区的内蒙古、东北各地随着清朝统治的巩固而逐渐稳定，而随着社会的安定，各种需求也相应增加。曹家的商业之路正好适应了这一需求。康熙时期，曹家的生意已经由朝阳地区逐渐扩展到赤峰、四平、八沟等地，抢先占有了这些地方的市场。当大部分闯关东的山西人、山东人还走在谋生的路上时，曹家已经在赤峰等地攻城略地，光在赤峰就开了14家商号，而行业也从做豆腐、烧锅，发展到杂货、典当、粮食、钱铺。

此时的曹家不仅商业规模大为扩展，而且逐步形成了自己的商业产业链。他们把卖豆腐、酿酒的收益投资到杂货业，杂货铺一方面出售自己的产品，使产品直接面对百姓，减少流通环节，增加收入；另一方面兼营其他日杂，得利后又投资粮店。粮店收益丰厚且快捷，所得利润又投资开办钱庄、典当铺等回报率更高的行业。很快，曹家的商业版图就扩展到建昌、梨树、锦州等地。

在东北商业迅猛发展的同时，曹家在山西老家的商业布局也逐渐展开。

他们在本村设小当铺，典当金银珠宝、衣物及农具。在太谷县城设运城五账庄、济源昌烧锅、广誉永烧锅等商号。在太原的小店及市区也开设了许多商号。随着商号的扩展、财富的不断增加，曹家不再满足于当时的居住环境，就在老家北洸村东北角大兴土木，修筑宅院。乾隆初年，开设曹氏家塾，以教育子孙。

曹家经商较早，到康熙末年时，商号已遍布当时的关外很多地区；到乾隆中期时，曹氏家族已成为名震山西的大家族之一；到了道光时期，曹氏商业进入快速发展的极盛时期，各地的分庄、联号、小号如雨后春笋般迅速增多，经营范围日益扩大，经商地域以东北的朝阳地区和山西的太谷为辐射点，迅速向四面八方扩展。以太谷为中心发展到榆次、太原、黎城、屯留、长子、襄垣、潞安等地，往东最远到山东济南，往南延伸到徐州、上海、湖南等地；以朝阳为中心发展到张家口、林原、平原、赤峰、开原、沈阳等地。

咸丰年间，尽管太平天国起义在南部中国风起云涌，曹氏商业在北方却进入突飞猛进时期。除了各地又新增加数十家商号外，与日本的商贸组织也取得了联系，开始经营日货；在山东济南有春和普典当铺，赤峰有乾蔚兴杂货铺，朝阳有乾云丰皮货庄，沈阳有咸元会钱庄；库伦（今乌兰巴托）、恰克图有锦泰亨分庄；张家口有锦泉涌商号；在太谷的锦霞明曲绸庄发展为专供张家口锦泰亨、锦泉涌、锦泉兴等与俄蒙贸易商号的核心商号；同时，开辟了恰克图、库伦商路，对俄蒙贸易进入大发展时期。在国内逐渐形成颇具规模的组织货源、包装运输、销售一条龙商号，经营地域和业务范围已远超道光时期。

到光绪初中期时，曹家的商业版图继续扩张，经营品类一应俱全，业务活动相当频繁，各类分庄、联号、小号不断增多，财富也随之急剧增长。

这一时期，曹家新增的各类商号达70余家，很多成为曹家的拳头产业，如总部设在太谷的锦生润票号，很快就有了祁县、平遥、忻县、北京、天津、张家口、赤峰、承德、喇嘛庙、凉城、获鹿（今河北辛集）、沈阳、营口、锦州、保定等15个分号；各地都分别设绸庄、银号、账庄、钱庄、当铺、烧锅坊等，在太谷老家设有10多家旅店。有的商号聘请日本人直接从日本进货，有的商号酒坊占地达5800多亩；在徐州等地设典当铺，在上海等地设油坊等商号。

此外，曹家还接连打通许多国际通道，在伊尔库茨克、莫斯科、库伦、柏林、伦敦等地均设有锦泰亨小号，在日本、朝鲜设三晋川小号。经营地域从东北、华北扩展到江南的江苏、上海、湖南等地。对外贸易由蒙俄发展到德国、英国、日本、朝鲜等国家，出口商品从茶叶扩大到丝绸、青铜工艺品等。

曹家商业在光绪年间达到其顶峰，这一时期曾有人以资产白银300万~700万两为一档对山西富商进行过一次调查。在所调查的所有商家中达到条件的共有14家，均为介休、祁县、榆次、太谷人，其中介休侯氏有票号5家、账庄1家和多家钱铺；榆次常氏有票号2家、账局4家；祁县渠氏、乔氏有票号4家；太谷曹氏有票号12家。曹氏的票号竟多于其他3家之总和。

尽管这次调查并不一定准确，但仅此也可以看出曹氏的实力非一般商家可比。

实际上,达到商业鼎盛时期的曹家,共有商号640余家,从业人员3.7万余人,总资产达1200余万两白银,商号遍及大半个中国,并远涉俄国、英国、德国、朝鲜、日本等国家,其实力之雄厚,堪称晋商巨富。

不论是走西口还是闯关东,对于晋商而言都是一曲辛酸悲壮的创业赞歌,是一部诚信为本、艰辛劳动的奋斗史诗。从明初到清末的500多年中,晋商一直是中国实力最强、影响最大的商帮。他们的足迹不仅遍布全中国,而且远涉大洋拓展到海外。曾有西方学者惊叹:"有麻雀的地方就有晋商。"

到清末时,晋商已成为清廷的重要财政支柱,全国财政的1/3出自晋商。

这样的财力放眼全中国,任何一个省份都无法望其项背。

除了移民因素外,明清政治、军事形势对山西的商业发展也极为有利。

北部边境战争主要发生在明初,当晋商崛起以后,北部边境的战争基本停息,而明末农民大起义主要发生在陕西、四川及中原地带,山西境内所受影响较小;明军和清军的战斗主要发生在山海关地区,山西境内战事较少。清入关以后的战斗主要在中原和南方地区,山西境内的影响仍然比较少。清后期的太平天国起义及第一次鸦片战争都在偏离山西的南方和沿海,山西所受的影响仍然较小。第二次鸦片战争和八国联军进攻中国以及义和团运动也主要发生在京、津、冀、鲁地区,山西所受的战乱和战争影响依然较小。这样,在长达500多年的时间里,山西成为较少受战争和战乱影响的区域。在这种和平环境下,晋商得以快速崛起。如果没有这种较为稳定的环境,晋商的崛起和快速发展几乎是不可能的。

让山西商业独霸全国的因素除了受战争、战乱影响较小外,还有明清时期的海禁政策。

15世纪初,当西方世界拉开航海大幕时,位于东方的明帝国却在坚决地执行海禁政策。

在明王朝的执政者们看来，海外贸易首先是一种政治贸易而非经济贸易。明成祖朱棣时期，郑和曾七下西洋，尽管他的船队规模超过了当时世界上的任何航海船队，但很少进行正常的贸易。郑和的船队每到一处便进行布施和赏赐，以换得周边国家对明政权的认同和朝贡。这实际是一种国家行为，并没有民间参与。郑和下西洋结束以后，虽然有中国人下西洋、下南洋的商业活动，但只是民间自发的小规模行为，并没有得到明政府的倡导和支持。

中国长期在亚洲称雄，让明帝国的执政者们有一种天然的自大心态，"帝王居中国而治四夷"。中国皇宫中的物品从来不是正常贸易所得，要么是地方进贡，要么是万国来贡。正常的海外贸易需要的是平等、协商、谈判，而这些对中央集权的中国、对皇权高度专制的明帝国来说，几乎是不可能的。

中国地大物博，长期自给自足的生产方式使明王朝建国之初就对商业贸易缺乏兴趣。

中央集权统治下的基础是农业和土地，从汉武帝开始，就实行重农抑商的国策，因为占有土地、控制土地就能有效地控制民众。商业则与农耕完全不同，商业需要流动，需要平等的交易，大规模的商业活动也容易形成新的利益集团和阶层，对皇权产生威胁，这是任何一个帝国统治者所不愿看到的。明王朝如此，清王朝也一样。巧合的是，16世纪时的明嘉靖时代和19世纪清嘉庆时代虽相隔300多年，但对海上贸易的严厉拒绝却极为相似。

嘉靖时代，明王朝严守海禁政策，中国的"寸板寸帆不得下海"，全面禁止民间海外贸易，只有朝贡国才可以在指定的地点、指定的时间内进行贸易。

嘉庆时代的情形和嘉靖时代的差别并不大。清王朝沉浸在"天朝统御万国""天朝抚有四海"的自满之中，重农抑商，抑制海外贸易，如规定洋人只能在广州一个港口进行贸易活动，不许洋人在广州雇佣中国女仆，不准洋人将火器带进广州等。

明王朝时期，正是航海活动和地理大发现最为活跃的时期。新航路的开辟使世界贸易范围空前扩大，当时的欧洲市场上流通的商品不仅有亚洲的丝织品、香料、棉花、茶叶，而且有美洲的金银、糖、烟草、燃料、毛皮和非洲的黄金、象牙等。随着贸易的空前繁荣，世界市场开始形成。

这个时期的世界贸易基本上可以说是海上贸易，海上贸易一时成为当时的潮流。

但是如此的世界性潮流为什么会遭到明政权的拒绝呢？

中国2000多年的封建历史上，明王朝是修筑长城里程最长、修筑时间最久的一个王朝，同时也是一个海禁政策最为严厉的王朝。

修筑长城和海禁固然有拒敌于千里之外的作用，但同时也将自己牢牢地锁在了国境线以内，不仅封闭了信息、缩短了视野，而且逐渐和世界拉开了距离。

我们以葡萄牙侵占澳门为例，看一下明政权当时闭关锁国的心态。

正德六年（1511）八月，在葡萄牙人开始地理大发现近100年后，葡萄牙人攻占了马六甲。马六甲当时是中国的藩属国，是东西方交通的必经之路，拥有马六甲既可以把印度人和阿拉伯人排除出亚欧贸易航线，又可以控制通往南中国海和香料群岛的航线。

当时的亚洲，特别是东亚无疑是以明王朝为中心，在《明会典》上所载的63个朝贡国中有2/3位于马六甲以西，一旦失去马六甲，则意味着明王朝的朝贡体系有可能动摇、瓦解，但直到葡萄牙人攻占马六甲9年后，明王朝执政的明武宗才知道这件事，但即便接到马六甲苏丹的请求后，明武宗和随后即位的嘉靖皇帝并没有把此事放在心上，只派出使团与葡萄牙交涉，并没动一兵一卒，随后葡萄牙统治马六甲达130年之久，直到崇祯十四年（1641）才被荷兰人赶走。

葡萄牙人占领了马六甲之后，紧接着就将目标指向中国。正德十二年（1517），皮雷士接受派遣，随费尔南多率领满载香料的船队到达珠江口，并向广州当局表明自己的身份。在等待朝廷批准进京的日子里，不耐烦的葡萄牙人强闯珠江口到达广州。在得到两广总督的上奏后，明武宗一开始不答应接见，后来因为葡萄牙人贿赂了广州地方当局的太监宁诚和皇帝身边的太监江彬，武宗因而龙颜大悦，批准葡萄牙使团进京等候。

在皮雷士努力争取武宗召见的时候，费尔南多于正德十五年（1520）回国，他的弟弟西蒙接替了他的职务。西蒙像对待东非土著那样对待中国人，他在南头岛上建立殖民据点，私设法庭，排除中国管辖；支持海盗，贩卖人口，奸淫妇女；拒纳关税，侮辱中国官吏；抢劫、勒索其他国家的商人。

在皮雷士等候武宗接见的时候，武宗却驾崩了，新即位的嘉靖皇帝在葡萄牙国王给他的信件中没有发现葡萄牙愿意成为中国藩属国的话，因此对葡萄牙人没有了好感。此时，嘉靖又接到葡萄牙人许多劣行的报告，因此下令把皮雷士逐出北京，令其从广东出境。

皮雷士的北京之行对嘉靖皇帝和明王朝的影响都很大。自诩为天朝大国、亚洲中心的明王朝从一开始便与葡萄牙的贸易掠夺产生激烈冲突，在嘉靖统治明王朝近50年中，明政权的海禁最为坚决。此举不但影响了随后的明政权，还影响了后来的清政权，清朝后来的海禁措施比明政权有过之而无不及。

葡萄牙人被勒令退出中国，但又不甘心放弃能为他们带来巨额利润的贸易，于是决定动用武力。双方在正德十六年（1521）和嘉靖元年（1522）分别发生两次海战，海战的结果，葡萄牙战败。明朝为了根绝外患，禁止一切船舶入境。葡萄牙人在不可能进行合法贸易的情况下，与中国、日本私商相勾结在浙江沿海进行走私贸易（这一点和300年后鸦片战争前英国人走私鸦片的情形极为相似）。由于有利可图，当时的走私贸易不仅得到浙江、福建沿海一带当地人的欢迎，而且得到许多沿海封疆大吏的默许和纵容，许多官吏、士兵对走私也乐此不疲，违禁成为当时沿海官员、商人的一种心照不宣的行为，当时的海禁有多坚决，海盗和走私就有多猖狂。

随着走私贸易的逐步扩大，双屿，一个因地形适宜走私商人和海盗盘踞的海岛被葡萄牙占据。嘉靖二十七年（1548）明军荡平双屿，将葡萄牙人赶出浙江海域；后来葡萄牙人到福建，被赶出；到广东，又被驱逐；最后伺机占领了澳门。

从明王朝和葡萄牙人在东南沿海的角逐，可以看出当时走私和反走私争斗之激烈。尽管走私活动屡禁不止，但在明政权强硬的海禁政策下，沿海一带的贸易并没有形成大的市场。

明政府和清政府对海上贸易的排斥无意间帮助了晋商，他们得以在长达500多年的时间里在陆地上驰骋，不仅将国内贸易市场连成一片，到清中后期还深入亚欧腹地，将陆地商贸推向空前的高潮。

中国民营企业的典范

拥有500年鼎盛时期的晋商，不仅是中国民营企业的样板，而且堪称全球商业的典范。纵观晋商500年商业历程，他们的目光和足迹早已漂洋过海，成为当时国际商业的一支劲旅。让后世景仰的"万里茶道"就是晋商的杰作。和历代丝绸之路不同的是：万里茶道完全由民间商业力量独立推动而成。

多种因素作用下的外部环境为晋商的崛起创造了有利条件，但在"富不过三代"的封建中国，能成为全中国富甲一方、长达500多年的商业霸主，晋商在经营上必有其过人之处。

晋商之所以长盛不衰，首先在于其用人策略。商号发展初期，大多聘请亲戚朋友。随着商业的发展、商号的增多，晋商在用人方面有了较大改变。不再以亲戚朋友为限，而是不拘一格，任人唯贤。无论是商号伙计、落第秀才，还是他号掌柜，只要有一定的业务经验、聪明可靠，都在被选之列。

许多晋商财东的用人原则是将优秀的商业高手组织在自己麾下，用高薪、信任和严格的管理把掌柜（职业经理人）与财东（投资人）捆绑成一个整体，使他们心甘情愿、竭尽全力地为财东服务，而掌柜们一经聘用后，便与财东结成了休戚与共的整体，商号盈亏直接影响自己的收入；另一方面掌柜承财东的经营重托，无不忠心耿耿、兢兢业业，穷毕生的智慧、精力以图报效财东的知遇之恩。在这种商业氛围下，我们经常能看到这样的情形：许多商号的掌柜常常是住号十数年不归，经常夜半起床观瞻天象，预测当年气候变化、庄稼收成情况，及时改变经营方向；白天又广收信息，细加分析，预测当年市场走向，制定本商号趋利避害之良策。

除了先进的用人制度外，晋商在长期的经商活动中还形成一套非常科学的商业管理机制，其中主要有：股份制、专东制、总号统辖分号制、掌柜负责制等机制，很多方面不仅引领当时的商业领域，即便放在当今，也仍然有许多过人之处。

股份制是当时晋商普遍采用的经营管理制度，是晋商在明朝代金制、朋合制及清前期伙计制等比较松散的商人群体合作基础上创立的一种集团性很强的劳资组合形式，其中人身顶股制的创立开创了历史先河，至今仍为大多数现代企业所效仿。

股份制的主要内容是银股和身股，每个账期（生产经营周期）商号所赢利润，除去开支（即上至商号经理，下至伙友、学徒的伙食费、薪金、衣资等费用）外，按银股、身股的份额平均分配。东家出本取利，谓之银股；掌柜、伙友以身入股，分取红利，谓之身股。顶身股者不承担经营风险，掌柜的身股由东家视其能力、劳绩而定。商号内部二掌柜、三掌柜、管账、外采等在职者以及住号十年以上有劳绩的伙友的身股，则由总掌柜按照其在号内的表现、能力及劳绩而定。

在数百年的晋商发展史上，尤其是清代中后期，晋商普遍采用了这种管理办法，或独资，或与本地其他富商合资，或本家族各门合资，也有各商号间合资另设商号。股份制把股东间、财东与伙友间的利益紧紧地维系在一起，充分调动了从掌柜到伙友的工作积极性。同时，也让商号经营能持久发展，从而保证了股东的利益。

专东制是晋商的又一创新性管理举措，即从众多股东中公推其中最优秀、最具商业才能的人为专东，全权处理商业事宜，如遇重大问题，则聚集各股东共同商议。专东以其经营管理占有一部分顶身股。这一措施既集中了资金发展商业，又调动了专东经营管理的积极性。

总号统辖分号制也是晋商在长期的经营中逐渐形成的一种行之有效的管理方法，有点类似于今天集团公司中的总公司管理各分公司。总号的主要作用有几个方面：保管财东盈余财力，兼办借贷业务，为专东出谋划策（类似于现在集团公司下设的投资公司和金融公司）；统管旗下大小商号，处理各地商号的大小事务；给专东引见各路商号掌柜，指派"钦差"到各商号考察、督察。

在这种管理体制下，各分号虽然都是独立核算单位，但在交流信息、采购货物、融通资金及调剂人才等方面又互相联系、相互依存，统一行为，形成层层负责、号号相连、环环紧扣的管理机制，有力地加强了总号和专东的宏观监控能力，增强了各分号的相互制约作用。

掌柜负责制是晋商普遍采用的一种行之有效的商业管理办法，有点类似于现代企业中的职业经理人制度。任人唯贤、唯才是举成为几百年中晋商掌柜负责制的核心。具体而言，聘任前，在总商号掌柜们力荐的基础上，专东要对此人进行严格的考察，经考察此人确实有才干、多智谋、忠诚度高，便以重礼相聘，并大胆委以重任，同时恪守用人不疑、疑人不用之道，将本金、人事大权全权委托给掌柜。其间，掌柜的一切经营活动，专东不加干预，由其放手经营，专东只静候其年终决算报告。任期内，如掌柜功绩显著，总商号便会建议给予增加身股，反之则减薪减股，甚至于辞退。所以为了全家、为了报答东家的知遇之恩，掌柜们无不鞠躬尽瘁，竭尽全力经营，从不放过任何一个可以赚钱的机会。

掌柜负责制可以极大地调动掌柜的积极性，充分发挥其聪明才智，成为晋商几百年来长盛不衰的商业密码。

晋商长达几百年的昌盛发展，在山西全境引发了深层次的意识变化，它打破了中国封建社会长达几千年的重农抑商传统，也打破几千年来士、农、工、商的社会阶层排序，至少在山西是如此。在一般人，尤其是那些贫寒人家的子弟们看来，经商已可与科举仕途并列，成为改变命运的契机。

这样的例子在晋商几百年的发展史上，不胜枚举。

山西北梁村人李顺庭任曹氏商号掌柜多年，在本村盖有一座大院，内套院落5套，共有房屋100余间。这套院落始建于清末民初，现在已成为当地的县级重点文物保护单位。可以想象，这座院子的主人当年是何等的风光。

再比如，曹氏总商号"当家的"戴世封，除年支劳金外，尚有顶身股一股，三年一结账，可分得红利约万两。其收入远远超过当地的县官，而其安逸奢侈的生活甚至远超县官。当地有谚"生子有才可作商，不羡七品空堂皇"，是当时一般民众向往商贾的真实写照。

榜样的力量是无穷的，戴世封的例子在商贾遍地的山西并不是孤例而逐渐成为一个阶层。这个阶层人数虽不算众多，却强烈地吸引着数以百万计的想成为这个阶层的普通打工者。那些住号伙友们为了荣门庭、慰双亲，几十年如一日勤勉工作、刻苦学习，一旦顶了身股，则意气风发如中状元，此等氛围在山西之外确实少见。当地民谚"十年寒窗考状元，十年学商倍加难"，已将从事商业和应试科举划为同等重要的大事，把顶身股看成如同中状元一样的荣耀。

这种情形其实不难理解，在当时商业氛围极其浓厚的山西，寒门草根，一旦获得顶身股的资格，不仅有了稳定的收入，而且有了比较高的社会地位。

看一看"当家的"威仪，就知道当时的普通人对从商是如何向往："曹氏砺金德账庄所属各号的掌柜们，如有事需面见'当家的'，如同官场中小官见大官般毕恭毕敬，小心翼翼，而伙友有事到砺德金时，更需轻敲门，低声说话，多打躬作揖，如同小吏见大官般战战兢兢，小心谨慎，唯恐冒犯而受训斥，甚至累及本号掌柜。"

再看一下蔚泰厚票号首任总经理毛鸿翙及其家族的生活情景：

毛鸿翙生于乾隆五十二年（1787），卒于同治四年（1865），平遥邢村人。毛家在清乾隆、嘉庆年间并不算富有，其父毛际美只是一个在京津两地经营的普通商人。毛鸿翙早年并没有跟随自己的父亲经商，而是投身于平遥县聚财源粮油店。毛早期勤奋吃苦、精明能干，被时任西裕成掌柜的雷履泰看中，遂被西裕成聘用，由于业绩卓著，颇受东家赏识，升任西裕成二掌柜。道光三年（1823），与雷履泰一起创办了日昇昌票号。

日昇昌改票号没几年，毛鸿翙与雷履泰发生矛盾，遂辞去日昇昌二掌柜之职，受聘于日昇昌东面的蔚泰厚绸缎庄并将之改组为蔚泰厚票号。同年，又负责将东家在平遥县城开设的蔚丰厚、蔚盛长、新泰厚绸缎庄及天成亨布庄都改为票号，形成著称于世的平遥县"蔚"字五联号，毛鸿翙成为五联号的总管。至此，毛鸿翙实现了从一名普通打工者到高级管理者的逆袭，这一年毛鸿翙只有39岁。

成为高级职业经理人的毛鸿翙在任职期间积累了丰厚的资金。同治三年（1864），也就是他去世的前一年，他与其他4人共同投资15万两白银，将蔚长厚布庄改为票号，成功地将自己从一名职业经理人逆袭为投资人，即将自己从一名掌柜变成了财东。

毛鸿翙之后，毛家人继续投资，光绪十八年（1892）和光绪二十七年（1901）毛家分别投资白银6万两、10万两在平遥城内设立永泰庆票号和永泰裕票号；同时，在平遥城内还独资开设了永泰昌钱铺、晋泰昌布庄和日升烟店。日升烟店后来的规模极大，为了便于经营，在曲沃还建有制造旱烟的日升烟厂，并购买了数百顷土地。经营土地获利后，毛家又在晋南的安泽府城一带购买了四五百顷土地，每年可收地租4000余石粮。为此，毛家又在安泽城内开设了义泰昌粮行总店。该粮行除经营地租和粮食生意外，还向佃户放高利贷，毛家的产业自此又向金融领域蔓延。

发达后的毛家人挥金如土，生活奢侈。当年毛家的住宅富丽堂皇，宫殿式的四幢大院和毛家祠堂建在邢村的正阳高坡，构成了当时辉煌一时的毛家堡，里面住着毛家四世。毛家堡对面建有一座美丽的花园，专供毛家人游玩享乐，有百余名车夫、轿夫、厨子、老妈子为毛家服务。

毛家的辉煌和享受在当地尽人皆知，甚至在整个晋中地区都十分有名。

可以想象，这样逆袭成才的现实和故事对年轻一代会产生怎样的吸引力。

一个大号的总管，其权力、威势、财富竟不输县官，更遑论十年寒窗的举子能与之相提并论。在这种氛围下，山西境内的经商风气日甚一日，最终形成经商第一、做官第二、务农第三、读书第四的社会定位序列。

尽管在清代中后期，山西省域经商意识甚嚣尘上，但那些有远见的晋商仍然不遗余力地培养子弟读书入仕。不过此时的晋商培养子孙读书的主要目的已不再是"济世安民"，深谙官商一体的晋商大都把子弟读书入仕看成商业经营网络中的重要一环。

曹家第十八世曹步郇中举，后赴任工部主事，标志着曹氏家族后人通过科举正式进入官场。道光二十年（1840），曹氏家族第十九世曹培滋庚子科中举，随即诰授中议大夫。同治九年（1870）曹氏家族第十九世曹瑞凝中举。光绪八年（1882），曹氏家族第二十世曹中裕中举，后赴任刑部河南司郎中。光绪十五年（1889），曹培德中举，曾出任山西省总商会会长之职。光绪十七年（1891），曹中成中举；十八年（1892）中进士，诰授奉直大夫，赏戴花翎，钦加五品衔，任内阁中书典籍厅行走、方略馆校对等（这是曹氏家族中科名最高的一位）。

曹氏家族培养子孙读书入仕，在晋商的整体群落中并不是孤例。晋商在商业上崛起后往往不遗余力地培养子孙读书入仕，这些进入官场的子孙不仅扩大了家族的影响力，为家族提供强大的官方背景，而且为家族的商业活动提供了很多信息和便利；不仅加强了家族商业集团的实力，而且和朝廷有了千丝万缕的联系。

培养子孙读书入仕只是晋商加强商业实力的一种举措。作为几百年的商业大家，许多晋商采取多种措施巩固和稳定自己的商业实力和财富。这种措施不仅体现在朝廷，还渗透到地方和民间。

在朝廷，晋商利用其强大的经济实力，大力资助候补官员谋求官职；捐巨资助饷，结交清廷中的实权人物，如曹家的曹中裕即与山西省巡抚胡聘之交往甚密，曹中录与孔祥熙是表兄弟关系。民国以后，孔祥熙在民国政府中地位如日中天，曹家与孔祥熙的关系也就日益密切起来。通过孔祥熙，曹家又结识了何应钦。阎锡山主政山西后，曹家又与阎锡山关系十分紧密。

通过各种渠道，曹家先后结识了时任国民政府外交部部长的王正廷、教育部部长蒋梦龄、四川大学校长任宏君、清华大学校长梅贻琦等民国要人。

在边疆地区，从曹三喜创业时起，即与大清国的周仓喇嘛爷交情甚厚，同时极力交好各路土匪头子，以防他们半路抢劫商队、窜进城里哄抢商号。

据传说，在东北的朝阳地区，周仓喇嘛爷的胡子兵一次也没有骚扰过曹氏商号。

在山西本土，曹氏专东利用弟、妹、儿女及侄儿、侄女、孙子、孙女等家族成员的婚姻关系，把太谷、祁县、榆次等地区的商业大家、社会名士、官宦世家紧紧地维系在一起，形成一张特殊的关系网。在这张网里，晋商们左右逢源，呼风唤雨，挥洒自如。社会关系借助商业势力而发展，商业势力又借助社会关系而强大，曹雪芹《红楼梦》中大部分人物都可以在这些晋商大族中找到原型。

在民间，晋商往往也利用其雄厚的资金实力进行一些慈善之事：如开仓济贫，以工代赈筑路修渠、修建寺庙，捐建医院、学校，救济孤寡老人等，这又等于在民间构建了一张独特的人情关系网，这张网又有助于晋商在商业上一呼百应。

不论是读书求仕，还是慈善外交，晋商的主要目的只有一个，即商业利益的最大化。这种集体性意识在明代尚不明显，到清代以后尤其是晋商的商业版图进一步扩大以后，达到了顶峰。在这种意识的支配下，从商成为草根的首选，而大批的有识有才之士走向经商，又为晋商的经营活动注入了强大的活力和动力，进而使三晋商业能驰骋中华数百年而不衰。

几百年的商业发展，锤炼和打造了晋商独特的经营策略和良好的商业品格。唯其如此，晋商的商业版图才历久弥新。

晋商的经营策略以诚信为第一要义。

晋商最早起家都是小本生意，赚取的也是蝇头小利，而生意对象往往也是本地熟人，如果没有诚信作为基础，则很难立足，所以大多数晋商从一开始就把诚信作为第一要义。在缺乏商业规则的古代社会，晋商以严格的诚实守信赢得客户的信任。大部分商号都会在显要位置张贴"管鲍遗风""陶朱事业""以义制利""童叟无欺"等标语。这些标语既是商号的宣传广告，也是商家恪守的商业信条。晋商发迹后，大多会从事钱庄、票号等金融业务，而这类业务最大的特点便是信誉。

如光绪年间，各银号、钱庄大都发行一定额量的凭贴，即钱贴。钱贴是一种信用货币券，必须是信用卓著、资本雄厚的商号，经行会批准后才可按其资本的1/3或1/4发放钱贴。

晋商在发放钱贴的过程中十分注重自己的信誉，一旦客户前来兑取，立刻兑现。如遇资金紧张，相互间借贷拆借，共同恪守诚信为本的商业道德。据传，当时祁县的乔家、渠家因发放钱贴甚多，老百姓担心钱贴落空，纷纷前来挤兑，情况十分危急。乔、渠两家此时向曹家求援，作为商业竞争对手的曹家慨然应允，向外宣称，所有曹氏票号、银号、钱庄均可为乔、渠两家的钱贴代兑现金。消息一发出，百姓顿时释然，认为以曹氏雄厚的实力，钱贴绝无问题，挤兑风潮遂告平息。

这个传说的真实性应该很高。晋商几百年的商业发展，彼此间早已达成了许多共识。在商业活动中良性竞争，守望相助，共同维护商业信誉。

更何况，许多商业巨头原本也是儿女亲家。

如在晋商的集中地晋中地区，太谷袁家、孟家、白家、武家、张家、孙家、杜家、郭家、杨家、姚家、王家、贾家、吴家，祁县乔家、渠家、高家、榆次常家，徐沟秦家、庞家等地的一些官僚世家，相互有几代姻亲关系。在这张庞大的商业网络中，他们个个都是儿女亲家，有的还是亲上加亲。不论是在社会生活中，还是在商业活动中，他们都可能一荣俱荣，一损俱损。所以不论是作为个体，还是作为整个商业阶层，晋商都恪守诚实守信的商业道德，这也是晋商商业帝国几百年屹立不倒的重要原因。

在山西，诚实守信的例子有很多。如清末民初，由于战乱及清政府倒台等一系列原因，晋商巨头们在外埠设立的许多商号、钱庄或倒闭或歇业。为保商业信誉，他们总是一直拖到还清全部欠款，才真正撤庄歇业。

1917年，曹家设在莫斯科、恰克图、伊尔库茨克与库伦做绸缎和茶叶等生意的锦泰亨、锦泉涌、锦泉兴三号负外债达白银80余万两，曹氏并没有在商号倒闭后撤庄了事，而是向山西省银行借贷抵补后才歇业，此次抵补连同利息高达100多万两白银，并因此直接拖垮了曹氏商业集团中第四大商号——彩霞蔚。这种宁失自身，也不负客户、不失信用的商业诚信精神在缺乏商业规则，尤其是兵荒马乱的近现代岁月中是何等珍贵。

在几百年的商业接力传承中，晋商的诚信精神不独是那些商业大贾才具备的，而是体现在整个商业群体中，那些中小商业主同样恪守这种诚信的品格。

晋商中的许多巨头在发达后都开办有典当、钱庄、账庄等，这些机构的主要业务便是借贷，而借贷对象大多是那些中小商业主。如果没有诚信的品格，缺乏官方背景和官方商业规则下的交易便很难顺利发展。

再比如那些赊销业务之所以蓬勃发展，大抵也完全依赖商业上的诚信。

大财东依靠其雄厚的资金实力、遍布全国各大商埠的商号，大量组织各类商品，长途贩运。总部商号则坐庄批销，同时全面推行赊销业务，即购货时可暂不付款，由购销双方议定付款时间，按期偿还。凡往来客户需在双方约定的时间内办理还款手续，并以现款为准，由欠款客户按期自动兑交，债主绝不派人催讨。这种模式的商业活动在很大程度上便利了中小商业主的经营活动，使他们解决了资金不足的顾虑，而对于大商号而言，这种模式既可以扩大销售额，又可以扩大商号的影响力，从而把自己和中小商业主的利益牢牢地捆绑在一起，而双方的这种商业模式之所以行得通，完全在于双方的信誉。

诚信之外，山西人的吃苦精神和勤俭节约习惯也是成就晋商商业辉煌的制胜法宝。

有学者曾查阅各种古籍、县志，整理有关山西人性格词条出现的频数和频率，得出如下结论：在"朴质厚道""礼让文雅""勤劳节俭""刚强豪放""机智勇敢""保守恋土""迷信少文""喜争好斗""侈靡鄙啬""忧深思远"等词语中，"朴质厚道"一词频率最高，占到26.1%，而"勤劳节俭"一词使用频率也相当高，排第三，占到16.5%；排名第二的词语则为"礼让文雅"，占16.9%。

"朴质厚道""礼让文雅"一般与诚信的品格相对应，而"勤劳节俭"基本上就是吃苦精神的代名词。

无论晋商后来的财富有多丰厚，他们的享受有多奢侈，这些毕竟是少数，大部分晋商是从风寒露宿的走西口中出发，从低微辛苦的小本生意做起。

有人曾把走西口称为"刮野鬼"，因为就连走西口的人也不知道自己的目的地究竟是哪里，一切的一切都是未知，但一代代山西人依然义无反顾地踏上了这条充满艰辛与梦想的道路，用血泪和汗水缔造出几百年的商业史。

走西口的道路充满了心酸与苦楚。在严寒酷暑中，走西口的山西人带上铺盖和干粮，沿着漫长而崎岖的路开始了生死未卜的跋涉。他们当中很多人并不一定能顺利到达预想的目的地，有的人沦为乞丐，有的人甚至抛尸荒野。

与蒙古草原隔河相望的山西河曲至今仍保留着一个从清代就流传下来的风俗：每年农历正月十五，人们都要在黄河上放上365盏麻纸扎成的河灯。仪式由德高望重的老船工主持，大家十分庄重地把船开到黄河中央，然后一盏一盏地把河灯放下去。365盏河灯，不仅代表了一年365天，每一盏灯还代表了一个孤魂。放灯的人们希望这些顺流而下的河灯能把那些客死异乡的灵魂带回故乡，以此来祭奠未归的亲人，超度他们的亡灵，寄托对亲人的哀思，正如一首山西民歌唱道：

黄龙弯弯的河曲县，
三亲六眷漫绥远，

> 二姑舅呵六大爷，
> 八百里河套葬祖先。

歌词朴实无华，却道出了山西人走西口的无限悲壮，类似的民歌在山西还有很多。如今流传山西、陕西、内蒙古、甘肃等地的二人台是深受北方民众喜爱的一种艺术形式，其中流传最广的便是《走西口》：

> 哥哥你走西口，
> 小妹妹我实在难留，
> 走路要走那大路口，
> 人马多来解忧愁。
> 哥哥你走西口，
> 小妹妹我苦在心头，
> 这一去要多少时候，
> 盼你也要盼白了头！

和人们想象的并不一样，《走西口》并没有称颂晋商走西口的成功与辉煌，它唱出的是贫苦人当年走西口的艰辛与悲凉。

"一将功成万骨枯"，今天的人们透过那些深宅大院看到的只是昔日晋商们的辉煌与荣耀，殊不知，在这辉煌的背后是数以几十万计的人们靠无限艰辛和心酸换来的。没有顽强拼搏的吃苦精神和开拓发展的进取之心，根本不可能迈出走向荒漠的第一步。

历经艰辛的走西口、闯关东后，大多数人以出卖苦力的种地为生，只有那些具有极强商业意识的人才可能走出经商的第一步，而他们最初的原始积累莫不是靠勤俭节约辛辛苦苦攒下来的。走西口的乔贵发是这样，闯关东的曹三喜也是如此。

诚信与吃苦勤俭之外，严格的自律也是成就晋商崛起的重要因素。

明清政府并没有颁布统一的强制性商业规则。晋商称雄商界几百年，全凭严格的自律精神。历史上的晋商，向来以管理严格而著称。

查阅晋商巨头的资料，会发现许多商号都定有严格的号规，其内容包括日常管理与业务经营原则，对伙友的要求、休假待遇、供应、抚恤、处罚制度等。这些制度具有极强的制约性，大多由财东、总号"当家的"言传身教，一代一代沿袭下来，也有的是通过文字记录下来，供伙友传看。

有的商号号规达几十条，伙友入职第一件事便是熟记号规并身体力行。

如新伙友入号，必须有两个商号的掌柜或者当地绅士作保。学徒期为三年，三年内只供伙食，不发劳金，其他生活费用自理；三年期满后，经掌柜考察，合格的留号酌情任用，不合格的告知其保人领回家。掌柜不得介绍其亲属进所在的商号当学徒。

以上这些规定，推荐加长期考察，在很大程度上保证了商号能够招到合格的伙友，而考察合格后的劳金发放和顶身股制度又把伙友的终身利益和商号牢牢地绑在一起，保证了伙友队伍的稳定性和连续性。

除了严格的号规，晋商还实行严格的月度、年度报告制度以及费用管理制度。同时，为了加强对各分号的管理和监督，总号"当家的"还实行"钦差"制，即由总号派出专门人员巡视检查、督察各分号的经营情况，发现问题及时解决。这些"钦差"在商号住庄，少则几个月，多则半年、一年，有的长达三年之久。

以上这些管理办法的施行，在很大程度上保证了晋商内部管理的平稳务实，确保商号经营之路通达四方。

除了内部的严格管理外，在经营策略上，晋商也有自己的独到之处。

晋商起步大多由小本生意而来，磨豆腐、养猪、客栈、酿酒等，即使后来发展成富甲一方的商业大亨，也没有放弃自己最早经营的微利行业。

如曹家最早打入南方市场的商号就是利润不大的小手工业，如徐州、上海就是先有焕记油坊，然后才有的典当铺、钱庄等。曹家的油坊可以用豆来换油，曹家的这种生意相当于来料加工。曹家以小本生意进入人生地不熟的南方，一方面可以避免自己树大招风引起竞争对手的注意，避免带来不必要的麻烦，同时小本生意可以让商号快速了解社情民意，拉近和客户的距离，服务于民众，取信于民众，可以多方收集商业信息，尽快确定自己的业务拓展方向。曹家在徐州、上海的商业版图正是从油坊出发，先后经营葱、蒜、烟、酒，进而发展为酿酒坊、豆腐坊、饼面铺，最后形成了包括钱庄、当铺等在内的商号一条街。

"五位一体，联网经营"也是许多晋商取得成功的重要策略。这种策略类似于今天的产业链经营，即钱铺、典当、酿酒、粮、杂货五种不同行业的店铺，层层投资，统一经营；各个行业层层负责，相互扶持，相互资助，相互依存，以达到滚动发展，从而获取高额利润。

如曹三喜最早在朝阳创业时就先经营豆腐坊，并以豆腐渣养猪，获利后即投资酿造业，以东北盛产的高粱为原料酿酒，所得利润又投资杂货业，积累资金后又前后投资典当业、银钱业，逐步滚动发展，最终使曹家成为商业巨族。

当晋商获得大量资本后，会将"五位一体，联网经营"运用到极致，以期更迅速地拓展自己的商业帝国。和初创时先经营小本生意不同，当他们拥有大量资本后，每到一个新的地方，往往先开设钱庄或当铺这种资金密集型产业，获利后转向投资粮店，获利后又投资土地，将土地租种给农民，收获粮食后用于粮店经营，再次获利后又投资酿酒，用粮店的粮食酿酒，酿酒获利后又投入杂货业或其他行业，杂货店一方面可以销售自家的产品，另一方面也可以代销别人的产品，杂货店获利后投入钱庄。几个行业间互相调剂资金，滚动发展，并不断新设商号，扩充实力，形成四通八达的商业网络，甚至操纵当地的经济。

晋商在积累了一定的资本后，开始向更远的地方拓展，开展边境贸易甚至是跨境贸易。为了将跨境贸易做得风生水起，晋商们大多建有自己的长途贩运队伍。他们用原始的舟楫驼马，跋山涉水，水陆兼程，不远万里进行长途贩运，数以万计的车船、驼马及人员浩浩荡荡地投入运输，一支支队伍宛若长蛇，在叮叮当当的驼铃声中、此起彼伏的汽笛声中，迤逦于大漠腹地，穿梭于江河湖海，其景象颇为壮观。这种景象极容易让人联想起祖先们当年拖家带口向四方移民的情景。

持续200多年的长途跨境贸易,成就了晋商们的伟大创举——万里茶道的开辟。

晋商们从中国福建的产茶区武夷山采茶、制茶后,经江西、湖南、湖北、河南、山西、河北、内蒙古,从伊林(今二连浩特)进入现蒙古国境内,沿阿尔泰军台,穿越沙漠戈壁,经库伦到达清朝中俄边境的通商口岸恰克图,然后在俄国境内继续延伸,经伊尔库茨克、莫斯科、圣彼得堡等十几个城市,到达中亚和欧洲其他国家,整个茶叶之路总长度1.3万千米,成为名副其实的万里茶道。

万里茶道是由晋商用脚、用船、用马帮、用驼帮一步步开辟出来的。它以山西晋中为中心,向北以张家口为支点,向南则以汉口为支点,这两个城市在19世纪能迅速崛起,与万里茶道有着千丝万缕的联系。

万里茶道无疑是晋商对外贸易的一座里程碑,它也是中国继丝绸之路衰落之后在欧亚大陆兴起的又一条重要的国际商道。和丝绸之路相比,万里茶道是一条完全由民间商业团体开辟的国际商业通道,因而更具有无比璀璨的意义,晋商在其中功不可没。

伴随着长途贩运,晋商开辟出一个个新的商号和信息联络点,而随着贩运队伍的脚步,晋商的旅店业、餐饮业、批发业务、钱庄、典当铺等都依次发展起来,和当今的物流和线下网点销售极其相似。

晋商的长途贩运在明代就有,不过那时候大都是边境军需贸易,大规模的长途贩运则发生在清统一蒙古大草原和中俄边境战火平息后。针对蒙古游牧民族及沙俄等国的民族特点,专门经营茶、烟、绸缎、纱、绢、工艺品等。一般由总号在张家口设分号,在库伦、恰克图、伊尔库茨克、莫斯科、柏林等地设小号,专门负责对俄、英、法、德等国的贸易;在赤峰设专号,对蒙古地区开展贸易。

晋商的长途贩运贸易一般都是双向的:他们通过设在国内各地的分号收购跨国贸易所需要的烟、酒、茶、青铜器、瓷器、绸缎等,用船载马拉运往张家口,在这里打包贴上自己商号的标签后运往国外,再通过设在国外的各个小号批发和零售。返程时，再将欧洲的驼绒、地毯等运回张家口，在这里重新打包贴上自己商号的标签后销往草原和关内各地。

长途运输、双向贸易为晋商赚取了大把的银两。巨商们利用自己遍布国内外的分号大量采办各地的紧俏货物，通过长途贩运，送到设在山西的总部，再由总部所在的当地商号坐庄批销。由于当时交通不便，中小零售商们又资金短缺，邻近这些大商号的各县市规模小的商号便都向这些巨商们采办货物。除了自己的商号零售外，巨商们通过批发和赊销再次获取高额利润。为了节省成本，减少中间流通环节的盘剥，晋商除派专人与外国洋行老板洽购货物外，还派专人或雇佣外国人担任国外商号的办货老板，直接从国外进货。由于资金雄厚、规模盛大、商号网点众多，巨商们往往能以最低的价格在当地购货，在商号品牌和信誉的作用下，以较高的价格出售，从而赚取到最大的利润。

这种长途贩运贸易为晋商带来的利益是多方面的，除了货物销售外，还可以促进各地分号的建立和推动产业链的快速形成，同时还可以为总号提供海量的商业信息。

大多数晋商在经营过程中，都非常重视通过各种渠道、各种手段了解各地的市场信息、物资盈缺及资金松紧情况。在较大的商号中，一般都会专设收集各地商业情报之职，这种专门的职务被称为"跑街"。"跑街"者的身份、地位都比一般伙友高，除了领取不菲的劳金外，一般都顶有生意。他们每天被商号的掌柜派出去了解本地的各种情况，有的被派往外地收集了解当地各行各业的营业情况，并及时向掌柜汇报了解到的信息。同时，各地商号也会及时地把自己了解到的情况定期向总号汇报，其汇报的内容五花八门，多为当地的工农业生产、市场行情及政治、军事、政界人事变动情况，银钱上市的行情等。总号"当家的"会将各地汇总上来的信息进行分析，并将信息分析情况及时向各地分号通报。各分号会根据收集到的信息以及总号传达的信息迅速分析判断，及时调整经营情况，避免损失。由于事关自己的切身利益，各分号的掌柜都十分重视信息的作用，不仅全力做好信息的收集汇报工作，还经常根据自然现象预测当年及来年的市场走向。

在东北的晋商中曾长久地流传着这样一个故事：

光绪年间，沈阳富生峻钱庄掌柜回家探亲，进入山西后，到一片高粱地方便时，偶尔折断一根高粱秆，发现秆内有害虫，又连折几根均是如此。于是他立刻打消了回家的念头，连夜折返沈阳，筹措资金，大量买进高粱囤积起来。秋后果然关内外高粱产量锐减，富生峻把先前囤积的高粱高价出售，大大地赚了一笔。由于晋商在东北的酿酒业大多利用当地丰饶

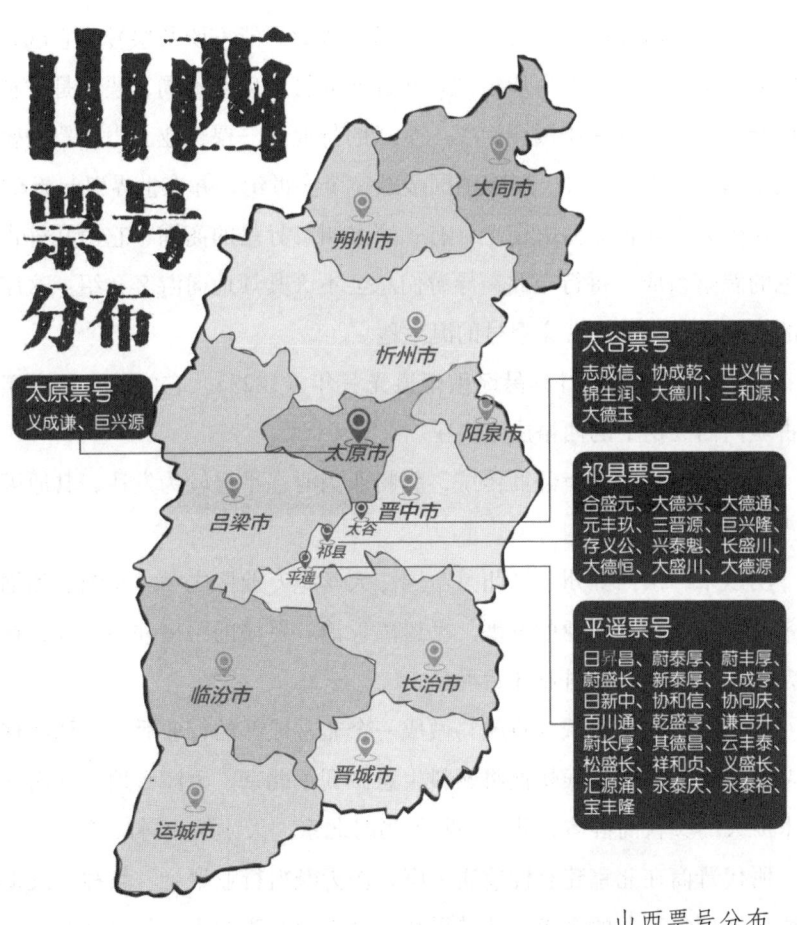

山西票号分布

廉价的高粱，因此天气旱涝、收成好坏直接关系到酿酒成本的高低，所以各商号掌柜对此都极为关心，常有例假不归紧守岗位数十年者。

这个故事一方面生动地体现了晋商对信息的重视，同时也看到了股份制管理下的职业经理人是何等敬业。

在全国众多商帮中，晋商是较早重视和从事金融业务的。晋商早期从事的大多是和体力劳动及手工技术相关的行业，诸如豆腐坊、油坊、酿酒、养猪等。当积累了一定的资本后，便开始从事那些需要较高资本的行业，诸如旅店业、土地买卖、典当铺、长途贩运等。当积累了更大的资本后，便开始直接从事金融业务，如开办账庄、钱庄，最后发展至票号。

票号是金融业的一种特有形式，谈及晋商不能不谈及票号，它既是晋商的商业顶峰，也为晋商所独创。和普通的管理创新不同，票号是一种模式创新，这种创新使中国诞生了一个新的行业——票号业。山西票号曾一度执中国金融界之牛耳，影响中国金融一个多世纪，并在世界引起轰动。

在今天平遥古城西大街上，有一家名叫日昇昌的商铺，它由几栋古香古色的院落组成。每行至此，导游们总会不厌其烦地向游客介绍：这座简陋的院落就是中国第一家票号的诞生地。

中国第一家票号日昇昌诞生于道光三年（1823），它的前身是设于平遥古城内西大街上的西裕成颜料庄。

山西平遥自古就有经商传统，颜料业当时在平遥较为发达，其原因又和当时山西的商业结构有关。

明以来，山西潞州、泽州是全国三大丝织专业区之一。丝织业和绵织业带动了染坊和颜料业的发展。平遥离长治、晋城的距离并不遥远，在这种条件下，平遥的颜料业开始兴起。

当平遥人在平遥城内将颜料做成一个非常成熟的行业后，在那些移民前辈的引荐下，他们很快便将颜料生意做到了北京、天津等地，从而形成一个庞大的颜料商群体，几乎垄断了当时北京、天津的颜料市场。

明代晋商在北京建有仙翁庙一座，作为颜料行业聚会、祭神、议事的场所，即颜料行业的会馆。斗转星移，会馆曾在康熙十七年（1678）捐资重修过一次，乾隆六年（1741）又在馆内修建戏台，嘉庆二十四年（1819）京师的颜料商们再次集资重修会馆。从捐资名单看，当时京城共有36家颜料商捐款，而京城周边捐款的颜料商有通州的36家、保定的11家、天津的4家。西裕成颜料庄就是其中之一，设在北京崇文门外草厂十条南口。

当时的西裕成是众多颜料行里规模最大、资本最为雄厚的一家。

研究一下西裕成创立票号的过程，是一件很有意思的事。

西裕成颜料庄由平遥县达蒲村的李氏开设，李氏先祖原本是陕西汉中人，自元代到山西做官后便落户于此。整个明代，李家没有什么动作，到清雍正年间，李家开始经营颜料庄。李家经营颜料采用的是自产自销、产销兼营的方式，属于工商结合，其销售地域主要在平遥和北京。

18世纪50年代时，李家只能算一般的商人，并不算富有。达蒲村重修东岳庙时，李家兄弟二人各捐银只有6钱6分，而同村的郝姓人家捐银为54两。半个世纪后的嘉庆后期，李家已成为平遥颜料行业中的佼佼者。

当京师平遥颜料会馆重修仙翁庙时，西裕成捐银的数量已达120两，被列于碑刻字号之首，这个不为人注意的细节证明了19世纪初的李家已今非昔比。

嘉庆年间的社会不大太平，却为票号的诞生提供了契机。当时湖北、四川、河南、甘肃、陕西五省爆发了白莲教起义，直隶、山东、河南边界又爆发了天理教武装起义，加之灾荒不断，农业连年歉收，社会治安极不稳定，常有匪患横行，将官饷和民间镖银抢劫一空。

当时山西有许多商人在北京经营干果业，年终账期常有大宗款项需要托镖局运回山西总部。由于路途极不安全，托镖运送费用极高，时间周期又长，这种情况让商人们觉得异地运送现银是件十分头疼的事情。后来有商家欲从北京往平遥捎现银，由于西裕成在北京和平遥都有商号，他们便托北京西裕成总经理雷履泰帮忙。他们把欲捎的银两交到西裕成北京分号，由分号写信通知平遥总号，然后在平遥总号提取现银。后来商人们都觉得这个办法好，在双方商议出一点汇费的前提下，纷纷前来让西裕成拨兑，这种汇费称为内贴。同时，西裕成有时在京需要款项，便在外主动招揽汇兑者，这样需要向汇兑者交一定的贴利，叫作外贴。期间，雷履泰在西裕成各联号也尝试以汇票代替运现。今天这种在我们看来是现代银行业再简单不过的异地存取款业务，在近200年前却可以称得上是石破天惊。

这种拨兑方式使众多的商家感到极大方便，同时也使精明的雷履泰从拨兑业务中觉察出经营汇兑的前景。于是，雷履泰大胆地向东家李大全建议，将西裕成颜料庄改为专营汇兑的票号。东家认为雷履泰的建议有道理，便出资30万两，正式于道光初年将西裕成颜料庄改为票号，取名曰昇昌。

极具商业洞察力的职业经理人雷履泰和极具胆识的资本家李大全无论如何也没有想到，他们的这一决定竟然改变了一个时代——西裕成颜料庄从此结束了它经营颜料的历史，颇具气魄地开始了它经营埠际间汇兑和存放款业务的征程。从此以后，山西的票号业呈现出井喷式发展，中国的金融业出现了一个质的飞跃，在世界金融舞台上熠熠生辉，而中国的镖局作为一个行业从此永久性地退出了历史舞台。

翻阅中国和世界金融史可知，将山西票号的建立誉为"世界金融史上划时代的创新"这样的评价并不过分。山西票号成立仅几十年，便很快形成一个庞大的金融网络，达到汇通天下的目的，有力地促进和推动了中国经济的发展。同时期的美国，虽然建国已近70年，但各地滥设私立银行和州立银行，致使通货混乱、储蓄缺乏保障、信用不良、金融不稳。直到1864年2月25日，美国联邦国会通过《国民银行体系法》，才使美国历史上第一次出现了统一的通货，初步建立起一体化的金融体制。

美国建国几十年，以国家之力促进金融业务才费力地建立起较为稳定、富有信誉的金融体系，而山西票号完全凭借晋商的一己之力，以其四通八达的商业网络、良好的信誉、严格的管理，在兵荒马乱的岁月里能迅速取信于民，飞速发展，晋商的品牌魅力和影响力由此可见。

日昇昌票号成立后，生意蒸蒸日上，可观的利润吸引了平遥城内其他商号纷纷改弦易辙成立票号。在日昇昌成立后的几十年里，平遥县出现了以蔚泰厚为首的"蔚"字五联号，以后又产生了日新中、协和信、百川通、乾盛亨等票号。到光绪三十二年（1906）时，平遥县已先后成立了票号22家，形成一股强大的票号势力，人称平遥帮。在平遥帮的影响和带动下，邻近的祁县、太谷等地也迅速成为各商家票号的总部聚集地。一时间晋中地区车水马龙，商贾云集，很快成为全山西乃至全中国的金融中心。

平遥之所以能成为后来中国的金融中心，有其历史原因。平遥位于山西中部，是黄河第二大支流——汾河的流经之地。这里自古以来就是贯通京陕的交通要道，其地域"东拱帝京，西连秦蜀，南通太行，北入云中（今内蒙古托克托）、雁门"，地理位置明显优于其南面的沁源，西面的介休、灵石以及周边的汾阳、文水、交城等县。因其交通上的便利，平遥很早就成为商业重镇。汉代时，平遥就成为全省一个重要的商品集散地。明代时，平遥已成为一个重要的商业繁华之处。到清初时，已有不少外地客商在平遥立足。到道光初年时，平遥城已是商铺林立，热闹非凡。

中国票号从创立到衰败的百余年中，共设立票号51家，其中山西占了绝大多数，达40余家，而这40余家山西票号中，平遥就有22家，由此也可以看出平遥票号在全国票号中的地位。

日昇昌票号创立后，山西票号以平遥为中心，迅速向全国扩散，其中有的票号是在其他商号的基础上改组，有的则由山西几大商号联手创立，还有的票号吸引南方资本，因而在短时间内发展到大江南北。

日昇昌票号成立不久，在其门面以东隔壁的蔚泰厚商号是介休县侯家开设的绸缎庄，侯家看到日昇昌成立后财源茂盛，日进斗金，便将自己的绸布庄也改成票号，并聘请原日昇昌二掌柜毛鸿翙具体经营。道光六年（1826），蔚泰厚票号成立，在毛氏的努力下，不几年票号业务便大见其利。

于是侯家便将自己旗下的另外四家布庄和绸缎庄都改成了票号，总部均设在平遥城内，统称"蔚"字五联号。在毛氏的主持和指导下，"蔚"字五联号的业务蒸蒸日上，不几年便大获其利。此后，其他的商号纷纷仿

办,在这股风潮下,平遥城先后改经营和新设的代表性票号有:

日新中票号,由日昇昌出资,开办于道光十八年(1838)。

协和信票号,由榆次聂家出资,开办于咸丰三年(1853)。

百川通票号,由祁县渠家出资,开办于咸丰十年(1860)。

乾盛亨票号,由介休冀家出资,开办于同治元年(1862)。

谦吉升票号,由平遥达蒲村李家和陕西人高氏、安徽人雷氏合股,于同治元年(1862)创办。

云丰泰票号,由云南高州镇总兵杨玉科和平遥商人范缙合资,于同治三年(1864)创办。

松盛长票号,由江苏苏州粮道英朴出资,创办于光绪元年(1875)。

永泰庆票号,由平遥毛氏和祁县乔氏合资,创办于光绪十八年(1892)。

永泰裕票号,由平遥毛家独资,创办于光绪二十七年(1901)。

宝丰隆票号,由介休洪山在四川浚川源官银号任经理的乔英甫于光绪三十二年(1906)创办。

将上面这些资料稍加分析,我们便可以得出票号行业的一个简单创业路径和版图:

一、票号业创办只3年,本行业便迅速有了跟进者。日昇昌成立于道光三年(1823),仅3年后,蔚泰厚票号便成立。在200年前的中国,面对一个崭新的行业,这样的跟进速度是相当惊人的,即便是日昇昌自己也是在15年以后才有了自己的另一个票号。

二、票号大规模创办的时间大约在咸丰十年(1860)以后,那时候太平天国起义已接近尾声,第二次鸦片战争已经结束,清廷的内乱外患趋于平息,国内局势相对稳定,十分有利于票号的快速发展。

三、票号的创办者和创业者群体基本上由四类人组成:原先的商号改组而成,如日昇昌票号是由颜料商号改组而来;职业经理人转型,如毛鸿翙、乔英甫;资本大亨,如乔家、常家、聂家;各类达官显贵。这些创办者中,既有平遥人,也有平遥邻近周边县的人,更有大江南北的陕西人、安徽人、云南人、四川人、江苏人。正是这些不同的投资主体，才使得以平遥为总部的山西票号四面开花结果。

从道光三年（1823）到光绪三十二年（1906）的80多年中，平遥票号在全国各商埠广设分号，数量达400多家，分布在77个城镇中。大多是一家票号在多处设立分号，一个城市中又同时有多家票号设立分号。如日昇昌票号在光绪二十六年（1900）时，已在外设立分号40余家，蔚泰厚在外埠的分号也有30余家。

我们将平遥票号涉足的城市在此一一罗列，看一看清代末年平遥晋商的脚步究竟走到何处：

北京、天津、保定、济南、周村、青岛、烟台、太原、太谷、介休、祁县、张兰、文水、汾阳、运城、解县、曲沃、新绛、西安、汉中、三原、开封、郑州、周口、漯河、沈阳、哈尔滨、营口、上海、苏州、扬州、镇江、杭州、宁波、蚌埠、芜湖、屯溪、南昌、九江、福州、厦门、汉口、沙市、宜昌、长沙、岳州、湘潭、成都、重庆、万县、清江浦、广州、潮州、汕头、琼州、九龙、桂林、梧州、昆明、南宁、贵阳、归化、迪化（今新疆乌鲁木齐）、包头、常德、张家口、兰州、凉州、肃州、佛山、河口、西宁、雅州、理塘、巴塘、康定和香港。

从以上城镇分布的地域看，平遥票号几乎遍及全国主要城市和商埠，而这些只是平遥票号的分支机构，如果算上总部设在太谷、祁县等地的分支机构，山西票号所设立的分号近千个，所涉足的城市近百个。如此多的分号形成一张庞大的金融网络，成就了晋商汇通天下的商业梦想。由于山西票号主宰了当时中国的金融流通业，西方世界把票号这种新型的商业模式和金融机构统称为ShanXiBank（山西银行）。而这个由民间筹备成立的"山西银行"，要比大清的户部银行早80多年。

山西票号的创立不仅是中国金融发展史上具有里程碑式的事件，同时也是晋商几百年发展历程中最辉煌的一页，它的创办和发展和当时中国的政治、经济形势是分不开的。

观察中国封建社会经济发展的历程会发现，明中叶以后，中国的封建经济有了明显的不同，商品的货币经济此时有了较快发展。巧合的是，也正是在这一时期，晋商开始登上了中国的经济舞台并成为随后500多年中左右中国经济的新生力量。

明中叶是中国封建经济的分水岭，此前的1000多年，中国社会尊崇的是重农抑商的小农经济，农产品和手工业产品以自给自足为主，在交易上以易货贸易为主。明中叶以后，由于社会生产力有较大提高，加之国外白银流入的刺激，使国内的商品货币经济有了较为明显的发展，资本主义开始萌芽。

到了清前期，特别是康熙、乾隆时期，国内政治稳定，农业生产不断发展，人口急剧增多，商品货币经济在明代经济的基础上有了更快的发展，商品交易也空前活跃。不但有众多的地方性市场在各地兴起，而且全国的大市场也在逐步形成之中。当时比较成形的大市场，北有京师，南有佛山，东有苏州，西有汉口。商品经济的发展对货币金融业提出了新的要求，促使封建金融机构开始突破单纯的兑换范围，向信贷和汇兑专业化方向发展，而明中叶以后商品货币经济的发展为票号的出现提供了条件。

中国历史上银币的广泛使用，大约是在明英宗正统年间开始的，当时正是明朝开国70年之际，社会格局开始出现变化。反映在经济领域就是政府征收田赋不再收货物，而是折算成金银收取，到万历年间，这种倾向进一步加剧。当时政府实行一条鞭法，规定向政府缴纳的田赋、徭役、土贡、杂役等，要按人丁土地的一定比例全部并入地亩，折银征收。这一税制改革，是中国封建社会劳役经济转向货币经济的重要一步。

进入清代以后，一开始对赋役规定银、米兼收，到后来，除了漕粮外，几乎全部征收银两和钱。17世纪以后，清政府征收徭役和发放薪饷一律用银，而此时的货币地租也有了新的发展，即租种土地的农民不必再像过去一样向地主缴纳谷物，而是直接缴纳银两。货币地租的出现标志着整个社会的货币经济已经在过去的基础上有了相当的发展，因为商品货币化意味着一个人可以使用货币随时随地买到他所需要的商品。这种在我们今天看来已司空见惯购买商品的模式，中国社会直到清中期以后才逐步实现。因为商品的高度货币化，尤其是产品地租向货币地租转化，需要一个社会提供充足的商品和商业中心以及交易规则，而随着清代劳动生产力的不断发展，商品交易方式的变革呼声也越来越高。

不论是明，还是清，政府都重农抑商，希望把农民牢牢地控制在土地上，并不愿意民众自由流动和自由贸易，但从明代开始，这种局面开始被打破。

打破这种局面的第一个因素就是地理大发现。从16世纪开始，西方世界开始持续探索，终于打通了从西方进入东方的新的海上通道，全球市场开始形成，明政府即便闭关自守，仍然难以经受住世界商品浪潮的侵袭。

打破这种局面的第二个因素便是人口的变化，这个变化集中反映在清代。明末，中国的人口不足1亿，而到了清末，人口已达4亿。

以山西为例，至元二十八年（1291），由于元朝统一中国，战争连年不断，大量人口死亡或南迁，山西人口降至中国封建社会的最低点，只有55.39万人，这个数字尚不足春秋战国时期山西的人口数。春秋时，晋国的人口曾达到80万左右。

元末明初，山西战乱少，和至元二十八年（1291）相比，仅仅过了100多年，至明洪武二十六年（1393），山西人口已增至407.2万，即便此时山西开始向周省份大移民，到明神宗时尚有人口532万之多。

进入清，山西人口持续增长，至乾隆二十七年（1762），人口达1024万，突破千万；到道光二十五年（1845），超过1500万；到光绪三年（1877），人口进一步增至1643.3万，达到整个封建社会山西人口的顶峰。从乾隆二十七年（1762）到光绪三年（1877），这100多年是山西人口发展最为迅速的时期，同时也是晋商发展最为迅速的时期。

人口发展和商业发展趋势在山西境内出现重叠并不是偶然。

明代尤其是进入清代，实施"摊丁入亩"以后，中国人口迅速增加，出现了人多地少的局面，但中国自宋南迁以后，长江以南的土地已大抵开垦完毕。如果想解决吃饭问题就必须寻找更广阔的土地和生产更多可以用于贸易的产品。在这种情况下，一部分剩余劳动力开始走西口、闯关东，一部分则专门从事商品生产和贸易，晋商正是在这种大背景下应运而生的。

票号创办之前，晋商在经营活动中已逐渐推出了账局、钱庄、典当铺、印局等金融组织和形式，但大多满足不了大批量借贷和汇兑的需要。随着各地分号在全国的布局，商人们商品交易的次数越来越多、周期越来越长、用银数量越来越大，不仅国内外贸易需要，就是晋商各分号之间也经常需要现银拨付。

票号产生之前，商人们异地现银调动大多由镖局来完成，但用镖局押运现银不仅花费时间长、费用高，还有相当大的风险，尤其遇到兵荒马乱的岁月，现银经常遭遇土匪抢劫让商家损失惨重。

在这几种情况的交互作用下，票号终于破茧而生，而这一历史使命之所以由晋商来完成，则是因为晋商不仅资本雄厚，而且商号网点遍布全国，容易很快形成金融汇兑需要的商业网络。同时，晋商经常需要将遍布全国的各分号赢利解回山西总号，长途贩运也经常需要现银，也就是说，相比于其他省域的商业机构，晋商对现银汇兑的需求更为迫切，所以最终的票号创办者在晋商中产生也就不难理解了。

商业影响下的世界

明清持续500多年的晋商大规模的商业活动，无论对中国还是对山西本地的社会意识以及日后的中国经济都产生了极其重大的影响。

在国内各省中，山西的商业开始得较早。先秦晋南一带就有了商业活动。晋文公称霸时，榆次等地就已成为有名的商业集镇。战国时期，太原、临汾等地的商业已经比较繁荣。秦汉时期，太原、平陆、平遥、汾阳等地已成为重要的商品集散地。唐定都长安后，定太原为北京，太原成为长安、洛阳之后的全国第三大城市，同时也是一个商业繁华的大城市。到了宋，晋商和徽商并称为中国两大商业力量，北方王朝的战马大都从山西岢岚等地购买。由于山西地处北部边境，非官方的民间贸易也比较频繁。进入元以后，山西人的商业脚步并未停歇。《马可·波罗游记》中写道："从太原到平阳这一带的商人遍及全国各地。"

尽管如此，明以前，晋商的地位在全国并不突出，也没有出现系统性的商业组织。

明清两代，山西商业得到快速发展，晋商成为全国首屈一指的商业势力，出现了一批富甲天下的超级富豪。史书记载，明代山西"平阳、泽、潞富豪甲天下，非数十万不称富"。

到了清代，兴旺发达超过200多年的商业世家就达几十个，最有名的如榆次常家、聂家，太谷曹家，祁县乔家、渠家，平遥李家，介休侯家、冀家，临汾亢家，万荣潘家，阳城杨家等。他们既是大商号的拥有者，又是大票号的拥有者，同时他们中多数还拥有大量的土地，成为集商人、金融家、大地主多种身份于一身的大资本家。

这么多的商业巨头，在如此长的时间里，集中出现在同一个地域，这在中国商业史上是绝无仅有的。这么多巨商的存在，足以将山西烘托为一个富省，这一点就连清帝国的最高统治者也不否认。当时有人曾估算过晋商的财富，估算的结果是：如果只把山西晋中地区几十家富豪的资产相加，数量就超过了1亿两白银。这个数字甚至比当时国库的存银还要多，真可谓富可敌国。

道光二年（1822），中国当时最著名的文化思想家龚自珍为了缓解内地日益严重的人口压力和稳固边疆的政局，曾向道光皇帝建议：将内地的人口大量向西北地区迁移，但龚自珍认为这个政策不适用于两个地方：一是苏浙，因为这里的居民太柔弱，经不起西北的风沙；另一个地方就是山西，因为这个地方太富裕了，没有人愿意去西北吃苦。在谈到山西的富庶时，龚自珍用了这样一个词——"海内最富"。

龚自珍向皇帝建议的时间正好是山西票号创立的前一年，此时的晋商还未通过票号获利。假如龚自珍的这个建议后延几十年，山西晋商之富一定会让龚自珍瞠目结舌。

光绪二十八年（1902），正是龚自珍向皇帝提出建议的80年后，祁县渠家的百川通票号经营获利，每股分红达到2万多两，渠家一次分红就得20万两。由此可见，票号业已成为晋商后期财富积累的重要来源，所得利润已超出传统商号，如此多的财富让山西直到清末民初仍保持了"海内最富"的地位。

渠家票号分红的前一年，《辛丑条约》签订，清廷向列强赔巨款4.5亿两白银，分39年还清。清廷将这笔赔款向全国各省分摊，山西分摊到的数量加上山西地方赔给外国教会的313万两以及由李提摩太提议，山西额外筹集银50万两筹备山西大学堂，山西经济债务到光绪二十八年（1902）需支付的款项近480万两，而这个数字相当于山西全省一年的财赋收入。

一个省一年的财赋收入不到480万两，而渠家一个票号一个账期的分红就达20万两，其间财富对比让人惊叹。

渠家在山西富豪中并不算最富的，而百川通票号也只是渠家众多票号之一，除百川通外，渠家还设有三晋源、存义公、汇源涌、长盛川等票号。

除了票号业，渠家还在各省设有茶庄、盐店、钱庄、典当铺、绸缎庄、药庄等，渠家的财富由此可以判断，而整个晋商的财富也可由此推断。据说，当年主持百川通事务的渠源祯去世时，他的后辈在其住宅一窖就挖出白银300万两。

明清时期特别是清代中后期，成为"海内最富"的山西对后世影响极大。

清末民初，正是由于晋商和各界的共同努力，才使山西避免沦为完全的殖民地。

张之洞和胡聘之是晚清任命的两任山西巡抚，他们在晋期间都力主兴办近代工业，加强山西的经济实体，尽管这些举措都带有官办性质，但仍然少不了晋商的参与。

张之洞是晚清重臣，他曾任两江总督和军机大臣，是晚清洋务运动的重要人物，在政坛颇有影响。他于光绪七年至十年（1881—1884）任山西巡抚,足见清廷对山西的重视。他在任时间不长,却力主在山西办理洋务。

他非常重视李提摩太的洋务方案,在晋招引洋务人才,设洋务局,广购有关洋务的书籍,又从上海购置若干新式织机、农器,用来办理洋务。

同时,张之洞还十分重视发展山西实业,开发泽州的铁货,整顿盐务,推广火器,强化军事实力,而这些举措均有晋商的积极参与。

胡聘之于光绪十七年至二十五年(1891—1899)历任山西布政使、山西巡抚。上任之初他便极力办理洋务,先是奏请清廷准许开发山西煤炭,以兴办工业。在他的支持下,先是在太原兴办火柴局,这是山西近代工业的开端。后来他又主持兴办太原机器局,用蒸汽机为动力,建造机器、翻砂、熟铁等,又从天津、汉阳等地聘请技工,这家机器局后来主要制造火枪、步枪、小炮、火炮等,成为山西军工业的先驱,日后阎锡山重建晋军,甚至抗战时八路军在山西兴办的兵工厂,都和这家机器局提供的人才和技术基础有很大关系。胡氏后来还利用晋南的产棉优势,兴办纺织厂;开办山西省通省工艺局,又在太原设山西商局,开办葡萄酿酒、奶油制饼、熔铁炼钢、烧砖、玻璃等企业。在他的大力推动下,还兴建了正太(正定—太原)铁路。

胡氏在山西兴办的这些近代工业,虽说主要是官办企业,但还是从晋商中吸纳了不少管理人才和资金。如光绪三十四年(1908),山西富商刘笃敬负责山西同蒲线事务,山西票号认股60万两,其他票号认股40万两。几经努力,同蒲线最终于1933年开工建设,成为贯通山西南北的交通动脉,为其他各省之少见,晋商在其中功不可没。

除了官办企业外,这一时期,民办、商办的工业企业还有山西平陆矿务公司、山西晋益煤矿公司、山西保晋矿务公司、太原电灯公司、玉成永铁工厂等,总投资达300万两白银。尽管发展缓慢,但晋商的努力仍然让人瞩目。

义和团运动之后,列强加紧了对中国的经济掠夺,逼迫清王朝出让在各地修路开矿的权利。山西煤铁矿富集,列强垂涎已久。光绪二十三年

(1897),《老残游记》的作者刘鹗弃官从商,唆使山西巡抚胡聘之以晋丰公司的名义,向外国银行借款1000万两白银,与意大利商人共同开发盂县、平定、潞安、泽州等地矿产。这种行为激起了山西民众的愤怒,在京山西籍官员、省内富商绅士及青年学生联合起来反对。经过10年的抗议,光绪三十三年(1907),山西富商刘茂赏、冯济川等人开始筹备保晋矿务公司,由各县钱粮亩捐作股金,另由票号商及各界人士认股,推祁县人渠本翘为总经理,并于当年成立保晋矿务公司。经过艰难交涉,保晋矿务公司以275万两白银终于赎回了山西丧失10年之久的矿产开采权。

为争矿权,渠本翘亲自出面向各票号借款,而晋商们也竭力相助,以150万两白银助保晋矿务公司夺回矿权,从而在与列强的争战中写下令人难忘的一笔。

据太谷曹家后人回忆,阎锡山在担任山西督军和省长后,经常向曹家借钱用来发军饷,每次借钱动辄几十万甚至上百万元。大多数时候,阎锡山所借的钱都有去无回。

据渠家的记录,辛亥革命时期,山西军政府初成立时,因财政困难向渠家提出借几十万两白银,渠家尽管非常不愿意,甚至还让人抬棺木抗议,但最后被逼无奈还是借给军政府30万两白银。

除了为阎氏的官僚资本提供捐助或资助外,大部分晋商都选择了直接投资,如侯家在清末民初票号衰败时,就将蔚丰厚票号改组为银行。截至1936年,侯家投资的产业尚有同蒲线15万两以及山西保晋矿务公司和榆次晋华纺织公司等近3万两。

除资金外,阎锡山兴办工业需要大量的人才,尤其是企业管理方面的人才,而这些人才有不少是从晋商中引荐而来。

明清两代,晋商纵横天下,其中不乏管理高手和理财能手,史书上关于各地延揽晋商人才的记载不胜枚举。

明代山西洪洞人韩文,弘治十六年(1503)任南京兵部尚书,因遇饥荒,请预发三个月军饷,安定军民,获准放粮,使米价平稳,显示了应急解困的才干。次年,韩文任户部尚书,总管财政。他上任后,大力整顿盐法，提高国库收入，又请裁撤皇庄，限制皇室宗亲抢占民田，又奏请精简冗杂官员，以省费利国。

山西阳城人王国光，在万历初年曾任户部尚书，当时正是张居正为首辅，力主改革，王国光遂成为张居正的得力助手。他上任后采取了一系列措施：首先将冗费裁撤30%多，紧接着又统一财政计划，以结余支付边饷；改革通州仓管理办法，提高漕运验查效率；完善各地钱粮征收制度，理顺中央和地方钱粮部门的对口归属，其中很多措施直到明末还在沿用。

进入清代以后，晋商为国家贡献理财方面的人才案例更是多如牛毛。很多曾是商业人才的晋商子弟在入仕后仍然从事经商理财方面的工作，山西人擅理财的民间声誉也大概在此时传遍全国。

光绪二十三年（1897），大清重臣盛宣怀筹建通商银行时，在给友人的信中曾这样写道："拟于通商大码头用洋人为总管，于内地各省会用晋人为总管。因内地分行，不能放账，仅能通汇票，或寓放账于汇票之中……如果一时得不到许多汾、太好手，拟将湖北、湖南、四川、陕西、山西数省，专用西帮，仍悬通商银行招牌，而悉照西号办法。即请阁下速将函中所言之平遥巨手，代为延定……如此人不能来，弟亦决计要用西帮，但访求殊不易得。公于都中各西号熟识，望再费神代为切而求之。"

这封信中，筹备银行的盛宣怀托人物色经营管理人才，文中的"汾、太"，就是山西的汾阳、太谷，而"西帮""西号"指的就是晋商和晋商设立的票号和商号。由于晋商的巨大影响力，各地成立银行或商业经营组织时，首先想到的便是到晋商中去延揽人才。

如平遥宝丰隆票号股东乔英甫，曾任四川浚川源官银号经理；日昇昌分庄经理王靖夫和蔚盛长分庄经理范元茂曾承办广西银行；源丰润票号经理陈薰，既是上海四明银行的创办人，又是该银行的总理。而从票号转为银行的经营人才中，最有名的便是贾继英。贾继英原本为山西乔家大德恒票号太原分庄经理。光绪三十一年（1905），大清户部银行成立，贾继英被慈禧太后下旨担任大清户部银行行长；三年后，户部银行改组为大清银行，贾继英继续担任行长。辛亥革命后，大清银行倒闭，但此时的贾继英作为职业经理人已名满天下,才冠商界,又被阎锡山聘为晋胜银行行长,成为阎锡山统治山西的得力理财助手。

即使是在王朝更迭、兵荒马乱的岁月,由于晋商在全国的影响力巨大,信誉度颇高,所以依然备受各界的信任,就连袁世凯在天津开设银行学堂时,也在山西招募学生六十名,赴津学习。

晋商的资金和人才不仅有力地支援了阎氏在山西的统治,也让山西在进入民国以后能延续富省的地位(这种趋势直到全面抗战爆发才被迫中止)。同时,晋商持续几百年驰骋大江南北远赴海外的商业经历,不仅对周边省份产生了巨大影响,也对开阔晋人视野产生了相当的影响力。

晋商的脚步在明代初期就已踏向全国,到明末已进入东北地区。天命三年(1618)努尔哈赤占领抚顺时,曾对在抚顺的山西等地的大商人写下"七大恨",命令他们退回山海关内,由此可见当时晋商的势力已深入后金统治区域。

清军入关后,晋商除了在东北地区继续深耕外,还越过长城和阴山向内外蒙古地区挺进。随着货币资本的逐步形成,晋商不仅垄断了中国北方的贸易和资金调度,还插足于整个亚洲地区,甚至把触角伸向欧洲市场,南至香港、加尔各答,北到伊尔库茨克、西伯利亚、莫斯科、圣彼得堡,东起大阪、神户、长崎、仁川,西到塔尔巴哈台、伊犁、喀什、噶尔,都留下了晋商们的脚印。有些商人甚至能用蒙古语、哈萨克语、俄语、日语、英语和外商交流。不论是草原上的骆驼商队,还是海边的商船,都能听到山西口音在问答呼应;从呼伦贝尔的醋味,到贵州茅台的酒香,都是山西人在酿造叫卖。

至今几百年过去了,我们仍然可以在全国很多地方看到晋商活动过的痕迹:甘肃的老西庙、新疆的古城塔、昆明金殿的铜鼎、江苏扬州的亢园、安徽亳州的花戏楼,大都是晋商创建的。安徽雉河集(涡阳)的山西会馆,曾经是捻军起义的发源地。今天东北地区的很多民间烧酒技术就是当年由晋商带过去的,而著名的贵州茅台酒是康熙四十三年(1704)由山西盐商雇杏花村汾酒厂工人和当地酿造工人共同创制的。在宁夏著名的大商号多是山西万荣、平遥、榆次、临猗一带的商人开办的，名药材枸杞半数掌控在山西人开的庆泰亨手中。在青海，晋商以西宁为根据地活动于各州县。

在北京，粮食行多是祁县人经营；油、盐、酒店多是襄陵人经营；纸张商店多是临汾人和襄陵人经营；布行多为翼城人经营；北京至今留有招牌的大商号都一处、六必居、乐仁堂等都是浮山、临汾等山西人首创和经营的。

此外，晋商还到比较远的四川、云南、贵州、湖北、湖南、江西、安徽、广东等地进行贸易和经商。广州的濠畔街，多数房子是由晋商修建的，广懋兴、广益义等实际上都是晋商在广州开设的老字号企业。

今天的四大直辖市，在明清时期尤其是清代，全部活跃着晋商的影子。

据清人徐珂《清稗类钞》记载："京师大贾多晋人。"北京是清王朝的都城，人口众多，消费巨大，工商业比较发达。山西临近北京，桑干河从山西管涔山出发顺流而下，经大同、张家口进入北京后称为永定河，沿河而下的不仅有冲积北京的泥沙，还有大量物资和商人。明初，朱棣移都北京时，从山西迁来大量民户；之后洪洞大移民时，又有大批山西人移民北京，甚至连修建故宫的很多木材也是从山西运来的。明清晋商发达之际，很多人沿桑干河顺流而下，进入北京从事商业活动，在当时的北京工商业中，晋商占有绝对优势，其中很多行业为晋商把持甚至垄断。

山西潞安府自古冶炼发达，所以在京的潞安商人多从事铜、铁、锡、炭等行业。山西曲沃旱烟种植在明时就享有盛誉，所以曲沃商人大多在京师经营烟业。山西临汾一带在古代书刻印刷非常发达，所以山西人在京师从事书业的也特别多。据考证，山西人仅在道光年间在北京琉璃厂开办的书店就有10多家，其中的宝名宅为琉璃厂最大的书店。其他如鞋帽店、餐馆等开办的也非常多，其中的都一处烧卖馆就是乾隆年间由山西人创办的。票号创办后，晋商在北京开办的票号如雨后春笋，发展极为迅速。此前的当铺大多为山西人所设，如咸丰时期，北京的159家当铺中，由山西人开办的当铺就有109家。票号兴起后，晋商迅速占据了北京的票号市场。

天津在明代时还属于荒凉小镇，进入清后人气逐渐积聚，到道光年间，已呈现出繁荣景象。

第二次鸦片战争开放天津为通商口岸后，大批晋商鱼贯而入。据《津门杂记》记载，天津的山西会馆有两处：一处在河东杂粮店街，一处在锅店街。从各种资料记录可以证实，清代天津的盐业、当铺、颜料庄、栈房、烟草、杂货、票号等行业，绝大多数为晋商所垄断。

据记载，光绪年间在天津的晋商有12个商帮，其帮号和商号分别是：盐务帮滦城店、洋务帮锦泰公、永泰生、汇兑帮蔚长厚、日昇昌、当行帮李天聚、时聚和、颜料帮东如升、如升大、杂货帮晋义堂、铁锅帮丰泰裕、锡器帮永昌号、染店帮晋裕成、维新成、茶帮大德玉、皮货帮四合源、账局帮积义公等。

晋商在天津开办的商号不仅门类齐全、商号众多，而且历史悠久，如晋商开办的中和烟店，其开办时间达300多年；天津商业八大家中，晋商王氏位列其中，先是经营盐业，后来又经营钱庄，其后代王奎章后来成为南开学校的创始人之一。

晋商崛起，尤其是票号业兴起后，晋商的资本开始大量积聚和流动，天津开埠后很快成为商品集散地和消费城市。晋商于是很快成为天津典当业和高利贷业的主导者。由于晋商有着几百年的悠久历史，所以在各行业中表现出极高的业务水平，如天津典当业中的晋商，对于古玩、字画、金石、首饰、珠宝等贵重物品都具有较高的鉴赏水平，对于投当物品的质量、成色、新旧程度都能做出精确的估计，从而在商业中立于不败之地。

晚清时天津是华北、东北、西北的颜料集散地，而晋商则成为天津颜料业的霸主。后来成为首家票号创办者的平遥西裕成颜料庄，嘉庆时在天津就开设有商号，直到民国时，山西颜料商在天津仍有很大的势力。长芦盐场从明代就为山西人所控制，直到清代仍有许多晋商靠在津贩盐起家。

天津也是山西票号的发祥地，票号在山西创立后，平遥、祁县、太谷三大票帮很快就在天津开设了分号。祁县的大德通票号从清代一直持续到1949年才宣告歇业。由此可见晋商对天津商业的影响和推动作用。

由于山西距上海和重庆路途遥远，所以晋商对于这两座城市的商业影响力主要体现在票号汇兑方面。

随着两次鸦片战争的结束，19世纪五六十年代，上海被迫成为重要的商业中心和金融中心，并成为全国进口商品和农副产品出口的重要集散地。当时上海进出口贸易商的金融调度主要是使用钱庄的钱票，当贸易量迅速扩大时，钱庄的资本已很难应对贸易的需要。山西票号崛起后，由于晋商资本雄厚，且全国各地皆设有分号，皆可直接汇兑，因而迅速取代钱庄成为上海金融市场的主力，从19世纪60年代起至上海现代银行业崛起之前，山西票号始终是上海金融业的主力。

和上海相似，重庆从19世纪80年代起，逐渐成为长江上游的经济中心，到光绪初年，重庆进口外国商品的总量已达到上海的1/9，在全国内地城市中位列前茅，仅次于上海、汉口、天津等地。随着贸易的发展，晋商在重庆票号的存放款业务也迅速增多。

光绪十七年（1891），重庆进口洋货只有137万关两，仅仅3年后，到光绪二十年（1894），其进口总额已达到510余万关两。3年中，进口值增加了3倍。这也意味着晋商的业务在这短短的3年中可能增加3倍。

由于当时进出口商品的贸易汇兑和结算都要通过票号来完成，所以19世纪90年代至20世纪初，晋商几乎左右着重庆的金融市场。

由于晋商在商业上的拓展，直接推动了一些城镇的建立和发展。

当年蒙汉贸易的必经之路东口和西口，由于晋商的推动，逐渐形成了后来的张家口和归化城。张家口至今仍有一条巷子叫日昇昌巷，因为当年大名鼎鼎的日昇昌票号曾在这里设过分号。张家口当时的八大名商全都是山西人，其中最大的企业便是祁县人范家开设的兴隆魁，这家商号有员工近千人，是清政府对蒙和俄国贸易的第二大企业。归化城就是今天的呼和浩特，直到如今，这个城市仍有两条巷子，一条叫定襄巷，一条叫宁武巷，都和当年的晋商有关。

此外，在东北至今流传着"先有曹家号，后有朝阳县"，在西北流传着"先有晋益老，后有西宁城"的谚语，形象地说明山西商号在推动城市创立和发展中的作用。

今天的内蒙古包头市几乎就是由晋商推动发展而成的。"先有复盛公，后有包头城"，这是今天流传在包头地区一句妇孺皆知的民谚。这句话既说明乔家复盛公字号的历史久远，又说明乔家商业对包头城发展产生了巨大影响。

乾隆初年，当乔家的发迹始祖乔贵发刚到包头经商时，包头仅仅是一个几十户人家、300多口人的塞外小村落，和今天绝大多数偏远的村庄毫无区别，但仅仅过了不到20年，至乾隆二十二年（1757）乔贵发与人在包头创办广盛公商号时，包头已发展到1000多人。到了嘉庆六年（1801）广盛公改组为复盛公时，包头已发展到4000多人。如果没有商业的推动和吸引，正常的人口繁衍自然不会如此快速。

到了嘉庆十四年（1809），随着商业的繁荣和人口的增多，包头由包头村改为包头城，而此时，乔家的商业已经在这里发展了50多年。

到同治九年（1870），大同总兵马升驻防包头时，修筑了周长17里、高1.5丈的城墙，包头才真正成为一座城池。1926年，包头与萨拉齐分治，成了包头县。1937年包头县升格为包头市。

包头的发展和壮大，完全由商业的发展而成，晋商对包头的发展功不可没，而复盛公也成为包头立足最早、持续时间最长（150多）、影响最大的商号。

包头城只是晋商匆忙脚步的一个驻足，像这样的城市在北方还有很多，张家口、朝阳、西宁等地的民间至今仍把山西话当作流行语言，甚至很多人的祖上本就是从山西移民而来。

今日的张家口，因与北京联手承办2022年冬奥会而闻名于世，而100多年前的1909年，张家口便因中国人自主建造的第一条铁路——京张铁路通车而名噪一时，但人们不知道的是：张家口其实在300多年前就已经开始辉煌。

100多年前的张家口,是著名的国际商埠,是一直延续了300多年的陆上丝绸之路之货物集散地(俗称旱码头),这一切和山西人,尤其是晋商密切相关。

张家口之名始于明。元末明初,由于连年战争,河北人口锐减。明成祖朱棣迁都北京后,为了充实京畿人口,巩固边防,增加兵源,于永乐二年(1404),有计划地从山西人烟稠密的县区,移民到张家口、宣化一带,由官方筑起土堡,给移民居住。为了防止北方游牧民族的骚扰,于各地筑起烽火台,每台屯兵把守,士兵父子相承,并可携眷久居耕种,由此形成许多村落,以堡、台命名的甚多。城镇各隘口均筑砖城,分设参将、守备、千总、指挥、游击等武官驻防。由于这一带地势险要,宣德四年(1429),由张文指挥负责在口南五里许修建张家口堡,屯驻重兵,守卫边塞,后改成张家口。

据《万全县志》记载:"张家口在明代原属万全右卫,宣德四年(1429)始筑堡城,为与蒙古通商互市之要镇。"此处原为历史上匈奴、契丹、鲜卑、女真、蒙古等少数民族密集来往的区域,在经过明清几百年的融合后,这里已成为少数民族与汉族的融合地区。晋商崛起后,这里便有了零散的贸易。嘉靖三十年(1551),由官方正式批准在这里设立马市,由官方以布匹、铁器等换取蒙古鞑靼的马匹、皮革等。隆庆四年(1570),这里进一步被官方辟为蒙汉互市之所。万历四十一年(1613)官方在张家口之侧筑来远堡,以张家堡和来远堡为基础,张家堡逐渐发展成为蒙汉贸易交往的中心。当时摊铺鳞次栉比,商贾云集,来远堡外"穹庐千帐",商业贸易十分兴盛。在这些来来往往的人流中,人数最多、最为活跃的就是晋商,是晋商一步步将张家口由村推向镇,再由镇推向市。

历史上山西人走西口,最先指的就是去张家口,清代山西著名的八大皇商、数百家商号就是在这里诞生。后来,晋商的商号延伸到包头、归化,张家口便成为东口,杀虎口、包头、呼和浩特成为西口。据乾隆时期《万全县志》记载:"八家商人皆山右人,明末以贸易来张家口,曰王登库、靳良玉、范永斗、王大宇、梁嘉宾、田生兰、翟堂、黄云龙。"20世纪之前，张家口的钱庄、票号有42家，全部由山西人开办。由于张家口到库伦商道的开辟，广阔的蒙古草原上兴起库伦、恰克图、归化和沿路无数县、镇、盟旗之城市，张家口成为闻名中外的"皮都"。

咸丰十年（1860），俄国商人落脚张家口。之后，英、美、日、德等数十国商人接踵而至，京津、武汉、广州商人也纷至沓来，张家口自此成为远近闻名的国际商埠，而这个商埠是由晋商一步步走出来的。鉴于张家口贸易的重要性，清政府于光绪三十年（1904）批准建造京张铁路，并于宣统元年（1909）通车。今天这条铁路已成为这一地区的重要工业遗产，顺着这条铁路远眺，耳边仿佛能听到晋商长途跋涉的驼铃声。

不仅在北方，南方也有许多城镇因晋商的缘故而建立，继而发展壮大。

康熙二十八年（1689），巡视江南的康熙皇帝观察到：即便是在长江中下游这些远离山西的地区，晋商活动的身影也四处可见。在商业繁荣的苏州、杭州、绍兴一带，从事市井商贾的人大部分仍为山西籍人士，当地人经商致富的反而比较少。

武汉，现常住人口达到1500多万，而在16世纪中期的明嘉靖年间，汉口还仅仅是个不过2.5万人口的小镇。晋商进军南方后，汉口渐渐成为晋商重要的货物集散地和运输通道。中俄贸易中的万里茶道就是以汉口为出发点。到18世纪初，汉口周围已有"户口二十余万"，号称"九省通衢"。整个清代，汉口都是晋商重要的商号和票号所在地，而汉口也借着晋商商业推动而成为举世闻名的大都市。

晋商日夜不息的脚步不仅缔造了许多城市，而且提升了所到之处的物产和工艺，极大地提升了当地的生产水准，并推动了当地经济的繁荣。

由于晋商经营的行业十分广泛，凡百姓日用所需，如铁器、铜器、粮油、盐茶、棉布、丝绸、烟酒、皮货、颜料、煤炭、药材、干鲜果品、酱菜等，无所不有。和一般商家不同，为了节省成本，晋商一般既生产又销售，集工商业为一体。在当地生产必然会雇用当地人，间接地也会将产品的生产技术和工艺传授给当地人，最终提升了当地的生产技术和工艺。

山西虽然不产茶，但晋商几乎控制了通往国外尤其是通往北中国和俄罗斯的茶道，他们到两湖、福建地区贩运茶叶，在当地开设茶场就地生产，汉口、张家口、恰克图成为中俄茶叶之路的起点、中转、终点的三大城市。

晋商通过商道、商号、作坊、工场，将自己掌握的生产技术和工艺输向商业所能到达的地方，进而提升和促进了当地的商品生产水平。

日理万机的康熙皇帝在南巡途中，目睹晋商遍布江南时，分析道："可能是山西民风俭朴，喜欢积蓄而致富。南方人个性奢靡，所以存不了多少钱。"

康熙的话不无道理，但也仅仅是一家之言。皇帝下江南，围绕在他身边的自然是权贵和富商们，他眼里看到的大抵也只有奢侈和排场，而在这些繁华背后，山西人有说不出的苦涩和烦恼。

明清山西人在政治上持续失意。在考场上，从明至清500多年全国的几百名状元中，山西竟无一人上榜，而和晋商比肩的另外两大商帮徽商和苏浙商人中，江苏竟有49名，位列第一；浙江次之，占了20名；安徽第三，也有9名。

中国从来就有一族聚居的传统，而山西人在这方面尤为明显。从魏晋时期，山西就出现了许多世家大族，到唐代时达到高峰。

到了明清晋商崛起时，形势又有一些变化。嘉靖年间，朝廷采纳礼部尚书夏言的建议，准许天下臣工修建自己的家庙，从而打破了"庶人不得立家庙"的古制。此后，民间建祠堂、置祠田、修宗谱、立族规迅速成为全社会的风尚。作家陈忠实在小说《白鹿原》里写到的白鹿村里清朝末年、民国初年的祠堂和族规，就是对这一现象的反映。

山西是中华文明的重要发源地，古风纯正。历史上屡次发生大移民事件，因而对修谱归宗、聚群而居的理念十分认同。这种习惯和理念折射到民间乡野后，就出现了许多聚族而居的村庄。各大族都按一家一族来建立村落，形成一村一族的制度。这些宗族村落往往远离中心城市和城镇，从而在很大程度上避免了战乱和官府的侵扰，他们如一个个只求自保和闭环的最小社会单元，独立于城市之外，靠乡绅和宗族治理村落。

这种理念折射到晋商身上，就产生了两种现象：在外乡，他们广修会馆，联络乡亲，以业、以邻而聚，会馆成为他们的驿站和临时的故乡。商人们在这里议事、祭祀、娱乐、暂居。各地会馆的规模虽然不尽相同，但一般而言，都会有议事厅、神殿、戏台、客厅、客房、厨房等。尽管他们在外有庞大的工商业、商号，但他们的精神家园和财富仓库则始终在他们那不起眼的乡下。票号最红火的时候，其总部始终是位于平遥、太谷、祁县的乡下。晋商中的许多人把从外乡赚到的银两源源不断地运回乡下，在这里购置土地、修建房屋、修路筑桥、建祠筑庙，荣归故里的同时也造福乡梓，许多晋商大院因此形成。

除建筑外，晋商带给故乡的其实还有很多，晋剧和山西的各类地方戏在元代以后仍能保持长盛不衰，很大程度上也有赖于晋商长久的追捧和推动。

位于榆次聂店村的王家就是一个爱好晋剧的家族。王家的远祖曾经吹过唢呐，万历年间开始经商，到乾隆年间进入快速发展时期，以经营典当铺为主，光在榆次城和聂店等地就开设了永生、大成等36家典当铺，后又发展到山西其他地区及河南、河北、江南、东北等地。到咸丰、同治年间，王家已发展成为全国著名的商贾。经营范围包括票号、钱庄、典当、绸缎、布匹、呢绒、金饰、粮油、杂货、烟草等行业，共有200多家商号、分号遍布全国各地。

发了财的王家像其他晋商一样，开始在故乡大兴土木，上百年间陆续在聂店村建起几十个宅院。这些宅院大都是一进三串，前庭后院，东西厢房，过庭书房。宅院的名称根据用途起名为育婴堂、培德堂、四达堂、聚庆堂、敦邻堂、青云堂、庆余堂、福锦堂。根据年代起的，有新院、旧院。根据地址起的，有大北院、小北院、道南院。这些院落都集中在巷内，被统称为王巷。巷内还有账房院、厨房院、东张院、北张院、裁缝院等，供佣人居住、存放车辆和饲养牲畜。王家共有院落45个，占聂店村1/3以上的面积。王家在聂店村还有1500亩上好的土地，占到全村土地的一半，专门由几十名雇工耕种。

王家还在榆次城东北面30里处的伽西村东南一个山清水秀、地势险要的地方建有王家寨。其寨四面绝壁，寨高沟深，墙高且厚，寨门设有暗道机关。整个山寨分前寨、后寨，后寨建有3个豪华庭院，专门为王家人享用。山寨的修建，既为避暑也为避乱。

王家对晋剧非常偏爱，其中的一个家主王钺就是晋剧迷，经常去榆次的晋剧社听戏。为了请戏班到家中演出，王家在大院中建了座戏台。戏台两侧有两个别致的看台：一个是明台，一个是暗台，专供王家人看戏。王钺还亲自组织了一个戏班，经常在大院里演出。

明以后，特别是清代，随着晋商的接力拓展，一个个商业集镇逐渐形成，商业的繁荣带动服务业、娱乐业一起发展。一时间，商号周边饭馆、客栈、货栈、澡堂、茶庄、洗衣局等行业次第崛起，晋剧、秧歌也随之空前活跃起来。

晋剧等山西戏曲之所以在入清以后能空前繁荣，一方面是民间蕴藏的巨大戏曲基础，另一方面也是由于晋商对戏曲的大力支持。如祁县渠家承办有尚梨园等晋剧戏班，太谷孙家长期资助锦霓园戏班。

各戏班除在城乡各庙会演出外，还常去各富商巨贾之家演出。山西的大家族每逢喜庆或大宴宾客时都要演戏，间接地也促进了晋剧表演艺术的发展。曹氏财东为了慰问各分号伙友，常在节假日带上家乡的戏班前去全国各地演出。久而久之，商号的伙友们也都迷上了晋剧，经常在晚上关门后或节假日自己演唱，往往一个商号就能唱一整场戏。这种娱乐活动既丰富了伙友们的业余生活，又极大地促进了戏曲的发展。

除了戏曲外，晋商对教育的促进也是显而易见的。李提摩太当年筹备成立山西大学堂时，一部分费用来自处理山西教案时另外筹集到的50万银两，另一部分则来自晋商的筹措。

山西大学堂成立于光绪二十八年（1902），其成立时间在全国各省公办大学中仅次于北洋大学堂（1895）和京师大学堂（1898）。北洋大学堂就是今天的天津大学，京师大学堂就是今天的北京大学，而清华大学成立已经是宣统三年（1911）的事了。由此可见，山西的新式教育在20世纪初走在了各省前面。

山西大学堂的课程为中西结合，1912年，山西大学堂改为山西大学。

几乎在山西大学堂成立的同时，山西各类专科学校也相继创办。如光绪二十七年（1901）创办了山西武备学堂，光绪二十八年（1902）创办了山西农业学堂，光绪三十一年（1905）创办了山西师范学堂，光绪三十四年（1908）创办了陆军测绘学堂。

山西的学子在明清两朝科考成绩并不理想，但光绪三十一年（1905）清廷取消科举考试后，从光绪三十二年（1906）起，清廷每年举行留学生会考，山西学生成绩都比较优秀，到了民国依然如此。1913年，山西人王录勋就曾获全国工科第一名。

中国人出国留学始于同治十一年（1872），系首批幼童赴美留学。光绪二十七年（1901），清廷推行新政后，留学人员骤增，山西在几年间有数百人出国留学，这一数量当年在各省中处于前列。

临汾人乔义生为山西最早的留学生，光绪二十二年（1896）留学于英国伦敦医学院；光绪二十七年（1901），山西基督教公理会保送孔祥熙赴美国留学，成为山西赴美留学第一人；而阎锡山被山西巡抚送到日本留学时已经是光绪三十年（1904）的事了。

山西现代教育和留学活动在20世纪初发展迅猛与晋商有着密切的联系。

清中后期晋商在国外广开商号，足迹遍及东亚、欧洲，在从事商业活动的同时也极大地开阔了视野，洞悉了周边世界，而这一切对故乡的乡亲也会产生深刻影响。

晚清名臣、学者徐继畬（1795—1873）是山西代县人，是中国近代著名的地理学家、历史学家，曾历任广西、福建巡抚，闽浙总督，著有《瀛寰志略》。他因洞悉世界实情而被清廷任命为总理衙门大臣，首任总管同文馆事务大臣（相当于中国近代第一所高等学校的首任校长），因熟悉西洋情况而多次受到道光皇帝和咸丰皇帝的召见，被后人称为中国近代"睁眼看世界"的伟大先驱之一。

无独有偶，光绪二十九年（1903），曾任内阁中书的著名晋商渠本翘被清政府任命为日本横滨领事。他上任的前后，正是山西高等教育和留学活动如火如荼之时。而日后发生的山西新军起义的主要谋划者们，正是20世纪初清廷派去日本留学的那批人。清廷搬起石头最终砸了自己的脚，而由晋商的介入和影响所引起的一连串社会变化，至今仍然让人掩卷沉思。

晋商兴衰的启示

从汉武帝时代就确立的重农抑商国策，使得长久以来中国的儒家一直以抑商作为治国的基本理念，特别是对富商大贾，从来主张坚决打压。

今天的江南名镇周庄已成为尽人皆知的旅游胜地，而每个去周庄的游客大抵会参观一下沈园。尽管沈园的规模和晋商的庄园相去甚远，但它的主人沈万三是元末明初名气最大的商人。当朱元璋群雄逐鹿、四处征战时，沈万三是朱元璋最重要的金主，他甚至还出资帮朱元璋修建了南京城1/3的城墙，但当朱元璋坐稳皇位后，沈家的厄运便接踵而至。

洪武六年（1373），沈万三被安了个莫须有的罪名，充军云南，他究竟死于何年已没有多少人去关心；洪武十九年（1386），沈家又因为田赋纠纷而惹上官司，沈万三的孙子沈庄、沈至被打入大牢，沈庄当年就死于狱中；到了洪武三十一年（1398），沈万三的女婿被牵连到一桩谋反案中，可怜女婿一家和沈家6口被同日凌迟，80余人被杀，田地被没收，沈家从此衰落。

不过，明代抑商政策并没有持续太久。明中期后，也就是16世纪以后，日渐由一个倡导俭朴、以农为本的社会，转而发展为崇尚经商、奢靡放纵的社会。这种现实在文学上的反映便是长篇小说《金瓶梅》和小说的主人公西门庆。有学者曾考证，鼎盛时期西门家族的商铺、房产、田地、存款等全部相加后相当于现在的1亿多元人民币。

据当代儒学人物余英时的考据，明代社会变迁的一个重大表现正是士与商的界限变得模糊。

如果在唐宋时期的山西，一个家族中的青年子弟弃文从商，大抵是迫不得已且被认为是颇为耻辱的事情，但到了明中期以后，人们不再这样认为。商人阶层首次得到士人阶层的认可，士商互动成为常态，甚至出现了"儒贾合流"的现象。这种风气在商帮云集的省份比较明显，在晋商云集的山西更为突出。

有学者曾列出明清晋商巨富12家后发现，明代首富张四维和民国首富孔祥熙都具有士人官方身份。

孔祥熙在其职业生涯最顶峰时曾一人兼任国民政府行政院院长、财政部部长、中央银行总裁、中国银行董事长，而张四维以进士出身升任礼部尚书，在张居正去世后还当过一人之下的内阁首辅，和孔祥熙处于同一级别。

张四维是公认的明代山西首富，他于嘉靖三十二年（1553）中进士，历任编修、翰林学士、吏部侍郎。在蒙古和明朝谈判时，张四维与王崇古协助张居正，促成了明政府和蒙古的和议与开市。张四维的父亲张允龄此时正在大江南北经商，他的弟弟张四教则在山西经商，张氏家族趁机经商致富。待他升任内阁首辅后，张四教很快控制了北方著名的大盐场——长芦盐场。

与张四维一起共事的王崇古则来自山西另一个著名的商业家族。王家的创业鼻祖是王现、王瑶兄弟。王氏兄弟少年时屡考不中，转而经商。他们先是在西北从事粮食贸易，后来便专注于盐业。王瑶生有三个儿子，其中老大王崇义随父经商，三子王崇古则考中进士，先是在刑部当郎中，后来外放为官，一路升迁，当上了地位十分重要的宣大总督，成了明帝国北方边境最重要的指挥官。像张氏兄弟一样，王家兄弟一官一商，很快便控制了河东盐场，成为全国著名的盐商大族。

民国时期四大家族的孔家和宋家，既是民国巨富，又是亲戚。孔祥熙的妻子宋霭龄是宋子文的亲姐姐，蒋介石掌政的民国时期，财政部部长一职基本上由宋子文和孔祥熙轮流坐庄，而在他们之前的400年，同样的故事就已上演过。

王崇古家族和张四维家族，既是老乡，又是亲戚。两家同处山西蒲州，结成了一个极其显赫的家族联盟：张四维的母亲是王崇古的二姐，其女儿嫁给了另外一位陕西籍内阁大臣马自强之子，马家也是著名的大盐商。

此外，张四维的三个弟媳妇分别出自晋商王家、李家、范家，王崇古的大姐则嫁给了蒲州另外一个大盐商沈家。如此一来，以王家和张家为龙头，几个大家族互为姻亲，几乎控制了中国北方的盐业，而王家和张家尤为突出，张氏家族被称为晋商首富并不为过。

王家和张家都是明代山西富商的代表，进入清代以后，山西富商密集出现。

清初的山西富商首推临汾亢氏，人称"亢百万"。据《清稗类钞》记载，亢氏资产有数千万银两，堪称山西首富。在亢氏之后，才是资产在七八百万到百万银两的侯家、曹家、乔家、渠家、常家等。不过，这个数字也只能做大体上的参考，由于晋商普遍抱有财不外露的思想，所以《清稗类钞》上所记载的晋商财富大部分被低估了。在《清稗类钞》中，渠家的财富被大大地低估了。

清军当年入关后，大量用兵，财政十分困难。曾有大臣建议由军队占据山西，全面接管山西的财政，以山西的富庶解决财政赤字。在这种情形下，晋商就更不可能露富了。以此观之，晋商的财富也极有可能被低估了。

亢氏家族自清代初年发迹，是商业和土地兼营的世家大族，其一身兼有大盐商、大典当商、大粮商、大地主多个身份。据宣统二年（1910）《中国经济全书》称："康氏（即亢氏）自清迄今，凡二百余年，其家运之隆盛，可谓极矣。"

亢氏家族以贩盐致富，是当时著名的两淮盐商，后来又成为资本雄厚的大典当商、粮商。北京作为当时的都城，人口众多，商业发达，而当时北京资本最多、规模最大的粮店，就是亢氏在正阳门外开设的。在其原籍平阳府，亢氏曾扬言："上有老苍天，下有亢百万。三年不下雨，陈粮有万石。"这说明当时亢氏不仅拥有大量的土地，还储存有大量的粮食。

山西介休范家是明末清初的又一巨富。这个家族不仅在清军入关前就和满族人有商业上的往来，而且是清军入关后的最早归顺者，范家当时的代表人物范永斗被清政府视为皇商，而且位列八大皇商之首。

范家在张家口最早开设商号的时间为崇祯年间，范永斗与山西的其他几个晋商共八个家族控制了当地的马市交易，在来来往往的商户中，来自东北的满族人是最大的买主，他们用毛皮、人参等特产换回马匹、铁器、盐和粮食。范永斗等人在商业上的良好信誉让他们与满族上层建立了亲密的关系。清军入关后，对马匹、军械、粮食的需求大增，范永斗等人便成为满族人最重要的供货商。

从某种意义上说，正是因为范永斗等人的努力，才使得清军的后勤保障源源不断。清军能顺利入关，范永斗等八大家族功不可没，因而清王朝建立后，顺治皇帝厚赏八大家族，在紫禁城专门设宴款待，并将他们封为皇商，即专门为皇家服务的商人，同时把张家口附近500里的土地赐给他们开垦，义务是每年为内务府提供皮草，供皇家专用。其中，范永斗获利最大，他不仅受命主持贸易事务，还垄断了东北乌苏里等地的人参采购业务。在民间，范家又被称为"皇家参商"。

依靠清政府的厚爱，范家在清军入关之际就成为家产百万的富商，而到了范永斗孙辈，范家靠着发战争财，已进一步成为千万级的富豪，成为当时可以和亢家相抗衡的富豪。

康熙当政时期，曾多次出兵平叛，由于路途遥远，且途经沙漠地带，军粮运输十分困难。范永斗的两个孙子范毓馪与范毓奇凭借自己从小随父在塞外经商、熟悉道路的有利条件，经过认真核算后自告奋勇呈请朝廷，自愿以低于朝廷运粮费用1/3的价格为朝廷运送粮食。此后，历经康熙、雍正、乾隆三朝，范家都成为清政府最重要的运输商。在百年运粮期间，范家总计运输军粮百万余石，为朝廷节省费用达600余万两白银。

百余年间，范家依然保持了良好的商业信誉。运粮的价格，开始时为每石40两白银，以后竟主动降为25两、19两。不仅如此，范家还主动承担了运粮途中所有的风险。据《清史稿》记载，雍正十年（1732），因运粮途中遭遇敌寇袭击，军粮损失达13万余石，范家自掏腰包补运，为此多花白银达144万两。范家对朝廷的忠诚，也得到了朝廷相应的经济和政治补偿。也是这一年，原来在大兴等八州县承办盐业的皇商李天馥积欠30多万两盐课银，面临破产，范家获准收购。范家此后又进一步获得了中国北方最主要的两大盐场——河东盐场和长芦盐场的经营权，成为当时的盐商之首，这一情形和明代晋商张四维与王崇古的经历极为相似。雍正六年（1728），雍正特赐范毓馪为正二品的太仆寺卿衔，这一头衔竟比另一个更出名的红顶商人胡雪岩的从二品布政使衔江西候补道还要高。范毓奇后来竟然也考上了武举，从千总干起，当过天津镇总兵，后来官至广东提督。

从清初到乾隆初的百年间，是范氏家族的昌盛时期。作为清代最出名的皇商，范家在鼎盛时的家产遍及大江南北。在直隶、山西、河南有盐店近千家，供给食用盐的人口达1000多万；在天津沧州有囤盐的仓库；在苏州有管理船只的船局，有洋船6艘；在河南彰德有当铺1家；在北京有商店3家；在归化有商店4家；在张家口有商店6家。在张家口还有地106顷，分布在各地的房产近1000间。

百余年中，范家先后有50多人被朝廷授予各种官职。行走在政商两道的范家，在极盛时的声誉甚至要超过明代的张四维家族。

乾隆四十八年（1783），范家家产被查封，从此一蹶不振，一代皇商就此陨落。由于衰败时间较为久远，在今天的介休已看不到范家的半点残砖破瓦。据介休县志办调查，范家在原籍张原村当年有范家街，长近百米，其西段有一院落，极尽奢华，被当地人尊称为"小金銮殿"，由此可见当时建筑之气派、范家地位之显赫。

和范家同为介休同乡的侯家是清代的又一巨商。《清稗类钞》称，山西侯氏有资产七八百万两，是仅次于亢氏的大户。

侯家原为陕西人，南宋孝宗年间迁至介休北贾村。康熙时，侯氏家境一般，到侯家第十七世侯万瞻时外出到苏杭一带经商，专门贩卖绸缎。经过几十年的努力，到侯万瞻的孙子侯兴域时，侯家已是外有商号数十处、内有大量房产土地赫赫有名的财主了，和亢家被人称为"亢百万"一样，侯家也被当地人称为"侯百万"。

侯兴域生于乾隆年间，卒于嘉庆年间。在他的苦心经营下，侯氏资产达到数百万两以上，商号遍及全国许多地方，其经营范围除了绸缎、布匹外，还有杂货、茶庄、钱铺等。到侯兴域的儿子侯培余接管家族生意时，果断地将大部分商号改为票号，到其孙子侯荫昌主持家务时，聘请了原日昇昌票号的二掌柜毛鸿翙出任总经理。毛氏感念侯家的知遇之恩，誓与原东家日昇昌票号决一雌雄。在他和侯荫昌的努力下，侯家将大部分商号改为票号，全力与日昇昌竞争。

经道光、咸丰、同治几十年的发展，侯氏票号声势大增，大有后来者居上之势，鼎盛时期的侯家"蔚"字票号在上海、苏州、杭州、宁波、厦门、福州、南昌、长沙、常德、汉口、沙市、济南、北京、天津、沈阳、哈尔滨、成都、重庆、兰州、肃州、西安、三原、迪化、广州、桂林、梧州、凉州、开封、周口、道口、昆明、太原、运城、曲沃等地均设有分号。

晋商巨族在明代大体分布在今天的运城、临汾、长治一带，到清代时比较集中地分布在今天的晋中一带。沿汾河两岸，从北往南，依次是榆次、太谷、祁县、平遥、介休，富商大贾大都集中出现在这一区域：榆次有常家，太谷有曹家，祁县有乔家、渠家，平遥有李家，而介休除了我们前面提到的亢家、侯家外，还有冀家。

当年，介休县流传着这样的话："介休有个三不管，侯奎灵哥二大王。"这三人都是介休当时赫赫有名、挥金如土的阔少爷，三人仗着有钱有势，平日里声色犬马，竞奢斗富，横行霸道，无人敢惹。这三人中侯奎是侯荫昌的侄孙，二大王叫郭寿先，是介休大财东郭可观的弟弟，而灵哥就是介休巨富冀国定的长孙。

冀氏是宋代从山西临县迁入介休邬城，后又迁入介休北辛武村，冀家大约在乾隆年间发迹，冀家是当地的大户，子孙甚多，为官经商者甚多，湖北、陕西、北京、天津等地都有冀家子孙在做官或经商。到冀氏第十七世冀国定时期，冀氏商业版图已相当可观，《清稗类钞》称介休冀氏有资产银300万两。

实际上，冀家的财富远不止这些。道光初，冀家只在湖北樊城、襄阳等地的商铺就达70多家，除经营当铺外还有油坊、杂货铺等，其中资本在10万两以上的商号就有近10家。以此观之，冀家在全国的资产肯定远超300万两。但冀家发财后不愿露富，冀国定为掩饰其富有，曾作对联自勉："处世无才惟守拙，容身有地不求宽。"话虽如此，冀家低调藏富的传统并没有延续太久，到冀国定孙辈灵哥时已不仅是露富，简直是炫富了。

冀家在当时的名气是如此之大，以至于冀国定四房马太夫人七十大寿时，大名鼎鼎的徐继畬专门撰文《冀母马太夫人七十寿》为其称颂，由此可见冀家当时的影响力。

不论是介休冀家还是太谷曹家，他们被列为清代山西巨富，基本上没有什么争议，但被蒋介石视为民国山西首富的太谷孔家在清代是否为山西巨富却有着不同的看法。

孔祥熙是太谷程家庄人。据《民国人物列传》称，孔氏"清乾隆嘉庆年间已成为太谷名门望族，孔裔七十二代宪仁，创志成信，长侄庆麟，另设义盛源票号，经营金银买卖、汇兑，兼办苏广杂货，在北京创办智一堂镖局……庆麟有五子三女，其中三个儿子承父业，老三繁慈主持太谷义盛源和三晋源，生独子祥熙"。

按《民国人物列传》的描述，孔家祖先在清代可列入山西巨富之列，但这个列传是在孔祥熙发迹以后编撰的，其中的耐人寻味之处就只能意会了。

按山西学者张正明考证：志成信票号并非孔宪仁创办，他也不是该号的股东，只是顶股经理，而孔宪仁这一支与孔祥熙这一支早已分离。孔宪仁和孔祥熙的曾祖父孔宪昌只是堂兄弟关系，并且在上两辈已分立门户。《列传》中所称的票号，其实是太谷曹家在东北所设的票号，并非孔氏开办。

而孔祥熙所说的其祖父孔庆麟开办的广茂兴药材店，其实是孔宪仁之子孔庆丰的企业，后孔庆丰传给其子孔繁榕经营。抗日战争爆发后，孔繁榕因无力经营才卖给孔祥熙的。

实际上，孔祥熙这一支在其曾祖父时已和一般人家没什么区别。当时，孔宪仁一家住在繁华的太谷城内衙门街，而孔祥熙的祖父孔宪昌一家却住在乡下程家庄。孔祥熙的父亲孔繁慈，曾在太谷城乡不少地方当过私塾教师，由于孔繁慈年轻时抽过大烟，所以孔祥熙年幼时穷困潦倒，生计相当困难，完全不像是世家大族的光景。但年幼的穷困并不能证明孔祥熙在1934年的时候不能成为山西首富。

事实上，经过几十年的朝代更迭、战乱灾荒，许多晋商巨富已日渐凋零，此时身为民国要人的孔祥熙完全有可能成为山西首富，何况这个结论还是来自国民党总裁蒋介石的判断。

光绪二十七年（1901），22岁的孔祥熙在北京潞河书院通过毕业考试并位列榜首，旋即由山西基督教公理会保荐并得到清廷重臣李鸿章的关照赴美留学，始入欧柏林大学，后又入耶鲁大学并获硕士学位。

1912年，33岁的孔祥熙看到火油（今称煤油）生意有利可图，便创办了祥记公司，专门经销英美火油，跨出了经商的第一步，随后又创办了裕华银行。

1926年，47岁的孔祥熙就任广东省财政厅厅长，同时兼任广东国民政府代财政部部长，完成了由商人到官员的角色转换。

1938年，59岁的孔祥熙就任国民政府行政院院长，成为一国首相，同时被时人称为民国首富。

一个人，既是国家首相，又是国家首富，这种"双首"现象，并非孔祥熙独有。在他之前的明代，另一个山西人张四维既是内阁首辅，也是明代首富。比他们更早的则是另外一个山西人——战国时期的吕不韦，这位后来的大秦相国既是一人之下、万人之上的首相，又是秦国首富。

吕不韦的结局并不美妙，秦始皇在站稳脚跟后立刻勒令他回家养老，而孔祥熙在达到权力和财富顶峰后也被蒋介石逼迫下野，最后客死美国。

中国封建社会官商结合的典型人物从一个山西人开始又以另一个山西人结束，冥冥之中蕴含的某种因果让人瞠目结舌，而这也似乎暗示着晋商们的某种结局。

研究晋商的衰败过程是一个让人十分沉重的话题，但对今天的山西、对今天的中国而言，研究晋商衰败的成因显然比重温它的辉煌更具有现实意义。

民国以后，中国的民营企业渐次消失，当它再次大规模出现时已经到了20世纪80年代中期，迄今为止，其成长里程还不到40年。相比于500多年的晋商历史，中国民营企业未来实在有太长的路要走，而研究晋商的衰败成因对于当今几千万民营企业来说，具有极强的借鉴意义。

在晋商纵横的明清时期，曾经有两次富豪排行榜见诸史料：

嘉靖三十九年（1560）左右，当时最有影响的权臣严嵩之子严世藩夜宴宾客，席间兴致盎然，评点天下富豪，共列出17位"首等富豪"。这17位富豪以最低资产50万两白银计，其中包括他自己（超过百万两白银），当时的蜀王、黔公、贵州土司安宣慰、太监黄忠、黄锦及成公、魏公，都督陆炳，还有京师的一位锦衣卫官员，除此之外，还包括3位晋商、2位徽商、2位无锡商人。

这个排行榜发布300多年后，清人徐珂在他的《清稗类钞》中将光绪年间的晋商富族又进行了一次排名：排在第一的是临汾亢家，资产达数千万两；第二是介休侯家，资产七八百万两；第三是太谷曹家，资产六七百万两；第四和第五是祁县乔家和渠家，资产在四五百万两；第六到第十位，依次是榆次常家、太谷刘家、榆次侯家、太谷武家、榆次王家，资产从百十万两到50万两；第十一到第十五位依次是太谷孟家、榆次何家、太谷杨家、榆次郝家，资产在30万~50万两。

按照这个排名和统计，晋商在当时的资产总数在5000万~6000万两白银之间，和清政府一年的财政收入相接近。不过，有学者认为这个统计有点缩水，晋商的资产之和应该超过1亿两白银，也就是说，晋商的资产竟然相当于清政府两年的财政收入，真的可以称得上富可敌国。

仔细分析一下这两个排行榜我们从中或许可以得出晋商500多年来兴衰的某种成因。

在严氏的嘉靖富豪榜中我们可以读出其中最重要的一个特征：官员比例非常之高。在17位富豪中有10位是纯正的官员身份，他们中有内阁大臣、军阀、太监、特务、土司等，大都属于官商一体，而在晋商的这个财富排行榜中，草根出身的家族占了很大的比例，这大抵是晋商延续500多年不倒的主要原因。

比较这两个财富榜，还会发现另外两个现象：其一，不论是明代晋商首富张四维家族，还是清代首富亢氏家族，都是从盐商起家而致富；其二，不论是明代富商，还是清代富商，其财富结构中都有官权、特权和土地的影子闪烁其中，而这些恰恰也是导致晋商衰败的致命要素。

明代大同、太原一带晋商最早发家是因盐而起，而后来跌落也和盐有关，政策的调整是晋商衰败的第一要素。

明王朝建立后，为了防范蒙古人卷土重来，在北部边境重兵布防，长年驻扎雄兵达80多万，战马有30万匹，只在大同一地就有马步兵13万人，军马、骡5万余匹，每年需囤粮51万余石、草料16.9万余束，每年花费在边境的军费达上千万两，中央财政因此不堪重负。

洪武三年（1370），山西参政杨宪向朝廷建议，实行开中制。这一制度的施行，让晋商迅速崛起。晋商凭借有利的地理位置和河东盐场运粮贩盐，横行天下，在移民网络的助力下迅速成为势力最大的区域性商人群体，这也是晋商长达数百年称雄的开始。

从明初到明中期，在长达120年的时光中，开中制造就了一大批因盐而富的晋商，而明中期的山西首富张四维家族就是其中最著名的代表。

开中制的核心是以盐养兵：其与前代不同之处是，商人要获得"盐引"，必须运粮或其他军用物资到北方边境，以粮换引，然后凭"盐引"到指定的盐场获取食盐，再到指定的地区销售。当时政府划定的产盐区有五个，分别是蒲州、宣大、泽潞、平阳和浙直，其中前四个全部位于山西，因而盐业市场逐渐被晋商中的盐商所控制，但到了弘治五年（1492），这一政策遭到徽商的挑战。

这一年，南方出身的户部尚书叶淇实行盐政改革，提出了折色制，按照这个制度，商人们不用再到北部边疆纳粮以换取"盐引"，而是可以在内地到盐运司纳粮或纳银换取"盐引"。从此以后，盐商不再需要向北方运粮。与此同时，淮河、浙江地区的盐产量日渐增加，两相夹攻之下，晋商的地理优势和盐场优势全部丧失。此后，大同、太原等地从事盐业的晋商日渐凋零，日后再无起色，而叶淇的家乡淮安一带逐渐成为新的盐业中心，大批晋商不得不举家南迁，落户淮安、扬州一带，其中著名的有代州杨家、太原贾家、临汾亢家等。与此同时，徽商开始崛起，从此与晋商并行，雄飞于中国商界。

不过，失去半壁江山的晋商很快又通过另一项政策调整，重新崛起。

隆庆四年（1570），与明长期为敌的蒙古政权发生内讧，蒙古首领俺答汗的孙子把那汉吉率部投降明朝，北部边境压力大为减轻。当时在北京的朝堂上为此发生过一场激烈的争论，大部分官员主张处死把那汉吉，利用蒙古政权上层的矛盾发起攻击，从此征服蒙古，少数官员则建议和平解决此事。争论的结果是少数人的意见占了上风。晋商集团的实际领袖，当时正担任宣大总督职务的王崇古向朝廷提出"封俺答，定朝贡，通互市"的策略，建议开放边关贸易。他的提议得到内阁首辅张居正以及他的亲外甥、时任内阁大臣张四维等人的大力支持。

这是明朝对外政策的重要转折点，从某种程度上说，这也是农耕文明对草原文明的又一次妥协，是汉初对匈奴和亲政策、北宋对辽和议政策的某种继续。

在张居正、张四维等人的推动下，王崇古的提议获得朝廷的准许，明政权封俺答汗为王，并宣布开放北方边贸。在随后的几年里，明政府在长城沿线的张家口到大同一带共开设了13处贸易市场。此外，在西域开设了与西番人交易的茶市，在辽东开放了与女真人交易的东马市，拉开了大规模边境贸易的序幕。至此，经历几百年的汉蒙对抗逐渐平息，双方和睦相处一直持续到20世纪初的清末。

这里我们姑且不论这项政策实施的实际效果，我们可以从另外一个角度观察一下这项政策出笼的历史背景。

坦率地说，这项政策的推动，很大程度上有赖于既是官员又是商人的晋商朝野人士，而从事后实施的实际效果看，晋商显然成为这项政策的最大受益者。

在开放的15处边贸市场中，绝大部分由晋商主导和控制。据《明史》记载，在开放边境贸易的前十几年中，晋商相继渗透进粮食、棉布、茶业、颜料、烟草及药材、干果等行业，成为商业触角涉及全国最主要、最活跃的边贸经营者。

而另一个让人意想不到的结果是，这次开放边境贸易日后间接催生了另外一个新的政权——清王朝。

《明史》记载，边市开放的前12年，仅马匹交易就增长了7倍多，而开放马市的辽东正是清王朝崛起的地方，大量的物资交易在壮大女真族（后来的满族）的同时，也让他们觊觎中原的野心疯狂地生长。后来发生的故事给予了这一次边境贸易以莫大的讽刺——明政权末年，当三关总兵周遇吉率领3000守军在宁武关前浴血奋战抵抗李自成进攻北京时，晋商仍在有条不紊地和满族贵族们延续他们的边境贸易；当崇祯皇帝在煤山自杀之后，这些从大明王朝食利多年的商人摇身一变成为清帝国的皇商，不动声色地继续着他们的商业辉煌。

无论后来的故事如何，发生在明中期的这次政策调整可以说是晋商基于新的政治形势下的又一次商业布局，这一次布局使他们在与徽商的竞争中再次占据上风，在盐业中失去的利益又从边贸中夺了回来。

如果说明初晋商大多是通过筹集军粮起家的话，那么到明中期已经进入官商一体阶段了。以后这种趋势愈来愈明显，入清以后晋商又因充当皇商而享有很大的商业特权。即便如票号，最初主要是解决商人们异地的汇兑业务，但到了后来，则主要为清政府代垫、汇兑军饷和赔款等。为了保护这一特权，晋商想方设法和政府高层建立起特殊关系，当时晋商在京的票号拉拢王公大臣，在外省的则交好督抚：如蔚盛长交好庆亲王，百川通交好张之洞，协同庆交好董福祥，大德通交好庆亲王和赵尔巽，三晋源结交岑春煊，日昇昌结交历任粤海关监督、庆亲王、伦贝子等。

除了与现任王公大臣们搞好关系外，晋商还着眼于布局未来，他们经常先从经济上帮助穷儒寒士入京应试或走马上任。这些人一旦考中，票号便利用自己的关系为其运作，使这些人外放任官。这些依靠票号帮助的官员一旦外放实职，立刻成为与晋商有特殊利益的官僚，自然会想方设法为晋商牟取利益。据说张之洞当年从原籍赴京想谋取更高的官位，协同庆票号得知消息后立刻出银资助张之洞赴京活动。后来张之洞放任两广总督，便将两广的财粮国税交给协同庆办理。只此一项，三四年间协同庆赢利就达百万两白银。

靠着和封建王朝王公大臣们这种千丝万缕的联系，晋商在几百年中风生水起，雄视四方，而当清王朝这座大厦倒塌时，晋商的财富也随之烟消云散。

曾经风光一时的协同庆在1913年9月以前，有11个分号放款大于存款，债权大于债务达63万两白银，但随着清王朝的垮台，协同庆放款难以收回而存款又逼提，遂于1913年歇业倒闭。

1914年5月10日出版的《申报》在一篇《山西汇商一年之盛衰》的文章中记录了协同庆的惨状："协同庆，营业亦以川陕为最。鼎革以来亏损颇巨，去冬以京号不能支持，肆友相率皆遁，翌日由石庄截回……"

辛亥革命后，晋商业务大多受损直至倒闭，如志成信票号，庚子事变后，曾将资本运往南方放贷，但辛亥革命中运往南方的资金大多散失，而清廷提银又刻不容缓，结果账面上有应收银400万两，有应付银200万两，但实际上已无法周转，被迫倒闭。

民国初年，票号的债权人大多在山西太谷、平遥、祁县催逼欠款，而晋商在外阜的分号因时局动荡又无法收回放款，财东们因此损失惨重，已无力偿还，只能卖房卖地，亡命他乡，有的甚至沦为乞丐。

官商关系的过分亲密是晋商随时局动荡而衰败的主要因素，来自贪官污吏的盘剥则让那些中小商业主顷刻之间破产。

万历二十五年（1597）前后，万历皇帝突发奇想，向全国派出许多矿监、税使，向商人们重复征税。他们到达的地方往往是工商经济比较发达的地区，刚刚富裕起来的山西中小商业者首当其冲受到盘剥。闻名全国的山西潞绸最红火时，长治、高平、潞州三卫共有绸机1.3万余张，经矿、税太监们的劫掠，只剩下了2000余张。

进入清代以后，这种现象有增无减，商人们除了承担名目繁多的课税外，还要承担各种摊派和勒索。如乾隆二十五年（1760）和乾隆五十一年（1786），乾隆皇帝驾临五台山，晋商被迫捐助报效银30万两和20万两；乾隆五十七年（1792），清政府用兵西藏，河东盐商和长芦盐商被迫捐银50万两。乾隆之后，这种被迫捐助有增无减。据《清仁宗实录》记载："嘉庆时晋省摊捐款项繁多……统计每年摊捐银八万二千多两。"咸丰初年，管理户部事务的山西人祁寯藻上奏称："自咸丰二年二月起，至三年正月止，绅商士民捐输银数，以山西、陕西、四川三省为最多。山西共计捐银一百五十九万九千三百余两。"山西商民占全国捐银的37%，为全国各省捐输之首。同治三年（1864），新疆用兵，晋商再次被迫捐银。几年之间，捐出的银两已超过1000万。

因战乱、战事被迫捐助还尚可理解，大部分时候，商人们需忍受贪官污吏层出不穷、花样百出的勒索。

乾隆初年，河东盐政白起图到任后，采取暗示或威胁的手段迫使商人们向其行贿。不仅商人所送之礼照单全收，就连家人也要向登门的商人收"门包银"，至少八两，否则就不给传话。清朝末年，祁县的渠兴周、平遥县的尹二少都是当地有名的富户，金永任山西巡按史时，图谋这两家的资产，遂指使手下炮制阴谋，将这两家的资产全部没收，占为己有。在此风气下，"三晋富商人人怕官"，争相行贿。

自19世纪中期开始，晋商除了要承受来自政府和贪官的盘剥外，还要承受因战乱和外患引发的经济危机。

从道光二十年（1840）的鸦片战争开始，中华大地就再也没有平静过。

《南京条约》成为中国近代史上第一个丧权辱国的不平等条约，之后的50年时间里，《天津条约》《北京条约》《马关条约》《胶澳租界条约》《辛丑条约》先后签订，中国在半殖民地的泥潭里越陷越深，期间又爆发了长达十几年的太平天国起义、义和团运动。在上述政府腐败、战事频繁的情况下，晋商接连遭受损失，徐继畬认为："山西人买卖在三江两湖者十居八九，自粤匪窜扰以来，南省半为贼扰，山西买卖十无一存，祁、太、汾、平各县向称为富有者，一旦化为乌有，住宅衣物之外，别无长物。"

　　据民国《太谷县志》记载："商务自清季已形凋敝，改革以来，凡外设有分庄者因直接、间接之损或则缩小范围，或竟停止营业，较之昔日一落千丈矣……"

　　光绪三十四年（1908），山西巡抚在一份报告中提到："由于甲午之战、庚子之乱、日俄战争，晋商损失多至数千万，元气至今未复。"

　　晋商在清中后期已经发展成一支国际商业综合体，因而无论国内动乱还是国际动乱都会被波及，其中最为明显的便是日俄战争、第一次世界大战和俄国十月革命。

　　1914年第一次世界大战爆发，俄国由此发生内乱，在俄国的晋商被迫撤回国内，因此损失银两达数百万，仅大德玉、大升玉、大美玉在莫斯科的损失就达140万两白银。日俄战争中，晋商在东北的商号深受其害，有的被抢劫，有的不能正常营业，损失惨重。俄国十月革命后，在俄的晋商资本被没收，加之旧俄钞又遭贬和废弃，晋商因此损失巨大。

　　宣统三年（1911），外蒙古宣布独立，蒙俄签订《库伦通商协定》，俄商取得无税自由特权，晋商在蒙经商遭到严重打击。1924年蒙古成立共和国后，实行共有制，晋商在蒙古的资产全部丧失。有资料曾评价晋商之衰落时说："乃一蹶于庚子之乱，再毁于辛亥，商人失业，而致岁入归于乌有，向之富者已贫，向之贫者益困，以故正货短少，金融闭塞。"

　　实际上，因时局影响，晋商的颓势从19世纪中期便已开始了。

　　以中俄之间的茶叶贸易市场为例。

雍正五年（1727），清政府和俄国商定把库伦附近的恰克图作为双方的贸易点。此后，恰克图的贸易日渐繁盛。嘉庆、道光年间，中国从恰克图输往俄国的商品以茶叶为主，其业务全部为晋商所垄断。

资料显示，道光十七年至十九年（1837—1839）中国从恰克图每年输往俄国的茶叶达到800多万俄磅，价值800万卢布。第二次鸦片战争后，俄国不费一枪一弹就打开了侵略中国蒙古地区的通道，先是取得了沿海口岸的通商权。同治元年（1862），又逼迫清政府签订条约，取得了通商天津税率比各国低1/3的特权。从此以后，俄国得以享受特权深入中国内地攫取物产和推销商品。同治五年（1866），俄国又强迫清政府取消天津海关的复进口税，即免征茶叶的半税，使俄国商人的贩茶成本大幅度下降。

据天津海关记载，咸丰十一年（1861）以前，湖北、湖南地区的茶叶贩运一直是由晋商所垄断，由晋商将茶叶在汉口集中，然后经陆路运往张家口，再从张家口运往恰克图向俄国销售，但从同治元年（1862）开始，俄国商人已经在两湖地区建立茶栈，开始收购和贩运茶叶。由于俄国商人拥有免除半税的特权，又是水陆并用，所以大大节省了运输成本，所以俄商的贩茶业务扶摇直上，从同治四年（1865）的165万磅左右猛增到同治六年（1867）的866万磅，2年时间增长了5倍多。

俄商贩茶，一般是用船将茶叶从汉口沿江而下运至上海，再从上海沿海运至天津，然后从陆路经恰克图运至欧洲，晋商贩茶却由于清政府的规定，不能走水路贩运，即使是走陆路也要付数倍于俄商的税收厘金，如从湖北汉口贩茶至张家口要经过63个厘金分卡，所付税金竟比俄商高10倍。

在这种情况下，从张家口到恰克图的对俄茶叶贸易也就日益衰落。到同治七年（1868），短短几年时间，恰克图的晋帮商号就由原来的120家下降到只有4家，几乎是断崖式下跌。晋商垄断上百年的中俄万里茶道，至此已呈现出明显的衰败图景。

各种外部因素让晋商在20世纪初尽显疲态，而来自晋商自身的原因至今思来仍让人扼腕痛惜。

中俄茶叶贸易大战，晋商处于不利地位固然有许多客观因素，但有两个因素却大抵来自晋商本身：

其一，在中俄茶商的竞争中，俄商除了税收方面的优势外，还和他们的生产力提高、劳动力成本降低有很大关系。俄商参与竞争，首先在汉口、九江、福州等地建立制砖茶厂，使用蒸汽机代替手压机，使用近代化的工厂代替手工作坊，所制的砖茶不仅成本低、质量好，而且产量大。而晋商在长达100多年的时间里，砖茶的制作一直依靠手工作坊，在生产上完全按传统工艺，没有任何的技术提升和改进，面对俄商的竞争不仅在税收上不占优势，在生产领域也处于被动挨打的局面。

其二，19世纪末，世界交通方式发生了很大改变。中俄商路，由于京绥铁路、中东铁路的开通，晋商的驼、马、车走大漠的优势丧失殆尽，同时丧失的还有旧商路上的许多市场。光绪三十一年（1905），俄国西伯利亚全线通车，俄商运茶经海参崴转铁路运输不仅费用低，而且极为便捷，在这种情况下，晋商对俄的茶叶贸易已很难大规模进行，而在国内，随着许多铁路线路的开通，特别是正太、同蒲铁路的开通，商路通达四海的优势为大多数商人所共有。这样一来，晋商所拥有的各地商号作为商业网点和大的商品集散地的优势也就不复存在了，商业凋零渐成趋势。

长达500多年的手工作坊经营并没有让晋商对生产领域进行过任何变革，而长达上百年的万里茶道长途运输也没有引发晋商对交通工具的任何发明。这个现实不能不令人感到遗憾，而对这个结果和这块土地的反思，也让我们不得不把目光放到千年以前。

面食是中国北方最为普及的食物，但真正称得上"面食之乡"，把面食发展到登峰造极地步的只有山西。在上千年的精心烹制下，山西面食在长期的制作过程中，逐渐形成了擀、推、拉、剔、拨、削、压、捏、搓、抿、折、滚、蘸、剪、切、押、拖、戳、铲、转、挨、煮、蒸、摊、炒、炸等多种方法。这些制作动作几乎涵盖了中国武术和人类手部动作的绝大部分，其制作过程十分精彩又精致。据不完全统计，山西面食成品中有煮制品70多种、煎制品15种、蒸制品120多种、烤制品20多种、烙制品30多种、焖炒类55种、汤饭类20多种，共计300多种。这么多品类，很多人一生别说亲自品尝,甚至闻所未闻。

刀削面、刀拨面、剔尖、猫耳朵、礤面、揪片、饸饹、拨鱼等八类面食成为山西面食中烹制和食用频率最高的品种。

山西面食是如此丰富多彩,博大精深,冠绝中国,但中国八大菜系鲁菜、川菜、粤菜、苏菜、闽菜、浙菜、湘菜、徽菜中没有山西的名字。山西人可以把一件事情做得很精细,大到治国理政,小到面食烹制,但是在创新创造领域却乏善可陈。

在长达500多年的商业接力中,晋商既没有推出新的科技发明,也没能清晰地推出自己的商业思想代言人,甚至连资本主义的萌芽也是忽隐忽现,来无踪,去无影。

进入明中期以后,经商渐成风气。上至皇帝,下至官吏,无不使用一切手段经商赢利。正德皇帝"发明"了开办皇店的模式,他在北京的九门关外、张家湾以及山西大同、宣州等地广办皇店,派太监出宫管理,仅在北京城内,太监们开办的大型皇店就有6家之多,而嘉靖、万历年间的多位首辅大臣,如严嵩、张居正、徐阶、张四维等都因经商而成为当时的富豪。

严嵩父子巧取豪夺,其财富自不必说;徐阶一边在北京主持朝政,一边在家乡华亭(今上海松江)大展拳脚,他的家族拥有20多万亩良田,佃户达上万人;在外界看来比较清廉的张居正,死后抄家竟也抄得黄金1万多两、白银10余万两。在这种风气影响下,商人的地位开始提高,士、农、工、商的社会序列开始转换,士和商的界限越来越模糊。

儒家一向以抑商为基本治国理念,知识界也一直秉持"义利分离"的原则,如《论语·里仁》里就有"君子喻于义,小人喻于利"的提法,但从南宋开始,中国经济重心由北方迁到南方以后,产生了"义利并举,以义为先"的思想。进入明以后,从王阳明到顾宪成,都开始抬升商人的地位,最终提出"义利交合"的观念。

不过,晋商显然没有参与这些讨论,长期重农抑商的社会惯例和"均贫富"的帝国思维,已大大抑制了晋商的思维边界和思想扩张。王崇古的伯父王现去世时，在给子孙留下的遗训中写道："善于经商的人，身处财货之场，却可以修炼高明的情操，虽然日日与金钱打交道，却能出淤泥而不染。所以，用儒家的义来指导商业的行为，仍然能够成为受尊重的人，这是上天指明的道路。"

王现的话充其量也只是自己一生留给后世的处世原则，离形成商业思想的高度还有很长的一段距离。尽管如此，王现的临终遗言仍然有许多闪光之处。千百年来，中国尽管每个时代都曾出现过很多成功的商人，但他们始终缺乏一种独立的商业人格，也不曾培养出自己独立的商人精神，从官僚体系到知识精英甚至商人们自己，都从不认为商人是一个独立的阶层，他们从来没有形成自己的阶层意识。正如费正清所言："中国商人最大的成功是，他们的子孙不再是商人。"王现在那个时代却能认识到：作为商人，至少应有自己独立的人格。

然而在漫长的商业史上、众多的经商队伍中，能有王现这种自我商业人格的觉醒者毕竟是少数，翻遍三晋历史，政治军事人物星光闪耀，历史文化人物比比皆是，思想巨擘却寥寥无几。

票号的创立曾令山西无比激动，甚至成为500多年晋商史上最亮眼的光芒，有人甚至拿它与战国时期三晋魏国的李悝改革相提并论。但票号最终的结局却让人不胜唏嘘、仰天长叹，其间折射的晋商思维和格局足令后世永久铭记。

山西票号在经历了几十年辉煌后，到19世纪末在外国银行的冲击下已显颓势，但如果晋商能审时度势，奋力革新，仍然有机会再次崛起，令人叹息的是，在长达十几年的历史机遇期面前，晋商一次次地与其失之交臂。

光绪二十九年（1903），北洋大臣袁世凯曾邀请山西票号加入天津官办银行，山西票号对此却置之不理。光绪三十年（1904），户部尚书鹿钟麟奉命组建大清户部银行，山西票号再次被邀请参与组建并抽调人手筹办。

得此邀请的山西票号北京分庄经理们多数赞同鹿氏的提议，但一份份建议书、请示信飞回山西总部后皆被束之高阁，迟迟等来的复信竟是：既不准入股，也不准派人参与组建，山西票号又一次坐失机缘。不久，户部银行改组为大清银行，再次请山西票号参与协办，山西票号再次将入股银行之事拒之门外。最终，山西票号没能参与国家银行改组之事，与重大商机失之交臂。

光绪三十四年（1908），大清王朝岌岌可危，外国银行早已长驱直入，遍布东南沿海。此时，山西蔚丰厚票号北京分庄经理李宏龄意识到山西票号若不顺应历史潮流及早改革，将在商界、金融界惨遭淘汰。为此，他与渠本翘一起联合平遥、祁县、太谷三大帮票号在外分庄经理，一面不断致信总号，阐明利害，力劝改组银行，一面进行具体的银行改组工作。

李宏龄等在致平遥总号的信中说："现在市面今非昔比，各处银行林立，凡我同行皆受影响，甚至鲜于为敌。若不及早抵制，将来且恐立足无地，以后诸事为难，生意日渐消减，别无善策可筹。惟有创立银行，保护自己行业，结成团体，抵制外行，最为善策。"

李宏龄等与各票号在京分号甚至通过会议制订了具体方案：

一、各家出资本三五万两，作为有限公司。

二、集股本500万两，每股100两，每月4厘行息。

三、银行应名为晋省汇丰银行，悉遵票号做法，略改其不便之处，以合银行规则。

四、公举熟悉商情、声望素孚之人充银行总理，拟推渠楚南为首任银行总理。

五、银行成立后，除内地繁盛各处均占分庄外，可渐推及各国商埠，以保本国权利。

从光绪三十四年（1908）三月至腊月，李宏龄等各票号京都分号给总部写信达五次之多，每次都言辞恳切，陈述票号改组银行的必要性和重要性。次年二月和三月，汉口、营口、奉天、成都、重庆、广州、西安、长沙、兰州、济南等地的各票号分号在联名致信中都表示赞成此举的同时，分别又以各分号的名义致信各自的总部力陈改组银行之利、不改之弊。

李宏龄等甚至策动渠本翘回到总号当面陈述票号改组银行的计划，但总部依然不为所动。彼时，祁县、太谷、平遥的几十家票号中，以平遥侯氏的五联号势力最大，在五联号中又以蔚泰厚票号势力最大，所以蔚泰厚总经理毛鸿翰在各号的影响力最大。毛鸿翰自光绪二十四年（1898）出任蔚泰厚总经理后，长期住在平遥县城，对外界变化知之甚少。加上此时的毛鸿翰已60多岁，因循守旧，不思变革，不但极力反对票号改组银行，反而诬指李宏龄等所议另有个人所图，在他的影响下，各票号总部对各地所请束之高阁，票号改组银行之事再告失败。

仅仅两年后，辛亥革命爆发，山西票号对此毫无准备，所放之款大都无法收回，而存款纷纷遭到挤兑，山西票号因此损失惨重。情急之下，票号改组之事被旧事重提，此时先前反对改组银行的毛鸿翰幡然醒悟，转而支持票号改革，可惜历史的机遇已擦肩而过。1914年，山西三大帮票号联合向北洋政府提出申办银行之请，时任国务总理的熊希龄同意由政府出面担保，由山西票号向外国银行借款200万镑，作为开办银行的资金。但此计划尚未来得及实施，熊内阁已经倒台，再加上第一次世界大战爆发，借款之事最终成为泡影，山西票号由此第三次失去改组机会。

对外借款失败，三大帮票号联合改组银行计划无法实施。无奈之下，平遥帮票号决定单独进行，几大票号总经理合计从各自的票号中抽出若干资金作为基金，组织一大银行，然而此计划最终只是纸上谈兵未能实施，山西票号改组银行的计划第四次失败。

山西票号改革的最终结局一如战国时期三晋改革的最终结局。历史在行走了2000多年后几乎又回到了原处。

率先在魏国实行变法的李悝、吴起，结局并不美好。李悝因判案的事情最终选择了自杀，而吴起因为和后来继位的魏武侯意见不合而选择离开魏国，投奔楚国。在楚国，吴起在楚悼王的支持下，效仿李悝在魏国的做法实行变法，但由于楚国世家大族的反对，这场改革终于在楚悼王死后半途而废，吴起本人也惨遭杀害。

率先改革设立票号的平遥李氏家族其最后时光也十分凄惨：1914年，日昇昌票号在运行了90多年后宣布歇业清理。经过8年的清理整顿后于1922年宣布复业，但时光已经大不如前。1932年，日昇昌票号被迫改营钱庄，曾经统领中国票号的日昇昌至此宣布消亡。李氏家族从此也一蹶不振，李氏衰败的最后时光，李家的子孙们竟连李家最初发迹的几座大院也未能完整地保留下来，大部分被逐渐拆卖了。

有人推算出，李家在百年票号生涯中收入的白银数量足足超过1500万两；又有人回忆起，李家商业辉煌时，生活极为豪华奢侈：家中骡马成群，出门轿车代步。雇有老妈子、丫鬟、保镖、护院、听差等，为全家服务。厨房雇有大师傅、二师傅，有的专门负责肉案，有的专门负责面案；有掌勺炒菜的，有刷锅洗碗的；开饭时有端盘的，有献菜的，有斟酒的；用碗也极为讲究，冬天用火碗，夏天用水碗，且均为名产……

阻碍票号改革的毛鸿翰家族的最后时光也让人黯然神伤：辛亥革命后，毛家开始衰败，至1930年前后，毛家的商业铺号已大部分歇业或转让，到全面抗战开始时家道中落。毛鸿翰的后辈毛国玺，因抽大烟而卖光了年可收1000石租子的土地和一座大院，最终无物可卖时，只得把自己卖给国民党当了壮丁。

历史发展的最终结局和历史人物的高度相似让人恍惚：几千年的时光仿佛一瞬。

山西票号的危机岁月中，先后担任蔚丰厚票号北京、上海、汉口经理，拥有优异成绩的李宏龄洞察市场变化，力主改组银行并为此多方谋划，奔走呼号，如此胆识和敬业之心不但没引起总号决策者毛鸿翰的重视，反被污蔑为"自谋发财"，其间折射出的冷漠和怀疑足令任何改革者裹足不前，而票号改组失败的命运也在这一次次的多疑和冷漠中被注定。

多年以后，李宏龄在《山西票商成败记》中记述道："其时各号之执牛耳者首推某号某公（暗指毛鸿翰），闻之大为不然，于是一般昏庸无敢异议。号事之隆替，股东生死之关系也。而各号执事决定如此之大计，竟不商之股东。为之东者亦甘被欺蒙,视吾言为无足轻重。然宏志在必成,戊申冬复通函各埠征集意见。公信所至,居然异口同声,函劝总号,谓不及早变计,后将追悔无及,方期众志可以成城。不料某公闻之,乃愤然曰:'银行之议,系李某自谋发财耳。如各埠再来函劝,毋庸审议,径束高阁可也。'宏至是如冷水浇背,不得不闭口结舌。而筹办银行之议,烟消云散矣。"

李宏龄被诬蔑,本质上是山西用人机制保守和腐朽的证明。在回顾"晋才秦用"这段历史时,连司马迁也无比感慨:"夫言纵横强秦者,大抵皆三晋之人。"究其原因,可以发现:从战国中期开始,宗法观念已逐渐渗透到三晋的政治层面中。当国家出现政治危机后,三晋的统治者们未能高瞻远瞩,把握历史大势,而是囿于浅见,深信宗族亲朋,这种心理暗示在很多时候严重影响了对各方人才的容纳。这种任人唯亲的用人政策,既不会留住本地人才,更不会吸引外来人才。在这种理念下,"打虎亲兄弟,上阵父子兵"的观念深深根植于三晋士人和百姓大脑中,不但在政治、军事上随处可见,在经济、商业领域也时隐时现。

在晋商驰骋的几百年历史中,在和徽商、潮商、外商争斗的过程中,在关羽的"义"字大旗下,晋商保持了难得一见的团结。

从明朝立国开始,山西参政杨宪向朝廷上书实行开中制开始,晋商的抱团之举便时时见诸各类商业活动中。大凡晋商抱团出没的地方,几乎成为垄断或对其他商业体形成碾压之势,这样的例子信手拈来。

开中制实行之初,北方盐场几乎成了晋商的天下。王崇古家族和张四维家族既是姻亲,又是北方盐业的两大寡头垄断集团;因开中制发达的晋商,几乎清一色来自晋北和晋南,而当时由政府划定的五个产盐区中,由晋商控制的就有四个。

徽商崛起后,扬州成为新的"盐商之都"和新的交易中心,为和徽商抗衡,大批晋商结伴南下,落户于扬州,其中就有著名的太原贾家、代州杨家、临汾亢家、大同薛家等。

晋徽争雄,商场博弈惨烈异常,为了划分彼此的利益,同时防止新的竞争者进入，晋商抱团推动政府适时推出纲盐政策，即把盐商分为十个纲，按纲编造纲册，登记商人的姓名、籍贯，并发给各个盐商作为"窝本"，相当于现代的特许经营或准入制度。册上无名，没有"窝本"者，不得从事盐业贸易。

同样的原理和心理，晋商把它几乎原封不动地搬到了票号的经营模式中。

从票号开始设立到光绪十年（1884）以前的60多年中，票号呈现出自由发展的态势，而随着后来者越来越多，竞争也日益激烈。此时，晋商抱团垄断的思维模式再度显现。在晋商的一番运作下，清政府推出票号新规：光绪十年（1884）以后，凡票号开业前须向道台衙门呈请批准，领取部贴。领取部贴时，必得同业者联保。开业前，户部还要调查财东的籍贯、联保人的地位及经营的方针。如果户部认为合格，即可给予部贴，领得部贴之后方可开业。

实际上，部贴制度的推行，几乎相当于为山西人设立了票号开办的专利。因为当时票号的开办者大体上都是山西人，后来者如果想新设立票号，没有同业的山西票号同意和联保，几乎不可能领到部贴。看似公平的制度，实际上成为晋商垄断经营的制度。

纲盐加上部贴，实际上构成了当时官商一体的经营制度，这种制度结合了特许与准入特征的承包经营制度或垄断性专营制度。晋商在明代的这项发明，对后世影响非常深远。这种制度最初在不改变国家控制重要资源的前提下，可以最大限度地激发民间的参与性，但最终必然会破坏市场的公平性和法治化，并为官商经济提供了肥沃的土壤和无穷的寻租空间。在这种思维主导下从事商业活动的晋商，其破产或倒闭只是时间问题，最终必然走向消亡。这也是500年晋商最终走向衰亡诸多因素中最重要的一个原因，无论何时何地，长期的垄断必然成为人民公敌。而商业的本质本应该是流动、竞争和共享的。

第十章　三晋之魂

在中国人眼里，黄河代表了中华文明的源头，太行山代表着中国人的风骨，长城则体现了中华民族坚不可摧的集体意志。中国三个极具象征的地标齐聚山西，让三晋大地拥有五彩斑斓的历史。

史前的三晋文明一骑绝尘，成为中华文明最重要的源头，长久持续引领黄河流域的文明发展。

从西周时期晋国立国开始，几千年来三晋大地在不同时期都呈现出别具特色的精彩。

春秋时期晋国的开拓、战国时期三晋国家的改革以及这一时期喷涌而出的思想光芒，让三晋大地在中华文明早期呈现出领跑趋势，而春秋战国时期形成的文化脉络和价值取向一直影响着今天山西社会的各个方面。

秦汉时期的三晋依然人才辈出，起步于三晋的汉文帝刘恒奉行"轻徭薄赋"政策，并开创了西汉历史上的"文景之治"。这一时期三晋还涌现出的军事奇才卫青、霍去病，其光芒不仅照亮整个汉代，而且穿越千年至今仍在中华大地闪耀。

黄河岸边、长城脚下至今似乎仍能听到汉军将士的豪迈："匈奴不灭，何以家为？""明犯强汉者，虽远必诛！"

发端于三晋沁河流域的司马氏政权，其在北方的统治时间虽然短暂，却因三国归晋的历史功绩而为后世所铭记。三晋大地在这一时期涌现出的世家大族，不仅支撑过晋政权，也支持了之前的曹魏政权。曹魏时期和司马家族的晋政权，是山西历史上参政人群仅次于唐朝的时期。

相比于西晋时期匈奴在山西融入的困难，北魏时期的鲜卑民族在山西入驻却十分自然。这个崛起于白山黑水的民族将他们的第一个定都点选在山西北部桑干河流域的平城。三晋大地的古都历程从临汾运城北移太原后再次北移。鲜卑民族在桑干河流域的平城经过充分汉化后毫不犹豫地向南移至洛阳，并在今天的大同和洛阳留下了两座著名的石窟——云冈石窟和龙门石窟。与此同时，代表中国书法最高水平的魏碑在平城一带诞生。三晋大地在向中华文明派生出中国最早的诗歌《击壤歌》之后，再次向中华文明交出自己的书法作品。

北魏虽然分裂为东魏、西魏，日后又分别演化为北齐、北周，却间接催生了大唐帝国。大唐帝国集草原游牧文明和中原农耕文明为一身，融合了胡汉不同的血脉，最终使大唐呈现出气象万千的景致，而三晋大地为大唐帝国的诞生、发展、辉煌殚精竭虑，付出了毕生的心血。整个唐代，不论是政治、经济，还是军事、文化，山西人无处不在，无时不有，呈现出集群式的参与。可以毫不夸张地说，大唐帝国的一半是由山西人来支撑的。

山西在宋代呈现出一种被长久撕裂的状态，整个山西被一分为二，北部的桑干河流域被辽国占有，契丹的铁蹄经常踏至雁门关前，山西大地战火纷飞，狼烟四起。不过，即使是在如此悲壮的时刻，山西仍然向中国奉献了杨家将抗辽的故事和司马光的《资治通鉴》。从汉代的司马迁到宋代的司马光，三晋史学一骑绝尘，独领风骚达上千年之久。

金元时期的山西政治、经济虽乏善可陈，却为中华大地呈现了最多的戏曲种类、最多的戏剧故事、最多的戏剧大师以及至今遗迹可见的戏曲舞台。元曲与汉赋、唐诗、宋词并列为中国文学的四座高峰，山西人对唐诗和元曲的文化贡献清晰可见。

明清之际，山西人虽然在政治上失意，却在商业领域大显身手，创造了前后长达500多年的商业辉煌，成为中国历史上最重要的商帮。在长达几百年的商旅生涯中，晋商不断创造出灿烂的商业文明，还将中国古老的商业推向一个全新的高度：许多边陲小镇在晋商的推动下发展为城市，许多产业在晋商的努力下发生了联结，万里茶道是由中国民营企业打通的第一条国际通道，是晋商打通国际市场的象征，票号的创立标志着晋商创新的高度，而股份制的实行至今仍影响着今天的企业管理。

20世纪初，山西在阎锡山的治理下，教育、工业快速发展，成为民国时代远近闻名的模范省。阎氏将山西打造成"保晋安民"的独立王国，以一省之力与蒋氏国民政权相抗衡。从一个侧面显示出三晋文化的独立性、独创性以及强大的内生动力和抗击能力。

全面抗战爆发后，山西成为华北敌后抗日的主战场，八路军总部和一一五师、一二九师、一二〇师三大主力师齐聚山西，与日军展开了殊死搏斗，付出了极大的牺牲，其伤亡比例全国罕见，其巨大的牺牲精神和顽强的反侵略决心尽显中华民族的铮铮铁骨。

中华人民共和国成立之初，不论是土改，还是成立互助组、农业合作社、人民公社，山西都走在全国前列，涌现出大量劳模和先进典型，成为农耕时代农业和农村发展的典型，"农业学大寨"成为20世纪六七十年代风靡一时的口号和行动。至20世纪70年代，山西人均收入、居民储蓄和受教育程度仍居全国各省前列。

在几千年中华文明发展过程中，三晋文明长期独领风骚，并在不同时期创造出别样的辉煌。

黄河作为中华民族的母亲河，在中国有着不可撼动的历史地位和巨大影响力。黄河见证了中华民族的形成和成长，见证了中华巨龙的曲折和腾飞，而山西正是黄河流域文化的重要组成部分。晋、陕、豫三省交界的"黄河三角洲"区域是黄河流域文化最为久远、最为丰富的区域，而三晋正位于其中的核心地带，正是三晋所在的区域启动了"最早的中国"。其中就蕴含了数千年黄河文化的浸淫和折射。随着国家对黄河流域的治理和对黄河流域文化的挖掘，三晋将迎来新的历史机遇。

山西被人称为"表里河山"，山的雄壮、浑厚、质朴、巍峨，对山西的地域文化有着深刻影响。千百年来，以太行山为首的三晋群山对三晋人文历史有着深刻的塑造。围绕着太行山、太岳山、吕梁山、中条山、恒山等雄关漫道，流传着一个又一个动人的故事，这些故事既是三晋文化的历史传承，又是三晋文化再创作的历史源泉。

考古证实，三晋在远古时期就是中华民族的重要发祥地之一，其文明脚步可追溯到243万年前的远古时代。由于地形的原因，三晋文明较之其他地区有悠久性、完整性、独立性的特点，而这些特点也使三晋的根祖文化和史学文化十分发达。

西侯度文化，泥河湾文化，丁村文化，陶寺文化，炎帝的传说，尧、舜、禹的传说，揭示了三晋文化的根祖特性，而作为中国传统文化和根祖文化的重要组成部分，三晋的姓氏文化十分丰富和发达，先后出现了古姓文化、士姓文化、胡姓文化、庶姓文化的不同形态。如早期的部族姜、伊祁等，西周及春秋时期的诸侯和大夫，魏晋南北朝、隋唐时期的河东卫氏、裴氏和太原王氏等士家大族，五胡内迁不断沉淀下来的胡汉合体的大族，北宋以后不断出现的庶族姓氏以及明清时期涌现出的商族大姓等现象都在不断地提示和印证山西姓氏文化的发达，具有悠久而清晰的文脉。游牧文明和农耕文明的不断碰撞，中国历史上"经世之变"式的南迁，使得三晋地区成为许多士家大族和姓氏的源头。明初以来的大移民和走西口、闯关东又使得山西成为很多人记忆中的"老家"，三晋的根祖文化地位也在不同族人的回忆中得到印证和加强，而山西临汾尧都、运城夏都和洪洞大槐树成为整个华夏根祖文化的标志。

与根祖文化和姓氏文化相印证，三晋的史学文化异常发达。直至今天，在山西各地，不仅省志、市志完整发达，就是县志甚至村志也提升到一个相当重要的地位。三晋史学文化的两位代表人物——西汉司马迁和北宋司马光事实上也是中国史学文化的两位代表人物，三晋的史学文化地位由此可见。

与史学文化相映成趣，三晋的书法文化也十分发达。魏晋时期的三晋书法，尤其是河东卫氏的书法曾名噪一时，领风气之先，引领了当时的书法气象，并在很大程度上启迪了东晋时期的书法趋势，河东卫氏书法主将卫铄更是成为一代"书圣"王羲之的书法导师和引领者，而北魏时期发端于今山西大同地区的魏碑更是成为唐代楷书的肇始。

　　从世界范围看，山西处在欧亚草原带的最东端，是草原文化与农耕文化交汇融合的地区。从晋国立国开始，中原就在山西境内同匈奴、鲜卑、乌桓、柔然、突厥、回纥等北方游牧民族不同程度地碰撞和融合，并先后在山西境内形成平阳、晋阳、平城三个民族融合中心，使这里既保留了农耕文化的基本特色，又深受游牧文化的影响，使山西成为两种文化交往的主通道及历代沟通中原与北方游牧民族的枢纽。山西也因此成为民族文化融合最为丰富、最为持久、最有特色的地区，而这些文化特征都可以从有关山西的史书记载、山西各地的风俗延续、各地的考古文物中以及到山西各地旅行中得到印证。

　　由于三晋地处中原和草原的边界地带，因而也成为历史上的战事多发区，进而在长期的边塞战争中形成三晋地区以长城为核心的军事文化。

　　晋国从立国之初，特别是晋献公、晋文公时期就进行了一系列军事改革。之后，魏国和赵国也率先在战国群雄中进行了军事变革。这些举措都奠定了三晋军事文化在全国的领先地位。在这种背景下，古代三晋涌现出一大批杰出的军事人才，如春秋战国时期的吴起、庞涓、尉缭子，西汉时期的卫青、霍去病；三国时期的关羽、张辽、徐晃，隋唐时期的尉迟敬德、薛仁贵、郭子仪，宋代的杨家将、岳家军、狄家军等。这些战将不仅功勋卓著，甚至几代建功。如薛仁贵从军后戎马一生，战功累累。由他及其子孙5世14人组成的薛家将，历时217年。其人数之众、功勋之显赫，在古代将门世家中极为罕见。山西人关羽甚至被后世逐级封王封帝直至成为享誉世界的中国武将代表——武圣。

　　独特的地理位置决定了山西历史上边境地区战事频繁，由此也形成了山西境内众多的关隘要塞。以长城为例，山西是北方各省中长城线路最长、修筑时间最久、覆盖全省面积最大、要塞关隘最多的地区之一。至今，山西境内的古长城及其一线的关隘和长城关隘之外设置于险山与大川之间的古老关隘和津渡遗存相互映衬，巍峨矗立。

　　山西境内的关隘津渡，除了著名的偏关、雁门关、宁武关、蒲津渡、风陵渡、龙门渡以外，还有著名的太行八陉。

山西高原和华北平原之间，因太行山的断陷、断裂而形成一些陉，为了便于交通并加强防御，山西军备经过历代经营，不仅在太行山上开凿、拓宽或平垫了一些道路，而且在各陉的显要位置都设置了关隘，最终形成闻名于世的太行八陉。

太行八陉由南向北依次为：轵关陉（山西阳城—河南济源）、太行陉（山西晋城—河南沁阳）、白陉（山西陵川—河南辉县）、滏口陉（山西黎城—河北磁县）、井陉（山西平定—河北正定）、蒲阴陉（山西灵丘—河北涞源）、飞狐陉（山西广灵—河北蔚县）、军都陉（山西天镇—北京昌平居庸关）。这八陉相应的关隘分别是：轵关、天井关、五度关、黄泽关、娘子关、紫金关、倒马关、居庸关，这八个关隘除紫金关、倒马关、居庸关外，其余五关均在山西境内。

在西面，三晋通向关中平原大部分时期要依赖龙门渡、蒲津渡、风陵渡等黄河古渡口。围绕着古渡口，秦晋之间曾长期征战。

这些古长城和关隘、渡口，现在虽然不少已经成为废墟或历史遗址，但作为山西的一种文化遗产，仍不失其文化价值和旅游价值。

众多关隘、渡口，众多战争遗迹，众多杰出战将，造就了山西大地的军旅文化，并极大地影响着当地的民风民俗。

古代山西反映战争以及戍边将士生活和思想情绪的诗词歌赋相当多，只雁门关一处就有很多名诗相随。

唐西凉府都督的《凉州歌》里，就提到了雁门关：

朔风吹叶雁门秋，万里烟尘昏戍楼。
征马长思青海北，胡笳夜听陇山头。

唐代著名诗人韦应物也在他的《突厥三台》中提及雁门：

雁门山上雁初飞，马邑阑中马正肥。

日旰山西逢驿使,殷勤南北送征衣。

曾任唐德宗朝宰相的武元衡在巡视北边时,在他的《度东径岭》中也提到了雁门:

又过雁门北,不胜南客悲。
三边上岩见,双泪望乡垂。

雁门关作为世界文化遗产,已成为中国长城文化最杰出的代表和标志。

除了这些诗词歌赋外,有关山西军事文化的影响还见诸各种戏曲和刻碑以及各种民俗活动中。

如写关羽的戏剧有《单刀会》《千里走单骑》等,写杨家将的故事有戏剧《三关排宴》《四郎探母》等,写薛家将的故事有小说《薛仁贵跨海征辽》《薛丁山征西》等,还有著名的传统评书《薛家将》《杨家将》《呼家将》《岳家将》,说的都是山西人或在三晋大地发生的故事,并广泛流传。山西多地还为这些抗敌英雄立有寺庙、祠堂、陵墓、碑刻、雕像,对他们进行祭奠和纪念。可以说,军事文化已成为山西巨大的精神财富和创作源泉,而"武圣"关公文化又成为山西地域文化中最独特的存在。

中国历史天空中有两颗璀璨夺目的恒星,即千百年来被后人尊为"中华文武二圣"的"文圣"孔子、"武圣"关公。在今天山西临汾关帝庙和湖北当阳关陵有一副相同的楹联将"文圣"和"武圣"并题:

先武穆而神,大汉千古,大宋千古;
后文宣而圣,山东一人,山西一人。

几千年的文化积淀形成中华文化的千年格局:文拜孔子,武拜关公,孔子以"仁"成圣,关公以"义"成神。

中华千古,名将如云,而关羽居然在万千将星中成为"古今名将第一奇人",成圣成神。他的形象频繁出现在平话、戏剧、小说、评书、影视、绘画、雕塑等诸多艺术形式中,儒家和佛教、道教都千方百计地将关羽纳入自己的庙堂之中,群行百业特别是商业也虔诚供奉关公。历代帝王更是对关羽不断加封,最终使得关羽由人而神,由神而圣。关公文化已穿行三晋大地并超越时空、民族、宗教、阶层、国界,成为构建中华民族诸多元素中不可或缺的一部分。

受盆地阻隔和北方边境军事压力的影响,山西历史虽然没有催生出一统全国的开国帝王,却产生了中国几千年历史上唯一的女皇武则天。由此观察,历史上山西"独立女性"比比皆是:汉武帝皇后卫子夫,汉代才女班婕妤,晋朝女书法家卫夫人,北魏冯太后,北齐皇帝高欢之妻娄昭君,唐高祖李渊之女平阳公主,宋真宗皇后刘娥,四大美女中的杨玉环、貂

五台圣境

蝉、杨家将杨老令公之妻佘赛花，明末抗清女将张凤仪，山西女性早在两千年前就"撑起了半边天"。

山西的佛教文化也占据着极其重要的地位。地处晋北的五台山因其开辟最早、境地最幽、灵气最盛而被广大信众奉为佛教圣地和佛教名山，成为中国四大佛教名山之首。自元代成宗、英宗驾幸五台以来，复有清代康熙、雍正、嘉庆等帝王将相以及名人学士，至五台瞻礼拜佛，参观圣迹，留下不少诗词歌赋、书画游记。经过2000多年的建设和积淀，今日的五台山更以其厚重的历史文化、神秘的佛国风光、独特的地理环境、奇异的自然景观、众多的名胜古迹而闻名于世。

除五台山外，位于山西大同市郊武周山麓的云冈石窟在中国佛教领域也占据着重要地位。

云冈石窟依山开凿，东西绵延达1000米，现存洞窟53个、各种佛龛1100多个、大小造像5.1万余尊，占地面积40余万平方米，气势恢宏而壮观。

它是中国现存规模最大的石窟群之一，位列中国三大石窟之首，同时也是世界闻名的最大石雕艺术宝库之一。作为世界文化遗产，云冈石窟被称为"镌刻在山崖洞窟内的佛教大百科全书"。

在长期的佛教传播过程中，山西境内佛教名人辈出，东晋时期的法显、慧远，北魏时期的昙鸾，隋末唐初的道绰、善导等，都为佛教的中国化做出了重大贡献。法显历经艰险到"西天"取经，带回并翻译了大量经卷，撰写了《佛国记》。昙鸾在山西交城县石壁山玄中寺最早创立了净土宗，成为佛教中很有影响的一个派别，并对日本佛教产生了推进作用。日本的净土宗也尊奉昙鸾、道绰、善导为三祖师，奉玄中寺为开山祖庭。此外，闻名于世的《赵城金藏》的刻印问世及其流传保存，也为山西佛教文化历史增添了辉煌的一页。

大量长期的宗教活动为山西留下了数量众多、形式丰富的古建筑遗存，而古建筑文化也是山西领先各省文化最为显著的标志。

古建筑是山西历史文化和文明的一个重要组成部分，不仅数量多、分布广，而且种类齐全、式样繁多、造型独特、结构严谨、饰绘讲究，山西被称为"天然的中国古建筑博物馆"。当年，著名建筑学家梁思成、林徽因就是被山西古建筑的博大精深所吸引，在炮火连天的岁月中完成了对山西古建筑群落的实地考察。

山西古建筑尤其是木结构建筑，从唐至清，各个历史时期有数量众多的珍贵实物遗存。仅宋、辽、金及其以前的遗存就约占全国同时期木结构建筑的2/3。在这些古建筑中，尤以寺、庙、宫、观的宗教建筑和明清时期的商贾大院及各地的会馆建筑最为瞩目。

这些丰富的古建筑，不仅具有极高的观赏价值，而且蕴含着丰富而深刻的文化元素，因而也具有重要的社会价值和文化价值，充分展示了山西各个历史时期的文明，一定程度上可以证实山西各个历史时期的文明成就和文明进程，对于研究山西，甚至中国当时的社会、建筑、文化、宗教、美术、雕塑、服饰、科技的发展与变化，都有十分重要的价值。

山西的商业文化和商业氛围，在今天的经济大潮中并不突出，但在古代，特别是晋商称雄的明清时期，山西的商业文化呈现出异常丰富的色彩并独具特色：

其一，山西商帮众多，有按地域分的平阳帮、太原帮、汾州帮、泽潞帮等；有按行业分的红茶帮、颜料帮、杂货帮等；有按交通工具分的马帮、驼帮、船帮等。

其二，山西古代商业，尤其是明清商业，遗迹较多，集中体现在商业古镇（如碛口古镇等）、古院（如常家大院等）、古会馆（如各类晋商会馆）几个方面。

其三，山西历史上出现了不少闻名遐迩的商号和享誉中外的商人大家族，如清初的八大皇商，太原的李家，襄汾的刘家，晋中的常家、曹家、王家、乔家等。

其四，山西商业对中国北部，尤其是对内蒙古和西北地区的城镇崛起和民俗渐变，起到了相当大的推动作用。

其五，晋商崛起对山西戏曲的最终成型和影响扩大，起到了很大的推动作用。

其六，晋商严格的商业管理制度和义利观，不仅改变了中国的商业形态，也改变了中国人长期以来形成的商业文化认识和商业格局。

作为戏曲大省和"中国戏曲的摇篮"，山西的戏曲文化十分发达，不仅有数量众多的戏曲种类，还有数量众多的创作高手和忠实的戏迷，同时还拥有全国数量最多、历史最久的戏台，这在全国各省中绝无仅有。

戏曲文化的背后是山西悠久的人文历史和众多的遗迹传说，创作源泉异常丰富。

山西民俗文化也有着异常深厚和鲜明的特色：从历史传承看，晋国是周王朝宗室的分封地，历代所奉行的正统礼教使山西的民俗风情有着自古以来的根祖性；从文化地理看，山西处于北方游牧文明、中原农耕文明两大文明的汇合区域，因而其文化具有很强的民族融合性；在思想文化方面，三晋文化儒、道、释三教具备，具有很强的包容性；从自然环境看，山西"表里河山"的特性使得山西民俗既有三晋大区域的同一性，又有各小区域的特殊性；从地理位置看，三晋大地整体处于黄土高原，这种情形在全国各省极其少见，这种同处同一地理单元的特点，使得三晋民俗具有很强的整体性和传承的持久性。从几种文化组成的来源可以看出，晋风晋韵是中华民族民俗文化中最重要的组成部分之一，也是黄河文化中最有代表性的特定文化。无论年节礼仪、婚丧嫁娶、衣食住行、民间交往，还是深层次的民俗心理，晋风都展示着别具一格的味道。畅游山西各地，我们处处可以感受到这种传承日久、古风古韵的民风民俗，我们甚至可以说，山西实际上就是中华民族民俗风情最重要的大本营和基地。

在山西这块土地上，还有一种文化最为突出，这就是流淌在山西各地无处不在的红色文化。

山西的红色文化集中沉淀于红军东征、抗日战争和解放战争时期。

红军长征胜利到达陕北后，为了站稳脚跟，首先东渡黄河进行东征。

如今山西吕梁地区、忻州地区沿黄河一带都建有许多红色纪念馆，记述着红军东征的光辉岁月。土地革命时期在战场上牺牲的我军最高将领刘志丹就血洒东征途中。抗战时期人民军队牺牲的最高将领、八路军副参谋长左权也是阵亡在山西的战场上。抗战期间，山西成为八路军三大主力师抗击日军战斗最为激烈、最为艰苦的地区。如今山西拥有全国抗战最多的纪念地，如红军东征、武乡八路军总部、太行太岳军区纪念馆、平型关大捷、关家垴战斗、黄土岭战斗、阳明堡激战、百团大战、黄崖洞保卫战、忻口战役、太原保卫战、沁源围困战遗址纪念地等。解放战争时期，山西又有上党战役、晋中战役、临汾战役、解放太原等经典战役以及刘胡兰、岳云贵、尹灵芝纪念馆，这3位在解放战争中牺牲的小英雄，遇难时有的年龄还不到16岁。

长江后浪推前浪，红色基因从山西共产党组织成立的那天起，就已深深地根植于三晋大地，传递到每一个幼小的心灵中，成为山西最为显著、最为独特、最为广泛、最为深植的存在。

黄河文化、太行文化、长城文化、根祖文化、史学文化、书法文化、民族文化、军事文化、关公文化、宗教文化、古建筑文化、商业文化、戏曲文化、民俗文化、红色文化，这十几种特色鲜明、厚重各异的文化共同构成了三晋大地独特的地域文化。

如果我们从"地域文化学"的角度分析，可以更清晰地追溯出三晋文明的源头和脉络。

所谓"地域文化学"，就是"研究独特地域空间文化形成的源头、脉络、重点、特点以及传承、传播的一门学问"。

研究地域文化需要历史学、地理学、考古学、文献学、气候学、地质学、人类学、人口学、植物学、动物学、矿物学、医学、美学、战争学、政治学、经济学、文学、民族学、民俗学、地图学等二十多门学科支撑，其复杂和难度可想而知。

很显然，这是一门跨领域、跨地域，交叉性极强的学科。以往我们看到各类史志大部分是历史著作，是对历史现象或结果的综述。而历史现象是文化作用的结果，但它本身并不等同于文化。

"历史"告诉人们的是："发生过什么"；"文化"告诉人们的是：为什

么会这样发生，未来的发展趋势是什么？

本书想告诉人们的是："三晋文明的源头和寻找这个源头的密码。"

研究三晋地域文化，我们首先要观察它的地理位置。

山西地理位置的第一个特点是：整个省域都位于黄土高原。这在黄土高原所属的山西、陕西、宁夏、甘肃几个省份中，山西这样的位置是独特的存在。这个特点决定了三晋文化的整体性、完整性、独立性和同一性。

山西地理位置的第二个特点是：地处黄河流域中部，且占据了黄河中游的大部分区域。山西与陕西分享黄河中游的南北段，与河南分享黄河中游的东西段，是黄河中游最重要的省份。而黄河中游是几千里黄河最壮观、最险峻、最深刻、最复杂的地段。中华文明发端之际呈现出"满天星斗"的喷发状态，但最终形成统一的文明形态具有统一的文化意识却主要是在黄河流域完成的，准确地讲是在晋、陕、豫三省的"三角洲"地带完成的。而山西正是处于"三角洲"的核心位置。山西在中华文明中的源头地位和核心地位也自此奠定，以垣曲、芮城、泥河湾、丁村、许家窑、襄汾、夏县、洪洞为支点的"中华根祖文化"也至此形成。

山西地理位置的第三个特点是：地势东北高西南低。这一地势不仅决定了山西的主要河流呈东北—西南走向，也决定了山西与西南方向的沟通也十分频繁。

事实上，山西最主要的河流汾河大体上正是呈东北—西南走向，不仅与渭河一起构成"三十年河东、三十年河西"的汾渭平原，还在大部分时间里与西南方向的陕西结成"秦晋之好"，共同捍卫着关中平原以及秦、汉、唐等代表中原文化的王朝。三晋最早的出发地也位于汾河中下游与黄河相接的晋西南地区。以运城、临汾为主的河东文化也在中华文化史上留下了灿烂的一页。

山西地理位置的第四个特点是：它是北方两大水系——黄河和海河的分水岭，这一特点决定了山西在中国和北方的重要战略地位。

中国早期的古都如西安、洛阳、开封大体上都沿黄河中游流域布局，山西正好处在黄河中游的核心地段，所以宋代以前的山西，在中国的政治、经济、军事和文化上具有举足轻重的地位。北宋以后，中国的都城和北方的都城转移到海河流域的北京。山西是海河的发源地，境内的桑干河、滹沱河、漳河全部属于海河水系。尤其是桑干河，它是北京母亲河永定河的上游，对北京有着直接的影响，所以山西在北宋以后依然有着非常重要的地位。蒙古人一统大漠南北，山西失去了军事上的意义；蒙古人实行民族歧视政策，山西在政治上难有作为，只能把精力转向文化和商业。元代，山西成为中国戏曲的摇篮，商业也非常发达；明代，朱明王朝依托山西和蒙古对峙，山西的军事地位大幅提升，并因军工贸易"开中法"从而带动了其商业地位的提升；清代，山西的军事地位和政治地位继续下降，文化也差强人意，但在商业领域却独步全国，尤其在清代中晚期，山西成为全国最富的省份，晋商叱咤风云，独步天下。

山西属于温带大陆性气候，正好位于400毫米降水沿线附近，这个特点决定了山西中部、西南部、东南部以农耕为主；北部雁门关以北可游牧可农耕，所以大同盆地成为中原农耕文明巩固文明的边界，游牧文明进攻中原政权的桥头堡。历史上，两大文明集团围绕着大同盆地曾长期争夺，也因此大同盆地南北各有一条长城防线：南部是以雁门关为中心的恒山一线的长城，北部是阴山一线的长城。山西在中国历史上的军事战略地位也由此而凸显。

山西四面高山，黄河绕省而过，与周边省份界线清晰：东面以太行山与河北省相邻，南面以中条山、王屋山、太行山、黄河与河南相隔，西面以吕梁山、黄河与陕西相望，北面以阴山、长城与内蒙古为邻。这个特点决定了山西文化的完整性、独立性、原生性，这也是山西在历史上不同时期极容易出现割据政权的原因。春秋时期的晋国，战国时期的魏国、赵国、韩国，东晋十六国时期、南北朝时期、五代十国时期，山西均出现了割据政权。"天下大乱晋必乱，天下已平晋难平。"

山西境内盆地相接：北有大同盆地、忻定盆地，中部有太原盆地，东南部有上党盆地，西南部有河东盆地（临汾盆地、运城盆地）。这几块盆地由阴山、恒山、太岳山、中条山大致分隔，既互相独立又互相连接。这也是山西历史上没能出现一统天下的开国帝王，也没有出现大规模农民起义的原因。

盆地分割的地形既不利于大兵团作战，又很难形成统一的政治、经济、军事力量。孤悬高原，运输不便，又极容易被包围，这样的地形可以作为王朝护卫的基地，却难以号令天下。平城（大同）在北魏时期曾作为北魏王朝的首都，但最终还是迁都洛阳。

究其原因，一是大同盆地极容易受到来自北面游牧文明和南面中原文明两面的夹攻，二是大同盆地的物产容量很难长期支撑一个庞大帝国都城的消费需求，而山西四面高山的地形又使粮食物产运输变得极为艰难。这也是李唐王朝虽然以山西为基地起兵，但最终都城并没有选择太原而选择西安的原因。在太原定都不仅容易四面受敌，且盆地相连的地形不容易形成合力。

抗战时期的太原城防，原本固若金汤，但在北面长城失陷，雁门关失守，东面娘子关又被攻破的情况下，原本极为有利的忻口战役形势急转直下，所有抗战力量不得不收缩防线退守太原。在三面重兵围城的情况下，太原很快失守。但即使在这样的情况下，山西依靠吕梁山和中条山仍然拼死守住了黄河。从"七七事变"爆发后日军进攻山西直至抗战结束，日军始终被山西的抗日军民坚决拒敌于黄河东岸，没有踏入陕北半步。盆地相连的地形既容易出现节节抵抗的态势，又容易被四面合围，这也是"天下大乱晋必乱，天下已平晋难平"的原因。东汉、北宋、金朝、明朝建国，山西都是最后才被征服的地域。晋人的坚守和"御敌于国门之外"的意志由此可鉴。

由于境内盆地相接、大山阻隔，山西境内五条大河并没有朝一个方向汇聚，而是朝西南、中南、东南、东北几个方向流淌。其中汾河流往西南方向的蒲津渡方向，历史上河东地区和陕西的关系密切；沁河流往正南方向的黄河郑州附近，历史上这里和洛阳、开封交往比较频繁。司马氏的西晋政权正是以河内地区为依托，一步步崛起，但因为沁河流域面积不大，流程较短，人文底蕴有限，所以西晋政权的寿命极其短暂。漳河流往东南方向的华北平原，这也是历史上赵国国都的迁徙路线。赵国最初的都城在汾河岸边的太原，但最终把都城迁往漳河流往方向的邯郸。而这个区域不但是商朝崛起之地，也是后来曹魏政权的大本营。

滹沱河发源于忻定盆地，往东切穿太行山流往石家庄。历史上这里是山西高原和华北平原重要的联络通道，因而战略地位十分重要。不论是定都开封的北宋王朝还是定都北京的明王朝，对这里都极为重视。但滹沱河在山西境内流程较短，影响的范围也仅限于忻州东部地区，且流域地形复杂，因而这里并没有构建出王朝或大的城市文化中心。流出地区石家庄也是随着现代火车的出现才逐步发展起来的，在古代只有中山国有一些影响，但先后被魏国和赵国打击，很快就消失在历史长河中。

桑干河流往东北方向，在进入北京后称为永定河。历史上，桑干河流域的大同和北京人口迁徙互动频繁，文化交流也十分密切。建都于平城的北魏王朝对后世建都于北京的元、明、清三代都有十分巨大的影响。

山西五条大河分别朝五个不同的方向流淌，这让作为区域中心的太原十分无奈。这种地形和河流让山西境内文化丰富多彩，同时又不容易形成合力。这也是历史上太原多次作为"陪都"出现，又没有成为首都的重要原因。历代王朝都十分重视和依赖山西，但山西从来没有以"光彩夺目"的形象示人。纵观历史，三晋国家的魏国、韩国、赵国正是沿着这几条河流向外拓展：魏国以汾河为主，韩国以沁河和漳河为主，赵国以漳河、滹沱河、桑干河为主。现代战争史上，阎锡山的晋军与蒋、冯、奉、桂四大军事势力长期并存，一度以山西为根据地攻占了绥远和平、津，但最终还是没能控制华北，又退回了黄土高原。

以"地域文化学"点、线、面联系时空交叉研究的方法多角度研究三晋文化，我们注意到：三晋历史上先后崛起的临汾、太原、大同几座城市，其中临汾代表了三晋文明发端之际山西西南方向的核心地区，太原代表了从战国时代崛起的山西中部地区，大同代表了南北朝时期崛起的山西北部地区。

以这"三点"为支撑，沿着汾河、桑干河、漳河几条"线"，我们看到了历史上河东地区文化灿烂的一面，看到了晋北军事战略要地的一面，看到了晋中地区军事、商业和文化的一面。而这几个"点"和"面"正是2008年北京奥运火炬在山西境内传递的线路和城市。

北京奥运火炬传递路线一般都选择当地代表性城市，尤其是拥有灿烂文化和人文底蕴的城市。北京奥运火炬在山西的传递路线包括运城市、平遥县、太原市和大同市。运城市代表了三晋文明的发端之地和灿烂的河东文化；平遥县作为山西境内的世界文化遗产地，代表了晋中地区灿烂悠久的城市文明和商业文明；太原市作为山西省会和区域性中心城市，代表了山西的文化、经济、政治等全方位的综合文化要素；拥有世界级文化遗产云冈石窟的大同市，代表了晋北在山西的军事文化战略地位和古都风貌。

上党盆地作为山西东南区域的中心，在三晋拥有"文化熔炉"的地位，长治位于太岳山、太行山、中条山之间，战略地位十分重要，是三晋通往华北和中原的"咽喉要道"，是关中、中原、华北争夺的"战略制高点"。改变中国千年历史的"三大战役"——长平之战、巴公原之战、上党战役——全部在此展开。

三场战役，时隔千年，却不约而同地选择了上党盆地。

上党的战略地位和熔炉作用由此可见。这个"神话传说"最多的三晋胜地，事实上是三晋经济、文化、商业、军事交相辉映和民族融合最为频繁的地方，在三晋具有举足轻重的地位。

位于大同盆地和太原盆地之间的忻州地区地位独特。历史上这里是中原农耕文明和可耕可牧塞北的分界线，同时也是中原王朝的最后一道防线：雁门雄关矗立，中原王朝屹立；雁门关失守，中原王朝大门洞开。无论是战时的雁门关还是休战时的五台山都是人们心之所系的地方；如果说山西是华北的水塔，那么忻州则是山西的水源——山西五条大河中的三条（汾河、桑干河、滹沱河）都发源于忻州。作为三条大河的发源地，忻州横跨山西东西，联结黄河、太行和长城，成为三晋文化中民族文化、军事文化、佛教文化、民俗文化、民歌文化、杂粮文化、杨家将故事的重要源头和组成部分。

千年纵横演进的历史更迭，培育了三晋的历史视野。中国历史的两位史学巨匠司马迁、司马光都出自三晋大地就变得顺理成章。《史记》和《资治通鉴》至今仍是中国历史研究和治国理政的重要参考书目。

三晋大地内有盆地相连，外有陉道相通，客观上培育了三晋的历史文化定力和张力。三晋成为中国历史上改革的先锋，"一国两制"、郡县制、小宗代替大宗、胡服骑射、孝文帝改革、魏碑形成、唐诗昌盛、元曲创立、票号创办都曾在中华大地掀起风暴，开一时风气，领一代潮流。

三晋大地的五条重要河流，除汾河流域全部在三晋外，其他四条河流全部流向中原和华北，这个特点决定了三晋文化的输出性和奉献性特点。数千年来，三晋向周边输出了大量的水源、大量的能源、大量的人口、大量的人才。山西是华北的水源，山西是中国最重要的煤炭电力能源基地，山西是中国移民输出最为频繁、规模最大的省份，也是忠臣良将最多的省份。

由于山西境内山地、丘陵、高原、盆地、台地遍布，保存了中国最多的古建筑，同时又成了各代名人的隐居之地。从晋国立国之初的介子推到战国之初的晋静公，汉初的张良，隋朝的王通，唐代的柳氏家族，金、元之际的元好问，明代的薛瑄，清代的傅山莫不如此。"淡泊以明志，宁静以致远"成为三晋士人几千年的文化写照。

以地域文化学的视角看，三晋大地是中华大地文化源头最为明确，文化脉络最为清晰，文化特点最为显著，文化资源最为厚重，文明传承最为持久、最为完整、最为执着的地域，三晋文化的灵魂就是：守正创新。

研究三晋文化的"晋学"无疑应该成为一门显学。

参考书目

1. 席宏斌：《从山西出发》，太原：山西人民出版社，2021年版。

2. 降大任：《山西史纲》，太原：山西人民出版社，2004年版。

3. 高洪雷：《另一半中国史》，北京：文化艺术出版社，2010年版。

4. 周敬飞、胡安平主编：《中国地域文化通览》（山西卷），北京：中华书局，2013年版。

5. 李镇西主编：《魂系山西》（上、下册），太原：山西经济出版社，2009年版。

6. 田芳、李博编著：《山西古建筑地图》，太原：山西科学技术出版社，2021年版。

7. 胡鸿：《平城：昙花一现的北国之都》。

后　记

　　从某种意义上说，《晋之魂：三晋文明的源流》是一部"命题作文"式的作品，是在我此前出版的《从山西出发》基础上的提升和凝练。

　　2024年3月末的一天，时任山西人民出版社总编辑的梁晋华先生打电话给我，约我专门写一本能全面反映三晋文化源头和脉络，同时具有学术深度和可读性的历史文化专著，并给这本书定名为"晋之魂：三晋文明的源流"。

　　这次通话一个月之后的4月24日，正在筹备新一届山西省三晋文化研究会的梁若皓先生和我联系，他在仔细看了这本书的写作大纲后，提出了自己的修改建议，并热情邀请我加入山西省三晋文化研究会专家委员会，并提出将《晋之魂：三晋文明的源流》列为三晋文化研究会的重点研究项目。

　　之后两个月，两位"梁先生"多次和我微信往来，对图书的写作大纲和重点内容达成共识。

　　6月初，后来成为山西省三晋文化研究会会长的省人大常委会原副主任李俊明先生，在筹备三晋文化研究会换届的百忙之中，认真审阅了本书的写作大纲。之后，在创作过程中，又先后两次阅读初稿、二稿，提出数千字的修改意见。成书后，又亲自为本书作序。可以说，这本书的出版，既是李俊明会长、梁若皓副会长、梁晋华社长倾情奉献的结果，也是山西省三晋文化研究会和山西人民出版社通力合作的结果。其共同目的只有一个：将灿烂的三晋文明早日呈现给世界，让读者在书海畅游时能体会和感悟三晋文化的源头、脉搏和灵魂。

当年，晋国的开国者唐叔虞受封时，周成王"命以《唐诰》，而封于夏墟，启以夏政，疆以戎索"。意思就是说，给你"唐"的国号，封你夏墟的地盘，要用夏朝的制度治理华夏旧族地区，对边境戎狄等民族要照顾当地的风俗习惯。这实际上就是三晋的治理原则和理念，唐尧、夏墟一脉相承，其实就是"守正"；"疆以戎索"则需要实事求是，因地制宜，其实就是"创新"。

在这本书的写作过程中，我最大的感悟就是：纵观三晋数千年文明史，在全国数十个省份中，山西是对传统坚守最为执着的地域，也是历代创新最多的省份，且这种创新包含了政治、军事、经济、文化各个方面。由此概括，晋文化的灵魂其实就是"守正创新"。

山西是全国排名第一的文物大省，这是三晋先人留给后代的无穷的文化财富，这些财富需要我们细心地去挖掘、去整理、去传承、去创新。唯其如此，我们方可厚德载物；唯其如此，我们方能自强不息。

三十功名尘与土，八千里路云和月。虽走遍千山万水，我最爱的还是我的故乡山西。

席宏斌
2025年7月1日